Liebhaber-Bibliothek, 5

Die Herzogin von Kurland. Talleyrand war von ihr bezaubert.

Franz Blei

Talleyrand oder der Zynismus

Matthes & Seitz Verlag
München

Den Anhang der Neuausgabe besorgte Axel Matthes

Für Carl Schmitt

in Freundschaft und Verehrung

Herstellung und Umschlaggestaltung Bettina Best, München, unter Verwendung eines Talleyrand-Porträts von einem unbekannten Meister.
Satz: Fotosatz Uhl + Massopust, 7080 Aalen. Druck und Bindung: Druckerei Auer, Donauwörth.
ISBN 3-88221-505-4

Inhalt

Einleitung

WENN WIR DAS UNBEDINGTE in der Glaubenshaltung sehen, so ist es das Wesen des Politischen, daß es im Bedingten existiert. Politik kann immer nur von und mit Menschen gemacht werden, die mit sich reden lassen. Sie ist die Nachgiebigkeit scheinbar unnachgiebiger Überzeugungen, Interessen, Haltungen. Sie ist ein lautes Entweder, das sich auf ein leises Oder eingestellt hat.

Wie alles was aus dem Bedingten kommt, also keine eigene Substanz hat, mindert das Politische jene Werte des Menschen, für deren Erhaltung und Mehrung er allein aufzukommen hat. Die Politik trübt immer die Wertquelle der Güter. Sie ruft für eine bedingte Meinung und Haltung menschliche Kräfte auf, die sie dem Unbedingten des menschlichen Glaubens entzieht und diesen um eben dieses Entzogene ärmer macht. Aber das Politische ist die Form, unter welcher Völker und Nationen ihr Schicksal erleben. Welchem die Zugehörigkeit zu einer Nation über alles geht, dem wird auch das Politische über alles gehn und höchster Wert sein.

Talleyrands langes Leben füllt die Politik aus und in den schwierigsten Situationen seines Landes. Und in den allerschwierigsten war seine Politik das, was man erfolgreich nennt; und sie war es immer dann, wenn er seine Politik unabhängig und unwidersprochen von einem Chef treiben konnte. Denn der Chef reduzierte seine staatsmännischen Fähigkeiten auf diplomatische Geschicklichkeit. Da für eine Zeit dieser Chef Napoleon hieß, verschwand der Staatsmann Talleyrand hinter dem diplomatischen Routinier, als welcher er der Nachwelt gilt. Gewiß nicht ohne seine Mithilfe, worunter wir nicht nur seine Art und Begabung für das diplomatische Wesen als eines Teiles des staatsmännischen verstehen. Sondern die Verfärbung, welche der Begriff des Staatsmannes heute ins Sittliche erfahren hat, wenigstens in seinem der Öffentlichkeit zugewandten Gesichtsteil, ob er nun Wilson heißt oder Lenin, Stresemann oder Mussolini. Von dieser Sittlichkeit des Staatsmannes besaß Talleyrand nichts, weder in der Idee noch in der Praxis. Er machte sich über sein politisches Tun keinerlei sittliche Illusionen. Man hat ihn einen »halben Mirabeau« genannt, aber ein halber Mirabeau ist gar nichts. Er war kein Redner und schon von drei Leuten, die ihm zuhörten, waren ihm zwei zu viel. Er weiß natürlich, daß es eine affektive Würze braucht, der Masse die politischen Vokabel schmackhaft zu machen; er kennt genau die Rezeptologie dieser Gifte, die um den Verstand bringen; es fällt ihm nicht ein, von ihnen zu kosten, und was deren Ordination für die Masse betrifft, überläßt er das andern, die so glücklich sind, wenn auch keinen sittlichen Lebenswandel zu führen, so doch ein sittliches Ideal zu haben, das mit leidenschaftlichem Pathos vorzutragen sie oft um so fähiger sind je unfähiger sie sind, es zu praktizieren. Wenn Rigoristen des Sittlichen Talleyrand Unmoral vorwerfen, so sagen sie damit über Talleyrand nichts aus, aber über sich selber, daß sie keine Politiker sind, ohne mit dieser Aussage zu verbinden, daß sie dadurch schon sittlich wertvolle Menschen wären. Auch das Sittliche geht als ein Bedingtes in das Ganze des Politischen ein, aber immer nur als ein Teil dieses Ganzen: bei seinem Eintritt in die Kategorie des Politischen wird das Sittliche relativiert.

Es kommt für den Politiker nicht darauf an, mit der einen Menschengruppe gegen eine andere recht zu haben. Er wäre kein Politiker, wenn er die Menschen täuschen wollte mit einer Lüge, wo der geschickte Gebrauch einer Wahrheit weit mehr Erfolg verspricht. Das setzt höchste Intelligenz voraus bei relativem Mangel an dem, was man sittlichen Charakter nennt. Gewiß gibt es Fälle und Situationen im Politischen, wo der sittliche Charakter dienlich sein kann, selbst in seiner faktischen Vorhandenheit, nicht nur in seiner vorgeblichen, aber die Fälle und Situationen, wo der sittliche Charakter als ein vorhandenes Faktum schadet, dürften weit häufiger sein.

Talleyrand ließ 1789 den König durch dessen Bruder, den Grafen von Artois, warnen, aber der Graf traute sich nicht, dem König Talleyrands Vorschläge zu überbringen, die im Plan eines andern Wahlmodus der Generalstände bestanden. Der Graf packte schon seine Koffer für die Emigration. Da sagte ihm Talleyrand: »Wenn der König seinen Untergang will, ich will nicht den meinen mit ihm.« Und er überlegte, welches morgen die herrschende Partei sein werde. Der sogenannte charakterstarke Mann wäre selber zum König gegangen und hätte Töne geschmettert. Aber nur Melodramatiker werden den Verlust eines Stoffes bedauern, weil Talleyrand nicht Gift nahm. Wodurch ja auch der Stoff selber verloren wäre, wenigstens was die historische Bedeutung der Person betrifft, die ihn geliefert hätte.

Vor dem Aufbruch Bonapartes nach Ägypten lieh ihm Talleyrand, der den ägyptischen Plan entworfen hat, hunderttausend Francs, die der General gar nicht verlangt hatte. Napoleon hat nie die Ursache dieser Generosität begriffen: Talleyrands Vorgefühl. Es ließ ihn den kommenden Mann erkennen und im richtigen Moment etwas für ihn riskieren.

In den letzten hundert Jahren wurde der Politiker des echten Stiles immer seltener. Selbst in dem an Politikern produktivsten Lande, wo die Simplizität eines politischen Schemas seit Cromwell so festgelegt ist, daß selbst einem Pitt das, was zu tun, vorgeschrieben war, und der letzte Clerk der Foreign Office das Richtige bis vor dreißig Jahren noch traf, scheinen sich die Fonds des politischen

Systems erschöpft zu haben, also auch die Produktion der Politiker. Es scheint, daß sie im Zeitalter der zunehmenden demokratischen Verfassungen nicht mehr recht gedeihen. In Zeiten der zählbaren Quantitäten muß mit der Quantität Politik gemacht werden, also kann eigentlich gar keine gemacht werden. Auch das sah Talleyrand voraus. Ohne von solchen ihm gänzlich sekundären Faktoren wie Monarchie, Legitimität, Tradition düpiert zu sein, ist er durchaus anti-demokratisch in seiner innern Politik. Nur einmal, im Jahre 1792, war ihm die demokratische Ideologie gelegen, weil er sie, ihr seine Ideen gebend, nützen konnte. Es waren Gründe der äußeren Politik, die ihn veranlaßten, Ludwig XVIII. zu einer Konstitution zu drängen. Worauf er Wert legte, war, in der Politik – es gibt nur eine äußere Politik – freie Hand zu haben, die nicht von Parlamenten kontrolliert oder gar geführt wird.

Vielleicht liegt es an den Demokratien und den in ihnen nur möglichen Politikern, daß in diesen letzten achtzig Jahren die ultima ratio des Krieges so überraschend früh einsetzt, eben so früh, weil die politische ratio sehr kurz läuft. Es scheint, als ob man mit dem Prinzip der Humanität, das sich das neunzehnte Jahrhundert mit Recht als Titel arrogiert, schlechter und kürzer fährt als mit Talleyrands gelegentlichem Zynismus was das Politische betrifft, in dem er nicht so sehr eine Organisation der menschlichen Aktivitäten zum Glücke hin sieht, sondern eine kluge Kanalisation der Triebe und Laster.

Die militärische Logik ist aber gänzlich unpolitisch, denn sie stellt das Ganze des Politischen auf das Irrationale eines sozusagen Gottesgerichtes ab, woran ja letzten Endes auch eine genaue Statistik der eigenen und fremden Streitkräfte nichts ändert. Politik aber ist so rational wie die Theologie: beide stellen eine rationale Ordnung auf, die

Theologie für das erregte oder zu erregende Individuum, die Politik für die erregte oder zu erregende Masse des Volkes. Die letzten achtzig Jahre haben Kriege gesehen, aus Konflikten entstanden, für deren Lösung im siebzehnten Jahrhundert ein Kommissär genügt hätte. Das demokratische Zeitalter scheint in der Politik nur kriegerische Lösungen zu kennen, also gar keine. Man könnte als Grund dafür vermuten, daß die Politiker dieses Zeitalters mehr die Instinkte der Masse teilen als es für ihre rationale Aufgabe gut ist. Sie rekurieren zu rasch auf das, was sie das »allgemeine Volksempfinden« nennen und verehren, weil sie wissen, daß in Demokratien ihre Autorität überaus prekär ist. Auch bei Talleyrand kann man solche Nachgiebigkeiten an die Umstände feststellen: der nie imperialistische Politik treibt oder fördert, rät 1808 zur Besetzung Kataloniens, 1834 eine Expansion zum Rhein hin. Aber es sind Ausnahmen nachgiebiger Schwäche.

Der rigorose Moralist kann das Politische und den Politiker aufheben und hat es als dessen Antagonist immer getan. Der rigorose Moralist entbindet den Menschen zur Tugend und zum Verbrechen: dafür sind die ersten Jahrhunderte Christentum Zeugnis wie die Jahre der französischen Revolution, die Nachfolge des Franz von Assisi sowohl wie die Loyolas. Aber auch Thomas Münzer und die große russische Revolution. Der rigorose Moralismus als eine hypertrophierte Humanität droht immer als Teil des Ganzen der Religion dieses Ganze zu überwuchern. Und indem er so die stärkste Bindung, die religiöse, bedroht, löst er leicht auch die schwächeren Bindungen, welche sich die Menschen in Staat und Gesetz gegeben haben und stellt den Menschen unter ein Gebot der als »vernünftig erkannten sittlichen Pflicht«, die, um Autorität und Exekutivgewalt zu bekommen, die Diktatur braucht, welche formierte Gewalt ist und sich immer des kriegerischen Mittels bedient, ob der Diktator der fromme Cromwell ist oder der unfromme Lenin.

In Zeiten solchen moralischen Rigorismus wird man bis zum Auftreten des Diktators den Politiker vergeblich sich bemühen sehen. Denn der echte Politiker teilt die für den Menschen so schmeichelhafte Anschauung von dessen eingeborner Güte, von dessen natürlicher christlicher Sittlichkeit, an deren Ausübung er nur von bösen Einzelnen oder schlechten Institutionen gehindert wäre, gar nicht, – er tritt ab, wenn die Diskussion darüber die Zeit überschreitet, die er für solche Unterhaltungen zur Verfügung stellen kann. Der Mensch kann wohl Institutionen ändern, aber daß diese ihn ändern ist ein Aberglaube politischer Utopisten. Morris, der amerikanische Gesandte in Paris zur Zeit der Revolution, schreibt über Talleyrand diesen Satz nach Hause: He is not exactly of a criminal disposition, though certainly indifferent between virtue and vice. Der Satz beschreibt den Politiker, nicht nur Talleyrand. Man unterlege ihn den großen politischen Persönlichkeiten seit Julius Cäsar und sie werden ihn decken. Denn der Politiker stellt die Fakten hinnehmend das was daraus sein soll unter Bedingungen, deren erste nicht letzte die sittliche und geistige Unzulänglichkeit des Menschen ist bei gegenteiliger Meinung des Menschen über diese seine Fähigkeiten. Er stellt natürlich auch diese gute Meinung des Menschen über sich in sein politisches Kalkül, weil sie ein Faktum ist. Aus dieser Hinnahme entsteht bei Politikern von der Art Talleyrands oft der Schein, als ob sie an einen Fortschritt der Menschheit zu einem Ziel hin glaubten. Politiker, die weiter gehen und über das Faktum der guten Meinung des Menschen über sich selber hinaus an eine fortschreitende Perfektionierung des Menschen glauben, begeben sich aus dem Gebiete des Politischen hinaus an einen nicht bestimmbaren Ort der Heilserwartung, der, wo immer er liege, bestimmt nicht auf der Ebene des Politischen liegt.

Der sittliche Extremist stellt was sein soll unter den, wie er behauptet, dem Menschen eingebornen Willen zum sittlich Guten, der sich immer recht und richtig äußere – »in Freiheit«. Aber eben diese Freiheit gibt es nicht.

Von der rigorosen Moral her gesehen ist Politik immer unmoralisch. Heute hat man darüber andere Anschauungen, wenn man Gefühlshaltungen so bezeichnen will, die in ihrer Aufgewühltheit etwas erwarten, das »anders ist als das bisherige«. Die Meinungen über dieses »anders« gehen so weit auseinander wie staatlicher Nihilismus und »eiserne Faust« des Diktators und alles was dazwischen liegt. Diese Zeit dreht ein Kaleidoskop, das als Splitter alles enthält, was je ein politischer Begriff war oder eine politische Situation oder auch nur die vertragenen Kleiderlumpen eines Abenteurers.

Am Beispiel Talleyrands das politische Ingenium aufzuzeigen und damit auch etwas über das Wesen des Politischen auszusagen, legt nicht nur die Bedeutung dieses Geistes nah. Sondern die immer wechselnden, oft einander widersprechenden Situationen und Anlässe, die dieser Geist vorfindet und denen er sich stellt, – ohne Erfolg bis in die Mitte seines Lebens, mit Erfolg gegen dessen Ende, das dort steht, wo das heutige Zeitalter der entfesselten Demokratie beginnt und das er ahnenden Blickes – denn er hat immer die nächste Zukunft im Kopf – als das erkennt, was es sein wird; er schreibt dazu einen schwachen Satz, der auch von Lenin sein könnte: »Die Geschichte muß eine Geschichte der Völker werden und nicht die einer kleinen Zahl von Herren.«

Wer sich im Zeitalter der offenen Bahn für jedermann staatsmännische Fähigkeiten zuschreibt, wird eines entbehren, das Talleyrand zu seinem großen Vorteil besaß: den gar nicht weiter betonten und zur Selbstverständlichkeit gewordenen Glauben, daß ihm aus der Tradition der altadeligen Familie dieses als ein Natürliches zufalle, sich um die Staatsangelegenheiten zu kümmern. Im absolutistischen Staate war der dem Pair zukommende Platz neben dem Thron des Monarchen, als dessen Feldherr, als dessen Erzbischof oder als dessen Rat in den Regierungsgeschäften. Wer wie Talleyrand solche Tradition im Blute besitzt, wird nie in die Lage kommen, sich über gewisse prinzipielle Voraussetzungen der Gesinnung sowohl wie der staatlich-politischen Grundelemente den Kopf zu zerbrechen, um nach stattgehabter Wiederherstellung des Kopfes jene beiden Voraussetzungen, Gesinnung und Elemente, zu überschätzen aus der damit gehabten Mühe. Für Talleyrand war, daß ihm die Staatsgeschäfte zufielen, so selbstverständlich, daß er es nicht unter den Beweis der Gesinnung zu stellen brauchte; und was die Eignung betraf, so würde man ja sehen. Das Zeitalter der Examina war ja noch nicht angebrochen. Was man brauchte war ein natürlicher Verstand, der über ihm zuwachsenden Kenntnissen nicht den Blick für das verlor, was ist und was morgen sein könnte. Nur morgen: nicht übermorgen! Talleyrand weiß, daß mit den sehr beschränkten Mitteln der Politik nur sehr eingeschränkte Ziele zu erreichen sind. Und daß um ein unmittelbares politisches Ziel zu erreichen, der Aufwand von Mitteln dazu oft außerordentlich sein kann, während ein zu weit gestecktes Ziel in seiner schwankenden Undeutlichkeit auch schwankend in den Mitteln, es zu erreichen, macht.

Republik, Konsulat, Kaisertum, Legitimität, Tradition: das alles steht für Talleyrand auf dem zweiten Plan es sind Formen, aber keine Ideen. Aber auch von politischen Ideen hält er nicht so viel, daß er sich von ihnen fanatisieren läßt, was zuweilen und bei starkem Eigensinn zum Martyrium führt. Nicht nur seine Lüsternheit nach den Genüssen des Lebens bewahrt ihn davor; nicht nur seine Faulheit, die so groß ist, daß sie ihm das, was er tut, nicht als Arbeit erscheinen läßt, wodurch er sich seine einzige mögliche Quelle des Sittlichen verstopft; sondern sein kluger, moderierter Verstand, der ihm sagt, daß der geringste Wert einer politischen Idee ihre lange Dauer in der Zeit ist und daß man in der zeitbedingten Manipulierung der politischen Idee immer den sicher eintretenden Moment ihrer Unwirksamkeit, ihres Leerlaufes in die politische Rechnung setzen muß. Er ist ein Opportunist. Das Wort ist sehr diskreditiert. Aber jeder Politiker ist ein Opportunist, wenn er nicht ein Phantast ist; aber dann ist er ja auch kein Politiker.

Die Legende und die populären Historiker, die ihr folgen, stellen Talleyrand gern als einen gelernten Machiavellisten hin. Oder als einen Intriganten, der um jeden Preis arrivieren will, neben den fleißigen und kleinbürgerlich lebenden Polizisten Fouché, dem es nur darauf ankam, d'avoir la main à la pâte. Als einen von Geldgier Besessenen, der sich seine Dienste bezahlen läßt. Als einen Verräter. Solche Urteile entsprechen dem Bedürfnis, den historischen Bilderbogen für den primitiven Beschauer so in Kontrastfarben zu bemalen, wie die Neu-Ruppiner das Muster geben.

Talleyrand war kein Heraufgekommener, sondern ein Hineingeborener. Was ihn immer wieder in die politische Aktivität führt, ist weder Ehrgeiz, eine Rolle zu spielen, noch Ehrgeiz auf eine Idee, die durchzusetzen wäre. Er findet vielmehr in der politischen Macht das, was der Art, wie er leben will und aus seiner Natur heraus leben muß, die größten Chancen gibt: die Lust am Spiel, die Lust an der Menschenverachtung, die Lust an der reflektierenden Kombination seines Denkens, die Lust an der folgenschwangeren Unterhaltung, die Lust am Zuhören, am Schweigen, die Lust, es zu brechen mit einem geladenen Wort.

Es soll nicht seinem verkrüppelten Fuß und dem Stock, an dem er sich schleppen mußte, eine auch nur einigermaßen wichtige Rolle als der Ursache solcher Haltung seines Geistes gegeben sein. Denn in den Situationen, wo solches Krüppeltum etwa eine Rolle spielen könnte, in den erotischen, hat Talleyrand nie darunter gelitten. Auch von dem anderen Umstand seines Lebens, daß er für die kirchliche Karriere erzogen wurde, kann man von einem Erleiden im Ausmaß von Charakterbildung nicht sprechen; vielleicht hat er sich als ungläubiger Seminarist und Priester dieses Versinken in Schweigen angewöhnt, das ohne mit Gedanken beschäftigt zu sein, nichts als öde Leere ist. Als der sehr alte Talleyrand mit seiner Nichte eine Messe hört, sagt ihm diese: »Die Messe muß Ihnen eigentümliche Gefühle bereitet haben, nicht?« Darauf Talleyrand: »Nein. Warum?« – »Weil Sie . . . nun ja, weil Sie doch Priester gemacht haben.« – »Sehr wenige, mein Kind.«

Nur ein einziges Mal in seiner politischen Karriere ließ ihn der Unmut darüber, wider seinen Willen zum Priester gemacht worden zu sein, zu einer Unklugheit hinreißen. Er dürfte mit seinen Anträgen, die Säkularisation des Klerus betreffend, einem persönlichen Rachgefühl nachgegeben haben, dessen Auswirkungen er, allerdings vergeblich, zu mildern suchte. Da Talleyrand keine religiöse Natur war, konnte er auch keine antireligiöse sein. Auch in diesem Bereich gab es für ihn keinerlei Idee, sondern nur ein traditionsgebundenes Verhalten. Es gibt ganz wenig Spottworte von ihm über Religiöses. Die meisten sind Ausdruck einer gewissen Scham, wie das Wort, das er als die Jahresfeier des Bastillensturmes zelebrierender

Bischof der Messe dem Lafayette zuflüsterte: »Bringt mich nicht zum Lachen.« Daß er vor dieser Messe zu Hause vor lachenden Zuschauern und unter Assistenz Mirabeaus als Ministrant – der Tribun besaß als oftmaliger Gefangener liturgische Kenntnisse – eine sakrilegische Probe abgehalten, wobei ihm sein Hund immer an die fremdhaft vom Meßgewand umflatterten Beine gefahren sei, – das dürfte der passionierte Atheist und Freund Clamfort erfunden haben. Den letzten solchen Witz machte Talleyrand 1814, als jemand fragte, ob sich denn für Napoelon kein Ravaillac finde, worauf er sagte: »Das Volk hat eben keine Religion mehr.« Als Pair wußte er, wie sich dem lieben Gott gegenüber zu benehmen.

Da er sich lieber in den Salons aufhielt als in den Bureaus, da er lieber konversationell Politik machte als vortragend, da er lieber zuhörte als redete, wurde er der Mann der Bonmots. Nicht alles kam aus seinem Munde, was man in Paris da weitererzählte und ihm zuschrieb. »Er adoptierte«, wie Stendhal berichtet, »solche Aussprüche nach zwei, drei Tagen erfolgreichen Umlaufes.« Er dementierte auch Geschichten und Legenden nicht, die man als in seiner Linie liegend erfand, – er erfand sogar selber welche – oder aus der Vorstellung, die man sich von seiner Person und ihrer Diabolie machte und die oft so wenig entsprachen wie was seine Mutter und die anderen Verwandten sich gänzlich von ihm lossagend glaubten: daß er der Teufel sei. Zuweilen scheint das sogar der ihm an Voraussetzungslosigkeit kongeniale Napoleon geglaubt zu haben, so, wenn er Gourgan, der es berichtet, erzählt, daß sich Talleyrand einmal bereit erklärt habe, ihm alle Köpfe der noch vorhandenen Bourbons zu liefern, das Stück Kopf für eine Million. Der Mann auf der Felseninsel suchte in den schlaflosen Nächten die Schuldigen.

Daß Talleyrand die Situation erkannte – mehr fühlte als erkannte –, wo die Aufrichtigkeit besser am Platze war als ihr Gegenteil, wird als einen fehlenden Sinn für die Wahrheit nur der genaue Moralist bezeichnen. Auch wird es ihn kränken, zu erfahren, daß Talleyrand oft aufrichtig war, um das Vergnügen eines größeren Risikos zu genießen. Und es wird ihn mit Befriedigung erfüllen, zu hören, daß Talleyrand einmal für dieses Spiel mit der Wahrheit eine Ohrfeige bekam. Bemerkenswerter aber ist, wie er tat als ob er sie nicht bekommen hätte: er klebte sich ein Stück Taffet auf die Stirn und beklagte sich dahin einen Schlag bekommen zu haben »wie ein Rind«. Er hatte den Schlag auf die Backe vor sichern Zeugen bekommen, aber niemand wagte, ihm zu widersprechen. Und Paris glaubte ihm.

Was sich aus der Substanz des gegebenen Lebens machen läßt, beschäftigt als die Aufgabe mehr oder minder jeden Menschen und er versucht die Lösung dieser Aufgabe in der Richtung seines blutmäßig ihm gegebenen Erbgutes. Die besonderen Umstände seiner Jugend brachten Talleyrand früh zur Einsicht, daß dem so sei. Seine politische Tätigkeit erweiterte die ihm in seinem Leben gegebene Substanz um die Substanz der zahllosen anderen Leben, die er auch nicht anders werten konnte als aus der Einsicht, daß etwas daraus zu machen die Aufgabe sei. Und ob und wie sie sich dazu eignen. Nun kann der Politiker, wenn er es für praktisch und den Umständen entsprechend hält, auch »ein Herz für die Menschheit« haben. Aber leben kann er davon nicht. Das trifft nur sein Gegenpol: der sittliche Extremist.

Der alte Talleyrand sagte einmal: »Man muß alles aus meiner Jugend erklären.« Der Sohn eines alten Adelsgeschlechtes besitzt, ohne eine besondere Begabung, die ihn zwanghaft bedrängte, alle Launen und Neigungen zu einem angenehmen Leben: nur das Geld fehlt ihm dazu, sie zu befriedigen. Das muß sich aus einer Karriere ergeben, auf die der Adelstitel in ancien régime Anspruch hat. Fatalerweise bleibt dem aufgeklärten ungläubigen jungen Mann nur die kirchliche Karriere übrig, nicht die militärische. Immerhin visiert jene die politische Aussicht. Ein Charakterzug Talleyrands konstituiert sich: daß er sich was immer er tut und tun wird, von seinem persönlichen Interesse leiten läßt, wobei er bei seinem Eintritt in das politische Leben das außerordentliche Glück hat, daß dieses Interesse mit dem zusammenfällt, was die Tendenz der Zeit für das allgemeine Wohl hält: eine antiklerikale Politik. Das allgemeine Wohl befand sich übereinstimmend mit des Bischofs von Autun persönlichem Interesse in Opposition gegen die Kirche. Und der Bischof geht zur Opposition über, und Talleyrand wird bis ans Ende dem Liberalen geneigt bleiben, denn nur ein liberales Regime konnte über die Moralität seines persönlichen Lebens, eine Privatangelegenheit wie die Religion, hinwegsehen. Und nur in der Atmosphäre eines liberalen Regimes konnte er selber, älter und melancholisch geworden, die Leere in seinem innersten Innern, die sich eben in jener Melancholie äußert, nicht gewahr werden oder nur für ganz kurze Momente, wo er etwa zu Frau von Rémusat, der alten Freundin, sagt: »Il eut peutêtre mieux valu souffrir...« Über diesem späten Heimweh nach dem Leiden liegt die Maske und die Legende, die, auch sie, Talleyrand heißt.

»Ich will, daß man sich Jahrhunderte lang darüber unterhält, was ich getan, was ich gedacht und was ich gewollt habe.« Ein Jahrhundert mindestens hat diesen stolzen Wunsch Talleyrands erfüllt in jeder Ausführlichkeit von Gesamt- und Einzeldarstellungen. Trotzdem die Fakten, über die sich dieses lange Leben mit solchem Gewicht legte, nicht mehr mitspielen; trotzdem sich, wie man sagt, der diplomatische Stil der Doppelzüngigkeit, in dem Talleyrand Meister war, zu oft einfältiger Einfachheit und Aufrichtigkeit geändert hat; trotzdem der Erdatlas der politischen Geographie nur mehr eine schwache Ähnlichkeit mit dem Exemplar zeigt, das Talleyrand in seinen letzten Jahren benutzte; und trotz der stark veränderten Substanz, die sich, da sie ihre Widersprüche nicht aus ihrer eigenen Kategorie zu lösen vermochte, auf das politische Feld schob, so sehr, daß man sagen hört, es gäbe keine andere Politik als Wirtschaftspolitik, – trotzdem bleibt, so lange wir von Geschichte sprechen, das Leben dieses Staatsmannes höchst bemerkenswert. So lange wir von Geschichte sprechen: denn in dem sich nicht ändernden Menschen – nur die Technik des Lebens ändert sich, nicht dessen Grundhaltungen – besitzen wir den Schlüssel ins längst verlassene Haus der Vergangenheit.

I

Kindheit und Jugend

IM JAHR 1816 nützte Talleyrand die Muße, die ihm eine augenblickliche politische Obdachlosigkeit schenkte, dazu, seine Erinnerungen aufzuschreiben, dieses mehrbändige arrangierte Aktenstück, das wohl auch in jenen vom Herausgeber gestrichenen Stellen nicht über die Mittelmäßigkeit dessen, was wir jetzt lesen, hinausgekommen sein dürfte.

In diesen keinerlei Geheimnis aufdeckenden Aufzeichnungen – es war keines da – erinnert sich Talleyrand seiner Eltern mit einer auffallenden Antipathie. Als ob er wesentliche Züge, die seinen Zeitgenossen als häßlich auffielen, erklären wollte damit, daß er, wie er sagt, nie unter dem gleichen Dache mit seinen Eltern geschlafen, also kein schützendes und mit Liebe umhegendes Elternhaus gehabt hätte. Die angenehme Bekanntschaft seiner Mutter habe er erst bei seinem Eintritt in die Welt gemacht, seinen in jungen Jahren gestorbenen Vater fast nie gesehen, denn der wäre meist als Offizier im Felde gelegen. Man habe ihn unmittelbar nach seiner Geburt in die Obhut irgendwelcher dienender Weiber gegeben, welche Obhut aber so wenig eine war, daß er im ersten Lebensjahr fast an der Dysenterie gestorben, in seinem vierten Jahr von der Kommode gefallen sei und in seinem sechsten die Blattern bekommen hätte. Diese hätten keine Narben hinterlassen, aber da man den bei dem Sturz gebrochenen Fuß nicht achtete und erst Monate später merkte, sei er ein Krüppel geblieben, dessen Kralle von Fuß in einem eisernen Schuh stecke, dessen Metall klinge, wenn er mit dem Stock daran schlage, der ihm beim Gehen helfen muß. Sechs Monate auf dem Landsitz seiner Urgroßmutter seien die einzigen glücklichen Monate seiner Kindheit gewesen.

Als Talleyrand sich mit bitterer Ironie seiner Eltern erinnerte, war er älter als sechzig. Sein Vater war 1788 als Vierundfünfzigjähriger gestorben, als Cordon Bleu, Generalleutnant und so was wie Hofmeister des Dauphin. Aber er hatte seiner Frau, die erst 1809 als Achtzigjährige sterben sollte, so gut wie nichts hinterlassen können. Offizier an der Front zu sein, trug schon damals mehr Ehre als Geld.

Talleyrands sechzig Jahre und die Zeitmode der sentimentalen Empfindelei für das Kind machten ihn ungerecht gegen die Mutter, der er vorwarf, daß sie um die Mitte des Jahrhunderts nicht Rousseaus »Emile« gelesen hatte, der noch nicht erschienen, also das Zeitalter der mütterlichen Zärtlichkeit für die Kinder noch nicht angebrochen war. Die Abneigung gegen seine Mutter dürfte Talleyrand der junge Mann und erwachsene Sohn gegen die Frau erworben haben, die ihm vielleicht etwas prüde Vorhaltungen über seine Lebensführung gemacht hat unter Berufung auf ihren Muttertitel. Der späte Anspruch auf diesen Titel mußte den jungen Mann auf ihm unangenehme Weise daran erinnern, daß die Mutter in seiner Kindheit recht wenig getan hatte, sich ihn zu verdienen. Er blickte auf sein hinkendes Bein und sein kirchliches Gewand. Aber die Kindheit des kleinen Charles-Maurice verlief nur wie üblich in vornehmen Häusern des ancien régime, wo man jedes Mehr an Zärtlichkeit für lächerliche Pedanterie nahm. In der Regel heiratete das Mädchen von gutem Hause mit vierzehn den ihr von den Eltern bestimmten Mann. Bis zum zwanzigsten gebar sie ihm die Kinder, und danach war die Zeit, daß sie sich um die Liebe und die Liebhaber kümmerte, wie es auch der Gatte tat. Von dieser Regel machten ja Talleyrands Eltern insofern eine Ausnahme, als die Mutter, eine geborene Damas d'Antigny, schon zweiundzwanzig zählte, als sie den sechzehnjährigen Grafen Talleyrand-Périgord heiratete. Auch darin war diese Ehe nicht im Stil der Zeit, indem sie eine der Umgebung auffallende Musterehe war, der es nur immer etwas an Geld fehlte. Die Talleyrands gehörten schon seit dem vierzehnten Ludwig zu jenem sehr kostspieligen Hofadel ohne Grundbesitz, den sich der Monarch als »seine Leute« hielt, weil und seitdem er mit den frondierenden adeligen Grundbesitzern üble Erfahrungen gemacht hatte. Dieser besitzlose Hofadel lebte aus der königlichen Schatulle oder von den andern Gnaden, vom Herrn verliehen teils in der militärischen, teils in der kirchlichen Karriere. Es war ein zeitraubender Dienst und man mußte auf die ungewisse und intrigierte Stunde einer zufälligen Gnade arg aufpassen, besonders wenn die Vermögensverhältnisse so bedrückend waren wie bei den Eltern Talleyrand, die aus eigenen Mitteln nicht ihre fünf Kinder aufziehen konnten, die zwischen 1752 und 1771 das Licht der Welt erblickten; wenn auch zwei von ihnen nicht für lange Zeit und wenn auch eines von ihnen ein Krüppel war, was der ganz aufs Militärische gerichteten Art des Vaters diesen Sohn wohl etwas entfremdete. Und das um so mehr, als man leider bemerkte, daß dieser Sohn für die andere nur mögliche Karriere, die kirchliche, nicht die geringste Anlage oder Neigung zeigte.

Ein paar Jahre ein mäßiger Schuljunge im College d'Harcourt, dann ein gerade genug fleißiger Schüler im Seminar von Saint-Sulpice waren ja nicht geeignet, in dem mehr auf die irdischen Freuden des Daseins eingestellten Jüngling, der sich schon als Vierzehnjähriger mit den Mädchen abgab, den Geschmack am geistlichen Beruf zu wecken. Das versprach man sich vom Augenschein einer großartigen kirchlichen Hofhaltung und erinnerte sich eines Onkels, der Koadjutor beim Erzbischof von

Reims war, dem Kardinal und Herzog von la Roche-Aymon, erstem Pair von Frankreich und Legaten des Heiligen Stuhles. Dahin schickte man den Fünfzehnjährigen. Aber das ist, auch für einen Talleyrand, nicht das Alter, in dem einem imponiert, das Dasein einer üppig lebenden Null zu führen um den Preis eines in Formalien eingeengten Lebens. Hätte der fünfzehnjährige Schüler schon diesen bequemen Zynismus besessen, wäre er nicht Talleyrand »der Zyniker« geworden.

Man versuchte es mit dem Ehrgeiz, da es mit dem Wohlleben mißlungen war. Gab ihm die Schriften von Richelieu, Ximenes, Retz zu lesen, großer Staatsmänner, die den Purpur getragen hatten. Er las sie, und später den Retz wohl mit größerem Nutzen, aber der gewisse spirituelle Rigorismus dieser jungen Jahre kann nicht begreifen, »warum Entsagung versprochen und Ehrgeiz zum Ziel gewählt werden sollte, warum der Weg zum Ministerium der Finanzen durch das Priesterseminar führte«.

Nach einem Jahre in Reims kehrt er nach Saint-Sulpice zurück: vereinsamt, etwas verbittert, etwas ermüdet und sich fügend, denn es gab keinen Ausweg. Blaß, schweigsam, beobachtend fand ihn die wenig ältere Madame de Genlis, der er in Reims begegnet war – von der galanten Frau sagt Talleyrand in seinen Erinnerungen, daß sie, »um den Skandal der Koketterie zu vermeiden, immer leicht und rasch nachgegeben habe« –, aber man wird es dem Memoiristen nicht aufs Wort glauben, wenn er von diesen fünf Jahren, die er als Seminarist in Saint-Sulpice verbracht hat, so spricht, als wären sie die düstersten seines Lebens gewesen. Mit seinen Lehrern stand er sich ganz leidlich, besser mit den Büchern der während dieser Zeit aufgelesenen Bibliothek und sehr gut mit einem jungen Mädchen, deren Eltern sie gegen ihren Willen fürs Theater bestimmt hatten und der er, er war achtzehn, bei Regen den Schirm bot. Als man ihn später einmal darauf aufmerksam machte, daß dieses Mädchen sehr einfältig gewesen sei, sagte er, daß er das während der zwei Jahre seines Umganges mit ihr nie bemerkt habe. Diese glückliche Erfahrung der ersten Liebe wurde ihm zur richtig distanzierenden Maxime, die später einmal lautete: »Ein geistvoller Mann soll eine dumme Frau heiraten. Deren Dummheiten kompromittieren nur sie selber, aber die einer intelligenten Frau kompromittieren ihren Mann.« Das war, als er, mit Mrs. Grant verheiratet, von Napoleon gefragt, ob seine Frau Geist besitze, antwortete: »Wie eine Rose«.

2

Der Theologe

MAI 1774 empfing der Seminarist von Saint-Sulpice in einer Pariser Kirche die vier niederen Weihen des Pförtners, Lektors, Exorzisten und Akolyten. April 1775 in derselben Kirche die Ordination zum Subdiakon; das sakramentale Tu es sacerdos in aeternum war über ihn gesprochen. Er verließ das Seminar, nicht zum Mißvergnügen seiner Lehrer, die keinen Wert darauf legten, ihn zum Priester vorzubereiten. Auch der Subdiakon legte keinen Wert darauf. Er war einundzwanzig Jahre alt. Er mußte in die Welt gehen. Er hatte sich um sein Einkommen zu kümmern.

Im Jahre 1775 wurde der sechzehnte Ludwig in der Kathedrale von Reims zum König gesalbt, – es war die letzte Königssalbung der alten Monarchie, Entfaltung alles weltlichen und geistlichen Pompes fünf Tage lang. Damit der Subdiakon offiziell daran teilnehmen konnte, verschaffte ihm sein Onkel, der Koadjutor, die Kaplanstelle an einer Reimser Kirche. Der Kaplan assistierte bei der Rufung des Wunders: zweitausendvierhundert Kranke aus allen Gauen Frankreichs waren im Parke der erzbischöflichen Abtei aufgestellt, jeden von ihnen berührte der König, der die dazu überlieferten Worte spricht: Dieu te guerisse, le roi te touche. Unter der zuschauenden Menge befand sich ein Bursch von siebzehn Jahren, der zu Fuß von Arcis-sur-Aube gekommen war, um zu sehen, »wie man einen König macht«. Es war Jacques Danton. Siebzehn Jahre später wird er Minister sein, der dem Talleyrand Instruktionen gibt. Und ein halbes Jahrhundert später wird dieser selbe Talleyrand in höchster offizieller Stellung an einer andern Königssalbung teilnehmen.

Für den Augenblick muß der junge Abbé aus vornehmem, aber armen Hause an die Voraussetzungen einer Karriere denken, an ein Einkommen. Der Gesalbte läßt ihm im selben Jahre noch die Erträgnisse der Abtei von Sant-Denis in Reims zukommen, – über welchen Weg, darüber kann man in den Erinnerungen zwischen den Zeilen dessen lesen, was er über die Krönung allein zu berichten für gut findet: »Von der Königssalbung datieren meine Verbindungen mit einigen Frauen, deren Vorzüge in verschiedenen Hinsichten sie bemerkenswert machten und deren Freundschaft nicht für einen Augenblick aufgehört hat, meinem Leben...« Es waren die Herzogin von Luynes, die Herzogin Fitz-James und die durch den Eklat ihrer verliebten Skandale berühmte Vicomtesse Laval, deren einer ihrer zahllosen Liebhaber Talleyrand bald werden sollte. Der gräfliche Abbé nahm keinen andern Weg als die vielen andern Abbés des Salons, die ihre Messen in den Alkoven lasen. Er war mit dem Erfolg zufrieden; es war ein ganz guter Anfang, mit einundzwanzig Jahren ein Einkommen von 18.000 Livres als jährliche Revenu zu haben und das ohne Gegenleistung. Er behauptet, aus diesem Gelde seine geschuldete Schüler-Pension an das College d'Harcourt gezahlt zu haben, eine Behauptung, die ein Detail des animosen Bildes auszufüllen bestimmt ist, das er von seinen Eltern geben zu müssen glaubt.

Es ist ein Witz, wenn Talleyrand einmal zu Gagern sagen wird, er halte sich für den stärksten Theologen der Zeit, aber er enthielt als ein guter Witz ein Korn Wahrheit. Daß das Studium der Theologie die beste Vorschule für die Diplomatie sei, hörte man oft von ihm. Auch daß er diesem geistigen Exerzitium den instinktiven Scharfsinn und das Maßhalten verdanke und daß die Christen in ihre Doktrin den meisten Verstand verarbeitet hätten. Talleyrand war nicht im mindesten das was man eine religiöse Natur nennt. Darum machte er auch von seinem Unglauben nie einen demonstrativen Gebrauch. Es konnte ihm also auch nicht passieren, daß er das Licht der Welt mit der Altarkerze verwechselte, aber daß solches die Kirche, wenigstens die seiner Zeit, unausgesetzt tat, beobachtete er und war nicht erstaunt darüber. Er konnte also aus der Theologie sehr vieles lernen. Das tat er zwei Jahre lang an der Sorbonne. Er mußte sich auf die höheren Weihen vorbereiten. Denn sich mit dem kleinen Mäntelchen des Abbé zu begnügen, um sich unter tausend Mitjägern vielleicht noch eine weitere Pfründe zu erjagen, das konnte einem Talleyrand, wenn er arm war, nicht helfen. Aber auch dieses nicht, daß er einen Geist im Witz verzettelte, in der Intrige der Schlafzimmer. Hier lauerte auch, aus dem Temperamente Talleyrands, eine Gefahr, der man erlag, wenn man nichts weiter als ein kleiner Abbé ohne besondere Einkünfte war, die man aber parieren konnte durch eine erhöhte Stellung. »Talleyrand hat aus Neigung, aus Berechnung, aus Geschmack seine Zukunft unter den Schutz der Frauen gestellt. Sie haben bei ihm stets die erste Rolle gespielt, sein politisches Leben begleitet, gefördert oder beherrscht. Der Kontrast zwischen seinen Neigungen und seinem geistlichen Stande machte sie ihm noch verlockender, und so lernte er früh das Ärgernis nicht scheuen und das Urteil der anständigen Leute verachten«, schreibt sein Gegner Vitrolles, dort übertreibend, wo er sagt, daß die Frauen Talleyrands Politik beherrscht haben. Nach seiner Liebesgeschichte mit der Verfasserin der ‚Delphine' – sie mußte sich darein teilen mit der wenig intelligenten Frau von Flahaut – meinte er: »Frau von Staël hat mich so sehr mit Geist überschüttet, daß ich der Meinung war, niemals genug im Gegenteil exzedieren zu können, was Frauen betrifft«. In jenem Roman gibt die Staël ein Porträt von Talleyrand als Madame de Vernon. Der so Porträtierte sagte dazu: »Man behauptet, Frau von Staël hat in ihrem Roman sich und mich als Frauen verkleidet dargestellt«. Solche und viele ähnliche Bemerkungen stellen nicht einen Mann vor, welcher der geliebten Frau den Gefallen tut oder tun muß, sich in seiner Intelligenz, also seiner Politik, von ihr beherrschen zu lassen. Sie haben nur dazu beigetragen, ihm den Wert aller Politik so stark zu relativieren, daß sie Politik bleibt.

Vivere socialiter et collegialiter et moraliter et scholariter: so lautet die Inschrift an dem Hause, das nach dem Beichtvater des heiligen Ludwig den Namen trägt; aber während der zwei Jahre, die Talleyrand in der Sorbonne zubrachte, hat er sich durchaus an das socialiter et collegialiter gehalten, an das moraliter gar nicht und an das scholariter nur gerade so viel, daß er von Zeit zu Zeit an den theologischen Exerzitien teilnahm, um sich das Lizentiat zu holen, womit er sich in seiner theologischen

Gelehrtenlaufbahn begnügte. Den Doktorhut ambitionierte er nicht; denn auch ohne das Wissen, über das dieser ein Zeugnis ausstellt, besaß er hinreichende theologische Kenntnisse, wie er das meinte und wie die ecclesia militans seiner Zeit es verstand, und das hatte er schon vor seinem Eintritt in die Sorbonne bewiesen. An der letzten der alle fünf Jahre tagenden Versammlungen des gallikanischen Klerus arbeitete er als Promoteur der Versammlung die Denkschrift aus, die sich gegen die immer feindlicher werdenden Ansprüche der Staatsgewalt wehrte, daß das kirchliche Vermögen besteuert werde. Aber nicht darüber stürzte Turgot. Über die Abgaben hätte der Klerus mit sich reden lassen. Aber nicht über Turgots Schulprogramm, das die Erziehung dem Klerus wegnahm und weltlichen Lehrern übergeben wollte. Hier ließ die Kirche nicht mit sich reden. Denn wenn man Steuern von ihr verlangte, mußte man auch dafür sorgen, daß in einem heranwachsenden Volke der Respekt vor der kirchlichen Autorität erhalten bleibe, auf daß dieses kirchlich erzogene Volk dem Klerus auch die Substanz liefere, die besteuert werden soll: ohne geistliches Unterrichtswesen kein sicheres Einkommen, also auch keine Steuern.

Die Ausarbeitungen Talleyrands zu dieser wichtigsten Angelegenheit des Klerus waren so vortrefflich, weil nur seine Orthodoxie daran beteiligt war. Seine Sympathie war bei den Gegnern der Kirche. War bei Voltaire, der bei seinem triumphatorischen Einzug in Paris dem jungen Abbé Talleyrand, – er hatte gerade die Sorbonne verlassen und kniete vor dem vierundachtzigjährigen Alten, – segnend die Hände aufs Haupt legte unter dem Applaus der Umstehenden. Die Hände Voltaires waren der Doktorhut dieses Theologen.

Der Lizenziat war in zwei Monaten sechsundzwanzig

Jahre alt, als er zum Priester ordiniert wurde, – in Reims, nicht in Paris, wo der strenge Beaumont du Repaire Erzbischof und Provisor der Sorbonne war, berühmt durch seine Streitigkeiten mit den Jansenisten, dem Parlament, der Enzyklopädie und Rousseau. In Reims war nach dem Ableben des Kardinals La Roche-Aymon dessen Koadjutor Erzbischof geworden und von dem Bruder seines Vaters hatte der zu Ordinierende nichts zu befürchten, weder was seine Sitten betraf noch sein theologisches Wissen. Choiseul-Gouffier, der Freund seiner Jugend, erzählt von Tränen und Verzweiflung Talleyrands die Tage vorher. Es war keine Krise eines Ungläubigen, der die Profeß des Glaubens abzulegen hat. Es waren nur Tränen der Wut, die er weinte, über seinen Sturz von der Kommode und den Klumpfuß, der ihn zur kirchlichen Laufbahn verurteilte. Aber am 18. Dezember 1779 sprach er das »also sei es«, das letzte Wort der Weihe. Anderen Tages tröstete den neuen Priester sein Onkel damit, daß er ihn zum Generalvikar seiner Diezöse machte. Er las seine erste Messe. Seinen Eltern gab er die Kommunion. Seine Mutter betete, daß er sich immerdar des priesterlichen Kleides würdig erweise. Einige Jahre später machte er einer seiner Freundinnen auf gegebene Endreime ein Epigramm, von dessen zweitem Vers er sagt, daß er fast die Geschichte seines Lebens enthalte. Er enthält jedenfalls die Geschichte seiner Priesterweihe. Die Verse lauten:

> Et que me fait à moi qu'on soit belle ou jolie,
> A moi qui, par raison, ai fait une folie?

3

Le plaisir de vivre

DER ÄLTERE MANN, der zu Guizot sagte: wer nicht in den Jahren unmittelbar vor 1798 gelebt habe, wisse nicht, was le plaisir de vivre sei, – dieser Talleyrand in Jahren erlag nicht ganz der Täuschung, daß man immer die Zeit glücklich zu finden geneigt ist, in der man mit dreißig gelebt hat. Die Mongolfière stieg in einen Himmel, der über Paris hellblau von optimistischen Hoffnungen war. Die schmerzlichen Erinnerungen an den siebenjährigen Krieg waren vergessen über den Erfolgen der jungen amerikanischen Republik, an denen Frankreich so sehr beteiligt war. Im Theater spielte man die Hochzeit des Figaro. Man hatte das angenehm fiebrige Gefühl, ein neues vielversprechendes Zeitalter breche an. Und hatte das Alter, dieses Gefühl zu spüren. Und die Zeit, sich ihm hinzugeben. Die Obliegenheiten, die der kirchliche Beruf mit sich brachte, waren gering und weit geringer noch, als man es sich vorgestellt hatte, und kaum vorhanden die Unannehmlichkeiten, die sich daraus ergaben.

Talleyrand nahm Wohnung in einem klösterlichen Gebäude, das in einem großen Parke lag. Er sammelte Bücher in schönen Ausgaben. Nichts hinderte, seinen Verkehr so zu wählen, wie es einem paßte, – wenn er nur in Worten Witz und Geschmack bewies, auf sein Tun kam es nicht im geringsten an. Auszusetzen war an dem glänzenden Obersten des Regimentes Piemont, dem Grafen Narbonne, nichts sonst als daß er zuweilen witzig auf Kosten des guten Geschmackes war. Zuverlässiger darin war Lauzun, der spätere Herzog von Biron. Der Dichter des »Jardins«, Abbé Delille, konnte das ausschweifendste Leben führen, wenn nur seine Manieren korrekt waren. Nichts kümmerte, daß Chamfort in den Bordellen lag, solange er seinen Witz behielt. Nichts zählten die drei Jahre Vincennes und ein skandalöses Privatleben des Grafen Mirabeau, wenn man sein Genie besaß.

Oder ein Wissen in den Angelegenheiten der Finanzen, wie der Bankier Panchaud, in den Dingen der Wirtschaft, wie der Physiokrat Dupont de Nemours. Denn man war mit nichten ein Schöngeist. Die modischen Dichter diskutierte man gar nicht. Am Streit der Gluckisten und Piccinisten hatte man nicht das geringste Interesse. Aber den französisch-englischen Handelsvertrag von 1786 diskutierte man lebhaft. Nicht minder die geringen Qualitäten des Finanzministers Necker, der mehr von sich eingenommen war als er irgend dazu berechtigt. Für den Abbé Talleyrand waren alle diese Fragen der Wirtschaft und der Finanz »voller Charme«. Aber als Marmontel seine bewunderten »Moralischen Geschichten« vorlas, schlief er ein. Von zeitgenössischer Literatur zog er, wenn er so was lesen wollte, den »Portier von Chartreux« vor, einen pornographischen Schmöcker.

Die Malerin Vigée-Lebrun beschreibt den Talleyrand dieser Jahre: »Son visage était gracieux, ses joues très rondes, et, quoiqu'il fut boiteux, il n'en était pas moins fort élégant et cité comme un homme à bonnes fortunes.« Von all dem, was ihm der auf seine Güter verbannte Ex-Minister Choiseul sagte, – der nach dem Wort Talleyrands »Frankreich mit nichts sonst als dem modischen Despotismus regiert hat« –, behielt und beherzigte der junge Abbé nur den guten Rat, daß sich ein Staatsmann besser informiere, wenn er in die Gesellschaft ginge als in sein Bureau. Die Gesellschaft bedeutete um 1780 die Frauen. Für Talleyrand verband sich so das Nützliche mit dem Angenehmen. Er rangierte sich in jene klerikale Kohorte, welche nach dem Wort der Herzogin d'Abrantès die Boudoirs und die Betten exploitierte, und wurde da un homme à bonnes fortunes.

Als Talleyrand sich später mit Mrs. Grand verheiratete, konnte sein Kammerdiener Courtiade mit allem Recht die Augen zum Himmel drehen und ausrufen: »Wer hätte geglaubt, daß wir eine solche Dummheit begehen, wir, die wir die allerschönsten Damen des Hofes gehabt haben . . . !« und der in seinem Standesgefühl enttäuschte Kammerdiener nannte von den vielen, »die wir gehabt hatten«, nur als Beispiel die Gräfin von Brionne. Er hätte auch deren beide Töchter nennen können, die Prinzessin von Carignan und die Prinzessin von Lorraine, die als Äbtissin von Remiremont 1786 starb in ihrem einunddreißigsten Jahre. Oder der Gräfin Schwiegertochter, die Prinzessin von Vaudémont, eine geborene Montmorency, die sich eine Menagerie hielt und nicht nur Abbés. Die Liebe der Mama aller dieser Prinzessinnen war ehrgeizig: sie bemühte sich, dem dreißigjährigen Abbé Talleyrand den Kardinalshut zu verschaffen und veranlaßte den lutherischen König Gustav von Schweden, darum bei Pius VI. vorstellig zu werden, – und er bekam die päpstliche Zusage, denn der Abbé hatte sich als Generalagent des Klerus dem römischen Stuhl als ein fähiger Mann gezeigt. Aber in anderen Quartieren doch mehr als ein leichtfertiger, was die frömmlerische Marie Antoinette veranlaßte, ihren Wiener Gesandten Mercy-Argenteau den Auftrag zu geben, die Sache beim Papst zu hintertreiben. Außerdem hatte Talleyrand, wenn auch nur durch seine Beziehung zur Gräfin Brionne, die eine geborene Rohan war und leidenschaftlich für ihren Onkel, den Kardinal Rohan, Partei nahm, mit der leidigen Halsbandgeschichte zu tun gehabt.

Da war auch noch die verwitwete Marquise von Montesson, seit 1773 heimlich mit dem Herzog von Orléans verheiratet. Sie hielt ein Haus tout à l'extrémité de la décence, wie Talleyrand sagt und nicht hinzufügen braucht, daß er da besonders gern verkehrte. Es gab hier Liebhabertheater und die Marquise spielte die dekolletiertsten Rollen in kleinen Stücken, die sie selber verfaßte.

Alle diese Frauen waren keine schwierigen Frauen. Sie hatten gar nichts von jener bürgerlichen Frau von Tourvel im Romane des Laclos, und Talleyrand es nicht nötig, sich zu einem Valmont anzustrengen.

Wenig bedeutete ihm in diesem Commerz das Ziel der Eroberung, wahrscheinlich nicht mehr als ein quand-même, das er zu seinem lahmen Fuß sagte. Aber alle diese Frauen liebten es, sehr mondän wie sie waren, Schwierigkeiten zu machen; und man kann sie für Virtuosinnen in diesem weiblichen Spiel halten, das eine ausgebildete Kunst ist, insofern bei einem feststehenden und nicht weiter diskutierten Ziel nur die Mittel, es zu erreichen, wichtig und bemerkenswert sind. Im Ziel ist man nur allgemein, aber in den Wegen dahin kann man besonders sein.

Formulierungen und Worte finden, die, der sie hört, nicht erwartet hat und in denen sich Widersprüche aufzulösen scheinen; etwas zu verlangen vermeiden, von dem man weiß, daß es einem schon die pure Notwendigkeit einbringen wird; keinerlei Eile, obzwar sie not täte, merken lassen, wohl aber sie beim andern hervorrufen; niemals Zufriedenheit zeigen, daß man recht gehabt hat und nie den andern merken lassen, daß er unrecht hatte; zu lächeln verstehen, zu schweigen, in Andeutungen zu sprechen; in wichtigsten Augenblicken sich das Air des Gleichgültigen geben; geschickt sein bis in die Wahl der Zerstreuungen; sich interessiert zeigen für eine Person, die einem ganz unwichtig ist in dieser Situation –: was wird hier in seiner allgemeinen Apparatur des Verhaltens beschrieben?

Das Künstliche einer Frau, der was sie die Liebe nennt ein jeu d'esprit und Möglichkeit einer amüsanten Karriere ist? Oder das Künstliche eines diplomatischen Stiles, welcher der Talleyrands ist?

Beides beschreibt sich mit den gleichen Worten.

Mirabeau redet in den Briefen den um fünf Jahre jüngeren Talleyrand Mon chèr et très chèr Maître an und das nicht, um ihm zu schmeicheln. Denn der Abbé war ihm bei einer seiner Geliebten ins Gehege gekommen und die Art, wie er ihm davon gesprochen habe, war, wie Mirabeau der Geliebten schreibt, von einer Perfidie gewesen, qui me l'ont fait prendre en horreur. Aber er schickt dieser Geliebten seine Schrift über die preußische Monarchie, eines der vier Exemplare auf Velinpapier, die er sich hatte abziehen lassen für die »ihm liebsten Menschen auf der Welt, Dich, den Abbé von Périgord, den Herzog von Lauzun und den Bankier Panchaud«. Der Pair liebt den Pair, dem er ein paar Wochen zuvor in einem Briefe einen homme vil, avide, bas et intriguant genannt hat, der nichts brauche als Dreck und Geld.

4

Der Bischof

DASS DER ABBÉ VON PÉRIGORD zum Bischof konsekriert werde, war gegebene Etappe auf dem Wege der Karriere. Es bedurfte dazu weder besonderer geistlicher Vorbereitungen noch besonderer Verhaltungen in der Lebensführung und schon gar nicht irgendwelcher Verdienste religiöser Natur. Der Abbé hatte sich in seiner fünfjährigen Amtszeit als finanzieller Sachwalter des Klerus so geschickt erwiesen, daß ihm das mit einer geldlichen Gratifikation nicht nur, sondern auch mit einer Empfehlung an die Gnade des Königs gelohnt wurde. Im übrigen tat er alles, um sich auf diese Etappe seiner Karriere vorzubereiten. Er hielt ein gastliches Haus, sammelte schöne Bücher, erfreute sich an der Gunst der Frauen, hatte von einer verheirateten Geliebten einen Sohn, der einmal als der Maler Delacroix berühmt werden wird, war Freimaurer, Mitarbeiter Calonnes und Mirabeaus, half unter dem klugen Rat Panchauds seinen Einkünften nach, trieb Agiotage und war darüber vierunddreißig Jahre alt geworden, der Bischof also fällig. Das Archiepiskopat von Bourges wäre »eine schöne Stelle« gewesen, aber der sie inne hatte, zog mit dem Sterben so lang hin. Und als es endlich so weit war, bekam sie der Bischof von Nancy und Talleyrand nicht die dadurch freigewordene schöne Stelle in der lothringischen Hauptstadt. Auch die Erwartungen, die man kurz darauf an den Tot des Erzbischofs von Lyon knüpfte, wodurch Autun frei wurde, da man den Bischof von Autun nach Lyon schickte, erfüllten sich nicht. Da kam Talleyrands Vater zum Sterben und wandte sich mit einem Briefe an den König, in dem er ihn bat, etwas Bischöfliches für seinen Sohn zu tun. Der König war bereit, seinem verdienten Offizier diese Sorge abzunehmen. Als aber davon die Mutter Talleyrands erfuhr, bat ihre Frömmigkeit die Majestät, dieses Ärgernis zu vermeiden, ihren dessen ganz unwürdigen Sohn zum Bischof zu machen. Aber Majestät antwortete: »Das wird sich geben«, und setzte am 2. November 1788 seinen Namen unter das Brevet, das den Abbé von Périgord zum Bischof von Autun ernannte »in Würdigung«, wie es in dem Schriftstück heißt, »des rechten Lebens, der vortrefflichen Sitten, der Frömmigkeit, Gelahrtheit, Selbstgenügsamkeit und anderer tugendsamer und empfehlenswerter Eigenschaften, welche die Person des Herrn Charles-Maurice von Talleyrand-Périgord, Generalvikar von Reims, auszeichnen.«

Hinter dem Sarg des Vaters, der von der Ernennung noch rechtzeitig erfahren hatte, schritt neben des Vaters Bruder, dem Erzbischof von Reims, sein Sohn, der Bischof von Autun, denn die Zustimmung der päpstlichen Kanzlei auf den Vorschlag von Versailles war, wie es der Brauch, eingetroffen. Wie die anderen kirchlichen Benefizien, die das mäßige Erträgnis aus der Bischofswürde, das nur 22.000 Livres betrug, auf die standesgemäße Höhe von jährlichen 50.000 brachten.

Während der Bischofsweihe – es ist der am längsten dauernde Ritus der Kirche – verlor der bis dahin teilnahmslose Talleyrand seine Nerven in eine kleine Ohnmacht, als der Konsekrator ihm die Handrücken mit dem Chrysam salben wollte. Man mußte einige Minuten pausieren. Das dürfte dem Fürsten von Benevent eingefallen sein, neunundvierzig Jahre später, als ihm der Abbé Dupanloup die letzte Ölung gab. »Vergessen Sie nicht, Abbé, daß ich Bischof bin«, sagte er, als der Priester ihm die Hände gesalbt hatte und ihm auch die Stirn salben wollte. Denn anders als auf die Handrücken kann ein Bischof nicht die letzte Ölung empfangen.

An nichts als an diese Formalität erinnert sich Talleyrand aus seiner bischöflichen Zeit. An nichts sonst hat er Grund, sich zu erinnern. In seinen Denkwürdigkeiten spricht er nur ein einziges Mal von seiner Bischofszeit und das geschieht in einem Satz, der lautet: »Ich nahm als Bischof von Autun meinen Abschied.« Daß er nicht mehr darüber sagt, zeigt seinen guten Geschmack, der ihn den so nah liegenden Witz des Ungläubigen über seine kirchliche Würde vermeiden läßt. Aber es hält sich auch die öffentliche Meinung bei dem Fall nicht auf, der kaum in Briefen oder Gazetten Erwähnung findet, weil er, wenigstens was die verweltlichte Prälatur betrifft, gar nicht als ungewöhnliche Ausnahme auffällt. Nennt doch

Rivarol den Klerus seiner Zeit »so aufgeklärt wie die Philosophen«. Der neue Bischof mußte erst durch eine unbischöfliche Politik auffallen, damit sich der Dichter Chénier eines Vorgängers auf dem bischöflichen Stuhl von Autun erinnert, der das Modell für Molières Tartuffe abgab, eines gewissen Roquette, von dem Saint-Simon erzählt, er sei »ganz Honig und Zucker gewesen, mit einflußreichen Frauen befreundet, an allen Intrigen beteiligt«.

Mit dem Paulus-Wort, das seinen Hirtenbrief an die Autuner Diözese einleitet: desidero videre vos, hatte er es nicht eilig. Aber die Einberufung der Generalstaaten war für den 1. Mai 1789 versprochen und setzte ganz Frankreich in Fieber. Der Bischof von Autun wußte, wie der Bischof von Luzon seine politische Karriere angefangen hatte: mit den Generalstaaten von 1614. Daß ihn sein Klerus als den Vertreter nach Versailles schicken würde, war selbstverständlich. Aber man mußte sich ihm vorstellen. Man verließ also für eine Weile die Pariser Salons und begab sich nach Autun.

Im Kirchlichen beschränkte man sich auf zwei kurze Predigten, die mehr Ansprachen waren, und auf eine Messe zu Maria-Verkündigung in der Kathedrale. Das lief nicht ganz glücklich ab. Fehler, die der liturgisch nicht ganz Sichere machte, riefen oft ein Lächeln hervor. Eine zweite Messe, die des Ostersonntags, zu lesen, vermied der Bischof, indem er früh am Ostermorgen seine Diligence bestieg, die ihn von Autun wegbrachte. Er sollte es übrigens nie mehr wieder sehen.

In den dreißig Tagen seines Autuner Aufenthaltes hatte er seinen Zweck erreicht, der nicht das Messelesen, sondern seine Wahl für die Generalstaaten war. Er erzielte fast Einstimmigkeit seines Klerus mit einem Programm, das ein Meisterstück ist an Klarheit der Formulierungen, die keinerlei Rhetorik verundeutlicht. Wenn Talleyrand in diesem Programm von der »Heiligkeit des Eigentums und der Freiheit« spricht, so ist das im Jahre 1789 keine Phrase. Die den Besitz betreffende Stelle lautet: »Die unantastbare Aufrechterhaltung des Besitzes verlangt die Sicherheit, daß Alles, was zu einem solchen gehört, auf ewige Zeit geschützt und heilig gehalten werde. Zugleich aber wird zu prüfen sein, ob unter dieser Bezeichnung nicht Dinge verstanden worden sind, die von Anfang an nur durch Verletzung des natürlichen Rechtes darunter einbegriffen werden konnten. Und weiter, ob darunter nicht solche Dinge sind, die zwar im Prinzip Besitz waren, in der Folge aber durch Aufhebung oder Verschwinden der Ursachen, mit welchen ihr Bestehen zusammenhing, aufgehört haben, ein solcher zu sein.«

Im weitern verlangt das Programm regelmäßige Einberufung der Generalstaaten, Provinzialversammlungen, Heranbildung des Volkes zur Selbstverwaltung, Habeas Corpus, Freigebung von Handel und Gewerbe, Geschworenengerichte und »das Recht auf Arbeit als den einzigen Besitz derer, die sonst keinen haben«. Weiter Rede- und Preßfreiheit, Wahrung des Briefgeheimnisses, Reform der Gesetzgebung, Kodifizierung der Gesetze, Budgetbewilligung allein durch die Stände. Die gleichzeitigen Instruktionen, die Sieyès im Auftrag des Herzogs von Orléans verfaßte, decken sich mit Talleyrands Programm bis auf diese eine Forderung der egalitären Demokratie: daß die Vollmachten der Nation ausschließlich dem dritten Stand übertragen werden, dessen höchste Aufgabe die Redigierung der Menschenrechte sei. Über diese Menschenrechte hatte der Bischof von Autun seine Zweifel.

Die Generalstaaten

SEINE INTIMEN in diesen Tagen nannten ihn nie anders als »den Bischof«. Aber er trug nur das Bäffchen und die Haartracht des Klerikers und das Bischofskreuz auf der Brust, dieser nonchalante junge Grandseigneur, der etwas vom verwöhnten Pagen hatte, etwas von einem durch Frauengunst verwöhnten Colonel, wie ein homme à la mode aussah, mehr gewohnt, die Menschen als sich mit ihnen zu beschäftigen. Der die Lippen ein wenig bösartig verzog und den Stock, auf den er sich beim Gehen stützen mußte, als eine kokette Eleganz behandelte, – so beschreibt einer die Figur, um mit der Pointe zu schließen: »das Haupt eines Engels, belebt von einem Geiste des Teufels«. Morris, der Bevollmächtigte der Vereinigten Staaten, faßte seinen Eindruck von dem Bischof in die vier Worte: sly, cunning, ambitious and malicious. Aber Morris war ein Quäker. Laclos, der Verfasser der Liaisons Dangereuses, gibt diese Porträtzeichnung in Silberstift: »Er hat die bezaubernden Formen, die sogar die Tugend zu etwas Schönem machen. Das vorzüglichste Geheimnis seines Erfolges liegt in der Veranlagung seines Verstandes. Er beurteilt die Menschen mit Nachsicht, die Ereignisse mit Kühle. Er besitzt die Mäßigung wahrer Weisheit. Er denkt nicht daran, das Gebäude seines Ansehns an einem Tage zu errichten. Aber er wird alles erreichen, denn die Gelegenheiten bieten sich jenem in Fülle, der zu warten weiß. Jeder Schritt wird bei ihm ein Talent entwickeln und so von Erfolg zu Erfolg schreitend wird er die Anerkennung finden, welche den Mann zu den höchsten Stellen berufen. Man wirft ihm vor, daß er ‚keinen Charakter' habe. Aber da möchte ich fragen, ob Charakter zu haben immer ein Glück zu nennen ist, wenn diese Eigenschaft in großen Krisen die Entschlüsse

Talleyrand als Bischof von Autun

Talleyrand als Deputierter

bestimmt?« Laclos' Bedeutung, den ersten psychologischen Roman geschrieben zu haben, ist begründet. Er hatte keinerlei Vorurteile zu Gunsten der Moral als einen absoluten Wert. Talleyrand war ein Spieler und er spekulierte auf der Börse. Beides tat er mit Glück. Beides erklärte er Vitrolles daraus, daß nichts schlimmer wäre als ein armer Teufel zu sein und daß er immer reich gewesen wäre. Beides gab er zu, das Tripot und das Börsenspiel. Am zweiten Gedenktag des 14. Juli, als er auf Wunsch des Königs die Messe auf dem Marsfeld lesen mußte, war er, wie er in seinen Erinnerungen erzählt – und sonst nichts von diesem Tage – besonders glücklich im Spiel. In einem der beiden Spielsäle, welche die gute Gesellschaft besuchte, sprengte er die Bank und begab sich mit vollen Taschen zu Madame de Laval, wo er dinierte. Nach dem Diner ging er zurück an den grünen Tisch und sprengte die Bank zum zweitenmal. Mit dem Hut voll Billetts der Caisse d'escompte ging er nach Hause. Er gab, allerdings von einer Polemik gezwungen, zu, daß er Spielhäuser besuchte. »Ich schäme mich dessen als Privatperson und mehr noch als Gesetzgeber. Ich verurteile mich sogar und mache mir eine Pflicht aus dem Geständnis. Denn seit die Herrschaft der Wahrheit angebrochen ist und man auf die unmögliche Ehre, keinerlei Fehler zu haben, verzichten muß, ist es das anständigste Mittel, seine Verirrungen zu reparieren, daß man den Mut hat, sie zuzugeben.« So las man es in einer Nummer der »Chronique de Paris«. Im übrigen sei die ihm nachgesagte Summe seines Spielgewinnes sehr übertrieben.

Es gab für einen Mann in öffentlicher Stellung andere ergiebigere Quellen, zu Geld zu kommen als den Spielsaal. Besonders wenn um diesen Mann die Gerüchte gehen, daß er nächstens zum Finanzminister ernannt würde. Da boten zum Beispiel die amerikanischen Schulden eine gute Gelegenheit zur Spekulation. Aber es blieb nicht bei solchen Geschäften eines Privatmannes. Als der spanische Gesandte in Paris zwei Millionen Dollars an die Mitglieder des diplomatischen Korps für die Erneuerung des Allianzvertrages zwischen Frankreich und Spanien zu verteilen hatte, fielen auf Talleyrands Teil hunderttausend Dollars. Das war keine Bestechung, wie man es auch in den sehr vielen späteren Fällen, wo Talleyrand für seine Verdienste Geld bekam und in oft sehr beträchtlichen Summen, nicht Bestechung nennen kann. Käuflich war er nie; dazu war er nicht dumm genug. Er hat nie die Interessen seines Landes verraten; dazu war er zu klug. Aber er hat Nutzen dort gezogen, wo er Vorteile verschafft hatte, die aber nie auf Kosten seines Landes gingen. Es wäre übertrieben, dafür einen glühenden Patriotismus als sittlichen Grund anzunehmen. Die Gründe sind nicht gefühlsmäßiger, sondern vernünftiger Natur. Er war an der Macht seines Landes interessiert, weil sie ihm seine eigene Macht garantierte, als welche auch jene Möglichkeit einschloß, gute Dienste zu erweisen und sich dafür bezahlen zu lassen. Und auch da machte er noch Unterschiede, wie das Wort zeigt, womit er die Beschuldigung, Geld vom Hofe für irgendetwas bekommen zu haben, zurückwies: »Ich finde in der Kasse der öffentlichen Meinung weit größere Summen als die mir vorgeschlagenen. Geld vom Hofe zu nehmen wäre mein Ruin; und da ich das Bedürfnis habe, reich zu werden, bestehe ich darauf, mein Vermögen solider zu begründen.«

Das Programm einer konstitutionellen Monarchie mit zwei Kammern, auf das der Bischof von seinem Klerus nach Versailles geschickt wurde, hatte von Seiner Eminenz nur die Formulierung bekommen. Inhaltlich nur das, was er in den Jahren zuvor, etwa seit 1786 als Mitglied des »Clubs der Dreißig« – le plus hardi de tous ces clubs nennt Morellet diese Gesellschaft der Konstitutionalisten, aus der der Jakobinerklub hervorgehen sollte – in der lebhaften, aber nicht leidenschaftlichen Diskussion der Tagesfragen dazu beigetragen haben mochte; viel wird es nicht gewesen sein, denn Talleyrand war kein Redner. Größer war sicher der Anteil eines anderen Klubmitgliedes und einzigen Redners von großem Format, den die Dreißig auf die Tribüne schicken konnten. Aber Mirabeaus Argumente zerbrachen am Fanatismus der nüchternen Mittelmäßigkeit, die sein Privatleben unsauber fand, seine Gesinnung mehr als bezweifelte und ihm deshalb die repräsentative Autorität versagte. Doch lag es nicht nur daran. Das Programm einer Regierungsform, dessen Verwirklichung dreißig Jahre später die Nation schlecht und recht erlebte als das einzig Mögliche nach den ideellen Imperialismen der Revolution und des Kaiserreiches, – dieses Programm fand ein Ministerium vor, das nicht wußte, was es wollte und nicht einmal das genau wußte. Die Macht, die allein imstande war, das Programm zu verwirklichen, stellte sich als Ohnmacht heraus. Die leidenschaftliche und in ihrer jungen Ehe mit dem schwedischen Gesandten, dem Baron Staël von Holstein, nicht befriedigte Tochter Neckers, noch am Anfang ihres Ruhmes, erklärte den abgöttisch geliebten Vater für einen zweiten Fénelon. Talleyrand fand mit Rivarol, Mirabeau, des Königs Bruder Artois und anderen Konstitutionalisten, daß der König mit der Wiederberufung dieses unfähigen Mannes seine größte Dummheit gemacht hatte. Ein Regierungssystem nach englischem Muster wollen, mit zwei Kammern und einer starken Aristokratie und gleichzeitig dem dritten Stand die doppelte Vertretung konzedieren und dieses dadurch wieder aufheben wollen, daß nach Ständen abgestimmt wird, wodurch die Tiers doch wieder nur eine Stimme haben, – solche Konfusion konnte nur die Lösung finden, die eintrat: das Votum nach Köpfen und in einer Versammlung.

Die berühmt gewordenen Worte dieser Wochen vor dem Bastillensturm lauteten wie folgt. Sieyès im Jänner 1789: »Der Tiers soll getrennt von den beiden anderen Ständen bleiben. Diese vertreten 200.000 Individuen und denken nur an ihre Vorrechte. Der Tiers allein vermag keine Generalstaaten zu bilden? Desto besser! so wird er die Nationalversammlung sein.« Darauf Mirabeau: »Sie wollen den König beherrschen, statt durch ihn die Herrschaft in der Hand zu behalten.« Er bekommt zu hören, daß ihn die Krone gekauft habe. Am 20. Juni fordert der königliche Zeremonienmeister Brézè die Abgeordneten auf, die Sitzung zu suspendieren für die Séance royale. Die Antwort ist der Schwur im Ballhaus, sich nicht zu trennen, bevor die Konstitution gemacht ist, – »bevor die Konstitution der Monarchie zerstört sein wird,« wie Talleyrand das später richtig ausdrückt. Am 23. Juni Auftritt des Königs in der Séance royale ohne Necker, aber mit dessen Programm. Doch mit der entscheidenden Forderung, daß die Stände getrennt beraten. Als Brézè, nachdem sich der König entfernt hat, die Abgeordneten auffordert, auseinander zu gehen, gibt ihm Mirabeau die Antwort: »Wir sind hier durch den Willen des Volkes und werden nur den Bajonetten weichen«, wozu Sieyès den Kommentar mit den Worten gibt: »Wir sind heute, was wir gestern waren, laßt uns deliberieren.« Man teilt es dem König mit, und der sagt nach einer Weile ärgerlich: »Wenn sie den Saal nicht räumen wollen, lasse man sie darin.« Nie hat ein König mit banaleren Worten abgedankt. Nie war ein König durchdrungener von seiner Überflüssigkeit.

Der Bischof von Autun kann sich nicht wie Mirabeau mit einem solchen wie ein Blitz vom Munde zuckenden Wort etikettieren, das von der Leidenschaft durchglühter Gedanke ist. Wenn er, was zu bezweifeln, das besaß, was man Leidenschaft nennt, so entband sie bestimmt nicht eine enthusiastische Situation öffentlichen Charakters. Und daß sie sich mit Gedanklichem zu dessen Gunsten verbinden könnte, – er war vom Gegenteil dessen überzeugt nicht so sehr als daß es vielmehr seine Artung war. Welche Artung er schließlich damit zeigte, daß er ein langlebiger Diplomat und kein kurzlebiger Volkstribun wurde. Daß man künftig diese Volkstribunen ins politische Kalkül werde zu stellen haben, das war ihm menschlich nicht sympathisch, aber es steigerte und schärfte sein Interesse an dem Spiel der Politik. Er sah sich mit seinen siebenundvierzig bischöflichen Kollegen einer Mehrheit von 266 Pfarrern gegenüber und diese Mehrheit sehr zugeneigt den »Advokaten, einer Gattung von Leuten, welche die Gewohnheiten ihres Geistes, die notwendige Folge ihres Berufes, im allgemeinen recht gefährlich machen«. Er überlegte das Neuartige dieses Kräfteverhältnisses und kam zum Schluß: »Die Zusammensetzung der Generalstaaten macht offensichtlich die beiden ersten Stände zu Nullen. Es bleibt also vernünftigerweise nur eine einzige Partei zu ergreifen und dies bevor man dazu gezwungen wird und wo man es sich noch als ein Verdienst anrechnen kann.« Er nimmt seine Bischofsmütze ab. Er hält sich bereit, sie hinüber in den Tiers zu werfen.

Unter lebhaftem Beifall schlägt er der Versammlung die Annullierung der imperativen Mandate vor. Sieyès erwidert, dem Vorschlag zustimmend, das sei implicite schon in der Abstimmung vom 17. Juni enthalten, welche die Nationalversammlung an Stelle der Generalstaaten beschlossen habe. Der faktische Sieg Talleyrands führt dazu, daß er bei der Wahl des Verfassungsausschusses zum ersten von dessen acht Mitgliedern gewählt wird.

Noch bevor die mobilisierte Straße die Bastille stürmt und Blut fließt, kamen ihm Bedenken. Er will der illegalen die legale Gewalt entgegensetzen, die doch nicht schweigend kapitulieren könne. Eine letzte Probe, ob sie überhaupt noch da ist, müsse gemacht werden, und er versucht, des Königs Bruder, den Grafen von Artois zu überzeugen, daß man die derzeitigen Generalstaaten auflösen und zu einem späteren Termin einberufen müsse, wenn nicht anders, so mit Gewalt. Zwei Stunden redet er auf den Grafen ein, der sich darauf zu seinem Bruder nach Marly begibt. Um die Antwort zurückzubringen, der König wolle lieber nachgeben als einen Tropfen Blut vergießen. »Was mich betrifft, so habe ich gewählt«, sagt der Graf, »ich verlasse morgen Frankreich.« Talleyrand sucht vergeblich, ihn davon abzubringen. Er begreift die Emigrierenden, aber er mißbilligt die Emigration. »Wenn es so ist, Monseigneur, daß der König und die Prinzen ihr Interesse und das der Monarchie im Stich lassen, bleibt jedem von uns nichts anderes übrig, als an seine eigenen Angelegenheiten zu denken.« – »Eben, das rate ich Ihnen zu tun,« erwidert der Prinz, »was immer auch passiert, ich werde Sie nicht tadeln. Zählen Sie immer auf meine Freundschaft.«

Talleyrand wollte, wie er in seinen Memorabilien schreibt, »kein Hindernis zwischen der Gelegenheit und sich aufrichten«. Er hatte schon am 26. Juni seine Bischofsmütze in den Tiers geworfen. Aber ganz unauffällig. »Der letzte König von Frankreich,« schreibt er in seinen Erinnerungen, »der zur rechten Zeit nachzugeben und Widerstand zu leisten wußte, war der vierte Heinrich.« Die monarchische Lösung war aufgegeben. Eine monarchisch-konstitutionelle erschien möglich. Daß sie gelänge, mußten ihre beiden Hauptvertreter, Mirabeau und Talleyrand, an der Spitze der Bewegung bleiben. Sich da zu behaupten, war die revolutionäre Geste nötig, aber außerhalb der Versammlung mußte die Tragweite dieser offiziellen Geste beschränkt werden. Mirabeau riskierte dabei seinen Kopf, denn er ließ sich heimlich vom Hofe seine Schulden bezahlen. Talleyrand riskierte ihn nicht minder, aber er konnte für ihn der Revolution einen ungeheuren Preis bieten: die Säkularisation der französischen Kirche.

6

Der Bischof säkularisiert

NACHDEM DER KLERUS von sich aus auf den Zehnten verzichtet hatte – er tat das mit patriotischen Begründungen – hielt Talleyrand nichts mehr vom übrigen Kirchenvermögen als einer Einkommensquelle. Das Erträgnis aus den Kirchengütern würde kaum zur Besoldung der Pfarrer reichen, gar nicht zu reden von der Erhaltung des Unterrichtes und der Krankenpflege, die allein von der Kirche besorgt wurden. Talleyrand stellt, »fast der einzige seines Standes«, wie er sagt, den Antrag auf Einziehung der Kirchengüter, und er wird natürlich angenommen. Über die Folgen war er sich klar. Er wußte, daß dies keineswegs Trennung der Kirche vom Staate bedeute, sondern Verwandlung der Kirchendiener in Staatsbeamte und eine Belastung des Budgets, welche die eben zur Ausgabe von Assignaten schreitende Staatsgewalt nicht tragen konnte. Jahrzehnte später hat er diese Säkularisierung des Klerus den größten politischen Fehler der konstituierenden Versammlung genannt. Er war teils durch Passivität teils durch seine erste Stellung im Vordergrunde daran beteiligt. In dem Briefe, den er an seinem Todestage an den Papst Gregor XVI. schreibt, ersucht er um Nachsicht, »sur l'égarement général de l'Epoque«, der er damals angehörte.

Am Weihnachstage des Jahres 1790 legte der Bischof von Autun den Eid auf die Zivilverfassung des französischen Klerus ab, und drei Wochen darauf adressierte er, ohne sich um den Papst zu kümmern, an den König seine Demission als Bischof; sie wurde angenommen. Aus Angst um sein Leben mußte er aber noch zwei konstitutionelle Bischofskonsekrierungen vornehmen, weil er die zwei dafür brauchte, um weitere verfassungsmäßige Kleriker in ihr Amt einzuführen. Er hatte Briefe von dem neugesinnten Klerus erhalten, die ihn mit dem Tode bedrohten, wenn er sich dieser Zeremonie entzöge, welche die neue Kirche begründete. Ein großes Aufgebot der Garde Nationale umgab an diesem Tage die Oratorianerkapelle in der Rue Saint-Honoré, in der die Priesterweihe stattfand, während Madame de Flahaut ein Testament ihres Freundes las, das sie als Erbin einsetzte. Sie hatte zwei Tage lang vergeblich den Freund erwartet und gesucht; er hatte sich aus Angst versteckt gehalten.

Das Breve Caritas aus Rom traf ein, daß Talleyrand exkommunizierte, falls er nicht innerhalb vierzig Tagen widerrufe. Er gab darauf keine Antwort. Vielleicht ist das Billett, mit dem er seinen Freund Lauzun am selben Abend einlud und das man in Paris kolportierte, echt: »Sie wissen das Neueste, meine Exkommunikation. Kommen Sie mich trösten und mit mir soupieren. Da alle Welt mir Wasser und Feuer verweigert, wird es nur kalten Braten und eisgekühlten Wein geben.« Der jahrelang das kirchliche Habit mit jeder Ablehnung getragen hatte, dem konnte die Exkommunikation nichts bedeuten. Zumal kaum zwei Wochen zuvor Mirabeau ganz unerwartet gestorben war, der Mann, der sagen konnte, er nehme die letzten Fetzen der Monarchie mit sich. Für seinen Ruf als Mann der Revolution und Talleyrands gefährlichsten Freund starb Mirabeau zur rechten Zeit. Daß der Tribun das französische Volk für eine Republik nicht reif hielt und daß es bei der Abschaffung der Monarchie nur einen Volksstaat mit einem Diktator geben könne, – diese politische Einsicht wäre ihm in dem Augenblick als Verrat ausgelegt worden, in dem bekannt geworden wäre, daß er vom König Geld nahm und nicht nur, um seine Schulden zu bezahlen.

Talleyrand traute sich zu, die letzten Fetzen der Monarchie weiter zu tragen. Bei Ludwig XVI. lief vierzehn Tage nach Mirabeaus Tode eine Note des Intendanten der Zivilliste ein, welche mitteilte, daß der Bischof von Autun ihm seine Bereitwilligkeit geäußert hätte, dem König zu dienen. Der König ignorierte das; vielleicht bedauerte er das in Mirabeau hineingesteckte Geld; vielleicht wußte er, daß sich auch Talleyrand sehr für Geld interessiere. Möglich, daß dieses Refus der Adresse an den König, die Talleyrand im Auftrage der Pariser Wähler abfaßte, den scharfen Ton gab, in dem sie ihn davor warnte, sich mit Feinden der Verfassung zu umgeben und Refraktäre zu begünstigen; von ihm forderte, den fremden Mächten mitzuteilen, daß sich in Frankreich eine glorreiche Revolution vollzogen und er sich ihr angeschlossen habe. So distanzierte sich Talleyrand vom König.

An Stelle Mirabeaus ins Direktorium des Departements gewählt, nahm Talleyrand Anlaß, von der Höhe der Tribüne dem Papst auf sein Breve zu antworten. Daß jeder nach seinem Gewissen frei sei und also auch frei der Kult, wenn er nicht die Rechte anderer Personen schädige. Von Toleranz sei da nicht zu sprechen, denn das wäre eine heuchlerische Toleranz, wenn sie jedem nur freistelle, zu glauben was er will, nicht aber dies in öffentlichen Akten zu manifestieren. »Wenn der Papst die französische Nation oder auch nur jenen Teil, der insbesonders sich an der Ausführung des Gesetzes beteilige, mit einem Anathem belege, so demonstrieren die unvergänglichen Monumente der gallikanischen Freiheiten die Nichtigkeit eines solchen Aktes. Aber auch dann werden wir dem päpstlichen Stuhl ergeben bleiben.« Unter dem Beifall der Versammlung wurde den nicht eidleistenden Priestern das Recht gegeben, die Messe in den verfassungsmäßigen Kirchen zu lesen. Es war ein letzter, aber illusorischer Sieg der Gewissensfreiheit. So distanzierte Talleyrand den Papst.

Durch die Säkularisierung des Klerus verlor das meist geistliche Unterrichtswesen die Dotation und in einem völligen Chaos war Ordnung zu schaffen. Talleyrand arbeitete das Projekt des neuen Unterrichtes aus. Drei Tage dauerte die Verlesung seines Berichtes; es waren die letzten Tage der Konstituante, an deren Stelle die Legislative trat. Sie übernahm von ihrer Vorgängerin nichts als einige gute Absichten, darunter auch den vom einfältigen Condorcet zum Atheismus hin revidierten Unterrichtsplan Talleyrands. Aber sowohl dieser wie alle anderen darauf weiterbauenden Versuche blieben nichts als das; zu irgend einer Ausführung fehlten der bankrotten Staatsregierung zehn Jahre lang alle Mittel. Erst 1802 blieb das Wort Napoleons kein bloßes Wort mehr: »L'éducation publique c'est l'avenir et la durée de mon oeuvre après moi.« Die napoleonische Unterrichtseinsetzung griff auf Talleyrands Programm zurück; in diesem Programm sah der erste Konsul und Kaiser ein unvergleichliches Werkzeug seiner Herrschaft.

Die englische Mission

MIRABEAU war der Berichterstatter des diplomatischen Komitees gewesen. Der dynastischen Politik des Ländertausches und der Grenzerweiterung, diesem traditionellen Denksystem feudaler Grundherrn, setzte er das der aufkommenden Klasse der fabrizierenden und handeltreibenden Bourgeoisie besser entsprechende politische System der Allianzen entgegen, die auf gegenseitigen wirtschaftlichen Vorteilen beruhten. In den Stunden, da er Talleyrand an seinem Sterbelager sitzen hatte, brauchte er den politischen Freund nicht für seine Anschauungen zu gewinnen, denn der teilte sie. Auch in dem Detail der momentanen Wichtigkeit einer solchen zwischen Frankreich und England abzuschließenden Allianz. Als Mirabeaus Nachfolger im diplomatischen Komitee gewann Talleyrand die Konstituante dafür, daß sie den Verzicht auf Eroberungen zu einem Fundamentalsatz des Staates erklärte. Die europäische Situation war dem Frieden mit Frankreich durchaus günstig. Rußland und Preußen waren mit Polen beschäftigt, Kaiser Leopold tat alles, den Frieden mit Frankreich zu erhalten, weder Kobenzl noch seine Schwester konnten ihn davon abbringen, und England hatte keinen Grund, die Bedrohung Antwerpens und Amsterdams durch Frankreich zu fürchten, was allein es von seiner friedlichen Neigung abgebracht hätte. »Mit ostentativer Ignoranz« hielt sich Pitt nach den Worten eines Biographen von französischen Verwicklungen fern. England konnte ja an dem Zersetzungsprozeß Frankreichs nur gewinnen.

Diese dem Frieden günstige Situation änderte der Oktober 1791 von Grund auf, als sich aus dem Chaos und der wachsenden Anarchie in Frankreich die Notwendigkeit ergab, die Menschenrechte propagandistisch in die Welt zu tragen, was nur auf der Spitze der Bajonette geschehen konnte. Der etwas verrückte Deutsche Clootz brachte in die Nationalversammlung sechzig als Vertreter fremder Völkerschaften kostümierte Pariser Strizzis; andern Tages forderte einer von ihnen, der »den Chaldäer gemacht« hatte, seine ihm versprochenen sechs Francs Lohn. Als die Revolution in Belgien ausbrach, begrüßte sie der Jakobinerklub und dem Lafayette war sie »sympathisch«. Mit bewaffneter Hand und geliefertem Gemetzel annektierte man die päpstlichen Enklaven Avignon und eine Grafschaft. Schon war die Legislative an der Herrschaft, was die Gironde bedeutete und das Ende derer, die wie Talleyrand eine Verfassung mit dem Monarchen wollten. Sie waren gegen den Krieg, weil sie in der sicher zu erwartenden Niederlage das Ende der Monarchie sahen. Aber auch die Jakobiner waren nicht für den Krieg, denn für sie war, wie Robespierre auseinandersetzte, die Wiederherstellung einer tauglichen, disziplinierten Armee ein Mittel, mit dem sich die monarchische Macht begründen könnte. Für den Krieg war nur die Gironde: sie erwartete von ihm, daß sie sowohl den König wie die monarchische Verfassung stürzen würde. Und Talleyrands Intimus Narbonne, als Kriegsminister der wichtigste Mann im Kabinett, war zur Gironde übergegangen und protestierte mit den Waffen rasselnd gegen den Kurfürsten von Trier, daß er in seinem Bereiche die Bildung einer Emigrantenarmee dulde.

Talleyrand war weder Bischof noch Deputierter mehr, und die administrativen Funktionen, die ihm als einem Direktionsmitglied des Pariser Departements übrig blieben, waren für einen seines Namens und seiner Fähigkeiten ohne Interesse. Mit siebenunddreißig Jahren und nach zweieinhalb Jahren einer exponierten politischen Tätigkeit in das Privatleben zu verschwinden, war nicht möglich, auch wenn es seiner augenblicklichen Neigung entsprochen hätte. Er war ermüdet und angeekelt und hatte das Bedürfnis, sich für einige Zeit von der Revolutionspolitik fernzuhalten. Das war in Paris nicht mehr möglich, wo sich das Politische bereits in das Parteimäßige und Demagogische zu teilen begonnen hatte. Ein weiteres Verbleiben in Paris hätte Talleyrand gezwungen, der Mann einer Partei zu werden und das Schicksal der Partei zu tragen. Man brauchte gar nicht seinen politischen Instinkt zu besitzen, um sich darüber klar zu sein, daß das Schicksal der von der Straße abhängigen Revolutionsparteien ein sehr kurzlebiges nur sein konnte. Als man ihm daher die besondere Mission nach England anbot, nahm er an, trotzdem er wußte, daß sie wenig Aussicht auf den Erfolg hatte, die Neutralität des britischen Kabinetts im Kriegsfalle zu gewinnen.

Talleyrand hatte als Testamentsvollstrecker Mirabeaus, der immer für eine franko-englische Allianz eingetreten war, eine gute Einführung; auch sonst war er für diese Mission nicht politisch vorbelastet. Daß sie, da man ja in London einen Gesandten unterhielt, nur einen eher privaten als offiziellen Charakter besaß, war das einzige, das gegen den Erfolg der Mission sprach. Pitt, bei dem alles Entscheidende lag, war bei der einzigen Unterhaltung, die statthatte, liebenswürdig und reserviert. Der Kriegsminister Lord Grenville war nur reserviert. Und Georg III. war eiskalt; die überaus moralische Königin zeigte Talleyrand selbstverständlich den Rücken. Man mißtraute ihm um so mehr als er nichts von jenen Eigenschaften besaß oder zeigte, die man und nicht nur in England für echt französisch hielt: er war weder lebhaft noch familiär, weder indiskret noch lustig. Man hielt ihn für einen tiefen aber gefährlichen Mann.

Er berichtete nach Paris, daß nur in England das für Frankreich wichtigste Terrain liege, es aber Zeit brauche, um es zu erobern, Zeit und einen offiziellen Titel. Er wurde für einige Tage zur Unterredung nach Paris zurückberufen. In diesen paar Tagen änderte sich das Ministerium. Unter dem Einfluß der Gironde wurde Dumouriez Minister des Äußern, Roland der des Innern. Die englische Neutralität wurde um so wichtiger als der Ausbruch des Krieges jetzt nur mehr eine Frage von Tagen war. Talleyrand stellte die neue Gesandtschaft für London zusammen, in der er nicht nominell aber faktisch der Chef war.

Aber auch in London hatte sich die Situation verschlechtert. Der Einmarsch der Franzosen in die belgischen Niederlande, ihre Niederlagen, die turbulenter werdenden Zustände im Innern Frankreichs: Talleyrand hatte allen Grund, Dumouriez zu depeschieren, daß die Lage für die französische Legation peinlich sei. Trotz der schwierigen Lage, Mandatar eines Königs ohne jede Autorität zu sein, erreichte Talleyrand das im Augenblick Wichtigste: Englands Neutralität im Kriege Frankreichs mit der apostolischen Majestät. Es war sein erster Erfolg als Unterhändler in England – vierzig Jahre später wird er seinen letzten haben.

Der zweite Aufenthalt Talleyrands in London dauerte zwei Monate. Ein neuer Minister des französischen Auswärtigen hatte das Bedürfnis, sich über die völlig verwirrte Situation in der Hauptstadt mit dem Kollegen zu unterhalten. Der neue Herr Frankreichs hieß Danton. Die Kanoniere der Nationalgarde hatten am 10. August, dem Tage des Tuillerienstürmes, ihre Patronen weggeworfen. Die monarchistische Möglichkeit war zu Ende. Die königliche Familie bezog das Gefängnis des Temple. Von Talleyrands Freunden aus der konstitutionellen Zeit waren die einen getötet, die andern geflohen. Das Zirkular, das die neue Kommune-Regierung an die Mächte verschickte und das die Apologie des Aufruhrs vom 10. August enthielt, hatte Danton und Talleyrand zu Verfassern. Vier Wochen später besaß er einen Paß: »Laissez passer le citoyen Ch. M. Talleyrand allant à Londres par nos ordres.« Barrère sah ihn am Morgen seiner Abreise bei Danton »in Lederhosen, Stiefeln, rundem Hut, kurzer Jacke und kleinem Zöpfchen«. Der Vorwand der Reise war, die Engländer zur Annahme der Einheit in Maß und Gewicht einzuladen, wofür sich Talleyrand als Fachmann ausweisen konnte, denn es war sein Antrag in der Konstituante gewesen. Aber auch dies war nur ein Vorwand, daß er England in der Neutralität erhalten wollte; denn das Mittel, solches durch einen Sturz der Regierung Pitt zu erreichen, war mehr als problematisch. Talleyrand begab sich nach London seiner Sicherheit wegen; und er sagte es selber, daß er Danton, der ihm den Paß gab, sein Leben verdankte. Der Paß war die Türe, die ihm das Ausland öffnete, ohne ihm die Türe zur Rückkehr zu verschließen.

Talleyrand erklärte seine Bereitschaft, den englischen Ministern Aufschluß über die französischen Angelegenheiten zu geben. Aber er wußte, daß man ihn in London nicht wünschte. Nach den Gefängnismassakern im September gab es keine Möglichkeit des Verhandelns mehr. Und nach der Schlacht bei Valmy war es der Sieger Dumouriez, für den man sich als Unterhändler interessierte und daß er nach London komme. Aber die Hinrichtung Ludwig XVI. machte auch das unmöglich, da sie alle Beziehungen zwischen London und Paris abbrach.

Das getarnte Exil

»ICH BLIEB IN ENGLAND während des ganzen schrecklichen Jahres 1793 und eines Teiles des folgenden Jahres«, schreibt Talleyrand in seinen Erinnerungen und gab in einer Erklärung vom 1. Jänner 1793 der englischen Regierung als Grund seines Aufenthaltes außer »Sicherheit und Freiheit« die Ordnung einiger privater Angelegenheiten an, wie den Verkauf seiner Bibliothek, die er aus Paris nach London habe kommen lassen. Die Beschuldigung, die sich auf zwei im eisernen Schrank Mirabeaus gefundene Dokumente aus dem Frühjahr 1791 stützte, geheime Verbindungen mit dem König unterhalten zu haben, versuchte er vergeblich im offiziellen Moniteur zu widerlegen. Er kommt mit siebzehn Mitgliedern seiner Familie, darunter seine Mutter, auf die fatale Liste der Emigranten. Eine Polizeinote befiehlt seine Verhaftung im Falle seiner Rückkehr nach Frankreich. Der »Ex-Bischof Taillerand«, wie der Polizeiinspektor den Namen schreibt, erhält in der Note diese Steckbriefbeschreibung: »Größe fünf Fuß, drei Zoll, Gesicht lang, Augen blau, Nase gewöhnlich, ein bißchen aufgebogen. Taillerand-Périgord hinkt auf einem Fuß, dem rechten oder dem linken«.

Ohne offiziellen oder geheimen Auftrag lebte Talleyrand in London als ein aufmerksam beobachtender Privatmann. Der letzte Akt, den er an die Pariser Regierung gelangen ließ, war eine vom 25. November 1792, ersten Jahres der Republik datierte ‚Denkschrift über die augenblicklichen Beziehungen Frankreichs zu den andern europäischen Mächten'. Das Zeitalter der nichts als dynastischen Allianzen sei vorbei, das andere der Verständigungen sei angebrochen. Was England betreffe, die Verständigung über die kommerziellen Interessen. »Die Herrschaft der

Illusion ist für Frankreich zu Ende. Man verführt nicht mehr sein reifgewordenes Alter mit all den großen politischen Erwägungen, die so lange Zeit und auf so beklagenswerte Weise es in seiner Kindheit festgehalten haben. Alle Hebel der alten Politik sind zerbrochen oder nah daran. Was es davon noch gibt, gibt es nicht mehr in Frankreich«. Was England betreffe, so solle es sich nicht durch die Vorurteile der merkantilen Routine betören lassen, sondern die Unabhängigkeit der Nationen gewähren, bevor sie durch die Verhältnisse erzwungen werden. Das Beispiel der Vereinigten Staaten beweise, welche Vorteile dem Handel zwischen ihnen und England durch die Unabhängigkeitserklärung erwachsen seien. Die Befreiung der spanischen Kolonien werde die Folge sein, und die Aufgabe der vereinigten französischen und englischen Flotten, den Stillen Ozean und die südlichen Meere dem Freihandel zu erschließen. Den durch die Revolution aufgeregten Leidenschaften sei in den neuen Handelswegen ein frisches Feld der Tätigkeit zu geben.

Daß England nicht auf den Vorschlag Talleyrands einging, sich in der als friedlich und nicht kriegerisch betonten Weltherrschaft durch den Handel mit Frankreich als Partner zu verständigen, lag an dem Vorsprung, den England als Seemacht und als Handelsstaat hatte, nicht allein. Sondern auch daran, daß Talleyrand vom derzeitigen Frankreich desavouiert wurde, indem der Konvent in den politischen Atavismus fiel, die Pläne Ludwig XIV. zu Gunsten der jakobinischen Propaganda wieder aufzunehmen. Mit dem Wechsel des Systems hatte sich nicht der Genius der Rasse geändert. Der Staatsgedanke des Sonnenkönigs war auch der Staatsgedanke der Jakobiner: »die Alpen, der Rhein, die Pyrenäen, das Meer.« Nach Valmy befahl des Dekret: bis zum Rhein. Das Novemberdekret nach Jemappes und der Eroberung Belgiens befahl die Eroberung Savoyens und Nizzas, die Besetzung von Genf. Das Dezemberdekret verpflichtete alle von französischen Truppen besetzten Länder zur Annahme der französischen Institutionen. Und der französische Einmarsch in Holland bedeutete das Meer – und den Krieg mit England, der dreiundzwanzig Jahre dauerte und mit Waterloo abschloß.

Talleyrands von Turgot geschärfter Blick erkannte, wie dieses Mémoire von 1792 zeigt, daß sich an Stelle des Dynastischen die Wirtschaft auf die Ebene des Politischen geschoben hatte und dessen Inhalt bestimmte. Und daß die Wirtschaft, außerstande die Konflikte, die ihr Wachstum mit sich brachte, aus eigener Kraft zu lösen, die politische Substanz werden mußte. Daß er meinte, diese neue Substanz sei aus sich heraus friedlicher Natur und würde so auch die Politik unkriegerisch machen, darf man nicht so ernst nehmen, um ihm dann Abtrünnigkeit vorzuwerfen, wenn er als Minister des Direktoriums und Napoleons eine Annexionspolitik betreibt. Die Umstände von 1792 waren derart, daß es sich, da man die Neutralität Englands brauchte, empfahl, die Wirtschaft als den neuen Inhalt des Politischen friedliebend, weil den Frieden brauchend darzustellen. Daß Talleyrand vom Kriege als einem politischen Mittel nur gering dachte, lag weniger an seiner Art als an eben dieser Einsicht, daß künftig die Wirtschaft die Substanz des Politischen abgäbe und daß hier der Krieg nie eine Lösung der Schwierigkeiten bedeute, sondern nur eine Mehrung oder, im besten Falle, einen Aufschub der Lösung. Dem Unterzeichner des Friedens von Campo Formio schickte er fünf Jahre später ein enthusiastisches Telegramm.

London und seine Umgebung war ein vielgesuchtes

Ziel der Emigration geworden. Es gab da zwei feindliche Gruppen: die intransigenten Royalisten, die mit den Männern von 1789, die als die Konstitutionalisten eine Gruppe für sich bildeten, nur der Haß verband, der dreihundert dieser Verbrecher auf eine Liste der zum Rädern, Vierteilen und sonstigen Todesarten Verurteilten setzte. Auf dieser Liste stand auch der Name Talleyrands, der sich bescheiden in der Nähe des Hyde Park niedergelassen hatte, Freunde empfangend, Freunde besuchend. Narbonne war da und Montmorency, Beaumetz und Lally-Tollendal. Auch einige konstitutionelle Frauen waren in der Gruppe. Madame de Flahaut, der es nicht gut ging und der Talleyrand nicht helfen konnte, da ihn unglückliche Spekulationen der letzten Mittel beraubt hätten, wie er ihr bedauernd schrieb. Die elegante Comtesse de la Châtre, die »von wenig imposanter Strenge« eine Zeitlang seine Hausdame war. Frau von Genlis mit der sechzehnjährigen Schwester Louis-Philippe's. Man lud sich zu Soupers ein, deren »schätzenswerte Frugalität« Talleyrand mit lustiger Ironie lobte. Man sprach von den französischen Zuständen mit Entsetzen, und Talleyrand stellte fest, daß er gar nicht auf der Seite von Fox und der revolutionsbegeisterten Opposition, sondern auf der Seite der überwiegenden Mehrheit der britischen Nation stand. Da traf auch Frau von Staël in London ein, die schon zur Zeit seines Verhältnisses mit Madame Flahaut eine Schwäche für Talleyrand gehabt hatte, dem »besten aller Menschen«, wie sie einer jungen Engländerin sagte. Der schöne Narbonne machte sich noch schöner, um der siebenundzwanzigjährigen etwas üppigen Schönen aus Coppet zu gefallen. Aber Talleyrand verlor nicht seine Ruhe, blieb unbewegt, ging wie ein Engländer fischen und gefiel wie damals in Paris. Als die Staël im Mai 1793 nach der Schweiz zurückkehrte, wollte auch Talleyrand London verlassen, um sich in Bern oder in Florenz niederzulassen. Der Großherzog winkte ab, indem er sich hinter seine Neutralität verschanzte und die Republik Bern wünschte seine Anwesenheit nicht.

Unter den Engländern, mit denen Talleyrand in freundlichen Beziehungen verkehrte, war der liberale Parteichef Lord Lansdowne, in dessen Hause er Pristley kennen lernte, den Vorläufer Lavoisiers; den jungen George Canning, einen eifrigen Whig, den aber bald Pitt zu den Tories bekehren sollte; Jeremy Bentham, den Utilitätsphilosophen, – alle mit dem Titel citoyen français ausgezeichnet dafür, daß sie dem Frankreich von 1789 ihre lebhafte Sympathie bekundet hatten, – »eine kleine Zahl Männer«, wie Talleyrand an Lansdowne schreibt, »die der Freiheit treu geblieben sind in einem Augenblick, wo man alles denaturiert und pervertiert hat, treu der Freiheit, trotzdem wilde Schweinehunde ihr eine Maske aus Blut und Dreck gegeben haben... Eingezwängt zwischen den Terror und den Argwohn haben die Franzosen die Sklavengewohnheit angenommen, nur das zu sagen, was man ohne Gefahr sagen kann. Die Klubs und die Piken töten die Energie, gewöhnen an die Heuchelei und die Gemeinheit, und wenn einmal ein Volk diese infame Gewohnheit angenommen hat, wird es keine andere Rettung mehr sehen als den Wechsel des Tyrannen«.

Das war also abzuwarten. An dem Plane Narbonnes und des Tragödiendichters Lally-Tollendal, nach Paris zurückzukehren und den König zu verteidigen, nahm er nicht den geringsten Anteil. Er war vierzig Jahre alt und dachte nicht daran, einem Abenteuer sein Leben zu opfern, dem einen Wert zu geben er alle Berechtigung hatte. Er schrieb am 8. November 1793 der Staël: »Ich bin ganz Ihrer Meinung über unsere augenblickliche Situation. Einige Jahre nichts sonst tun als leben. Kommt eine Gegenrevolution in unserem Sinne, sich hineinmischen. Kommt was anderes, abwarten«.

Nichts sonst tun als leben..., das war im Londoner Exil bei allen Annehmlichkeiten eines geselligen Verkehrs nicht so leicht wie es in Paris gewesen war. Im April des Jahres 1793 hatte er seine Bibliothek öffentlich versteigern lassen; sie brachte 750 Pfund Sterling, sein ganzes Vermögen außerhalb Frankreichs; er mußte sehr sparsam sein. Jetzt, man schrieb den Jänner 1794, war von dem Gelde nicht mehr viel übrig. Im März wollte er das zu teuere London verlassen, und er frägt die Staël, ob das Leben in Coppet billig sei. Da ändert ein Befehl, innerhalb fünf Tagen die vereinigten Königreiche zu verlassen, alle seine Pläne. Er fügt sich sofort, ohne ein Wort für die zwei Beamten, die ihm den Befehl überbringen, ohne Erstaunen. Die königliche Ordre beruft sich auf das Fremdengesetz. »Man erzählt sich«, schreibt er der Freundin in Coppet, »daß meine Ausweisung auf Verlangen des Kaisers und des Königs von Preußen erfolge. Offensichtlich fürchten Kaiser und König Leute, die des Sommers mit der Angel fischen und des Winters über Korrekturen an einem Roman sitzen. Damit nämlich war dieser aktive Kopf beschäftigt, dessen Aufenthalt in Europa so beunruhigend ist«. Er korrigierte den ersten Roman der Frau von Flahaut ‚Adèle de Sénange', der 1794 in London herauskam.

Aber er ging nicht wie irgend ein durch Armut und Bettel lästig gewordener Emigrant. Er war es seiner Würde schuldig, Erklärungen zu verlangen und wandte sich um solche in einem Schreiben an Pitt, verlangte darin eine Aufhebung des Befehles. Das Schreiben blieb ohne Antwort. In einem englisch geschriebenen Billett fordert er einen Aufschub bis zum 15. Jänner, für welchen Tag er zwei Plätze, – einen für sich, einen für den Freund Beaumetz, der sein Schicksal teilen wolle – auf dem ‚William Penn' belegt habe, der nach Philadelphia fahre.

An die Staël schreibt er: »Amerika ist ein Asyl, so gut wie jedes andere; wenn man sich mit der Politik befaßt, muß man sich dieses Land anschaun«. Briefe der Freunde, und man möge ihm ausführlich schreiben, erreichen ihn über einen Mittelsmann in London oder über die Adresse der Frau von Flahaut.

Die Abreise verzögerte sich um vier Wochen, – die einzige Konzession, die Pitt glaubte, machen zu können. Seine Wertgegenstände, Bücher und Papiere, die vom englischen Ministerium zurückgehalten wurden, bekam der Fürst von Benevent erst sechzehn Jahre später ohne Schwierigkeiten zurück, trotzdem sich dann Frankreich und England im Kriegszustande befanden.

Sein hundetreuer Kammerdiener Courtiade – er wird erst nach 1830 aus Schmerz darüber sterben, daß ihn sein hohes Alter verhinderte, seinen Herrn nach London zu begleiten – bat Talleyrand am Tage der Abreise um einen Aufschub von vierundzwanzig Stunden. »Unmöglich, Courtiade, es wäre große Gefahr damit verbunden und weder du noch deine Frau, von der du dich noch verabschieden willst, hätte was davon. Du mußt dann eben mit dem nächsten Schiff nachkommen«. – »Aber es geht sich ja gar nicht um die Frau«, und er bekam Tränen in die Augen, »es ist doch die verfluchte Wäscherin, die noch alle Ihre Hemden und Mousselinkrawatten hat! Wie sehen Sie denn ohne das aus, mein Gott! Und wie können Sie sich in einem fremden Land ohne die Krawatten zeigen!«

Über den Talleyrand, der London zu Schiff verlassen hat, das widrige Winde in der Themsemündung acht Tage aufhalten, spricht der amerikanische Gesandte den Epilog, dem sich die mildesten seiner Gegner anschließen: »He is not exactly of a criminal disposition, though certainly indifferent between virtue and vice. He would rather do right than wrong, and would not, I believe, perpetrate a great crime«. Das beschreibt die Urgenzen des politischen Handelns und einen Menschen, der sie kennt und übt. Das Erstaunen darüber, wie Talleyrand »im engen Raum eines Wagens« unter guten Freunden hinreißend liebenswürdig sein konnte und unter Umständen auch bis zu Tränen zu rühren verstand, daß er gütig und hilfsbereit war, – daß man verblüfft diese menschlichen Qualitäten nicht in dem Politiker Talleyrand wiederfinden konnte, sagt nur, daß die darüber Erstaunten keine Politiker waren und die Politik für etwas hielten, das von der innigsten Menschenliebe durchtränkt zu sein habe.

9

In Amerika

AN DER DELAWAREMÜNDUNG lag ein Schiff segelfertig nach Kalkutta. »Statt das unermeßliche Land zu betreten, das keine Erinnerung wachrief«, wollte Talleyrand beglückt von der Seereise gleich nach Kalkutta weiterfahren, aber auf dem Indienfahrer war kein Platz mehr frei.

Er ließ Washington ein Empfehlungsschreiben des Lord Lansdowne zugehen, erhielt darauf die bedauernde Antwort, daß man ihn aus naheliegenden politischen Gründen offiziell nicht empfangen könne. Aber zu einer privaten Unterredung sei man geneigt. Talleyrands Antwort war: wo der Haupteingang ihm verschlossen bleibe, verschmähe er die Hintertreppe. Der eben zum zweiten Male zum Präsidenten der jungen Republik Gewählte hatte von sich aus entschieden, als von Morris noch die Warnung vor Talleyrand eintraf: »nicht bloß wegen seiner ehebrecherischen Beziehungen, denn das sei sehr häufig beim höheren Klerus, sondern wegen des häufigen Wechsels und der Publizität seiner Liebschaften, seiner Spielleidenschaft und vor allem wegen seiner Börsenspekulationen unter dem Ministerium Calonne«. Auch der Vertreter Frankreichs in Philadelphia rühmt sich in seinem Bericht an das Comité de salut public, den Präsidenten Washington verhindert zu haben, Talleyrand zu empfangen, der sein Land verraten und an den Despotismus verkauft habe, und er wittert, bemüht sich als scharfsinnigen Beobachter und Patrioten zu beglaubigen, ein infernalisches Komplott, das die hier eingetroffenen Talleyrand und Beaumetz gegen die Republik schmieden. Talleyrand dachte nur daran, in Louisiana Grundbesitz zu erwerben, wenn es ihm mit Hilfe der französischen Freunde aus der Konstituante, die er in Philadelphia wiedersah, glücken sollte, zu einigem Gelde zu kommen. Inzwischen machte man sich eine gute Zeit mit diesen Freunden im Laden, den einer von ihnen, Moreau de Saint-Méry, Nr. 84 Firststreet eingerichtet hatte: Bookseller, Printer and Stationer. Man betrank sich, man balgte sich jungenhaft herum und sprach über Frankreich natürlich, nächtelang. Volney, der Verfasser der ‚Ruines' war dabei, auf einer Studienreise durch die Staaten begriffen, La Rochefoucauld-Liancourt, La Fayettes ehemaliger Adjutant, der deutsche Baron de la Roche und noch ein paar Konstituanten. Der Frau von Genlis schreibt Talleyrand, daß er sich damit beschäftige, zu Geld zu kommen »und ich verbrauche meine Aktivität darauf, was dann mit dem

Geld anfangen«. Er beschäftigte seine Aktivität auch anders. Die Quäkerstadt war skandalisiert, als er am hellichten Tag mit einer Schwarzen am Arm durch die Straßen der Stadt spazierte. Auch sein Hund war ein Skandal. Traf er seinen Herrn nicht zu Hause an, lief er zu seines Herrn momentaner Dame und wartete da, sicher, daß das Liebespaar gleich eintreffen werde.

Aber der Aufenthalt in Philadelphia war kurz und nicht bloß mit Zerstreuungen dieser Art ausgefüllt. Auch im etwas verfeinerten Boston hielt es ihn nicht lange, wo er für die puritanischen Politiker zwar Achtung empfand, sie ihn aber noch weit mehr langweilten. Bis auf den einen, Alexander Hamilton, der dem aus der Revolution hervorgegangenen Staate die föderalistische Verfassung mit einer starken Zentralgewalt gegeben hatte, was ihm den Vorwurf eintrug, er hätte aus dem Präsidenten der Republik einen König gemacht. Das waren Talleyrand seit seiner Zusammenarbeit mit Mirabeau vertraute Gedanken einer französischen Staatsverfassung: ein Bund kleiner Einzelstaaten, deren föderativer Mittelpunkt eine vom Monarchen präsidierte repräsentative Versammlung ist. Was die Gironde aus dem föderalistischen Gedanken Talleyrands machte, war etwas, das gar nicht dem amerikanischen Muster und seinem entsprach. Die Gironde hätte die Einheit der Republik zerstört und aus Frankreich ein zweites Polen gemacht. Diese Gefahr brachte den jungen Bonaparte zu den Jakobinern und die Girondisten aufs Schaffot; sie führte über Robespierre zu Napoleon. In Talleyrands Sterbezimmer hing ein Bildnis Hamiltons, das er sich bei seinem Abschied aus Amerika von dessen Gattin erbat. Die Inschrift sagte: beide Männer haben sich geschätzt und geliebt.

Drei Jahre zuvor hatte ein anderer französischer Reisender, der dreiundzwanzigjährige Graf Chateaubriand »angewidert, überall den Luxus der Equipagen zu finden, die Frivolität der Konversation, die Ungleichheit der Vermögen, die Immoral der Bank- und Spielhäuser, den Lärm der Ballsäle und der Theater«, Philadelphia verlassen, um an den Busen der Natur zu flüchten, dessen einfacher Schönheit der sentimentale Poet eine Folie im anekelnden perversen Luxus der Stadt geben mußte: er hat sowohl was die Natur wie was die kleine Stadt betrifft, arg übertrieben; wahrscheinlich hat er weder die eine noch die andere anders gesehen als aus dem Überschwang seiner aus Europa mitgebrachten Gefühle. Was die erhabene Natur und das Leben unter ihren indianischen Kindern betrifft hat man dem phantasievollen jungen Poeten ausführliche Benützung von Büchern nachgewiesen, aus denen er sich erlas was er nie gesehen hatte. Talleyrand hat aus der amerikanischen Stadt nur zu berichten, daß sie höchst wenig seine Neugier reize, ihre Bewohner einen freundlichen Eindruck machen und was er an Luxus sehe eine lächerliche Barbarei sei. Und von der Natur, in die er sich alsbald begibt – und die beginne schon vierzig Meilen hinter der Stadt richtige wilde Natur zu werden – schreibt er, daß sie eine urtümliche brutale Natur sei mit recht alten Wäldern, Strömen, Prärien, wenigen und sehr seltenen Blockhäusern, – über das alles nicht gefühlig erregt, nicht schwärmerisch deklamierend, sondern wie nur irgend ein heutiger Amerikaner, der in ein Urland kommt, praktisch auf Siedlung, Rodung, Saat, Herde und Handel bedacht.

Etwas schwärmerisch, weil es zur Ironie gehörte, wird Talleyrand erst von dieser Natur sprechen, als er sich im Jahre 1815 Fouché vom Halse schaffen, ihn zum Gesandten in Amerika machen will: »Ein schönes Land, ich kenne es, hab es bereist, hab da gewohnt, ein köstliches

Land. Da gibts Ströme wie wir sie gar nicht kennen, den Potomak zum Exempel, nichts schöner als der Potomak! Und dann die magnifiquen Wälder, voller Bäume, von denen wir bei uns nur etwelche in Kübeln haben. Wie heißen sie doch nur, De.. Da..« Daturas, souffliert Vitrolles... »Ja, stimmt, Wälder von Daturas.« Und Fouché macht ein Gesicht als tränke er Essig.

Ohne Vermögen sieht er das Land auf seine Möglichkeiten an, die es sich ein Vermögen zu schaffen bietet. »Hier ist viel Geld zu verdienen, aber nur für Leute, die schon welches haben«, schreibt er der Staël. Wenn man ihm, sie soll es den Freunden sagen, Kapitalien anvertraute, ihm und nicht amerikanischen Agenten, könnte er sie überaus fruchtbar in Landspekulation oder in Häuserbau anlegen. Auch Staatsrente sei ein gutes Objekt. »Es wäre doch zu dumm, hier zu sein und sich nicht das geschafft haben, wovon man unabhängig von den Ereignissen existieren könnte.«

Während der fünfundzwanzig Monate seines amerikanischen Aufenthaltes machte Talleyrand zahlreiche praktische Versuche, nicht so dumm zu sein, besonders in Terrainspekulationen. Durch einen naturalisierten Holländer, einen Generalagenten der Holland Land-Company und Aktionär der Pennsylvania Population Co., »ebenso nützlich durch seine Vorzüge wie durch seine Mängel«, kam er in die Geschäftswelt und tat sich da viel herum. Auch in der lohnenden Handelsschiffahrt. Zusammen mit Beaumetz hatte er einen Segler für den lebhaften Handel mit Indien ausgerüstet und gute Frachten bekommen. Beaumetz fuhr mit. Talleyrand ging im letzten Augenblick vom Fahrzeug: er wollte nicht für immer Frankreich Lebewohl sagen.

Zweifellos wäre es Talleyrands Geschicklichkeit geglückt, bei längerem Aufenthalt sich ein amerikanisches

Vermögen zu machen; kurz vor seiner Abreise war er im besten Zuge, daß sich die bisherigen Luftschlösser verdichteten. Vitrolles erzählt, daß ihm Talleyrand, als er in seinem großartigen Palais in der Rue Saint-Florentin wohnte, vertraulich mitteilte: »Ich bin immer reich gewesen. Im amerikanischen Exil führte ich ein Leben, hatte ich ein Haus wie das hier.« Vitrolles wußte es anders, denn er fügt gleich hinzu, die Lüge sei viel größer gewesen als Talleyrands derzeitiges Palais.

Vor seiner Abreise aus England hatte er Madame de Staël gesagt, Amerika würde für ihn ein Kurs in politischen Ideen bedeuten. Das traf nicht ganz so ein. Der kaum einige Jahre funktionierende Verfassungsmechanismus der jungen Republik scheint ihn so wenig beschäftigt zu haben wie die Tendenzen der politischen Parteien. Seinen Besitz zu vermehren, sei in diesem Lande »einzige Affaire aller Welt, ohne Ausnahme. Das Geld ist der einzige universale Kult hier; das Quantum Geld, das man besitzt, einziges Maß aller Distinktionen«, schreibt er in einem Briefmemoire an den Freund Lansdowne. Da eine demokratische Verfassung in einem Neuland wie Amerika den Gelderwerb für den Einzelnen sehr erleichtert, kommt Talleyrand zu dem Schluß: »Was ist eine Demokratie anderes als eine Aristokratie von Lumpen?« Was er später zu Barante so variieren wird: »Sprechen Sie mir nicht von einem Lande, wo ich nicht einen einzigen Menschen getroffen habe, der nicht bereit gewesen wäre, mir seinen Hund zu verkaufen.« Eine Emigrantin, die er schon als kleines Mädchen gekannt hatte, betrieb mit ihrem gräflichen Gatten eine kleine Bauernwirtschaft am oberen Hudson. Als Talleyrand sie da besuchte, schlug die junge Bäuerin gerade einen Hammelknochen mit dem Beil auf, um das Mark zu gewinnen, – »man kann das nicht mit größerer Majestät tun«, sagte ihr Talleyrand zum Gruße. Diese Gräfin de La Tour Du Pin schreibt in ihrem Journal über Talleyrand: »Selber nichts wert, hatte er, ein seltsamer Kontrast, einen Horror vor allem Schlechten bei andern. Wenn man ihn ohne ihn zu kennen reden hört, könnte man ihn für den tugendhaftesten Menschen halten.« Sie hat das nicht auf den Gegenstand bezogen, um dessentwillen das Zitat hier gebracht ist, aber es kann auch für ihn gelten, da Talleyrand in seiner Kritik der Geldjäger und Geldmacher schroffer und schärfer ist als er es sich bei gleichen Neigungen erlauben könnte, besonders gegen die Amerikaner dieser Sorte, wo er in seinem amerikanischen Exil so intensiv damit beschäftigt ist, es ihnen gleich zu tun. Als Hamilton auf seine Stellung als Finanzminister verzichtete, weil er seinen Anwaltsberuf wieder aufnehmen mußte, um, wie er sagte, seine acht Kinder ernähren und erziehen zu können, kam das Talleyrand merkwürdig, ja ein bißchen albern vor. Aber nicht, weil er im Staatsdienst die Möglichkeit einer leichten Bereicherung sah, sondern weil er darin eine Tätigkeit erblickte, die sich wie jede andere bezahlt machen mußte, vorausgesetzt, sie wird von einem in der Materie kenntnisreichen Manne ausgeübt mit aller Drangabe seiner Kräfte und Fähigkeiten. Seiner Einsicht in das Wesen der Politik, daß sie mit allgemeiner Menschenliebe nichts zu tun habe, entsprach es durchaus, daß der Politiker seine Tätigkeit nicht sozusagen ehrenamtlich ausübe, welcher Idealismus viel kostspieliger sei als der Realismus des Politikers, der für seine Tätigkeit seinen Lohn bekommt. Indem er darauf hielt, daß seine politische Tätigkeit ihm diesen Lohn bringe, bezeugt er, daß er ein gutes Gefühl für die große Qualität seiner Tätigkeit besaß. Dafür, daß er seine politische Tätigkeit des Geldgewinnes wegen ausübte oder von diesem persönlichen Geldgewinn orientieren ließ, dazu besaß Talleyrand nicht genug Idealismus, wenn er es auch manchmal damit versuchte.

Weit mehr als die politischen, beschäftigten Talleyrand im amerikanischen Exil die wirtschaftlichen und handelspolitischen Angelegenheiten, worüber ausführliche Briefe an den Freund Lansdowne abgehen. Auch ein Mémoire über die Handelsbeziehungen der Vereinigten Staaten und Frankreichs wird verfaßt, das er zwei Jahre später in einer öffentlichen Sitzung des Instituts vorlesen wird. Auch über die Notwendigkeit neuer französischer Kolonien schreibt er und weist auf Ägypten, das »Holland des Ostens«, auf dessen Eroberung schon Leibnitz Ludwig XIV. aufmerksam gemacht hat. »Die Emanzipation der schwarzen Rasse wird früher oder später ein neues System der Kultur für alle Kolonialerzeugnisse bedingen; eine kluge Politik erfordert, auf so große Veränderungen sich vorzubereiten und das Augenmerk auf Regionen zu lenken, die dem Handel diese Erzeugnisse liefern und am besten geeignet sind, den Verlust unserer früheren Kolonien zu ersetzen.«

Aber weder diese Ausarbeitungen noch seine Terrainspekulationen, weder sein Kauffahrteischiff noch die Freunde und Frauen können ihm über das Heimweh nach Europa weghelfen.« Wenn ich noch ein Jahr hier bleiben muß, sterbe ich dran«, schreibt er der Staël, und da er in Boston erfahren hat, daß Robespierre tot ist, bittet er sie, alles zu unternehmen, die Aufhebung seiner Verbannung durchzusetzen, nicht um nach Frankreich, sondern um nach Europa zurückkehren zu können. Wo man übrigens vier Wochen vor Robespierres Sturz Talleyrands liegende Habe öffentlich versteigert hatte unter großer Beteiligung Kauflustiger. Es gab da Kleider – auch eine große Menge von Frauenkleidern darunter – Wäsche, Möbel, Porzellan, Bilder. was insgesamt 150.000 Livres einbrachte. Auch wenn er von dieser Versteigerung etwas erfahren hätte, würde es ihn nicht gehindert haben, ein Bittgesuch an den Konvent zu richten, das er an Frau von Staël gelangen ließ, die sich der Hilfe Legendres und Boissy d'Anglas versichert hatte. Am 4. September las im Konvent Chénier dieses Gesuch vor, unterstützte es mit einem vom November 1792 datierten Dokument Talleyrands, das sich in Dantons Papieren befand, und aus dem hervorginge, daß Talleyrand für die Republik tätig war, als diese ihn ächtete. Von Marat und Robespierre verfolgt, von Pitt aus England vertrieben, habe er in der Heimat Franklins auf den Tag gewartet, wo Frankreich statt der Henker Richter haben würde.

Chénier hatte Erfolg, für den sich Talleyrand bei des Dichters Freundin Eugénie hätte bedanken müssen, denn sie hatte so lange und so oft dem Freunde, wenn er sie besuchte, ihre Romanze an einen fernen Proskribierten zur Harfe vorgesungen, daß der Dichter entweder gerührt oder wütend darüber durch seine Rede Schluß mit der Singerei machen wollte. Das Dekret, das Talleyrand nach Frankreich zurückzukehren erlaubt, nennt ihn einen Mann, dessen edles Verhalten als Priester und als Mensch die Revolution mächtig gefördert habe.

An dem Tage, da Talleyrand in New York von seiner Rückberufung erfährt, konstituiert sich in Paris das Direktorium. Er sendet dem Minister-Citoyen des Auswärtigen, Delacroix, dessen Nachfolger er in zwanzig Monaten sein sollte, ein Dankschreiben und kündet seine Rückfahrt an, sowie im Frühjahr die Schiffahrt wieder beginne. An Frau von Staël schreibt er: »Dank Ihnen, liebe Freundin, ist also diese Affäre zu Ende. ... Hat Herr von Staël ein kleines Zimmer für mich? Denn bei Ihnen möchte ich bei meiner Ankunft absteigen ... ich liebe Sie innigst.« Er wartet auf das Frühjahr und das erste

Schiff. Er will den Sohn seines Freundes Beaumetz und den eines andern Konstituanten mitnehmen. Aber die Mütter haben Angst, einem politisch so kompromittierten Talleyrand ihre Kinder anzuvertrauen. Er beruhigt sie lachend: »Ich hab da drüben nichts zu fürchten und ich kenn mich aus in allen Spielen der Revolutionen.«

Die dänische Brigg »Den Ny proeve«, was Der neue Versuch heißt, sticht am 13. Juni, 1796 schreibt man, in See. Talleyrand ist an Bord. Ende Juli geht er in Hamburg an Land.

10

Der neue Versuch

FRAU VON STAËL war nicht mehr in Paris. Aber nicht, weil er in der Rue du Bac kein Zimmer fand, blieb Talleyrand von Paris fern. Auch nicht der blonden Dame wegen, einer in Indien geborenen Tochter eines französischen Offiziers, von ihrem Manne, einem Mr. Grand geschieden, die er sich aus New York mitgenommen hatte, – als der zweite sehr gescheite Mann ihrer aufreizenden Schönheit erliegend, denn der erste war im Jahre 1778 Sir Philipp Francis, der Verfasser der Juniusbriefe gewesen, um dessentwillen es zur Scheidung der damals Siebenzehnjährigen gekommen war. Und die mit fünfunddreißig noch immer so aufregend schön aussah, daß man darüber ihr blechernes Organ, ihr übelnehmerisches Wesen und ihre stupende Dummheit vergaß. Immer fiel sie wieder auf die Frage jener nach ihrem Geburtsland herein, die als Antwort aus ihrem Munde selber hören wollten, daß sie eine Pute sei. Je suis d'Inde, sagte sie und sagte damit je suis dinde ... Auch das hielt ihn in Hamburg nicht auf, daß er die

Kolonialwaren, mit denen er die Brigg geladen hatte, verkaufen mußte. Es war Paris selber, das ihn aufhielt, sich sofort dahin zu begeben. Er traf erst Ende September des Jahres in der Stadt ein, die er vier Jahre lang nicht mehr gesehen hatte.

Nach dem Thermidor setzte eine Reaktion zu Gunsten einer monarchischen Verfassung im Sinne der Konstituante ein. Republikaner wie Tallien, Fréron, Barras moderierten sich. Man sprach ganz offen von der Möglichkeit eines Friedens mit England, den Pitt nicht von einem revolutionären Frankreich erwarten konnte, aber von dem neuen König, vorausgesetzt, daß der die Revolution und die Verfassung anerkenne. Das aber tat die mit dem Kinde emigrierte Krone nicht. Im Manifest von Verona verurteilte der achtzehnte Ludwig die Revolution und forderte Wiederherstellung der absoluten Monarchie, wie sie vor 1789 bestanden hatte. Der sehr enttäuschte Pitt brach alle Unterhandlungen mit der royalistischen Emigration ab. Die Direktorialregierung – nur ein anderer Name für den Wohlfahrtsausschuß, ausgetauschte Namen für ein ungeändertes Prinzip – war zum drittenmal innerhalb sechs Monaten des Jahres 1795 gezwungen, zur Erhaltung ihrer Macht zum Schwert zu greifen: am 5. Oktober gewann der junge General Bonaparte den Straßensieg über die gemäßigten Republikaner und Royalisten. Die kaum gewährte Kultusfreiheit wurde aufgehoben. Die Strafgesetze gegen die Emigranten wurden erneuert. Die Wahl der fünf Direktoren wurde davon abhängig gemacht, daß jeder von ihnen für den Tod des Königs gestimmt haben mußte. Daß die Revolution nur mehr leere Geste war, bewies die Verschwörung des Pariser Proletariates unter Babeuf: dessen Entwaffnung durch die regierenden Jakobiner. Aber damit war nichts weiter gegen die allgemeine Not geschehen. Als im Mai an Stelle des Drittels der abtretenden Konventmitglieder in die Volksvertretung zu wählen war, wurden nur Gemäßigte gewählt. Damit war die Volksvertretung nicht mehr revolutionär; nur die Exekutive war es, und war es schon nicht mehr, als die Nachrichten von den italienischen Siegen des jungen korsischen Generals eintrafen, die Geld in die leeren Staatskassen brachten und den Engländern die italienischen Häfen sperrten. Als Bonaparte nach Paris die Depesche schickte: »Ich habe Euern Friedensvertrag mit Sardinien erhalten; die Armee hat ihn gut geheißen«, wußte er, daß er der Herr Frankreichs war. Auch das Direktorium wußte es.

Das war der Augenblick, wo Talleyrand in Paris eintraf. Bei Freunden in Auteuil stieg er ab und lebte sehr zurückgezogen. Es schien wirklich so, als ob es ihm ernst damit sei, was er in Hamburg seiner Freundin, der Frau von Genlis, gesagt hatte: daß »nichts in der Welt ihn zum Wiedereintritt in die Geschäfte bewegen werde«. Auch in die andere Welt ging er nicht, die sich nach den schlimmen Jahren einer Frenesie der Ausgelassenheit hingab, an der Talleyrand wenig Geschmack fand, weil das alles von Neuangekommenen getrieben wurde, von reichgewordenen Spekulanten und Kriegslieferanten und deren entsprechenden Damen, die mit ihren bis an die Hüften geschlitzten Kleidern »angezogen waren wie man sich nicht auszieht«. Er ist sehr zufrieden, unter alten Freunden zu sein, liebenswürdige und hübsche Frauen an seiner Seite zu wissen und manchmal ein kleines Spielchen zu riskieren, mit nicht zu hohem Einsatz, denn er ist nicht reich, könnte es erst werden, wenn die kaufmännischen Unternehmungen, die er in Amerika angefangen und in Hamburg weitergeführt hätte, sich lohnen würden. »Ich wünsche der Republik allen Erfolg und hasse mehr als je die Aristokraten«, schreibt er der Staël... »Ihr Buch

De la littérature etc. ist superb. Und wer ist dieser Benjamin Constant, von dem ich eine sehr bemerkliche Schrift ‚Über die Regierungsgewalt' lese?« Darauf hätte die Freundin ihm antworten können, daß Herr Constant einen sehr wichtigen Platz in ihrem Leben einnehme; aber sie war diskret.

Das Institut de France erinnerte sich seines Mitgliedes, zu dem es Talleyrand während seines amerikanischen Exils gewählt hatte, in die Section Science sociale. Das Mitglied hatte seinerzeit in der Konstituante die Gründung dieses Institutes empfohlen und dessen Plan ausgearbeitet. Er las da jene beiden Arbeiten vor, die er in Amerika aufgeschrieben hatte: die über Englands Handel mit den Vereinigten Staaten im April, die andere über neue französische Kolonien im Juli 1797. Das diplomatische Korps war anwesend und tausend Zuhörer. Das öffentliche Auftreten Talleyrands setzte ihm die terroristischen Kläffer an die Beine. Er macht sich nichts daraus. »Um die Leichtgläubigkeit der Pariser mit irgendwas zu beschäftigen, erschrickt man sie mit einer orleanistischen Partei, die um so gefährlicher sei als sie unsichtbar wäre. Man findet sie überall und sieht sie nirgends, in der Tat. Man tut mir die Ehre an, mich als einen der Chefs dieser weisen Partei zu betrachten«. Das Direktorium läßt ihn von der Polizei überwachen. Es gibt aufgeregte Raporte. Die Direktoren hören sie aufgeregt an. Nur einer nicht: Barras. Er sagt zwar, »man möge alle diese Herren agieren und sich rühren lassen in der Sphäre ihrer mehr oder minder subalternen Intrige«, aber er hat vertrauliche Mitteilungen von mehreren dieser Verschwörer erhalten, die nichts weiter verlangten als in die in seinen Augen nützlichen Dienste des Direktoriums zu treten. Immerhin hielt es Talleyrand für nötig, öffentlich gegen die Verdächtigungen zu protestieren und sich als guten Republikaner zu bekennen. Es gab Zweifler. Auch Chénier, der für seine Rückberufung so warm eingetreten, war darunter. »Der Brief des Abbé Maurice« – es gefällt ihm, Talleyrand so zu nennen – »beweist mir, daß er, nachdem er Anarchist und Orleanist war und Robespierrist nur nicht sein konnte, weil Maxmilien nichts von ihm wissen wollte, sich nun Direktorist nennt, um abzuwarten, was er sein wird, wenn sich etwas später die Macht ändert. Dieser Bougre-là ähnelt einem Schwamm, der alles Flüssige aufsaugt, in das man ihn taucht, mit dem Unterschied, daß der Schwamm das Anvertraute wieder hergibt, wenn man ihn preßt, aber unser Freund es als gute Beute behält«.

Von den fünf Direktoren waren zwei Talleyrand persönlich als Kollegen in der Konstituante bekannt. Von dem jakobinisch gefärbten Kolmarer Advokaten Rewbell, der zudem ein Flachkopf war, konnte er nicht Sympathien erwarten, die schon vor fünf Jahren nicht bestanden hatten. Und den girondistisch gefärbten Revellière-Lépeaux, den Gründer einer Sekte der Theophilanthropen, hatte er zum Schlusse eines Vortrages im Institut, in dem man das Programm seiner Laienreligion entwickelte, sehr mit der Bemerkung beleidigt, daß er zu seinem Vortrag nur die eine Bemerkung zu machen habe. Daß nämlich Jesus Christus, um seine Religion zu gründen, gekreuzigt worden und auferstanden sei, – »Sie müssen versuchen, das gleiche zu tun, mein lieber Religionsgründer«.

Der dritte Direktor war Carnot und der Meinung Chéniers. Er sagte zu Barras, Talleyrand verachte die Menschen, weil er sich selber zu gut studiert habe. Er besäße alle Laster des ancien régime und sei unfähig eine der Tugenden des neuen Regimes zu erwerben. Der vierte war Letourneur, ein Mann ohne Bedeutung, der sich daher in großartigen Phrasen gefiel.

Der fünfte war Barras, aus altem provençalischen Adel, aber der war so alt, daß nur mehr der Name geblieben war. Sein letzter Träger affektierte den Grandseigneur durch seinen Aufwand und seine leichten Sitten, aber er war keiner. Zwischen ihm und Talleyrand war eine Verständigung möglich. Als der Kolmarer Advokat Talleyrand beschuldigte, daß er in fremden Diensten gegen die Republik arbeite, wehrte die phlegmatische Stimme Barras' ab: »Talleyrand steht wie viele andere im Dienst seines Ehrgeizes und seines Interesses«.

Da gab es einen Club Clichy, der reaktionäre Anschauungen vertrat. Das Direktorium förderte die Gründung eines konstitutionellen Klubs, der sich in der rue de Lille konstituierte. Unter den Gründern waren Constant, Cabanis, Sieyès, Chénier, die Generäle Jourdan, Menou, Kleber und Talleyrand, der ins Bureau des Klubs gewählt wurde. Daß dieser Spitzbube von Talleyrand so eingebettet unter regierungsgesinnte Männer von diesen absorbiert und neutralisiert werde, erhoffte man sich.

Talleyrand trat hier als großer Freund der Revolution auf. Den alten Konstitutionalisten erzählte er von seiner Freundschaft für Mirabeau, die er noch immer im Busen bewahre; den Girondisten, daß er einer der ihren gewesen sei; den Dantonisten, daß er Danton sein Leben zu verdanken habe; den Robespierristen, leise ins Ohr, daß dieser schließlich der Mann gewesen sei, dem die Revolution das Meiste verdanke. Die Art des Klubverkehrs, der kein isolierendes Podium für den Redner kennt, sondern nur die Konversation, gab Talleyrands Meisterschaft in der geselligen Rede alle Möglichkeiten, diese mit Erfolg spielen zu lassen. Der Mißtrauischeste ging nach Hause mit dem Gefühl, der Mann sei weit weniger schlimm als sein Ruf. Er verstand es, de donner un parfum au fumier, wie Barras von ihm sagte.

Eine erste Enttäuschung: er wird nicht zum Mitglied der Delegation ernannt, die sich in Lille mit den Engländern treffen soll, um Frieden zu schließen. Die Engländer gratulieren dem Lord Malmesbury, dem Chef der englischen Delegation, es nicht »mit dieser tristen Kanaille Talleyrand zu tun zu haben, dessen Ambitionen grenzenlos wären, wenn er nicht noch fauler wäre als ehrgeizig«.

Aber er ist nicht entmutigt, diese erste Staffel verfehlt zu haben. Es hatte ihm doch die generöse Freundin Staël 24.000 Franks geschickt, im Glauben an seine Zukunft doch, nicht wahr? Und im kritischesten Moment, wo er, alle Geschäfte waren fehlgeschlagen, nur mehr 25 Louis in der Tasche hatte und er sich schon, wie er behauptet, eine Kugel ins Hirn schießen wollte, da hilft sie wieder und besser als mit Geld. Sie nützt ihre gute Beziehung zu Barras, um ihm Talleyrand für das freigewordene Auswärtige zu empfehlen. Sie beschreibt ihm den Freund. Barras bedauert: bei allen seinen Kollegen stoße er auf heftigen Widerstand. Um so besser, erklärt sie, wird er Ihnen dienen als ein treuer Schäferhund. Barras bittet sie, ihn in Ruhe zu lassen. Aber sie gibt nicht nach. Bei einem neuerlichen Besuch im Luxembourg spielt sie die große Szene: »Mein Freund, nur Sie können helfen, – wenn es nicht schon zu spät ist. Er schreibt mir, er würde sich in die Seine stürzen, wenn Sie ihn nicht zum Auswärtigen machen. Er besitzt nur mehr zehn Louis«. Zwei Stunden lang kämpft sie für Talleyrand, geht fast so weit, ohnmächtig in Barras Arme zu sinken. Jetzt steht sie an der Tür, dreht sich um, frägt: »Werden wir uns je trösten können, die Ursache gewesen zu sein, daß er sich ertränkte?« Und der Direktor gibt ernst die Antwort: »Hindern Sie Ihren Freund daran, sich zu ertränken, denn dann gäbe es keine Möglichkeit mehr, etwas für ihn zu tun. Wir werden uns damit beschäftigen, seine Talente für die Republik und seinen guten Willen für uns nutzbar zu machen«. Barras war gewonnen.

Talleyrand stand an keinem Ufer der Seine, um sich hineinzustürzen. Er saß untem im Wagen der Freundin und wartete, phlegmatisch und unbeweglich.

Barras war noch nicht endgültig gewonnen. Vergeblich war auch der sechste, der siebente Besuch, die sechste und siebente Szene, die Frau von Staël dem Direktor machte, der ihr sagte: »Ich kenne das schon auswendig«.

Immerhin lud Barras Talleyrand auf seinen Landsitz in Suresnes zum Frühstück ein. Man will sich zu Tisch setzen, als der Gärtner hereinstürzt: der junge Sekretär des Direktors ist beim Baden in der Seine ertrunken. Talleyrand tröstet den fassungslosen weinenden Barras, der den jungen Mann erzogen hatte, mit so empfundenen und guten Worten, daß er ihn einlädt, ihn nach Paris zu begleiten. »Es brauchte diese zwei Stunden, daß ich ihn kannte und glauben konnte, der zu sein, den er fast am meisten liebte«.

Mit drei gegen zwei Stimmen, die der intransigenten Carnot und Barthélemy, wurde in der nächsten Sitzung Talleyrand zum Minister des Auswärtigen gewählt. Von den drei andern erhielt er, außer der des ihn nominierenden Barras, die beiden Stimmen von Rewbell und La Revellière nur deshalb, weil sie sich dafür Kompensationen für ihre Freunde in anderen freigewordenen Ämtern versprachen. Die Ernennung était en quelque sorte glissé dans la bagarre, wie Barras es ausdrückt.

Am 30. Messidor des Jahres V., am 18. Juli 1797 erhält Talleyrand vom Direktorium das offizielle Dekret seiner Ernennung. Andern Tages teilte er es der von Paris abwesenden Madame de Staël mit: »...es ist weit davon, ein vollkommenes Vergnügen zu sein«. Noch konnte er das nicht wissen, aber seine Ahnung sollte recht behalten.

Das Amt im Direktorium

ER BEZOG DAS HOTEL GALIFFET, seine offizielle Residenz. Eine Schar von Dienern empfing ihn, deren Löhne nicht bezahlt waren. Er besaß eine neue weiße Staatskarosse, deren Wagenbauer ihn fragte, wann er seine Rechnung beglichen bekomme. »Sie sind sehr neugierig«, mußte ihm der neue Außenminister antworten. Es wurde in kostbarstem Sèvres gekocht, weil kein Geld zur Anschaffung irdenen Geschirres da war. Sein Vorgänger Delacroix hatte ihm einen tüchtigen Beamtenstab hinterlassen, aber die Leute hatten seit Monaten kein Gehalt gesehen. Doch nicht nur dieserhalb war es kein vollkommenes Vergnügen für Talleyrand. Aber Vergnügen immerhin. Sein Jahresgehalt betrug 100.000 Francs. Il faut faire une immense fortune, une immense fortune, hatte er zu Constant gesagt, als er mit ihm in das Hotel Galiffet fuhr. Er beeilte sich. Acht Tage nach seiner Ernennung besaß er, wie man sich erzählte, bereits ein Vermögen von 500.000 Francs. Sandoz-Rollin, der preußische Gesandte bei der Republik, berichtet nach Berlin: »Der Minister des Auswärtigen liebt das Geld und sagt ganz laut, daß er, im Fall er seinen Posten aufgebe, nicht bei der Republik um ein Almosen betteln wolle; und seine Freunde geben ihm recht«. Talleyrands Absicht, sich ein Vermögen zu machen, sprach sich rasch herum. Als im März 1798 die Möglichkeit bestand, daß er in das Direktorium eintrete, was den Frieden in Europa bedeutet hätte, ließen ihn die Höfe von Spanien und Portugal auf diskrete Weise wissen, daß sie gern geneigt wären, ihm 1,500.000 Francs zur Verfügung zu stellen, wenn er Geld für seine Wahlkampagne brauche.

Daß Talleyrand das Vergnügen, Außenminister zu sein, nicht vollkommen fand, lag daran, daß er, auf die

Ordnung im Innern bedacht, den Frieden wollte und daß er zu keiner Zeit seiner ministeriellen Tätigkeit unter dem Direktorium den Einfluß besaß, dieses Ziel zu erreichen. Das Direktorium arbeitete oft direkt gegen ihn in seinem eigenen Ressort. Es mißtraute ihm, ohne sich selber ein Vertrauen geben zu können, denn es besaß nicht mehr die Macht: die Militärdiktatur war im Anmarsch. Bonaparte fand es nicht mehr nötig, wie am 13. Vendemmière selber die Pariser Straßen zu fegen; er schickte den groben Augereau, der das besorgte, und der Staatsstreich vom 4. September beseitigte die konstitutionellen Gewalten, die Bonaparte als allein gefährlich erkannte. Mit den Jakobinern konnte er fertig werden wie er wollte. An Barras schickte er drei dankbar angenommene Millionen.

Talleyrand befürchtete die Rückkehr der Bourbonen. Er drängte zur Entscheidung. Er war für den Staatsstreich des 18. Fructidor, nicht für die trockene Guillotine des 19. Aber er nahm auch diesen zweiten Terror hin, trotzdem er seine Friedenshoffnungen begrub. Trotzdem nie die Konstellation für den Frieden günstiger war als jetzt, wo die von England zusammengebrachte Koalition auseinanderfiel, auf der englischen Flotte Aufruhr ausbrach, Irland revoltierte und die Kriegslasten Pitts Budget erdrückten. England war, um zum Frieden zu kommen, zu außerordentlichen Zugeständnissen an die Republik bereit, die aber nach dem 18. Fruktidor so Unsinniges von England verlangte, daß es nichts als eine Herausforderung bedeutete. So sehr sich Talleyrand bemühte, die Forderungen seiner Kollegen zu mäßigen, – die Friedensverhandlungen in Lille scheiterten. Er hatte eine diplomatische Niederlage erlitten. Der preußische Gesandte berichtet nach Berlin, ein längeres Verbleiben Talleyrands auf seinem Posten sei undenkbar.

Er selber dachte nicht so. Er beschäftigt sich mit den kleinen Affären, die er beauftragt bekommt, wie Unterhandlung mit irischen Emissären und indischen Rajas. Aber er verliert darüber die große Affäre nicht aus dem Blick, die Bonaparte heißt. Er weiß, sie wird die Macht von morgen bedeuten, da sie sich schon im Heute ankündigt. Denn was er als die Wünsche des Direktoriums dem General ins Lager mitteilen muß, schiebt dieser beiseite und tut was er für richtig hält. Das Direktorium nimmt es schweigend hin oder mit schwächlichen Worten der Zustimmung. Nicht so Talleyrand. Er schreibt begeistert. Etwa so nach dem Frieden, den Napoleon mit Österreich schloß, an das er Venetien abtrat: »Herzlichen Dank, mein General. Die Ausdrücke fehlen mir, um alles Ihnen zu sagen, was man in diesem Augenblick möchte... Adieu, General des Friedens! Freundschaft, Bewunderung, Respekt, Anerkennung, man weiß nicht wo aufhören in dieser Aufzählung«. In dem Schreiben vom Juli 97, womit Talleyrand dem General seine Ernennung zum Außenminister mitteilte, stand der Satz, daß der alleinige Name Bonapartes ihm in seinen schwierigen diplomatischen Geschäften eine Hilfe sein werde, die alles applaniere. Und das war keine bloße Schmeichelei. Sondern nur die Einsicht, daß sich die Feder an das so glückliche Schwert halten müsse. Und zwei Wochen darauf quittiert das Schwert: »Die Wahl, welche die Regierung getroffen hat, indem sie Sie zum Außenminister ernannte, macht ihrem Urteilsvermögen Ehre. Ich bin glücklich, es mit Ihnen zu tun zu haben und Sie von meiner hohen Wertschätzung zu überzeugen«.

Am 17. Juli drückt Bonaparte in einem Schreiben an das Direktorium die Befürchtung aus, daß seine Negocen mit Österreich ungünstig verlaufen könnten, wenn es nicht gelänge, Europa zu überzeugen, daß die französische Verfassung keinerlei Gefahr laufe und das Maximum an Stabilität besitze. Die Antwort darauf gibt Talleyrand und sie ist nicht nur schriftlich, sondern heißt der 18. Fructidor. Aber diese Exekution der beiden Direktoren Varnot und Barthélemy, die zusammen mit einer Menge Leute der Regierung ohne Urteil nach Cayenne geschickt werden, läßt er von Barras unterzeichnen. Ihm läßt er in dem Schreiben an den General auch alle Ehren dieses Staatsstreiches: »er hat da einen ganz außerordentlichen Kopf gezeigt, das heißt kaltes Blut, Voraussicht und Entschlossenheit«.

Während dieser 18. Fructidor programmmäßig ablief, spielte er mit Constant und Frau von Coigny Whist und empfing alle Viertelstunden die Neuigkeiten, lächelte und sprach kein Wort. Aber seine Hoffnung, an Stelle des einen der verschickten Direktoren ins Luxembourg einzuziehen, erfüllte sich nicht. Er blieb weiter Minister, als welcher man nach seinem Worte »nichts als Dinge vorschlagen kann, die nicht immer angenommen werden oder andere Dinge ausführen muß, die einem oft höchst mißfallen«. Der Staatsstreich vom 18. Fructidor gehörte nicht zu diesen Dingen. Wahrscheinlich auch nicht das ausführliche Programm, das Bonaparte an Talleyrand über die notwendige Reform der Regierungsgewalten schickte, insonders die gesetzgebende. Sieyès lehnte es entrüstet ab, diesen Vorschlägen eine verfassungsmäßige Form zu geben; er hielt sich für einen von Gott ordinierten Verfassungsgeber und unfehlbar. Bei dem liberal gesinnten Constant blieben die Vorschläge liegen, und man erinnerte sich ihrer erst während der hundert Tage. Talleyrand selber hielt wohl mehr von den überraschenden Taten des Generals als von seinen Ideen, auch wenn sie ihm als gute Ideen auffallen mußten. Besonders von einem General.

Noch hatten sich die beiden nicht gesehen. Aber sie hatten sich erkannt in diesem einen, daß der Erfolg allein zähle und er jedes Mittel ihn zu erreichen legitimiere. In dieser Erkenntnis hörte der General gern, was Josephine zum Lobe des Ministers sagte. Aber es entschied nichts im geringsten. Und was er Schlechtes über ihn gesagt bekam, konnte ihm höchstens seine günstige Meinung bestätigen, denn dieser Ex-Bischof hatte trotz seiner üblen Eigenschaften Erfolg gehabt, was doch nur für seine Klugheit und Geschicklichkeit sprach. Dieser hinkende Mann besaß einen starken Arm, auf den man sich vielleicht nicht verlassen, aber stützen könnte.

Als der General zum erstenmal den Minister des Auswärtigen sah, fiel ihm dessen Ähnlichkeit mit Robespierre auf: dasselbe blasse, undurchdringliche, maskenhaft starre Gesicht, in dem nur die Nasenflügel vibrierten, die beiden scharfen Falten von der frech gestülpten Nase zum Mund, dessen Winkel sie hinabzogen, derselbe Blick der graugrünen Augen. Dieselbe wegen des Fußes übertrieben aufrechte Haltung, die des hohen Stockes nicht zu bedürfen schien, so geschickt kaschierte das der, der sich auf ihn stützte beim Gehen. Der kleine magere nervöse General mußte den Kopf, von dem das schwarze Haar fast die Stirn und ganz die Ohren deckte, bis auf den hohen Kragen fiel, etwas heben, wenn er mit dem Minister sprach, der ihm das erträglich zu machen verstand, indem er sich etwas neigte, nicht herablassend, sondern als ob es ihm natürlich wäre. Er affektierte ein Aussehen, als ob er weit älter wäre als dreiundvierzig.

Der Minister führte seinen Gast durch das zwanglose Spalier der Gäste, die sich neugierig nach dem siegreichen General in dem Salon der Rue du Bac eingefunden hatten. Frau von Staël war darunter. Etwas abseits stand Benjamin Constant. Der Seefahrer Bougainville war da. Es gab Austausch höflicher Worte und die beiden zogen sich in das anschließende Kabinett zurück, um sich Aufmerksamkeiten zu sagen, die auf Zeugen verzichten konnten. Darunter auch diese, ein wie großes Vergnügen der General empfinde, mit einer Persönlichkeit zu korrespondieren d'une autre espèce que les Directeurs.

In dem, was der junge Sieger tat, sagte und schrieb, bekannte Talleyrand, etwas Neuartiges, Starkes, Geschicktes und Unternehmendes immerhin so sehr gefunden zu haben, um sich von seinem Genius viel zu erwarten. Nun fügte er die Impression aus dem Persönlichen hinzu: »Beim ersten Sehen scheint mir Bonaparte ein charmantes Gesicht zu haben; zwanzig gewonnene Bataillen stehen der Jugend, dem schönen Blick, der Blässe und einer gewissen Erschöpftheit so gut!« Das wird auch der Eindruck bei den Gästen gewesen sein, an die der General nach seiner Rückkehr aus dem Kabinett eine kurze patriotische Phrase redete, wie er den Krieg und den Frieden so gut er konnte gemacht habe und es jetzt an dem Direktorium liege, davon zum besten der Republik, ihres Glückes und Gedeihens, zu profitieren. Und begab sich ins Direktorium.

Da hatte man über den offiziellen Empfang des siegreichen Generals viel Kopfzerbrechen. Barras, der sich rühmte, Napoleon in Toulon und am 13. Vendemiaire erfunden zu haben, bekam den Auftrag, die Zeremonie auf eine ungefährliche Weise vorzubereiten. Er gab den Auftrag weiter. Nicht an den Kriegsminister, denn der würde daraus eine Siegesfeier machen. Es handle sich aber um eine Friedensfeier. Und das zu arrangieren, sei Talleyrand als auswärtiger Minister der richtige Mann. Auch als Bischof müsse er von solchen Sachen was verstehen. Und auch als alter Adel. Und er besäße den Takt, den man von Soldaten nicht erwarten könne. »Ich kenne die Militärs«, sagte Talleyrand und lächelte etwas ironisch mit allem Respekt, und »ich habe Sie im übrigen verstanden, Bürger Direktor«, und übernahm es, die Empfangszeremonie zu organisieren und die Begrüßungsrede zu halten.

Es war eine überaus pompöse, feierliche und festliche Angelegenheit, die sich zwischen elf vormittag und drei nachmittag auf dem großen Platze des Luxembourg-Palais abspielte, teils unter Zelten, teils unter freiem Himmel, unter Anwesenheit aller Regierungsmitglieder, aller abkömmlichen Generäle und Offiziere, Tausenden von Musikern und Sängern, Damen und Herren der Gesellschaft, zahllosen zuschauenden Volkes, buntesten Farben und großer Schießerei aus vielen Kanonen. Daß die Galerie beim Eintritt der Direktoren pfiff, stand zwar nicht im Programm, aber es war Talleyrand nicht unangenehm. So kurz dessen Ansprache war, niemand hörte sie wohl an, außer dem Gefeierten selber. Es werden ihm die Worte aufgefallen sein: »La France entière sera libre, peut-être lui ne le sera-t-il jamais: telle est sa destiné«. Aber man wollte den Sieger von Lodi, von Arcole, vom Tagliamento, den Diktator des Friedens von Campo Formio sehen und hören. Der jubelnde Beifall der Menge über Platz und umliegende Gassen hinaus dauerte weit länger als die kurze Rede des Generals, in deren Substantiven das umstandsgemäße Wort Freiheit am häufigsten vorkam.

Nur um dem Wunsche des Direktoriums zu entsprechen, hatte Talleyrand in seiner Ansprache ganz kurz von den »tyrans des mers« gesprochen, die Bonaparte züchtigen würde; bei dieser Stelle trug seine Stimme nicht so weit wie sonst in der Rede. Vielleicht wußte er, daß der zum Befehlshaber der gegen England bestimmten Armee ernannte Bonaparte seinen Ruhm nicht in dem, was er für ein Abenteuer hielt, riskieren wollte. Im Institut, der Klasse für Physik und Mathematik, war durch Dekret der Sessel Carnots frei geworden. Bonaparte affektierte, daß ihm seine Kandidatur mehr am Herzen läge als sonst was. Und auch darauf nahm Talleyrand in seiner Ansprache Bezug, indem er von dem sprach, was man als des Bürger-Generals Ehrgeiz fürchte. »Weit entfernt, diesen Ehrgeiz zu fürchten, fühle ich, daß man ihn eines Tages werde wachrufen und den General aus den Annehmlichkeiten seiner gelehrten Zurückgezogenheit werde reißen müssen.

Mit dem »ich fühle« hat Talleyrand seinem Wissen vorsichtig die aggressive Schärfe nehmen wollen. Es hätte nicht des Satzes bedurft, den Bonaparte zum Schluß seiner kurzen Rede sprach, um ihn aufmerksam zu machen, daß hier einer nicht die geringste Neigung zeigt, aus der Öffentlichkeit zu verschwinden. Der Satz lautete: »Wenn das Glück des französischen Volkes auf den besten organischen Gesetzen ruhen wird, dann wird ganz Europa frei sein«. Als man Talleyrand fragte, was er zu diesem Satze meine, beschränkte er sich auf die Antwort: »Es liegt Zukunft darin«. Zwei Jahre später hat ihm der 18. Brumaire recht gegeben. Aber da er beim Zustandekommen dieser Zukunft einen bedeutenden Anteil hatte, konnte er sich weniger zu seiner Prophetie als dazu beglückwünschen, daß er in Bonaparte den Mann dieser Zukunft erkannt hatte. Und auf ihn alles setzte. Sogar bares Geld. Als sich Bonaparte im Mai 1798 in Toulon nach Ägypten einschifft, übergibt ihm der schwer erkrankte Talleyrand 100.000 Franks. Er bekam sie zwei Jahre darauf unter dem Konsulat zurück. Der Kaiser wird ihn einmal fragen: »Was bewog Sie damals, mir das Geld zu geben?« Und Talleyrand wird erwidern: »Ich hatte keinen besonderen Grund. Es war möglich, daß ich

Sie nie mehr wieder sah. Sie waren jung, und ich fühlte mich unwiderstehlich dazu gedrängt, Ihnen diesen Dienst zu leisten«. Darauf fand Napoleon keine andere Antwort als: »Vous faisiez un métier de dupe«.

Bonaparte wünschte sehr, daß Talleyrand ihn auf seiner ägyptischen Expedition begleite und als sein Gesandter in Konstantinopel den Großtürken beruhige. Das Schiff lag schon bereit. Aber er bestieg es nicht. Er hielt sich für wichtiger in Paris und der Regierung nahe, über die er dem preußischen Gesandten ganz offen seine Meinung sagte: »Sie werden auf der ganzen Erde keine absurdere Regierung finden als die unsere«. Und belegt das mit Beispielen. Bloß ein einziges Politikum der Regierung der Fünf fand seine uneingeschränkte Zustimmung: die Sekularisationen in Italien und im Reiche. Die konfiszierten geistlichen Fürstentümer waren wertvolle Kompensationen an die weltlichen Fürsten, wenn man mit ihnen zu traktieren hatte. Im Frieden von Campo Formio ließ sich der Wiener Hof sehr gern die Bistümer Salzburg und Passau schenken und damit ihm aus weiteren Säkularisationen weitere Beute zufalle das Versprechen geben, daß Preußen von allem Anteil an dieser Beute ausgeschlossen bleibe. Talleyrand war in diesem Punkte nicht revolutionärer als Thugut oder Cobenzl, die Minister des frommen Kaiser Franz, der die niederen Weihen empfangen hatte, also selber ein Kleriker war. Unter den Akt, der den französischen Gesandten in Rom aufforderte, alle Bestrebungen zu unterstützen, die der weltlichen Herrschaft des Papstes ein Ende machen wollen, setzte Talleyrand nicht nur seinen Namen, sondern auch seine Zustimmung. Unter alle anderen Akten der Regierung, die unter sein Ressort fielen, setzte er nur seinen Namen; das Direktorium verlangte auch nicht mehr; es mißtraute ihm; es schrieb seinem Einfluß zu, daß Bonaparte nicht den Krieg gegen England unternahm; es schrieb ihm zu, als einen Umweg zur Eroberung Englands die Expedition nach Ägypten erfunden zu haben, – eine Idee Bonapartes, die sich mit einer früheren Idee Talleyrands von einem französischen Mittelmeer deckte und der Talleyrand zustimmte, weil sie das gänzlich zweifelhafte englische Abenteuer verhinderte. Daß die Expedition ein »halber Krieg« gegen England war, ließ den Minister im Amt. Mehr noch, daß er alles Vertrauen Bonapartes besaß und daß sein Verschwinden auch das ihre bedeutete. Sie erinnerten sich, daß Talleyrand aus einem Vertrag mit Portugal unter sie eine Million verteilt hatte; er verstand es, gute Geschäfte zu machen; man nahm es diesem guten Verstand nicht übel, daß er aus der portugiesischen Indemnität drei Millionen für sich behalten hatte. Einige der Fünf dürften noch nicht so weit gewesen sein wie dieser überaus geschickte Außenminister, der nie ein Geheimnis daraus machte, aus seiner amtlichen Stellung pekuniäre Vorteile zu ziehen, und dem preußischen Gesandten gesagt hatte, er habe den Posten nicht angenommen, um ihn als armer Teufel zu verlassen und Almosen von der Republik anzunehmen. Konnten sie schon von ihren Renten leben? Dazu hatte Talleyrand einmal den Ausspruch getan, daß ihm nie jemand begegnet sei, der imstande gewesen wäre, von seinen Renten zu leben. Waren sie schon gegen alle Eventualitäten gesichert, als deren schlimmste Talleyrand Armut und Abhängigkeit genannt hatte, die ihm beide sehr vertraut gewesen waren? Wahrscheinlich hatte er seinen fetten Hammel im Trockenen, sie aber noch nicht ihr mageres Schäfchen. Man mußte ihn also behalten und halten. Wenn auch nur wegen seiner großen Geschicklichkeit und Unverfrorenheit in Geldaffären auch dann, wenn sie wie im Fall mit den Amerikanern so überaus unangenehm wurden, daß diese

Quäker und Puritaner Schriftstücke zum Druck brachten, aus denen sich zu den darin gegebenen Anfangsbuchstaben jeder ihre Namen erlesen konnte – als Erpresser von 50.000 Pfund Sterling für gewisse Entgegenkommen. Nur Talleyrand besaß die Stirn und dahinter die Gerissenheit, solche unangenehme Dinge zu applanieren.

Was den Minister betraf, so war von den Fünfen nur Barras für ihn, der ihn in die Karriere gebracht und sich als adeliger Abkömmling das bewahrt hatte, was Stendhal »des airs de bonne compagnie« nennt und ein Talleyrand als einen großen Wert schätzt. Nichts davon besaß der Direktor Rewbell. Er sprach in der rüdesten Weise über Talleyrand und mit ihm, wenn er überhaupt das Wort an ihn richtete. Er nennt ihn einen gepuderten Lakai des ancien régime, aus dem man, wenn er nicht hinkte, einen Paradedomestiken machen könnte. Als der Minister den Frieden mit England befürwortet, schreit ihm Rewbell zu, daß nur er eine solche Absurdität äußern könne. Er schnaubt ihn an, daß er aus seinen Schriftsätzen nichts erfahren könne, daß sie Pathos für ihn seien und ohne Genauigkeit noch Urteil. »Fakten, Fakten! Das vergessen Sie immer!« Darauf Talleyrand: »Ich bin nicht vorbereitet und erkläre mich unfähig, mit dem Direktor Rewbell zu diskutieren, den alle Welt als den ersten diplomatischen und administrativen Kopf Europas kennt. Gestatten Sie, daß ich mich in die Ruhe meines Ministeriums zurückziehe, um nachzudenken, ich muß etwas allein sein«. Rewbell darauf: »Wenn es nur das Alleinsein braucht, um ihr Genie zu befruchten, dann weiß ich ein Mittel, das Sie von allen Zerstreuungen fernhält«. Und er sperrt ihn für eine Stunde in ein Kabinett ein. Er schrieb da nicht eine Zeile, entschuldigt sich mit Kopfschmerzen. Mit dem Zitat »Va te coucher, Basile, tu sens la fièvre«, schickt ihn der Grobian nach Hause

Was die übrigen drei Direktoren betraf, so hielten sie sich, da sie weder des Barras Vorurteil zu Talleyrands Gunsten noch des Rewbell Vorurteil zu dessen Ungunsten teilten, einmal an Barras, dann wieder an Rewbell; sie waren Nullen.

Daß man seine ministerielle Tätigkeit darauf beschränkte, Aktenstücke zu unterschreiben – und auch dies immer seltener – kam Talleyrands Faulheit sehr entgegen; aber nicht nur ihr. Er hatte kein Interesse daran, sich mit der Politik des Direktoriums zu identifizieren, um mit ihm zu verschwinden: er gab dieser Regierung nur eine ganz kurze Zeit.

12

Die Affäre Talleyrand

WÄHREND DER ZWEI JAHRE, welche Talleyrand als Minister in dem Palais Galiffet der Rue du Bac residierte – zwanzig Jahre hatte der Architekt Legrand an diesem Bauwerk, seinen Höfen und Gärten gebaut und es war 1796 fertig geworden – bestand seine politische Tätigkeit darin, daß er, nach einem Wort von Barras, Bonaparte karessierte. Es geschah das auch in den beiden großartigen Festen, die er dem General gab. Oder vielmehr Madame Bonaparte und ihrer jungen Schwägerin Pauline. Faire marcher les femmes: das war ja als politisches Kalkül durch die Revolution nicht aus der Mode gekommen.

Fünfhundert Gäste waren einzuladen, und das gab Schwierigkeiten; besonders mit den Frauen und insbesonders mit den etwas sehr gewöhnlichen Frauen der Direktoren, welche natürlich den ersten Rang einnehmen mußten. Bei diesen Schwierigkeiten konnte ihm auch jene schöne und überausblonde Mrs. Grand, nicht helfen, die übrigens nicht ganzso einfältig war, wie die vielen Witze, die auf ihre Kosten umliefen und zu denen auch der Gatte einige beisteuerte. Trotzdem er, wenigstens in der ersten Zeit, in diese robuste Schönheit sehr verliebt war. Sie besäße, sagte er, die drei Reize, die eine Frau vollkommen machen: eine feine Haut, einen feinen Atem und einen eben so feinen Humor. Was den Geist betrifft, besaß sie nichts davon; aber dafür besaß, wie Madam Vigée-Lebrun, die Malerin, sagte, Talleyrand für zwei. Eine Frau, die sie gut kannte, erzählte, daß sie nie aus ihrem Munde etwas gehört hätte, das den Blödheiten entsprach, die man ihr im Klatsch zuschrieb. Und ein Baron Frénilly, der eine Zeitlang der Geliebte der überaus dick gewordenen Madame Talleyrand gewesen war, trifft wohl das Richtige: »Sie war im Grunde eine gute Frau, la belle et la bête ensemble.« Wenn Talleyrand das Wort gesagt hat, daß er sich bei der Dummheit seiner Frau vom Geist der Frau von Staël ausruhe, geht das mehr gegen die »unerträgliche« Verfasserin von Büchern, deren fataler Ehrgeiz war, von berühmten Männern geliebt zu werden. Auch auf den jungen General Bonaparte hatte sie Absichten, die er schwer enttäuschte. Bei jenem ersten Zusammentreffen mit dem General im Dezember hatte dieser nur kurz bedauert, ihren Vater in Genf nicht besucht zu haben, den alten ehemaligen Minister Necker. Und war gleich weitergegangen. Bei diesem Fest wollte sie Revanche nehmen und Sturm laufen. Die etwas opulenten Formen, welche die Einunddreißigjährige bekommen hatte, genierten sie nicht, in der Tagesmode zu erscheinen, welche die Frauen nach einem Wort der Zeit nicht hinderte, »que faisaient un peu plus que laisser soupçonner leur gorge«. Auch die Vorliebe des Geschmakkes für dianenhafte Gestalten hinderte die temperamentvolle Germaine nicht, ihre plastischen Formen zu zeigen; denn sie verließ sich auf ihre schönen feurigen Augen. Sie erzwingt, daß sie dem General vorgestellt wird. Nach den großartigsten Elogen, die sich Bonaparte ohne ein Wort anhört, springt sie ihn an: »Welche Frau lieben Sie am meisten, General?« – »Die meine.« – »Das versteht sich; aber welche schätzen Sie am meisten?« – »Die sich am besten um ihren Haushalt kümmert.« – »Versteh ich; aber welche Frau ist für sie die erste unter allen Frauen?« – »Die die meisten Kinder kriegt, Madame.« Und er läßt sie stehen. »Ihr großer Mann ist aber sehr komisch«, sagt sie zu dem, der sie vorgestellt hat. In ihren Erinnerungen wird sie sagen: »Bonaparte gefiel sich schon damals in der Kunst, Verlegenheiten zu bereiten, indem er einem unangenehme Sachen sagt.«

Man weiß, wie sich die so sehr Enttäuschte rächte. Drei Jahre später sollte Bonaparte den Anlaß finden, Talleyrand zu fragen, was das für eine Frau sei, diese Baronin Staël. Und Talleyrand wird antworten: »Eine Intrigantin, und das so sehr, daß sie es ist, durch die ich mich auf dieser Stelle befinde.« – »Immerhin eine gute Freundin?« – »Eine Freundin? Sie würfe ihre Freunde ins Wasser, um sie mit der Angel herauszufischen.«

Dem General gefiel das Fest sehr; er blieb bis ein Uhr; noch auf Sankt Helena notiert er, daß es marquée au coin du bon gout gewesen sei. Und mächtig hat es den Direktorsfrauen imponiert. »Das muß Sie ein schweres Stück Geld gekostet haben, Bürgerminister«, sagt ihm die Direktorin Merlin, als sie sich gegen Morgen beim Gastgeber verabschiedet. »Nich Peru, Bürgerin«, sagt der Grandseigneur und lächelt.

Am 4. Februar 1798 verläßt Bonaparte Paris; er begibt sich zur Inspektion der Truppen nach Antwerpen. Aber er hat sich längst für die Expedition nach Ägypten entschieden. Das französische Mittelmeer: diese Idee hatte Talleyrand vom alten Choiseul übernommen. In jenem Essay über Kolonien, das er vorgelesen, war von der Zession Ägyptens an Frankreich die Rede. Sechs Wochen später spricht Bonaparte zum erstenmal von einer Okkupation des Nillandes in einer Depesche an das Direktorium. Die Okkupation müsse über die Inseln gehen. »Sollte es uns bei unserm Frieden mit England passieren, daß wir das Kap der guten Hoffnung abtreten müßten, müssen wir uns Ägyptens bemächtigen. Teilen Sie mir mit, was das für Reaktionen bei der Pforte auslöste.« Talleyrand und sein Bureau bekamen zu tun und er bekam durch diese Expedition, über die er sich mündlich mit Bonaparte besprochen hatte und der weiter in schriftlichem Rapport mit ihm blieb, Wichtigkeit für das Direktorium. Das dürfte entscheidend gewesen sein. Denn was die Expedition selber anlangt, schwankt er in seiner Meinung darüber; bei den Erfolgen Bonapartes ist er dafür, bei den Mißerfolgen dagegen, und gibt im Mai 1798 die summarische Erklärung ab, daß die Expedition nach Ägypten schon vor seiner Ministerzeit vorbereitet und beschlossen worden war und er nichts damit zu tun hätte. Diese Behauptung gegen alle Wahrheit hält er auch in seinen Erinnerungen aufrecht mit den wenigen Worten, die er für diese ägyptische Angelegenheit hier übrig hat und die er gänzlich dem Direktorium zuschiebt.

Talleyrand hatte Bonaparte einen überaus optimistischen Plan über Ägypten als einem Lande unerschöpflicher Hilfsquellen ausgearbeitet und über den unvermeidlichen Erfolg der Expedition. Nach seiner Rückkehr aus Ägypten kam Bonaparte zufällig wieder über dieses Schriftstück und er versieht es am Rande mit wütenden Bemerkungen wie: »Cela est feaux Plan bon pour une caravanne de marchandise Aux Petites-Maisons', Quelle folie!'« Es war also auch nach dieser Richtung keine Sache, sich rühmend ihrer zu erinnern.

Es kamen Nachrichten von der Eroberung Maltas und der Landung französischer Truppen in Alexandrien. Aber Abukir erfuhr man aus den englischen Journalen früher als aus Bonapartes Depeschen, die von da ab immer seltener wurden. Der Feind, der das Mittelmeer beherrschte, ließ nur unangenehme Nachrichten durch. Sehr bald hörte auch der Anlaß zu angenehmen auf. Die Mauern von Saint-Jean d'Acre hinderten den Marsch auf Konstantinopel. Man mußte zurück nach Ägypten. Wie ein dem Gefängnis entsprungener Gefangener ohne Ausweg wieder ins Gefängnis zurückkehrt. Das Volk suchte den Schuldigen; es suchte ihn nicht bei der Armee und nicht dem, der sie führte; Bonaparte hatte alle Sympathien eines unglücklichen Lieblings; noch war der italienische Lorbeer unverwelkt um das junge Haupt. Der Schuldige war die Regierung, die das Abenteuer ausgeheckt hatte, in der Erwartung, den General los zu sein, wenn es mißglücke. Und daß es mißglücken mußte, hatte diese Regierung gewußt. Und in ihr Talleyrand, der Minister für das Auswärtige, dem dieses Auswärtige so überaus gelungen war, daß ganz Europa bis auf das von dem Gesandten Sieyès beruhigte Preußen gegen die Republik sich erhob. Aber nicht einmal Preußens Neutralität war französisches Verdienst. Auch Sieyès wie alle übrigen Gesandten der Republik im Ausland machte Talleyrand verantwortlich für das Zustandekommen der zweiten Koalition: mit Konventsmitgliedern könne man keine Politik machen; nur ihnen seien die Niederlagen der französischen Generäle in Italien zuzuschreiben, wo man bis auf die Republik Genua alles verloren hatte. Die französischen Geschäftsträger seien Narren oder Schulmeister. Niemand im Auslande wolle etwas von dieser französischen Freiheit wissen. Selbst in Frankreich hat sie sich überaus so verdächtig gemacht, daß man die Rastädter Gesandtenmorde als Anstiftungen der Pariser Regierung bezeichne. Das sagte Talleyrand dem Direktorium, und es war sowohl für die außerordentlich prekäre Situation der Republik wie für die Direktoren sehr wenig in dem einen wahren Satz, daß man mit Konventsmitgliedern in der Diplomatie nur eine Politik machen könne, welche im Ausland das Grausen vor der französischen Republik errege.

Die durch ein Dekret von der Zensur befreite Presse führte gegen Talleyrand als den Exponenten des nationalen Unglücks einen Kampf bis aufs Messer in Maueranschlägen, Pamphleten, Zeitungen. Man beschuldigte ihn des bewußten Verrates an der Republik. Aber man wurde unwahrscheinlich in den Beweisen für diese Anklage; auch begab man sich auf ein längst abgegrastes Gebiet: das Privatleben des Ministers; man untersuchte seine Bettwäsche. Talleyrand konnte von absurden Verleumdungen um so eher sprechen, als die Ankläger alle etwas unlauteren Charakters waren. Aber es waren so viele und sie verloren nicht den Atem. Dem preußischen Geschäftsträger teilte der Minister mit, daß er nicht glaube, sich auf seinem Posten halten zu können. Er kam der Absetzung zuvor, indem er seine Demission einreichte. Und Barras, der mit Fieber im Bett lag, mit den Versicherungen seiner unwandelbaren Ergebenheit eine auf Kosten des auswärtigen Ministeriums gedruckte Rechtfertigung überreichte, dreißig Druckseiten »Aufklärungen«, die mit dem Satze schlossen: »Ich bin zu Ende. Ich bin sicher, siegreich allen Vorwürfen geantwortet zu haben. Die Beleidigungen lasse ich zur Seite. Ich habe von Beginn der Revolution ab für sie nur

Stich nach dem Gemälde von François Gérard
1805

Verachtung gehabt; ich werde mich in diesem Punkte nicht ändern«.

Barras zeigte eine Gleichgültigkeit, die fast beleidigend war. Talleyrand reichte also ein zweites Entlassungsgesuch ein, und es wurde mit einem ganz kurzen Dankschreiben angenommen, das dem scheidenden Minister so was wie ein gutes Zeugnis ausstellte. Er möge die Geschäfte so lange weiter führen, bis sein Nachfolger das Amt antrete. Es war der Bürger Reinhard, Gesandter bei der helvetischen Republik. Talleyrand konnte sich zu dieser Wahl des Direktoriums beglückwünschen, denn der Gesandte war eine seiner Kreaturen, »un homme dont la nullité de caractère unie cependent à quelque capacité ne pouvait guère être prise au sérieux que comme un intérim«.

An dem Tage, da Talleyrand das Ministerium verließ, um sich aufs Land zu begeben, trat Fouché sein Amt als Polizeiminister an. Talleyrand hatte den ehemaligen Terroristen als die geeignetste Person empfohlen, mit den Terroristen fertig zu werden, die sich im Mai 1799 im Club du Manège eine gefürchtete aber ephemere Renaissance gaben. Der künftige Fürst von Benevent hielt im Abgehen dem künftigen Fürsten von Otranto die Türe offen.

Talleyrand hatte in Frankreich keinerlei Grundbesitz zu verlieren und drei Millionen Francs auf guten Banken in Hamburg und in London. Er hätte ins Ausland gehen und von seinen Renten leben können. Er tat es nicht. Und nicht nur, weil ihm ein Rentnerdasein wirtschaftlich höchst unsicher vorkam. Er tat es nicht, weil Bonaparte in Paris eintraf. Darüber vergaß die Öffentlichkeit die »Affäre Talleyrand« vollkommen. Er wartete. Er brauchte nicht lang zu warten.

Der 18. Brumaire

NICHT LÄNGER als vier Monate brauchte er zu warten.

Es gehörte kein besonderer Scharfblick dazu, um von einer Direktorial-Regierung und ihrer Dauer nichts zu halten. Das tat nicht einmal der zur Zeit gescheiteste Kopf der Fünf: Sieyès. »Kein schrecklicheres und infernalischeres Métier als Direktor zu sein«, erklärte er jedem. Er dachte an ein neues politisches Regime und suchte dafür ein Schwert, das Terrain zu bereiten.

Auch Talleyrand dachte an einen die Situation rettenden Monarchen. Er war sich nicht ganz sicher, daß es ein Bourbon sein könne. Aus seiner Umgebung erfuhr der preußische Gesandte, daß Talleyrand an den Prinzen Louis Ferdinand von Preußen, den Neffen des Königs, dachte. In Berlin sah man darin nur ein starkes Zeichen großer Verlegenheit und ein Mittel, Preußen mit den Mächten zu brouillieren.

Das Eintreffen Bonapartes in Paris orientierte Sieyès über das gesuchte Schwert. Erst hatte er es mit Moreau versucht, der aber ablehnte. Die Furcht, sich wechselseitig auszuliefern, hielt den Bonaparte und den Direktor, die sich außerdem sehr antipathisch waren, in distanzierter Reserve. Um zueinander zu kommen, brauchten sie einen Mittelsmann. Beide dachten an Talleyrand. Die Stunde war zu kritisch als daß sich Bonaparte erinnerte, wie ihn der Minister mit Konstantinopel in Stich gelassen; er erinnerte sich nur mehr des klugen Mannes, der alle Leute und deren Wert kannte. Die Stunde war zu kritisch, als daß sich Sieyès der Vorwürfe und Klagen erinnerte, die er von Berlin aus dem Minister über dessen Käuflichkeit geschrieben hatte. Da der Ton des offiziellen Verkehrs zwischen dem Gesandten und Talleyrand von dessen Seite immer sehr respektvoll war, mußte Sieyès glauben, daß Talleyrand sehr viel von ihm halte. Was nicht der Fall war; denn als ihn später einmal Cambacarès für einen tiefen Geist erklärte, meinte Talleyrand: »Tief? Sie wollen sagen hohl, sehr hohl«.

Verfassungen zu machen war eine leidenschaftliche Schwäche Sieyès'. Er ging mit einer neuen schwanger; mehr als das: er hatte sie schon geboren und trug sie in der Tasche. Talleyrand sagte ihm: »Sie wollen ihr neues Junges in Aktion setzen und Bonaparte sucht eine Garantie gegen die Jakobiner und einen Posten, der ihn vor ihren Schlägen schützt. Tun Sie sich mit ihm zusammen, er gibt Ihnen die Mittel der Ausführung, die Ihnen fehlen, und Sie ihm den Platz, den er sucht.« Und zu Bonaparte: »Sie wollen Macht und Sieyès will eine neue Verfassung. Vereinen Sie sich mit ihm, um das zu zerstören, was da ist, denn das was da ist, ist ein Hindernis für alle beide«. Man konspirierte äußerst vorsichtig, fast komisch verschwörerhaft. Denn vom Direktorium war nichts zu fürchten. Da war Sieyès der Vater der Verschwörung und er hatte die Null Roger-Ducos dafür gewonnen. Gohier war eine Puppe und den General Moulins nannte Bonaparte einen ,goujat. Blieb nur Barras, auf dessen Mitarbeit Bonaparte Wert legte. Ihm machte Talleyrand die Situation klar, daß sie an Stelle eines Direktoriums einen Präsidenten brauche wie in den amerikanischen Staaten. Das sah Barras ein; er dachte an sich als Präsidenten; als er merkte, daß er sich da falsche Gedanken mache, hatte er Einwendungen, aber sehr vorsichtig; sie alarmierten nicht.

Am 7. November war man in der Rue de la Victoire, – damals hieß sie noch Rue Chantereine, – wo Bonaparte wohnte, so weit, daß man den großen Tag bestimmen konnte: Samstag den 9. November. Er hieß der 18.

Brumaire. Und das Jahr 1799 war das achte nach dem republikanischen Kalender.

Am frühen Morgen dieses Tages begab sich Talleyrand in Begleitung von Roederer und Macdonald nach der Rue de la Victoire, um in die Hände Bonapartes den Schwur abzulegen, nichts von dem mitzuteilen, was gleich geschehen werde. Darüber kamen die Generale. Und Talleyrand fuhr in Begleitung des Admirals Bruix ins Luxembourg, dieser konstant so cholerisch wie Talleyrand unentwegt phlegmatisch. Bei Barras betritt man einen Salon, der sonst von Leuten voll, jetzt leer ist. Im Speisesaal ist wie immer für dreißig Personen gedeckt, aber bloß der Finanzmann Ouvrard leistet Barras Gesellschaft. Man teilt ihm mit, was sich eben in den Tuilerien begebe: daß die Armee sich ganz unter den Befehl Bonapartes gestellt habe und voller Begeisterung über den Wechsel im Regierungssystem sei, dem übrigens keine große Bedeutung zukomme: nur würde es gut sein, daß Barras abdanke, um Unglücksfälle zu vermeiden. Barras geht ans Fenster und sieht Truppen, die nach den Tuilerien ziehen, hört den Jubel der Menge. Er geht an den Schreibtisch und unterschreibt, daß er »mit Freuden in den Rang eines einfachen Bürgers zurücktrete«. Talleyrand küßt entzückt Barras die Hand; der Admiral hat über solche republikanische Größe Tränen in den Augen; Talleyrand erklärt Barras für den größten lebenden Patrioten, der das Vaterland gerettet habe.

Ein so leichtes Spiel hatte man nicht erwartet. Bonaparte hatte Talleyrand zwei Millionen gegeben, um damit Barras gefügig zu machen. »Ich kenne ihn. Billiger tut ers nicht«. Und Barras hatte es ganz umsonst getan, und Talleyrand konnte die zwei Millionen behalten. Er behielt sie als mögliches Reisegeld.

Mit den Direktoren war man leicht fertig geworden

am 18. Brumaire. Aber am 19. Brumaire kam man mit den fünfhundert Abgeordneten in eine sehr kritische Situation. Diese Fünfhundert in der Orangerie von Saint-Cloud waren etwas stürmisch.

Sieyès bedauert, daß Bonaparte nicht seinem Rat gefolgt sei, vierzig Abgeordnete verhaften zu lassen. Bonaparte hielt sich an sein Gelöbnis, das er dem Rat der Alten gegeben, die nationale Vertretung zu schützen. Diese Vertretung schrie jetzt »Nieder mit den Diktatoren!« während sie den Eid auf die bestehende Verfassung erneuert schwor. Bonaparte begab sich mit vier Grenadieren in die Orangerie, wo die Rufe »Hors la loi« seine konfuse Rede noch konfuser machten, so daß er mit dem Satz schließen mußte: »Folgt mir, ich bin der Gott des Tages!« Er war sehr blaß, als ihm Sieyès zurief: »Puisqu' ils vous mettent hors la loi, mettez-les hors la salle!« Das besorgten gleich darauf Murats Grenadiere. Im Saal war nichts mehr von den Abgeordneten zu sehen, als deren Barette und rote Mäntel da und dort auf den leeren Bänken.

Inzwischen stand Talleyrand mit seinem Freunde Arnault im Hofe nah dem Portal, als »Amateure«, wie er in seinen Erinnerungen seine Rolle nennt. Hinter dem Portal, auf der Straße, wartete für den schlimmsten Fall ein Reisewagen. Als er aber die Abgeordneten durch den Park laufen sah, sagte er zu seinem Begleiter: »Wir können heim gehen«. Und sie begaben sich zu einer Freundin in der Nähe von Saint-Cloud, die mit dem Diner auf sie wartete. Es kamen auch noch Roederer, Sainte-Foy und Montrond. Dieser schien nicht zufrieden. Von Zeit zu Zeit sagte er: »Das war nicht korrekt vom General Bonaparte«. Aber er meinte nicht den Staatsstreich, sondern daß er blaß geworden war.

Jene Freundin war eine Madame Simons, die man als

junge hübsche Schauspielerin Mademoiselle Lange auf der Bühne bewunderte. Sie war die Geliebte Barras', den Talleyrand den Tag zuvor aufs Land geschickt hatte.

Bis auf die erledigten Jakobiner war ganz Frankreich mit dem Sieg der Gewalt über die Legalität einverstanden: er bedeutete Ordnung im Innern und Frieden nach Außen. Die fünfprozentige Rente stieg nach dem Brumaire von sieben auf zwölf. Hätte Talleyrand mit dem Verkauf seiner kurz vor dem 18. Brumaire gekauften Renten noch einige Wochen gewartet, hätte er mehr gewonnen, denn da standen die Renten – die Zwangssteuer darauf war aufgehoben – siebzehn. Er behauptete übrigens, daß dies das einzige Mal gewesen sei, wo er an der Börse gespielt habe. Er kannte andere Einnahmen, die weniger riskant waren.

Mit dem Brumaire war für Talleyrand, wie er es in den Erinnerungen sagt, die Monarchie an die Stelle der Polyarchie getreten und damit überhaupt eine Ordnung, denn eine permanente Revolution sei mit nichten eine solche. Das war schon im Sommer 1798 seine Meinung. Bei der Feier eines republikanischen Festes hatte er damals zu Reinhard gesagt: »Heute das, morgen die Bourbonen; aber zunächst muß einer die Pyramide wieder auf ihre Basis stellen«. Und kurz nach dem Staatsstreich sagte er einem ehemaligen Jakobiner, der meinte, nach dem Staatsstreich und der Annäherung an das monarchische Prinzip sei alles viel besser geworden: »Das ist klar. Ihr habt die Pyramide auf die Spitze gestellt, wir haben sie wieder umgedreht. Der Name auf der Spitze ist ganz gleichgültig. Es handelte sich zunächst darum, sie umzudrehen«.

Im Exil von Mitau machten sich die Bourbons Illusionen. Sie schickten einen Unterhändler zum Konsul Bonaparte, der ihm sagte: »Treten Sie zu mir über, meine Regierung wird die der Intelligenz und der Jugend sein«. Und von Talleyrand bekommt dieser Baron Neuville zu hören: »Wenn Bonaparte ein Jahr dauert, wird man Großes hören«. Ein Schreiben Ludwig XVIII., das Josefine dem Gatten weitergibt, fordert den Konsul auf, der Monarchie mit seinem Schwert den Weg zurück zum Thron zu bahnen. Marengo gibt die Antwort.

Zwei Wochen nach dem Staatsstreich bezog Talleyrand wieder das Palais Galiffet in der Rue du Bac als Minister des Auswärtigen und Mittelsmann zwischen Bonaparte und Sieyès, der es ablehnte, Konsul zu werden und sich starke Korrekturen an seiner Verfassung gefallen lassen mußte. Einige subalterne jakobinische Köter kläfften weiter über Talleyrands Ernennung; niemand nahm Notiz davon. Als einer von ihnen proskribiert werden sollte, schrieb Talleyrand an den Polizeiminister Fouché, daß er »das größte Bedürfnis hätte, die Beleidigung von der Welt so sehr vergessen zu sehen, wie er sie selber vergessen habe«. Der ehemalige Oratorianer wird Geschmack gefunden haben an dieser Variation des Dimitte nobis debita nostra, sicut nos dimittimus debitoribus nostris. Das Gnadengesuch Tallyrands für einen Feind veröffentlichte der Moniteur. Die gleiche Nummer brachte seine Ernennung. Am selben Abend schreibt er der Freundin Staël, die seit Tagen überall redet, daß ihr Freund das Auswärtige bekommen müsse: »J'ai des raisons de position pour en être bien aise, des raisons de caractère pour en être faché; c'est fort loin d'être un plaisir complet«.

Man kann die raisons de position verstehen, nicht die raisons de caractère. Vielleicht meinte er damit nur seine Faulheit, die ihm so viel Vergnügen machte und in welchem Vergnügen durch den Konsul gestört zu werden er fürchtete.

Der Minister des Konsulates

UND IN DER TAT störte Bonaparte seinen Minister; er störte ihn auf; der um fünfzehn Jahre ältere Talleyrand erlebte die Überraschung eines Gefühls: er liebte den Konsul. Noch zur Zeit der Restauration wird er es bestätigen: »Ich liebte Napoleon; ich attachierte mich sogar an seine Person, trotz ihrer Fehler; bei seinem Auftreten fühlte ich mich ihm hingegeben durch jene unwiderstehliche Anziehung, die einem großen Genius eigentümlich«.

Bei der ersten Privataudienz hatte der Minister dem Konsul gesagt: »Ich werde Ihr Vertrauen rechtfertigen; aber ich halte mich verpflichtet, Ihnen zu erklären, daß ich von Stund an nur mit Ihnen arbeiten will. Ich spreche im Interesse Frankreichs. Damit es gut regiert werde, müssen Sie der erste Konsul sein und das in der Hand haben, was direkt mit der Politik zu tun hat: die Ministerien des Innern und die der Polizei für die innern, mein Ministerium für die äußeren Affären und die beiden großen Exekutionsmittel Heer und Marine. Wenn ich mir einen Rat erlauben darf, so geben Sie das zweite Konsulat einem geschickten Juristen für die Justiz und das dritte einem geschickten Finanzmann für die Finanzen. Das wird sie beschäftigen, wird sie amüsieren, und Sie, General, haben alle lebendigen Teile der Regierung zur Verfügung«.

Als Talleyrand gegangen war, sagte Bonaparte zu seinem Sekretär Bourienne: »Dieser Talleyrand hat viel Verstand. Er ist sehr geschickt. Er hat mich durchschaut. Was er mir da geraten hat, Sie wissen, daß es meine Absicht ist. Er hat recht: man geht viel schneller, wenn man allein geht. Der Konsul Lebrun ist ein anständiger Mensch, aber er hat keine Politik im Kopf, nur Bücher;

und der andere, Cambacérès, viel zu viel revolutionäre Traditionen. Meine Regierung muß eine ganz neue Regierung sein«.

Bonaparte hätte gern Talleyrand zurückgerufen, um ihn ins Ohrläppchen zu kneifen, womit er Einverständnis und Wohlwollen auszudrücken liebte. Er wird später sagen, er habe eine Schwäche für diesen Menschen gehabt; als Kaiser konnte er sein Gefühl nicht so ausdrücken, wie es Talleyrand tat, der sagte, er habe Bonaparte geliebt.

»Das Gefühl, welches mich an Sie fesselt, die Zuversicht, daß die Hingabe meines ganzen Lebens an Ihr Schicksal und an Ihre Ziele diese zu fördern vermag, veranlaßt mich zur Pflege meiner Gesundheit...« »Ich... bin nicht ich selbst, wenn ich von Ihnen getrennt bin«. ...»General, ich scheide mit dem einzigen, aber sehr lebhaften Bedauern, Ihnen fern zu sein....« »Erlauben Sie mir zu wiederholen, daß ich Sie liebe und daß meine Ergebenheit nur mit meinem Leben enden wird....« »Erlauben Sie mir aus der Geschichte einer sehr berühmten Freundschaft für mich anzuwenden, was ein Minister Heinrich IV. seinem Herrn sagte: Depuis que je suis attaché à votre sort, je suis à vous, à la vie et à la mort«.

Die Zitate ließen sich um ein Vielfaches vermehren. Wer darin nichts als leere Schmeichelei sieht, würde die Menschenkenntnis Talleyrands leugnen und den Empfänger dieser Briefe für einen sehr flachen Kopf halten müssen. Er erlag nicht nur wie alle anderen dem Zauber des jungen Bonaparte; er wußte, warum er ihn bewunderte vom ersten Tage an: er war der Erbe der Revolution und nicht deren Fortsetzer. 1804 bekennt er: »Aller politischen Systeme gründlich satt, die Frankreich zehn Jahre lang so tief erregt und so unglücklich gemacht haben, hänge ich nur durch die Person Napoleons mit den Institutionen, die er begründet hat, zusammen«. Das Wesentlichste dieser Institutionen war ihre Voraussetzung: eine vernünftige Deutung des Begriffes der Gleichheit dadurch, daß persönliche Begabung als einziger distingierender Faktor entschied. »Kein Mensch«, sagte Bonaparte zum Senator Roederer, »hat ein Interesse am Sturz einer Regierung, die jedem Verdienst seine Stelle bereit hält. Und was die Regierung ist, das weiß nur ich allein«.

Mit der Tatsache, daß der erste Konsul seine Minister zu Vollzugsbeamten machte, fand sich Talleyrand unter der Voraussetzung des unmittelbaren Verkehrs mit Bonaparte bereitwillig ab. Er war zu klug, um sich für einen großen Staatsmann zu halten; er wußte, daß seine Fähigkeiten nicht auf dem Gebiete der Ideen lagen, denn er hatte da kaum welche. Er brachte auch, teils aus Trägheit teils aus der Unfähigkeit, an so etwas wie einen Begriff der sittlichen Menschheit zu glauben, jenen Eigensinn nicht auf, der aus Einfällen durch leidenschaftliches Festhalten daran Ideen macht; er gab ihnen nicht im geringsten einen dauernden Wert; er wußte, daß sie als Produkt der jeweiligen Umstände sich in diesen zu bewähren hätten, in diesen und allenfalls in den ihnen folgenden; er litt nicht im geringsten an Ideologien, und sah seine Aufgabe und seine Begabung darin, solche Ideologien durch die Relativierung auf ihre zeitgemäße Brauchbarkeit unmittelbar nützlich zu machen. Es sollte ein Moment kommen, wo dies beim Kaiser nicht mehr möglich war; wo es ihm nicht mehr möglich war, die vom Kaiser gelieferte politische Substanz in die diplomatische Trafik zu bringen, wie sie die Anerkenntnis eines europäischen Begriffes nach Inhalt und Grenzen bestimmt. Das wird der Augenblick von Talleyrands Verrat sein, wie man das nennt.

Die politische Substanz, die der erste Konsul damit

lieferte, daß er die Revolution liquidierte, hatte allen Beifall seines Ministers. In ihrem Inhalt ließ sie bestehen, was sie von 1789 ab an lebensfähigen Einrichtungen geschaffen hatte, und was gründlich zerstört worden war, baute sie nicht auf, weil das nur mit einem neuerlichen Radikalismus möglich gewesen wäre. Die neue Macht fand sich mit den geänderten Besitzverhältnissen ab, denen sie eben diese Macht allein verdankte. Sie erklärte sie für legal, indem sie ihr die Rechtssicherheit gab. Sie pazifizierte die Franzosen, indem sie sowohl die jakobinischen Proskriptions- wie die royalistischen Emigrantenlisten strich. Geld konnte man allerdings weder den einen noch den andern, die heimkehrten, geben, denn es war keines da; sie erhielten eigentlich nur die Erlaubnis »in Frankreich Hungers zu sterben«. Dann nach dem Wort des Finanzministers Godin »gab es keine Finanzen mehr in Frankreich«. Weder die Armee noch die Beamtung erhielt ihre Besoldung; was noch an Steuern einging, war an die Armeelieferanten verpfändet; was nicht einging, ergab ein enormes Defizit im Budget, das der erste Finanzminister des Konsulates immer nur für zehn Tage aufstellen konnte. Die Finanzkatastrophe aufzuhalten, war nur das Ministerium der auswärtigen Beziehungen imstande: man konnte oder könnte Vlissingen der batavischen Republik verkaufen für 10 bis 15 Millionen; gegen 10 Millionen das von preußischer Annexion bedrohte Hamburg schützen; man könnte durch Wiederaufnahme der Verhandlungen von Portugal acht Millionen bekommen; denn die Wiedereroberung Italiens hänge von der Bespannung der Geschütze ab und für die portugiesischen Millionen könne man 10.000 Pferde kaufen. Bonaparte verlangte und erwartete von Talleyrand das Kunststück, die europäischen Kabinette gleichzeitig sowohl zu erpressen als durch Verhandlungen hinzuhalten – dem Minister gelang beides. Aber beides nur durch die Siege Bonapartes an der Donau und am Po. Nur ein siegreicher Konsul-General konnte die völlig gelähmte französische Diplomatie aktiv machen und die Finanzen in Ordnung bringen mit den Millionen, die aus Deutschland und Italien in den französischen Staatsschatz flossen.

Für das festina lente diplomatischer Verhandlungen ist niemand ungeeigneter als ein siegreicher General, auch wenn er die staatsmännischen Qualitäten des Konsuls Bonaparte besitzt; auch wenn er den diplomatischen Widerstand des besiegten Gegners mit der Wiederaufnahme der Feindseligkeiten beantwortet und das Glück hat, daß Moreau bei Hohenlinden siegt, um dann das zu erreichen, was er unmittelbar nach Marengo von Österreich nicht erreicht hatte: daß es auf die Bedingungen von Campo Formio zurückging.

Aber der Konsul wußte, was er an seinem Minister besaß. In einer Äußerung zu Cambacérès faßt er es zusammen: »Er besitzt sehr viel von dem, was man für die Negocen braucht: den esprit du monde, die Kenntnis der europäischen Höfe, Finesse, um da nicht etwas mehr noch zu sagen, die Unbeweglichkeit des Gesichts, an der nichts etwas zu ändern vermag, und schließlich einen großen Namen. Ich weiß, daß er der Revolution nur durch seine Inkonduite zugehört; als Jakobiner und Deserteur aus seinem Stande bürgt uns sein Interesse.« Bonaparte besaß ein flair für die Qualitäten eines Menschen; daß er zu diesen bei Talleyrand auch dessen großen Namen rechnete, spricht nicht dagegen, sondern dafür. Denn diesem Namen entsprach genau die Geste, die Allüre und die Haltung des einzigen Grandseigneurs in Bonapartes beamteter und militärischer Umgebung, die nach Stendhals Wort aus »kleinen Leuten« bestand. Und daß Namen und Herkunft einen politischen Wert bedeuteten, bekam der Konsul auf den Festen augenfällig zu merken, die der Minister ihm zu Ehren gab: fast der ganze alte Adel Frankreichs war da, und mehr als bereit, mit dem neuen Regime Frieden zu schließen. Das vermochte nur dieser eine Talleyrand. Daß neben dem politischen Kalkül Snobismus mitlief, ist selbstverständlich, sowohl beim Minister, ihm das Faubourg Saint-Germain zuzuführen, wie beim Chef, es zugeführt zu bekommen. Bonaparte liebte »dieses Parfum des alten Adels«. Als Kaiser wird er sich eine neue Aristokratie schaffen, »le vrai, le seul soutien d'une monarchie, son modérateur, son levier, son point résistant«.

Bonapartes Temperament konnte über seines Ministers Impassibilität die Nerven verlieren, oft bis zur Grobheit. Aber in derselben Impassibilität besaß Talleyrand das Mittel, die Nerven seines Chefs wieder in Ordnung zu bringen. Der Chef kapitulierte vor den vollendeten Manieren des Grandseigneurs ebenso wie vor seiner Routine im Traktement der politischen Geschäfte, was beides ihm imponierte, weil er beides nicht besaß, weder Routine noch Manieren.

Eines aus vielen Beispielen, wie der Minister mit seinem ihm zu temperamentvollen Chef verkehrte; es gibt andere, in denen Talleyrands pädagogische Absicht an die Unverschämtheit streift. Da kann es dem Chef passieren, daß er wie ein Soldat nichts als grob wird und der Minister mit einer Bemerkung quittiert wie etwa dieser: »Schade, daß ein so begabter Mensch so schlechte Manieren hat.«

Das Beispiel: Der Konsul erwartet ungeduldig den Kurier mit dem unterzeichneten Friedensvertrag von Amiens. Talleyrand hat ihn bekommen, steckt ihn in die Tasche und begibt sich, mit der Mappe unterm Arm nach den Tuilerien zur Erledigung der laufenden Geschäfte; er unterbreitet dem Konsul Rapporte zur Kritik und Unterschrift; kein Zug des Gesichtes verrät, daß er den Friedensvertrag in der Tasche hat. Der Minister lächelt: »Jetzt will ich Ihnen eine große Freude machen, – hier ist der unterschriebene Friedensvertrag mit England.« – »Warum haben Sie mir das nicht gleich gesagt?« fährt der erste Konsul seinen Minister an. – »Weil Sie mich dann nicht zu allem andern gehört hätten. Wenn Sie glücklich sind, sind Sie unzugänglich.«

Für dieses »alles andere« besaß Talleyrand in seinem Ministerpalais in der Rue du Bac ein ganz ausgezeichnet arbeitendes Bureau, das vom großgalonierten Schweizer am Tor an bis zum zweiten Geographen, der verzweifelter Pazifist wurde, weil er immer die Landkarten ändern mußte, das gleiche blieb solange Talleyrand Minister war. Nur ein kleiner Affe schied durch Tod aus, – er rechnete zum Personenstand des auswärtigen Ministeriums durch seine brillante Dressur, Schriftstücke so gut zu verstecken, daß man sie nicht auffinden konnte.

Talleyrands Bureau hatte zwei Abteilungen; die Division du Midi führte die politische Korrespondenz mit Spanien, Portugal, der helvetischen Republik, den Höfen und Staaten Italiens, der Pforte. Die Division du Nord jene mit England, der batavischen Republik, den Höfen von Wien und Berlin, dem Reich und den deutschen Staaten, Dänemark, Schweden, Rußland und den Vereinigten Staaten. Die beiden Chefs der Abteilungen waren zuverlässige und fleißige Arbeiter, – Hauterive, der etwas düster blickende und etwas rüde Chef des Südens war Talleyrand sogar zu fleißig, so daß er ihn verwarnen mußte: »Vor allem nicht zu viel Eifer!« Durant, der nördliche Chef, war ihm persönlich weit lieber, trotzdem er in der Nachahmung von Talleyrands Haltung und Gesten etwas zu weit ging.

Bonapartes schriftliche Äußerungen an seine Minister waren von einer sich auf die Hauptworte beschränkenden Kürze, aber lesbar. Die schriftlichen Mitteilungen, die Talleyrand seinen Departementschefs zugehen ließ, waren ebenso kurz, aber sehr unlesbar. Beide Chefs konnten, ganz vertraut mit des Ministers Anschauungen, das erraten, was sie nicht lesen konnten. Sie machten sich an die Ausarbeitung. Besonders Durant verstand es, die Toilette eines Talleyrand'schen Einfalls zu machen. Auch seine monatlichen Berichte über die wichtigsten Informationen zeichneten sich durch Intelligenz und Methode so aus, daß ihnen, bevor er sie Bonaparte vorlegte, Talleyrand nichts hinzuzufügen hatte.

Auch wenn Talleyrand weniger faul und der Arbeit im Bureau geneigter gewesen wäre als er war, hätte er die große Wichtigkeit eines gut und genau arbeitenden Bureaus begriffen. Die üblen Folgen, die mit einem Ministerwechsel verbunden sind, konnte nur ein gutes Ministerialbureau korrigieren. La conservation des chefs de bureau compose le ministère et supplée à tout. Ganz unzugänglich blieb er Wünschen, die in seinem Bureau Schützlinge unterbringen wollten, die weder was taugten noch was konnten. Aber fiel ihm ein diplomatischer Akt durch seine Qualitäten auf, bemühte er sich, den Verfasser für sein Bureau zu gewinnen. Er brauchte informierte, wissende und intelligente Arbeiter, die ihr Werk im Schatten verrichteten, ohne Ehrgeiz aber mit Verstand. Wie er in seiner Akademierede auf den Grafen Reinhard den guten Funktionär eines Ministeriums beschrieb: »Ein delikater Takt läßt den Funktionär fühlen, daß seine Lebensweise einfach, regelmäßig und zurückgezogen zu sein habe; daß er fremd dem Lärm der Welt einzig für seine Geschäfte leben und ihnen ein undurchdringliches Geheimnis bewahren muß; daß er immer bereit, über Menschen und Fakten Auskunft zu geben, alle Verträge im Kopf haben, genau ihre Daten kennen, imstand sein muß, richtig ihre starken und schwachen Seiten zu erkennen, ihre Antezedenzien und ihre Folgen... Und daß er im Gebrauch dieser Kenntnisse sich davor hüten muß, die immer sehr hellsichtige Eigenliebe des Ministers zu beunruhigen und daß, falls er gegen ihn seine Anschauung durchsetzt, sein Erfolg im Dunkel zu bleiben hat.«

Hauterive, der Chef der südlichen Division, konnte die im Mai 1838 gehaltene Rede seines Ministers und das Paradigma eines Muster-Funktionärs nicht mehr hören. Anders hätte er sich jener Szene erinnert, als er mit der Erledigung eines wichtigen Schriftstückes das Kabinett Talleyrands betrat, der ganz seiner Lieblingsbeschäftigung hingegeben war, dem Nichtstun. Das Schriftstück verlangte eine Antwort. »Aber doch nicht eigenhändig?!« – »Ja, mein Fürst, es geht an einen Kurfürsten.« – »Was für eine Tyrannei! Gleichzeitig komponieren und schreiben!« – »Ja, mein Fürst.« – »Also gut, Hauterive. Diktieren Sie mir.«

Das Bureau und die Qualitäten, die es konstituierten, war die nötige Voraussetzung, daß Talleyrand seiner stärksten Begabung leben konnte. Und diese war: ihm fiel immer etwas ein. Und das beste in schwierigen Situationen, wo ihm ein dafür außerordentlich geschärfter Instinkt sagt, daß hier keine Lösung zu finden auch sein persönliches Interesse treffe. Man möchte hier von Intuition sprechen, wenn es derlei als eine Eingebung und nicht wissen woher im menschlichen Verhalten gäbe. Nur die zeitliche Kürze des Denkvorganges zwischen Überlegung und Entschluß erzeugt die Täuschung, daß es nicht mit rechten Dingen zugehe. Besonders die unsoliden Dichter und ihnen verwandte Tätigkeiten lieben diese Reklamation des Intuitiven, weil es ihnen oft dazu dient, ihre Schwäche hinter einer Art Begnadetsein zu verbergen und sich der Verantwortlichkeit für ihre Einfälle damit zu entziehen, daß sie erklären, sie seien ihnen nicht auf dem natürlichen, sondern auf einem übernatürlichen Wege nicht gekommen, sondern sozusagen gekommen worden.

Das Beste fällt Talleyrand dann ein, wenn eine Situation für das Regime und sein persönliches Interesse kritisch ist. Und er hat als Politiker das Glück, daß dieses persönliche Interesse zusammenfällt mit der allgemeinen Tendenz der Zeit zu Liberalismen, nicht so sehr als einer Regierungsform wie als einer menschlichen Einstellung, nicht so sehr als einem parlamentarischen Zweikammersystem wie als einer Ordnung, möglichst unbeschwert von staatlichen und kirchlichen Obligationen so zu leben, wie man aus Neigungen als reicher Mann leben möchte.

Das Beste Talleyrands, seine einzige Begabung als Politiker: daß ihm immer etwas einfällt, ist aufs engste damit verbunden, daß er mit seinem persönlichen Interesse als Ausgang immer an die Zukunft denkt. Für das Vergangene und für das unmittelbar Gegenwärtige, soweit es nichts als Materie ist, hat er sein ausgezeichnetes Bureau. Seine Erfahrung weiß, daß Regierungssysteme was immer sein mögen, nur dauerhaft sind sie nicht. Er stellt sich ihnen zur Verfügung, aber seine höchste Aufmerksamkeit ist auf ihre Zukunft gerichtet, weil sie über die seine entscheidet. Er will weiter so leben, wie er zu leben liebt, faul, large, seinen Neigungen nachgebend; auch die Politik gehört oder fängt im Laufe der Zeit an, zu diesen Neigungen zu gehören als ein überaus aufregendes Spiel, zu dem ihn weder Ehrgeiz noch Geldgier reizt. Sein Reichtum erlaubte ihm jederzeit, sich in ein Privatleben zurückzuziehen, aber größer als sein Reichtum und mehr als die von ihm ermöglichten Genüsse ist seine Lust am Spiel. Die politische Tätigkeit ist das Salz eines etwa schalen Lebens, das nichts als sinnlich von dieser Aktivität etwas wie einen Sinn bekommt, und wenn der auch nur Spannung in der Erschlaffung ist. Um es ein Vergnügen sein zu lassen, à son aise zu leben, muß man eine Aufgabe übernehmen, welche die Tendenz hat, dieses Leben à son aise zu stören: nur durch diese Störung schafft man die Möglichkeit, sich das Vergnügen als Vergnügen zu erhalten.

Talleyrand wird der eisernen Hand, welche die nachrevolutionäre Welt in eine fruchtbare Ordnung bringt, so lange dienen, als diese Hand dem Schutze eines liberalen Prinzips verbunden bleibt, das sich mit Talleyrands persönlichem Interesse deckt. Er wird sie – individuell gesehen durch einen Vertrauensbruch – in dem Augenblick aufgeben, als diese selbe Hand das liberale Prinzip bedroht. Talleyrand wird dann, wieder einmal, das Glück haben, diesen Vertrauensbruch als im Interesse des öffentlichen Wohles Europas getan erklären zu können. Und es wird stimmen.

15

Verdienste und Verdienen

TALLEYRAND hielt sehr wenig von der hungrigen Sippe Bonaparte, die sich an das erfolgreiche Familienmitglied hängte, aber gar nichts von dem begabten Lucien, diesem ‚grand estafier', der etwas Herabsetzendes über den ihm feindlichen Minister damit sagen wollte, daß er ihn nichts als le porte-parole heureux de l'Empereur nannte. Als Porte-Parol und premier commis Bonapartes für die auswärtigen Relationen wie es Berthier für den Krieg war: nicht anders als so hätte Talleyrand selber sich bezeichnet, aber als sein Verdienst bemerkt, daß er in dieser Funktion das war, was Lucien als heureux zugeben muß. Das siegreiche Schwert erleichterte nicht nur die Arbeit, sondern ermöglichte sie überhaupt. Wenigstens für die Zeit des Konsulates und die erste Zeit des Kaisertumes, wo Bonaparte eine Substanz gab, die für Talleyrand politisch zu traktieren war. Und dieses selbe siegreiche Schwert erschwerte die Arbeit und es gehörte die Geschicklichkeit des Ministers dazu, diese Erschwerungen zu überwinden. »Der Erste Konsul traktiert die politischen Affären wie er die militärischen traktiert. Er wünscht, daß alles seiner Ungeduld und seinem Willen nachgebe«, schreibt der preußische Bevollmächtigte nach Berlin.

Von den 333 Briefen Talleyrands an Bonaparte, die aus einer weit größeren Zahl übrig geblieben sind – sie umfassen die Zeit zwischen 1800 und 1809 – enthält nur ein einziger, er ist aus Straßburg und Oktober 1805, das was man das Programm einer politischen Organisierung Europas nennen könnte. Alle andern Briefe beschränken sich, das zu resümieren und zu klassifizieren, was an Depeschen im Amt einlief; nur sehr selten versuchte der Minister einen Ratschlag zu suggerieren. Man ist geneigt, Chateaubriand recht zu geben, der sagte: »Talleyrand signait les événements, il ne les faisait pas.« Aber Talleyrand hat sich nie für einen Richelieu mißverstanden, der von einem Programm ausgehend und an ihn festhaltend die Ereignisse zu beherrschen sucht. Das Programm gab Bonaparte. Wie der Minister ihm und damit sich diente, hat er genau definiert: »Cet homme de mouvement a été compromis le jour ou il a pu faire un quart d'heure plus tôt ce que j'obtenais qui' il fit un quart d'heure plus tard.« Als Talleyrand seinem Nachfolger Champagny die Chefs seines Dienstes vorstellte, sagte er ihm: »Das sind sehr empfehlenswerte Leute, mit denen Sie zufrieden sein werden. Sie werden Sie ergeben, geschickt, genau und dank meiner Fürsorge nicht im geringsten eifrig finden. Bis auf ein paar kleine Expedienten, die, wie ich meine, ihre Enveloppes etwas zu eilig schließen, sind alle andern hier von größter Ruhe und haben sich alle Eile abgewöhnt. Wenn Sie etwas länger die Geschäfte Europas mit dem Kaiser werden traktiert haben, werden Sie sehen, wie wichtig es ist, sich mit der Abfertigung und Expedition der kaiserlichen Wünsche Zeit zu lassen.«

Mit der Zeit hat auch Napoleon diese Wichtigkeit begriffen. Im Jahr 1811 wird er dem selben Champagny, Herzog von Cadore, als einsichtsvoller Schüler Talleyrands schreiben: »Das Traktement der auswärtigen Affären bedarf sehr der Zeit. Sie müssen immer meine Briefe drei, vier Tage im Pult zurückhalten, bevor Sie sie weiterbefördern.«

Talleyrand zog die mündliche Unterhaltung mit Bonaparte durchaus der schriftlichen vor; er las nicht gern Briefe und schrieb nicht gern welche; er mußte das Gesicht des Sprechenden sehen, um das Gesagte in allen seinen Möglichkeiten aufzunehmen und um mit möglichst wenigen Worten darauf zu antworten, wenn eine Antwort nötig war. Er verließ sich lieber auf seine Ohren als auf seine Augen, wenn diesen nichts als Geschriebenes gereicht wurde. Und er wußte um den Charme seiner Persönlichkeit, der oft allein imstande war, für ihn gefährliche Situationen zu retten. Zu der allgemeinen Richtigkeit, daß diplomatische Verhandlungen Zeit brauchen, um mit Vorteil geführt zu werden, – zu der besonderen Richtigkeit des diplomatischen festina lente bei einem so unbeherrschten Temperament wie es Bonaparte besaß, kam noch als eine dritte Richtigkeit, daß Talleyrand gute Geschäfte machen wollte, wozu man Zeit braucht. In das Verhandeln war der Handel eingeschlossen.

Man erinnert sich, was 1797 der erste Gedanke des eben ernannten Ministers des Direktoriums gewesen war und was in den wiederholten Worten aus ihm ausbrach: »da kann man ein ungeheures Vermögen machen«. Damals besaß Talleyrand nichts als Schulden bei seiner hilfreichen Freundin Staël.

Um den 18. Brumaire schätzt man Talleyrands Vermögen auf dreißig Millionen in bar und in Liegenschaften. Er besitzt ein Palais in der Rue d'Anjou, ein Landhaus in Auteuil, ein größeres in Neuilly, wo er seine glänzenden Feste gibt, ein Haus auf der Höhe von Passy, ein anderes in Meudon, ein Schloß in Bry-sur-Marne und die große Gutsdomäne Valençay. Und die Mittel, alle diese Besitztümer in einem glänzenden Stand zu halten.

Zwei wichtige jüdische Getreidelieferanten des Direktoriums, Bacri und Busach in Algier, lagen sehr schief im Jahre 1798. Talleyrand verwendet sich für sie beim Finanzminister Gaudin und sie erhalten den gewünschten Kredit von acht Millionen Francs. Sie bekommen aber nur drei Millionen. Vier bleiben bei Talleyrand. »Wenn wir den Hinkenden nicht gehabt hätten, hätten wir gar nichts bekommen«, schreibt Bacri seinem Kompagnon. In ihrem weiteren Verlauf wird diese Affäre Bacri-Busnach dreißig Jahre später zur Expedition von Algier führen.

Der amerikanische Bevollmächtigte ist in Paris, um die Vorverhandlungen über den Friedens- und Freundschaftspakt zu führen, der am 30. September 1800 geschlossen wird. Livinston besucht Talleyrand in der Rue du Bac.

Nach den ersten Höflichkeiten frägt der Minister: »Haben Sie Geld?« »Aber Bürger - Minister...« – »Sprechen Sie ganz offen: haben Sie Geld?« – »Ja, aber ich verstehe nicht...« – »Nichts ist einfacher. Aber es ist nicht alles. Haben Sie viel Geld? Sehen Sie, in diesem Lande sind politische Affären sehr schwierig zu traktieren; man muß sehr viel Geld haben. Da gibts dann keine Schwierigkeiten, die sich nicht aplanieren lassen. Denken Sie gut darüber nach; es liegt nur an Ihnen, die Angelegenheit zur Zufriedenheit der beiden Kontrahenten zu arrangieren«. Man sagte, der Vertrag hätte Talleyrand zwei Millionen eingebracht.

Die hingezogenen Pourparlers, die Talleyrand nach Marengo mit dem Österreicher Saint-Julien hatte, trugen ihm auf der Börse, wo er in fonds publics spekulierte, siebeneinhalb Millionen. Die gleiche Summe verschaffte ihm der Vertrag von Lunéville einige Monate später: ein Geschenk von 400.000 Francs, das er vom Kaiser Franz, und dreihunderttausend Francs, die er vom Ersten Konsul erhielt; die restlichen Millionen kamen ihm aus einem geschickten Manöver. Er hatte in den Vertrag die Verpflichtung Österreichs hineingebracht, daß es intregal die von ihm in den alten belgischen Provinzen emitierten Rententitel bezahle und kaufte ein großes Paket dieser Renten, bevor die Stipulation bekannt wurde, also zu einem sehr niedrigen Kurs. Lunéville diente ihm auch dazu, die französischen Renten künstlich hochzutreiben, – aus Gefälligkeit für Joseph Bonaparte, um ihn vor einem großen Verlust zu bewahren. Talleyrand selber besaß keine französischen Renten: sie waren ihm zu unsicher; wie alle Staatspapiere; er hatte beim Abschluß des Friedens von Amiens an englischen Konsols zwei Millionen verloren. Er liebte das Spiel an der Börse nicht. Er kannte bessere Quellen zu Geld zu kommen. Seine Freundin

Mrs. Grand versäumte nie, Unsicheren und Zaghaften zu zeigen, was ihr Freund von den Russen, den Österreichern, den Römern, den Engländern an Geschenken bekommen hatte.

Das ergiebigste Geschäft Talleyrands unter dem Konsulat waren die Säkularisationen im Deutschen Reich und die Neuverteilung der Gebiete auf dem rechten Rheinufer, – das linke hatte man im Sinne der alten Richelieuschen Politik behalten. Offiziell schlossen die Säkularisationen mit Regensburg im März 1803 ab, geschäftlich gingen sie aber in die Kaiserzeit weiter. Talleyrand hatte die Versteigerung des weltlichen Besitzes der deutschen Kirchenfürsten und Klöster unter sich und schlug dem zu, der den größten Vorteil versprach und am meisten zahlte. Das ging alles unter dem Schein höchster diplomatischer Korrektheit zu. Man hatte Alexander, der mit vielen deutschen Dynastien verwandt war, dafür gewonnen, in dieser Aufteilung des weltlichen Besitzes der Kirche das Mittel zu sehen, den Frieden und geordnete Zustände im Reiche zu schaffen, zu welchen letzteren das Reich aus sich selber nicht kommen konnte. Und man hatte in Paris, was wichtiger war, die Zustimmung Preußens erhalten, dessen Großmachtsucht man nicht nur reizte, sondern auch befriedigen konnte und wollte. »Es ist Zeit«, schreibt Talleyrand dem französischen Bevollmächtigten in Berlin, »daß Preußen in den europäischen Angelegenheiten comme partie principale erscheint«. Und im Dezember 1801 liest Lucchesini von Talleyrands Hand: »Preußen ist jene unter den befreundeten Mächten, an deren Vergrößerung uns am meisten liegt und auf deren Stärke und Unterstützung wir in der Zukunft rechnen zu können verlangen. So gehen die Projekte der Vergrößerung Preußens in unserer Rechnung auf, daß Preußen den Norden des Reiches beherrscht; das Prinzip der Säkularisationen bietet Ihnen dazu die Mittel... Im ganzen müßte man dieses ganze deutsche Reich auf neue Füße stellen«. Als Lucchesini Haugwitz fragte, was man davon zu halten habe, bekam er die Antwort: »Man muß da was hoffen – Sie verstehen mich doch, mein lieber Graf«.

Während die französische Politik damit beschäftigt war, den hohenzollerschen Erbfeind des Hauses Habsburg in den Sattel zu setzen – und Friedrich Wilhelm III. saß drin bei der Konvention, die am 23. Mai 1802 zwischen Lucchesini und Talleyrand geschlossen wurde und in der Preußen bei den beabsichtigten Operationen seine Teilnahme zusagte – während dieser sehr wichtigen Abmachungen beschäftigte sich der österreichische Bevollmächtigte Ludwig von Cobenzl, Gast im gastlichen Hause Talleyrands zu Neuilly damit, sich von den Hunden der Frau Grand das Pfoterl geben zu lassen. Er glaubte, fein wie er war, damit am raffiniertesten seinem kaiserlichen Herrn in Wien zu dienen. Er war ein Diplomat der ganz alten Schule, die noch mit der einflußreichen Frau oder Geliebten eines wichtigen Mannes die Politik machen zu können glaubte.

Das Geschäft der Säkularisationen trug sehr viel, man spricht von fünfzehn Millionen – aber es gab viele Spesen, da man sich Mittelsleute bedienen mußte. Auch seine Bureauchefs mußte man etwas verdienen lassen; so viel Spaßiges man bei dem Geschäft erlebte, konnte man damit doch nicht die viele Arbeit, die es machte, bezahlen.

Da wollte zum Beispiel der regierende Fürst von Reuß aus der kirchlichen Beute was haben. Er glaubte dazu sei es nötig, daß das Fürstentum Reuß mit der französischen Republik Frieden schließe, und das reußische Schriftstück fing mit dem Satz an: »Der Fürst von Reuß anerkennt die französische Republik«. Talleyrand schrieb an den Rand: »Und die französische Republik ist charmiert, die Bekanntschaft des Fürsten von Reuß zu machen«.

Der Verlust von San-Domingo – der Führer des Aufstandes für die republikanische Freiheit, Toussaint-Louvertüre, war sehr erstaunt, die ihm von Bonaparte versprochene Gastfreundschaft in einem französischen Kerker zu genießen – gab den Anlaß, daß der Erste Konsul auf ein amerikanisches Kolonialreich verzichtete. April 1803 wurde Louisiana an die Staaten verkauft, der Preis betrug achtzig Millionen. Im Laufe der Verhandlungen wurden daraus vierundfünfzig. Auch an den nachgelassenen sechsundzwanzig Millionen hat Talleyrand ganz hübsch verdient. Daß zur gleichen Zeit Talleyrand die angebotene Mediation Rußlands, den Wiederausbruch des englisch-französischen Krieges zu hindern, abgeschlagen hätte, wie der russische Geschäftsträger behauptete, weil der Minister ein großes Geschäft, das der Krieg ermöglichte, nicht verlieren wollte, ist nicht wahrscheinlich. Es gab Möglichkeiten mit einem weit geringeren Risiko jeden Tag. »Wenn man will, hat man immer Geld«, sagte etwas erstaunt Talleyrand einem, den er in Amerika gekannt hatte und der arm nach Frankreich zurückkam.

Da war zum Beispiel Lannes, der Sieger von Montebello, Gesandter in Lissabon geworden. Bonaparte liebte es, seine siegreichen Generäle, auch wenn sie für diese Geschäfte gar keine Eignung besaßen, zu Gesandten zu machen. Lannes befand sich in einer schwierigen Situation, denn der portugiesische Äußere hielt durchaus zu England und Talleyrand trat auf die Seite dieses Auswärtigen, indem er ihn wissen ließ, Lannes sei eine völlige Null. Der General wurde erst im Jahre 1804 abberufen; die portugiesische Regierung hatte es sich vier Millionen kosten lassen, daß er nur ja nicht nach Lissabon zurückkehre. Den Hauptteil dieses Betrages behielt Talleyrand.

Bonaparte wußte, daß Talleyrand Amt und Stellung dazu nützte, sich zu bereichern. Aber das tat jeder Beamte soweit es ihm seine ziemlich schlecht bezahlte Stellung ermöglichte. Und politische Konjunkturen finanziell auszunützen, konnte man schließlich nicht als ein Reservat der Familie Bonaparte ansprechen. Wenn die Sippe auf diese Weise rasch zu Reichtum kommen wollte, konnte man dasselbe weder einem Talleyrand noch einem Fouché noch sonst wem übel nehmen. So lange nicht, als es jene Formen wahrte, welche solche Geschäfte verlangen müssen, um nicht als Erpressung, Betrug, Diebstahl deklariert zu werden. Und das war eine Sache der Geschicklichkeit.

Talleyrand besaß sie auch in seinen Geschäften. Die Fälle, wo er ungeschickt war, sind überaus selten und immer nur dann, wenn er durch die große Zahl der Teilhaber den Überblick verlor. Wie in jenem Falle der Indemnitäten, die der frühere Stathouder Hollands, der Prinz von Nassau-Oranien, zu fordern hatte; es war da ein Rest geblieben, 600.000 Gulden, die er nicht erhalten konnte und er wandte sich an seinen Schwager, den König von Preußen, und der schrieb dessentwegen an Napoleon. Eine Untersuchung stellte fest, daß sich siebzehn Millionen Franks auf dem Wege zum Stathouder unterwegs verkrümelt hatten. Sie waren bei vielen Leuten hängen geblieben, sicher auch bei Talleyrand. Der redete sich auf die von den Holländern mißverstandenen Instruktionen aus und etwas schlecht. Die Unterredung fand in Mainz statt und Bonaparte schloß sie: »Ich brauche Sie nicht mehr in Mainz. Ruhen Sie sich in Paris aus, Sie haben es nötig«. Und als Talleyrand gegangen war zu Maret: »Was für ein Lügner! Ich hätte ihn auf sein Valençay schicken sollen, aber wen setzen wir ins Auswärtige?!«

Napoleon war etwas kühl zu seinem Minister, als er nach Paris zurückkam; er nahm ihm nur seine Ungeschicklichkeit übel. Aber Talleyrand erzählte ihm die neuesten Pariser Geschichten, und alles war vergessen. »Wenn Napoleon sich nicht um seine treuesten Diener kümmert, müssen wir es selber tun, nicht?« sagte Talleyrand zu Cambacérès. Alle Mächte, die mit Frankreich zu tun hatten, wußten, daß man, um etwas zu erreichen, zu Talleyrand nicht mit leeren Händen kommen dürfe. Darüber entrüsteten sich nur alte Puritaner aus den Staaten, aber sonst niemand. Alle anderen stöhnten nur über die Höhe der Summe, denn Talleyrand tat es nicht billig. Da er keine Züge von gewöhnlicher Geldgier zeigt, muß man annehmen, daß in ihm mangels Prinzipien und Ideen eine Art Wechselbeziehung zwischen Verdienen und Verdiensten herrscht: an der Höhe seiner verdienten Summen und daß man sie ihm bezahlt, mißt er, als einzigem Maßstab, der ihm zur Verfügung steht, seine Verdienste und ihre Wichtigkeit. Und diese wieder im umgekehrten Laufe an den Beträgen, die er erhält. Wer hoch bezahlt wird, ist viel wert. Wer viel wert ist, wird hoch bezahlt.

16

Der Minister des Ersten Konsuls

»MAN WEISS JETZT sehr genau, worauf sich alle diese großen Ideen von Vorrang, Primat und Übergewicht reduzieren... Man hat endlich herausbekommen, daß das wahre Primat, das einzig nützliche und vernünftige, darin besteht, Herr im eigenen Hause zu sein und nie die lächerliche Prätension zu erheben, Herr im fremden Hause zu sein. Man hat, zweifelsohne etwas spät, herausbekommen, daß für Staaten ebenso wie für Individuen der einzig echte Reichtum nicht darin besteht, Besitz und Gut der andern zu erwerben und zu schlucken, sondern darin, den eigenen Besitz wertvoll zu machen«.

Man kann diese Ausführungen Talleyrands – er gab sie in einer Konventsitzung November 1792 und gegen einen revolutionären Enthusiasmus, der der neuen Freiheit die Welt erobern wollte – man kann in dieser Mahnung zu vernünftiger Bescheidung wenn nicht ein politisches Prinzip, so doch eine Haltung sehen, die er in seiner ganzen politischen Karriere nicht änderte und die es ihm ermöglichte, seinem Lande unter wechselnden Herren zu dienen.

Diese klassische Haltung der Beschränkung gegenüber den romantischen Maßlosigkeiten der Revolution und Napoleons entspricht und entspringt seinen persönlichen Neigungen, die man mit dem banalen Satz ‚leben und leben lassen‘ in ihrem etwas seichten Sybaritismus umschreiben kann. Daß diese Haltung nichts als seine Natur ausdrückt, ist ihre Stärke, aber auch ihre Schwäche. Ihre Stärke, daß man in schwierigen Situationen sich immer dieses nie versagenden überaus geschickten Moderators erinnert. Ihre Schwäche, daß Talleyrand es im Laufe seiner politischen Karriere zu solchen kritischen Situationen kommen lassen muß, weil er nicht imstande ist, aus dieser ihm aus nichts als persönlichen Neigungen gegebenen Haltung eine Maxime, ein politisches Prinzip zu machen, das sich gegen Widerstände durchsetzt. Er weicht da immer aus: das einemal ins amerikanische Exil, das anderemal in den Verrat. So vernünftig seine Haltung ist: sie ist nichts als das. Und da sie in ihrer nichts als vernünftigen Formulierung nicht einmal für ihn selber, der moralisch ganz indifferent ist und es weiß, aus dem Sittlichen jene Kraft bekommt, die sie autoritär macht – denn nie kann er widerlegen, daß seine Haltung seine persönlichen Interessen ausdrückt, nie auf ein Opfer hinweisen, das er dieser Haltung bringt – so besitzt sie auch Widerständen gegenüber nicht jene autoritäre Kraft, die sich durchsetzt. Man sieht nichts anderes als daß seine Haltung seinen persönlichen Interessen entspricht, und Talleyrand selber sieht es nicht anders. Da ihn diese Haltung nicht nur nicht das geringste kostet, sondern ihm ganz offensichtlich Vorteile bringt, verliert sie, so vernünftig sie an sich ist, sowohl für Talleyrand wie für das ihm Widerstehende die überzeugende Kraft, die eine Ordnung setzt. Da er mit dem Beispiel seines Lebens nicht ein politisches Prinzip, das aus diesem Leben stammte, belegen konnte, mußte er es bei der Haltung genügen lassen, fähig, das Maßlose da und dort zu korrigieren, aber unfähig, es in seinem Wesen zu ändern.

»Im Politischen ist das einzige gute Prinzip, keines zu haben«, sagte Talleyrand einmal zu einem Mann, der eine Frivolität nur deshalb nicht darin sieht, weil er ein Spitzbub war. Aber Talleyrand konnte den Erkenntniswert und die Brauchbarkeit dieses Prinzipes der Prinziplosigkeit mit zwei Erfahrungen beweisen: mit dem romantischen Exzess des revolutionären und des napoleonischen Regimes – gegen beide konnte man mit einem Prinzip, das ja immer ein Rationales ist, nichts ausrichten. Man mußte sich begnügen, an ihrem Irrationalen Korrekturen anzubringen, soweit und solange es möglich war. Um die Möglichkeit zu behalten, solche Korrekturen anzubringen, durfte man die elastische Haltung nicht zu einem Prinzip erstarren lassen.

Zuweilen gelangen aber Talleyrand nicht einmal diese

Korrekturen. Vergeblich erinnerte er unmittelbar nach Lunéville den Ersten Konsul daran, welche Schwierigkeiten man mit allen diesen Gründungen der batavischen, ligurischen, helvetischen, römischen und parthenopäischen Republiken gehabt habe und daß die französische Republik nicht im geringsten an dieser wieder errichteten zisalpinischen Republik interessiert sei und daß es besser wäre, Österreich den Interessen des Friedens damit zu verpflichten, daß man an die Spitze der Zisalpina etwa einen Habsburger stelle, wie den ehemaligen Großherzog von Toskana. Aber der Rat des Ministers vermochte nichts gegen den Willen des Konsuls, dessen Blick bereits auf das Imperium gebannt war, zu dessen Errichtung ihm ein italienisches Reich als Vorbedingung erschien. Lucca, Genua bekamen von Paris Verfassungen diktiert, das etrurische Königreich war ganz von Frankreich abhängig. Elba, der längst annektierte Piemont, wurden französische Provinzen. Aber war nicht der vom Sieger von Marengo faszinierte Talleyrand der erste gewesen, der mit einer Schmeichelei das Imperium in den Blick des Generals Bonaparte gebracht hatte? »Es hat nie ein Imperium gegeben, das sich nicht auf das Wunder gründete. Und hier ist das Wunder die Wahrheit«, schrieb er ihm damals.

Man hatte in Paris gezittert, als der Erste Konsul ins Feld zog. Was, wenn er fiele? Was, wenn er geschlagen würde? Mit Marengo und Hohenlinden war für Frankreich eine, wie Paléologue es nennt, wundervolle und entscheidende Konjunktur geschaffen, die Mission des Friedens zu übernehmen. Und wenn nicht von einem republikanischen General, der Erster Konsul ist, so doch von einem Konsul, den man zum Kaiser der Franzosen macht. »Bedenken Sie wohl«, schreibt Talleyrand zu dieser Zeit, »daß ein Erster Konsul nicht den Königen von

Gottes Gnaden gleicht, die ihre Staaten als Erbe betrachten... Es ist immer Kriegszustand zwischen den alten Monarchien und einer jungen Republik. Das ist die Wurzel der europäischen Streitigkeiten.«

Daß der achtzehnte Ludwig nicht abdankte, gab ihm die moralische Macht, die den Kaiser Napoleon mehr beunruhigte als den Konsul Bonaparte. Diese Unruhe holte ihn immer wieder vom widersprochenen Thronsessel, um sich an der Spitze seiner Armeen wenigstens durch die Gewalt der Eroberungen einer Welt zu impostieren und sei es als ein anderer Tamerlan. Wenn nicht legitim nach Herkunft, dann durch die Gewalt: dagegen kam keinerlei politische Raison auf, denn es spielte auf einem anderen Felde.

Von Lodi ab beginnt Bonaparte von seinem Stern zu sprechen wie Cäsar von seiner Fortuna sprach: öffentliche Bekenntnisse, mit denen sich diese Männer von der Illusion befreit erklären, Ursachen zu sein und sich über die Folgen ihres Tuns hinausheben. »Mein Sohn kann mich nicht ersetzen. Ich konnte mich nicht einmal selber ersetzen, denn ich bin die Kreatur der Umstände«, erklärte Napoleon. Und damit, daß er nicht die Substanz der Geschehnisse liefere, sondern diese vom Geschick gegebene Materie nur interpretiere und forme. So setzt er neben jede Fatalität das Simulacrum einer freien und überlegten Kunst, denn er weiß, daß diese Geste für die Menschen die sichtbare Repräsentation jener dunklen Kräfte ist, die das Leben bestimmen und führen.

Lunéville und Amiens bedeuteten nicht was sie sich nannten. Sie waren keine Friedensschlüsse, sondern die diplomatischen Attrappen von Waffenstillständen. Ohne die Ermordung des etwas närrischen Zaren Paul wäre es nicht einmal dazu gekommen, denn der trieb, seit dem Brumaire für Bonaparte, weil er ihm Malta versprach

– er war sehr auf den Besitz der Insel versessen – eine antienglische Politik. Schon waren preußische Truppen in Hannover einmarschiert und die Elbe- und Wesermündung dem englischen Seehandel gesperrt. Der Erste Konsul soll geweint haben, als er von der Ermordung Pauls hörte.

Offiziell starb Paul wie sein gleichfalls ermordeter Vater am Schlagfluß. Talleyrand meinte, es schiene geraten, daß man in Rußland die Krankheit wechsle. Der neue Zar war für den Frieden. Nicht nur mit Frankreich, sondern auch mit England. Nichts konnte Talleyrand lieber sein. Europa hatte eine Atempause; sie dauerte achtzehn Monate.

Länger dauerte der Frieden mit der römischen Kirche, den Talleyrand im Konkordat schloß: er dauerte weit in das neunzehnte Jahrhundert hinein, bis zum Ministerium Combe der dritten Republik, um sich da nach einigen Erschütterungen rasch wieder zu retablieren.

Der Erste Konsul sagte den »Pariser Atheisten«, wie er die Generäle des Konvents und des Direktoriums, aber auch Talleyrand und Fouché nannte, daß man ein gottloses Volk nicht regieren könne. In einem Gespräch, das er vierzehn Tage nach Marengo mit dem Bischof von Vercelli hatte, gab er die konstitutionelle Kirche preis, sprach von den beeideten Priestern als »einem Haufen ehrloser Briganten«. C'est un partipris, meinte Fouché. Talleyrand urteilte darüber seiner Intelligenz angemessener. Er sagte: »die Revolution hat das Volk nicht genügend aufgeklärt und die Philosophie sich nicht stark genug erwiesen, um eines Kultus zu entbehren«. Und da die große Mehrzahl der Franzosen Katholiken seien, ist die Herstellung des katholischen Kultes unvermeidlich. Er betrachtete das Konkordat als eine nicht zu umgehende Konzession der Philosophie an die Toleranz und an das Recht der individuellen Meinung. Um keinen Punkt mehr als das. Im Laufe der langen Verhandlungen – erst der siebente Konkordatsentwurf war der endgültige – mußte der Minister einige Konzessionen machen, mehr als der Unterhändler Consalvi in seiner Mappe hatte. Aber es war der Wunsch Bonapartes, der darauf bestand: »Sobald ich die katholische Religion wiederherzustellen mich entschloß, mußte ich wünschen, sie geehrt und geachtet zu wissen. Bestand ich statt dessen auf zu weitgehenden Zugeständnissen der Kirche, so entehrte ich den Papst und die Kirche. Frankreich versteht den Katholizismus anders und würde ein derartiges Konkordat verachtet haben«. Bonaparte hatte Chateaubriands Génie du Christianisme gelesen; es hat einen starken Eindruck auf ihn gemacht.

Das Konkordat von 1801 vollendete was mit dem Bastillensturm angefangen hatte: es beseitigte die letzten kleinen Reste der gallikanischen Kirche zu Gunsten der päpstlichen Universalmonarchie. Aber da beide Kontrahenten politische Nebeninteressen mit dem Konkordat verbanden, begnügte sich die Kirche nicht damit, einem Staate eine gendarmerie sacrée zu stellen, der sie selber um ihren Staat brachte; so viel die Kirche im Konkordat gewann, der Verlust der weltlichen Herrschaft durch das napoleonische Imperium wog schwerer; sie wiederzugewinnen brachte die Kirche durch Jahrzehnte auf die Seite der absolutistischen Reaktion.

Auch persönlich schloß Talleyrand Frieden mit dem Papst, der zu Consalvi, seinem Staatssekretär gesagt haben soll: »Ah, ah, que Dieu ait son âme, mais moi je l'aime beaucoup. Der Text des Konkordates enthielt nichts, das genau entschied, ob sich Talleyrand in einem geistlichen oder in einem weltlichen Zustande befand, und er hatte ein sehr lebhaftes und begreifliches Interesse an letzterem.

Gegenüber den verheirateten Priestern war Rom natürlich von einer absoluten Intransigenz: es konzedierte die Absolution nur den Priestern des weltlichen Klerus, die durch den Eid auf die Verfassung mit der Kirche gebrochen hatten, nicht aber den Mönchen und den Bischöfen. Was Talleyrand in einer Supplik nach Rom schrieb, war so allgemein, daß es dem damit befaßten Theologen als Widerruf nicht genügte, und der Supplikant war gezwungen, sich eines ihm überaus unbequemen Mittels zu bedienen, den Konsul zu einer unmittelbaren Intervention beim Papste zu vermögen.

Man war in Saint-Cloud sehr fein geworden, hielt auf Anstand und Sitte. Fand es anstößig, daß ein so hoher und exponierter Funktionär wie es ein Minister der auswärtigen Beziehungen ist mit der geschiedenen Frau eines anderen Mannes ganz ungeniert als seiner Geliebten zusammenlebe. Es gab auswärtige Vertreter, die ihren Verkehr mit Talleyrand auf das nichts als dienstlich Notwendige beschränkten, weil sie ihre legitimen Gattinnen doch nicht einer Mätresse des Ministers vorstellen wollten. Und auch Madame Grand fand vier Probejahre für die Eignung, Madame Talleyrand zu werden, durchaus hinreichend und weinte darüber Josefine mehr als bei der Frau des Konsuls nötig gewesen wäre vor, denn diese besaß, Frau wie sie war, allen Verstand für Madame Grands schiefe Situation. Sprach mit dem Konsul darüber, der den leichtfertigen Sitten des Directoires ein Ende machen wollte, also Talleyrand erklärte, so ginge das nicht weiter, er müsse Madame Grand heiraten. Nichts lieber als das, log der Minister, aber es gäbe da ein Hindernis und es läge in Rom und nur der Konsul könne es beseitigen. Bonaparte schrieb nach Rom, und im Juni 1802 traf ein päpstliches Breve mit zwei verschiedenen vom Papste signierten Texten ein: man überließ dem mißtrauischen Talleyrand die Wahl. Von seiner beabsichtigten Verheiratung war in beiden Texten nicht die Rede, denn achtzehn Jahrhunderte Kirchengeschichte lieferten kein Beispiel dafür, daß ein konsakrierter Bischof sich verheiratet hätte. Aber dem weltlichen und laicistischen Leben wurde Talleyrand wiedergegeben.

Das Breve wurde im Staatsrat registriert und drei Wochen darauf heiratete vor der Zivilbehörde der achtundvierzigjährige Talleyrand die neununddreißigjährige, schon vier Jahre zuvor von ihrem Gatten geschiedene Catherine Noël, geborene Worlee. Herr Grand bekam auch bei dieser Gelegenheit wieder Geld und, damit die Fürstin Talleyrand ihn nicht sehe, eine hübsche, aber sehr weit entfernte Stellung am Kap der guten Hoffnung. Madame begegnete ihm nie mehr wieder; auch die Geschichte nicht.

Wann immer die Kirche es nötig glaubte, wollte Talleyrand mit ihr verhandeln, mit keiner Macht lieber, aber um keinen Preis als ihr Angehöriger, selbst nicht im Purpur, mit dem ihm der Konsul gewinkt hatte. Lieber rasch heiraten, weil ihm das sicherer die Freiheit von der Kirche garantierte als das päpstliche Breve. In der Verheiratung kam er sich erst vollkommen deprêtrisé et desépiscopisé und frei vor. So wenigstens 1802. Erst vierunddreißig Jahre später bekannte er, daß er sich nur frei geglaubt habe und bat um Verzeihung: er lag in extremis und das kleine Detail dieser Schuld ging in die allgemeine Abrechnung. Daß er nach der Ziviltrauung sich habe kirchlich trauen lassen, ist eine Legende. Kein Priester hätte die Trauung vollzogen. Als Pius VII. 1804 auf seiner Reise nach Frankreich kam, weigerte er sich, daß ihm Frau Talleyrand vorgestellt werde; für ihn war sie eine mulier corruptis, wie ein Breve die mit Priestern verheirateten Frauen nannte.

Da die Bürgerin Talleyrand ihren einzigen Kummer los war, konnte sie sich ganz ihrer Lieblingsbeschäftigung hingeben: dem Dickerwerden. Ihr Ruf einer etwas albernen Frau war zu gut gegründet gewesen schon als sie noch Madame Grand geheißen hatte, als daß sie dazu noch was Beträchtliches hinzufügen konnte. Eine fremde Besucherin des Hauses bemerkt: »Das Vergnügen, einen großen Namen zu tragen, verdreht ihr völlig den Kopf. Sie fürchtet immer, zu höflich zu sein und erspart sich diese Verlegenheit damit, daß sie es überhaupt nicht ist.« Soweit er das nötig hat, tröstet Talleyrand sich damit, daß eine dumme Frau nur sich selber lächerlich mache, eine gescheite aber auch ihren Mann. Im übrigen hatte er wie das Land den Frieden im Hause: Mrs. Grand machte ihm als endliche Fürstin Talleyrand keine Szenen mehr.

Die unbeschäftigte Frau, wie sie Talleyrand charakterisiert, hat eine Beschäftigung gefunden: sie war Fürstin. Es gab große Empfänge im Palais des Ministeriums, kleinere auf dem Landsitz zu Neuilly; es kam, da Friede war, die europäische Diplomatie und die kosmopolitische Welt zu Talleyrands, die ein Haus hielten, als ob nie 1789 gewesen wäre. Wenn die Fürstin den Salon betrat, gingen zwei Inder vor ihr her, die Räucherwerk verbrannten. Sie glaubte das ihrer indischen Geburt schuldig zu sein, über die man sie immer wieder fragte, bloß um das unschuldige Wortspiel ihrer Antwort zu hören. Sie bewunderte ein Perlenkollier am Hals der englischen Gesandtin, die ihr sagt, daß Talleyrand ihr doch ein viel schöneres kaufen könne. »Was denken Sie!« ruft die Fürstin Dinde, »glauben Sie, ich habe den Papst geheiratet?!«

Die zwei Räucherwerk verbrennenden Inder mußten die fehlende Livree der Dienerschaft ersetzen, die ihr anzuziehen man sich erst auf der großen Schloßdomäne Valençay traute. Talleyrand kaufte auf des Konsuls Wunsch dies ungeheure Renaissanceschloß aus dem 15. Jahrhundert, das ein halbes Jahr lang einem weniger glücklichen Spekulanten gehört hatte, John Law. Mit einem Grundbesitz von 10.000 Hektar Wald, Weide und Feldern warf es 140.000 Francs Rente ab. Talleyrand züchtete hier Marinoschafe. Und hatte im Sommer Gäste, die er für Wochen logierte. Den Grafen Cobenzl, der sich sehr für alte Schlösser, den österreichischen Gesandten Metternich, der sich etwas mehr für die Politik interessierte. Für längere Zeit sah Schloß und Park von Valençay die prinzliche Descendenz der spanischen Bourbons, mit deren Beaufsichtigung und Unterhaltung der Schloßherr von Napoelon beauftragt wurde. Es gab reizende Kinderbälle für die kleine Charlotte, die fünfjährige Tochter eines Freundes in England, der, wie man erzählte, auf dem Sterbebette das Kind der Sorge Talleyrands anvertraut habe. Es lebte, bis zu seiner Verheiratung mit einem Vetter des Ministers, in dessen Hause und hatte die besten Lehrer; nie hat es erfahren, wer seine Eltern waren. Alles spricht dafür, daß diese Charlotte ein Kind Talleyrands von der Frau war, die er damals liebte, als sie noch Grand hieß. Er kam zum ersten Rendezvous zu spät, fand sie eingeschlafen am Kaminfeuer, und so geschah es.

Verwitwet hat Charlotte ihren Vater um mehr als dreißig Jahre überlebt; sie starb in Italien; das Sterberegister führt sie als figlia di genitori incogniti. Einige kurze Billetts Talleyrands an das kleine Mädchen sind erhalten geblieben; sie waren nicht unter den Papieren der Fürstin, die sich Talleyrand gleich nach deren Tode im Jahre 1835 aus der Rue de Bourbon, wo sie lebte und starb, nach der Rue Saint-Florentin kommen ließ, um sie zu vernichten. Die kleinen Billetts zeigen keine besondere Zärtlichkeit; es kann sie ein Vater geschrieben haben, wenn er Talleyrand heißt.

Vielleicht hätte die Eintragung im Sterberegister Charlottens anders gelautet, wenn unter den Motiven, die Talleyrand veranlaßten, seine Nicht-mehr-Geliebte zu heiraten, auch nur im geringsten so etwas wie Gefühl gewesen wäre. Dem Druck des Konsuls hätte er sich damit entziehen können, daß er seine Geliebte verabschiedete. Aber er hatte in seiner trägen Bequemlichkeit Angst vor dem kurzen heftigen Streit, der mit dem Abschied verbunden gewesen wäre; vielleicht traute er seiner Geschicklichkeit auch nicht zu, daß sie mit einem so obstinaten Willen fertig werde, wie ihn Frauen aufbringen, die geheiratet sein wollen. Er zog der kurzen Auseinandersetzung ein langes Absterben vor – es dauerte bis zum Wiener Kongreß – weil, wie einer seiner Biographen sagt, seine arme Phantasie nicht fähig war, sich von der intimen Tragödie solchen langsamen Absterbens eine entsprechende Vorstellung zu machen. So kam es, daß er diese Frau zwanzig Jahre ertrug, ohne ihr je einen Vorwurf zu machen, denn solches hätte eine Gleichheit impliziert, die er nicht zulassen wollte. »Er begnügte sich damit, um die Fürstin von Benevent den Respekt zu verbreiten, den er für sie nicht hatte.« Er tat als hörte er die Dummheiten nicht, die sie sagte. Und er gab ihr meistens nach, aus Müdigkeit, aus Sinnlichkeit, aus Gelangweiltheit.

Talleyrands Lebensführung kostete sehr viel Geld, weit mehr, als Bonaparte zahlte. Je mange plus que je n'ai, sagt er zu Roederer 1802. Einige Jahre später wird er von Napoleon zu hören bekommen: »Sie sind reich. Sollte ich Geld brauchen, werde ich mich an Sie wenden. Sagen Sie, Hand aufs Herz, wieviel haben Sie mit mir verdient?« Talleyrand sagte ihm nicht, daß er durch die kaiserlichen Unternehmungen öfter verloren als gewonnen habe, durch die Kontinentalsperre und den davon bedingten Bankrott des Bankiers Simon allein eineinhalb Millionen. Sein wie immer unbewegtes Gesicht verbarg, was er dachte über diesen begabten, interessanten und so erfolgreichen Emporkömmling, der mit so schlechten Manieren in den Bourbonischen Schlössern wohnte als ob sie von ewig her seine eigenen wären, während er, sein Minister, die Schlösser bar zu bezahlen habe, die er auf dieses Herren Wunsch kaufen müsse, um dessen Regime würdig zu repräsentieren.

Das alles kostete viel mehr als Geld. Talleyrand wird es später merken und mit einiger Melancholie feststellen.

17

Deportationen und Hinrichtungen

ALS IN DER RUE SAINT-NIÇAISE die Höllenmaschine aufflog, die dem Gaul, der sie zog, und vierzig Menschen das Leben gekostet hatte, war nur das verfehlte Ziel überzeugt, daß dieses Attentat von den Jakobinern ausging. Und fuhr entsprechend den Polizeiminister und alten Jakobiner Fouché an: der Konsul war nicht weit davon, den ihm unsympathischen Mann der Mitwisserschaft zu verdächtigen, da ihm bei seiner so gerühmten und berühmten und berüchtigten Organisation des Polizeisystems die Konspiration so auffällig nicht zur Kenntnis gekommen war. Fouché beeilte sich, dem Konsul recht zu geben, obwohl er genau wußte, daß den Jakobinern ihres letzten Klubs das Attentat gar nicht zuzutrauen war. Er hatte diesen Klub selber aufgelöst und sah dessen nur mehr an Phrasen sich berauschende Mitglieder wortlos und verschüchtert aus dem Zimmer schleichen. Nicht aus Gerechtigkeitssinn, sondern aus gekränktem Polizeigeist forschte er dem Attentat nach und hatte nach drei Wochen den lückenlosen Beweis, daß es von Royalisten ausgegangen war. Er war so unvorsichtig, das dem Ersten Konsul vorzutragen, was diesen veranlaßte, das Polizeiministerium aufzulösen, weil er dadurch diesen jetzt auch noch taktlosen Fouché los wurde. Daß er nicht hinunter, sondern mit einem großen Geldgeschenk hinaufstürzte, verdankte er Talleyrands kluger Fürsprache, der, so nah ihm Fouché in der Voraussetzungslosigkeit, so fern ihm dieser Kleinbürger in der Lebensführung stand, mit den Fähigkeiten und Bösartigkeiten des Mannes rechnete, die man ja wieder brauchen könnte. Fouché wurde Senator.

Auch Talleyrand glaubte nicht an die jakobinischen Verschwörer, deren Unschuld sich bei dem regulären Gerichtsverfahren vor dem Tribunal vielleicht herausgestellt hätte. Die Staatsraison verlangte aber einen demonstrativen Akt, der dem Ausland, das noch immer das Gegenteil annahm, zeigen sollte, daß der Konsul die Revolution nicht fortsetze, sondern liquidiere. Da man diesen demonstrativen Akt von der legislativen Autorität bezweifelte, setzte man sie ab. Es war ein vom Konsul soufflierter Gedanke, dem Talleyrand Ausdruck gab mit seiner Frage: »Wozu hat man einen Senat, wenn man sich seiner nicht bedient?« Durch einen Senatsbeschluß wurden hundertdreißig Individuen, die man im Verdacht jakobinischer Anschauungen hatte zur Deportation verurteilt. Und zehn zum Tode.

Der politische Zweck wurde erreicht, sogar nach beiden Seiten hin. Denn als sich einige Wochen später die Royalisten Carbon und Saint-Régent als die Urheber des Attentates herausstellten, wies der Zar Paul Ludwig XVIII.

aus seinen Staaten aus; er hatte in Mitau unter dem Schutz und auf Kosten Pauls gelebt.

Und noch einmal verband sich das gespenstische Abstraktum der politischen Kanzleien, das man Staatsraison nennt, mit einem bleichen Antlitz; es trug die Züge des Herzogs von Enghien.

Metternichs Wort, daß Talleyrand an der napoleonischen Politik »nur mit Nüancen« beteiligt war, gilt nicht nur für die auswärtige Politik, sondern auch für die inneren Angelegenheiten Frankreichs, soweit Bonaparte darüber Talleyrands Meinung einholte. Aber die Legende besteht darauf, daß sich Talleyrand in seinen wachen Stunden mit nichts sonst beschäftigt habe als einen »ihm angeborenen Machiavellismus« zu üben und zu perfektionieren. Sein Machiavellismus hätte in der napoleonischen Zeit darin bestanden, Bonaparte zu isolieren: gegen die Revolution hin durch die Erledigung der letzten Jakobiner, gegen die Bourbons hin durch die Erledigung d'Enghiens. Aber Talleyrands sozusagen »innere Politik« war immer, sich mit den Großmächten zu verhalten, um mit den Kleinen tun zu können was man will – und die Bourbons waren, wenigstens 1804 noch, so was wie eine moralische Großmacht, wenn sie sich auch auf der Landstraße befand; es gab nur erst einen Konsul auf Lebenszeit; Bonaparte wurde erst zwei Monate nach Vincennes Kaiser der Franzosen.

In seinen Erinnerungen überläßt es Talleyrand ausschließlich dem Konsul, Vincennes zu verantworten in den wenigen Sätzen, die er dafür übrig hat. »Der plötzliche und unerklärliche Tod Pichegrus« – er wurde im Gefängnis vom Henker Sanson erdrosselt – »die Mittel, die angewandt wurden, um eine Verurteilung Moreaus zu erreichen, konnten auf Rechnung der Politik gebracht werden; aber die Ermordung des Herzogs, einzig deshalb begangen, um sich, indem man sich an deren Stelle setzt, jener zu versichern, welche der Tod Louis XVI. jede Art Macht fürchten ließ, die nicht von ihnen kommt, diese Ermordung, sage ich, konnte weder entschuldigt, noch verziehen werden und wurde es auch nicht; auch hat sich Bonaparte ihrer nur gerühmt«.

Das war alles, was Talleyrand um 1816 dazu zu sagen hatte. Eine unerwartete Polemik veranlaßte ihn, sich 1823 ausführlicher zu äußern.

Am 9. März 1804 wurde in Paris ein Führer der bretonischen Chouans verhaftet, der Chef des Attentates der Rue Saint-Niçaise, – und vierundzwanzig Stunden zuvor hatte sich für einen offiziellen Bericht der Minister mit der Angelegenheit d'Enghien beschäftigt, über den ein Polizeibericht eingelaufen war, daß sich in der nächsten Umgebung des Herzogs, der sich im badischen Ettenheim aufhielt, der General Dumouriez befinde, der 1793 zu den Österreichern übergegangen war. Die Intimität des Herzogs mit dem Sieger von Valmy und Jemmapes gab den Ausschlag. Man war durch die Fälle Moreau und Pichegru nervös geworden. Aber Dumouriez ging ganz wo anders ganz anderen Abenteuern nach. Man hatte schlecht gehört; die badische Aussprache des Namens Thumery ließ Dumouriez verstehen. Dieser Herr von Thumery war irgend ein Emigrant in der intimeren Umgebung des Herzogs und ohne irgendwelche Bedeutung.

Talleyrand verlangte unter Berufung auf Artikel Eins des Vertrages von Lunéville vom Auslandsminister des Kurfürsten von Baden die Auslieferung dieser Verschwörer gegen die Person des Konsuls und die Sicherheit Frankreichs. Indem er seine Unterschrift unter dieses Auslieferungsverlangen setzte, wußte Talleyrand, was mit dem Herzog geschehen würde, falls Baden ausliefert: die Todesstrafe, da er als Emigrierter die Waffen gegen Frankreich getragen hatte. Der Anhang der Erinnerungen enthält den Akt und zwei weitere dazu gehörige Schreiben: »Sie konstituieren den wirklichen, einzigen Anteil, den ich an dieser deplorablen Affäre des Herzogs von Enghien gehabt habe«. Man kann nur sagen: Talleyrand saß nicht unter den Richtern von Vincennes, aber er war verantwortlich dafür, daß sie da saßen, indem er, wie ihm Napoleon – man schreibt 1815 und er dachte dadurch seinen früheren Minister für seine Sache zu gewinnen – bestätigte, sich »in dieser Angelegenheit d'Enghien als ein treuer Minister erwiesen und der Kaiser ihm dazu nie etwas vorzuwerfen gehabt habe«. Er hat mit dieser Treue ganz gegen seinen Grundsatz zu viel Eifer verbunden.

Neben jedem Ereignis in Talleyrands Leben laufen die Anekdoten her, auf denen sich die Legende Talleyrand mehr aufbaut als die Wahrheit, ja nur die Wahrscheinlichkeit dieses Lebens.

In jener Nacht des 21. März spielt er Karten bei der Herzogin von Luynes. Um zwei Uhr sagt er: »Der letzte Condé hat zu existieren aufgehört«.

Sein Chef de service Hauterive konnte, so gut sie sich miteinander standen, seine Entsetzen nicht verbergen. »Na, was verdrehen Sie die Augen?« – »Haben Sie den ‚Moniteur' von heut morgen nicht gelesen?« – »Was denn, was denn, sind Sie närrisch geworden? Ein Verschwörer wird an der Grenze abgefangen, man bringt ihn nach Paris, man füsiliert ihn, was ist da besonderes dabei?« Die Anekdote hat eine kürzere Fassung im Satz: »Na was denn? Das ist Politik, mein Lieber«.

Über den Wert dieser Politik waren sich übrigens die Interessenten daran nicht einig. Napoleon, der in der alleinigen Verantwortung, die er dafür auf sich nahm, so weit ging, sich dieser Sache zu rühmen, sagt sehr erstaunlicher Weise, denn es war nicht seine Art, sich auf Untergebene auszureden, zu Las Cases: »Talleyrand ist das Hauptwerkzeug und die aktive Ursache vom Tode d'Enghiens gewesen«.

Und Hortense erzählt, daß ihr ihre Mutter Josefine erzählt habe, wie sie den auf Talleyrand verstimmten Kaiser habe sagen hören: »Ich finde es scherzhaft, sich auf meine Kosten ehren zu lassen. Hab ich den Herzog von Enghien gekannt? Hab ich ihn sterben lassen?« Aber der geärgerte Napoleon ist nicht sehr zuverlässig in seinen Äußerungen.

Drei Tage nach der Ermordung des letzten Condé gab Talleyrand im Palais seines Ministeriums einen großen Ball. Bonaparte wünschte es; die öffentliche Meinung war verstimmt, die Kurse fielen. Der österreichische Gesandte Cobenzl war auch unter den Gästen; ihn genierte der Fall Enghien nicht; wie es ihn nicht geniert hatte, kurz zuvor seinen großen Ball am Jahrestage der Hinrichtung Louis XVI. zu geben. Wien machte keinerlei Schwierigkeiten wegen d'Enghien. Kaiser Franz sagte höchstselbst zum französischen Gesandten: »Jawohl, jawohl und wenn S'nicht zufrieden sind mit meine Minister, dann wenden Sie sich an mich und ich laß' sie springen«. Bei solchem großen Entgegenkommen hatte es der Gesandte gar nicht nötig, nach Talleyrands Information vorzugehen, »die Argumente, die man aus dem Völkerrecht etwa holte, zurückzuweisen même avec moquerie«. Da Wien nicht schwierig wurde, wurde es auch das Reich nicht, und diese kleinen vasallierten Staaten Baden, Württemberg, Bayern hatten überhaupt keinen Anspruch auf eine diplomatische Auskunft. Für den Petersburger Hof ordnete Alexander Trauer an; Napoleon berief seinen Gesandten ab und ließ nur einen Chargé d'affaires da. Dem russischen Gesandten in Paris schrieb Talleyrand von Bourbon-d'Archambault aus, dem jedes Jahr aufgesuchten Badeort, daß die in Petersburg vor sich gegangene Ermordung Paul I. seines Wissens unbestraft geblieben sei und Frankreich nie daran gedacht habe, deswegen eine Note nach Petersburg zu schicken. Das hat ihm Alexander, der mit den Mördern frühstückte, die ihm den Weg zum Thron freimachten, bis in die Umarmung von Erfurt und Tilsit hinein nicht vergessen.

Da Amiens die Ermordung des Condé nicht überdauert hatte, erübrigte sich die Verständigung darüber mit England. Man tat in der anderen Richtung sogar ein mehres in einem Zirkular an alle französischen Vertreter im Ausland, aus dem sie erfuhren, daß Drake, der englische Gesandte in München, für das gegen den Ersten Konsul gesponnene Komplott verantwortlich sei. Une telle prostitution de la plus honorable fonction, qui puisse être confiée à des hommes, était sans exemple dans l'histoire des nations civilisées. Elle étonnera, elle affligera l'Europe etc. etc. Der Amtsstil der indignierten Deklamation ist nicht nur bei Talleyrand übel.

18

Napoleons neue Visitenkarte

MILITÄRISCHE ERFOLGE werden – besonders wenn sie keine Politik sichern kann – freie Bürger geneigt machen, sich in Untertanen zu verwandeln. Ohne Protest nahm es das französische Volk hin, daß für wichtige Entscheidungen der gesetzliche Weg verlassen und sie einem Senatus-Consultus zugewiesen wurden. Ohne Protest nimmt es hin, daß »die Tagesblätter auf ihre Mission beschränkt werden, Vorgänge der äußeren Politik zu berichten, aber nicht zu kommentieren«. Die Last der Freiheit war zu schwer geworden, – möge sie ein Einzelner auf seine, wie der Erfolg zeige, sehr kräftigen Schultern nehmen und die Verantwortung dafür tragen. Die Kommune Lyon verlangte in einer Adresse die Erblichkeit der Macht für die Familie Bonaparte. Talleyrand hatte diese spontane Kundgebung inspiriert; es wäre nicht nötig gewesen; aber er brauchte ein sichtbares äußeres Zeichen für das, was die allgemeine Haltung des französischen Bürgers war: Untertan zu werden. Diese Haltung übte einen stärkeren Druck aus als ihn die Überlegungen besitzen konnten, die sich von einer Stabilisierung der neuen Macht in der traditionellen Würde eines Königs oder Kaisers Vorteile für die äußere Politik damit versprachen, daß man Bonaparte zu einem Endgültigen machte, das de facto die Bourbons erledigte, und daß man im Verkehr mit den dynastischen Familien Europas sich einer besseren und nicht so ungewöhnlichen und aufregenden Visitenkarte bedienen konnte als es die war, auf der »Bürger-General« stand. Außerdem entsprach es der Phantasie Bonapartes und den dringenden Wünschen seiner Sippe. Wenn Talleyrand in seinen Erinnerungen schreibt: La paix d'Amiens était à peine conclue, que la modération commença à abandonner Bonaparte, so begriff er unter Aufgabe der Mäßigung nicht den Wunsch des Konsuls nach der Kaiserwürde, denn diesen unterstützte und förderte er durchaus. Er konnte sich des Briefes erinnern, den er nach der Schlacht von Marengo an den Sieger geschrieben und in dem er sehr suggestiv von Imperium gesprochen hatte. Vielleicht war es mehr als eine Schmeichelei gewesen.

Daß in dieser Richtung etwas geschehen werde, lag nicht nur in der Luft. Alle Welt und nicht nur die französische sprach von der Krönung. Bloß darüber war man schwankend, ob zum König oder zum Kaiser. Nicht so

Bonaparte und sein Minister. Beide wußten, daß sich abgesehen von den Gefühlen der noch existierenden Jakobiner, die zu schonen waren, der französische Königstitel etwas abgenützt und der Kaisertitel die Faszination eines Novum hatte; er ließ an den militärischen Ursprung dieses Titels denken und an die immensa pacis romanae majestas; auch an Karl den Großen, der mit dem Schwerte Europa der Christenheit gewann, wie Napoleon – er liebte den Vergleich und die Vorstellung – Europa die Freiheit gewinnen würde. Und den Frieden, wie Talleyrand für einen Augenblick vielleicht hoffte, trotz der grande armée, die in Boulogne darauf wartete, eingeschifft zu werden, um an der englischen Küste zu landen.

Auf der großen Leinwand des Malers David, die Le Sâcre schlechthin heißt – obwohl sie richtiger die Krönung Josephines heißen sollte, die Talleyrand gegen die Familie Bonaparte durchsetzte – auf diesem Bilde sieht man ganz nah beim Altar, die Weihe hatte in der Nôtre-Dame statt, zwischen Berthier und Eugène Beauharnais, die hohe Gestalt Talleyrands; er trägt den Federnhut und den Mantel seiner neuen Würde: er ist – die Restauration einer Würde des königlichen Hofes – zum Grandchambellan ernannt worden mit noch anderen fünfen. Er streckt die kurze Stupsnase etwas in die Luft, und sein Blick senkt sich etwas überrascht, etwas belustigt, aber in der Kontenance eines Grandseigneurs, der er ist unter allen diesen vielen, die es nicht sind, auf die überaus pompös aussehende Versammlung herab. Vielleicht auch hat er im Blick die Zufriedenheit eines Regisseurs mit seinem Werk: nicht nur, daß ihm das ganz Ungewöhnliche gelungen war, den Papst dafür zu gewinnen, daß er nach Paris kam; nicht nur, daß ihm, der eine Zeit lang für die Trennung von Josephine gewesen war, die kleine

Rache für sein eheliches Mißgeschick gelungen war, daß er, wie ihm vorkam, Bonaparte durch die Krönung gewissermaßen zum zweitenmal mit seiner Frau verheiratete; er war sogar mit allen diesen neuen Kostümen für diesen neuen Hof zufrieden, so sehr ihm da auch Bonaparte und noch mehr die bonapartischen Damen natürlich dreingeredet hatten. Überhaupt diese Damen! Napoleon hatte ihn in Anerkennung seiner Verdienste um die Vorbereitung dieses kaiserlichen Ausstattungsstückes die ganz neugeschaffene Würde eines Erzkanzlers versprochen. Das hätte den Titel Altesse Sérénissime auch für seine Frau bedeutet, den Talleyrand übrigens sinnlos fand, da er nur der Souveränität zukomme. Ausgeschlossen, erklärten die Schwestern des Kaisers, daß questa donna, wie sie Pius VII. nur nannte, den gleichen Titel trüge wie sie selber. Es gab eine lebhafte Szene in der Menage Talleyrand, denn Madame war ebenso enttäuscht wie wütend. Wie sehr sie es war, schreibt Frau von Rémusat ihrem Mann nach Mainz: »Sie erklärte mir oft und so überaus betont, wie glücklich ihr Mann sei und wie zufrieden und wie lustig und wie vortrefflich er mit dem Kaiser stünde, daß ich fast versucht bin, daran zu zweifeln«.

Sechs Monate später änderte der Kaiser der Franzosen die zisalpinische Republik zu seinen Gunsten, indem er sich im Dom zu Mailand, ohne Assistenz des Papstes diesmal, aber mit der Talleyrands, die eiserne Krone der lombardischen Könige aufs Haupt setzte. Und dazu die überlieferte italienische Formel sprach, die aus Napoleons Munde im korsischen Dialekte kam: Il Ciel me la diede; guai a chi la tochcerà! Der Himmel hat sie mir gegeben, Unglück über den, der sie anrührt. »Un miracle de la destinée de Bonaparte«, – das ist alles was Talleyrand in seinen Erinnerungen über die Kaiserkrönung sagt.

Ein Mirakel des Geschickes, – er nahm es hin, weil es ein Faktum war. Tout ce qui est fait, il faut le soutenir, sagt er zu dieser Zeit bei einer anderen viel gleichgültigeren Gelegenheit. Er hatte den grand estafier Lucien zum Präsidenten der zisalpinischen Republik vorgeschlagen, aber Napoleon war bös auf diesen begabtesten Bruder. Er schlug Joseph vor, der ablehnte. Er hatte keinen Einwand mehr gegen Napoleons Krönung zum König Italiens, trotzdem seine ‚innere Politik' wußte, wie das auf Österreich wirken mußte und daß es zu einem Kriege führen konnte. Aber: sa sagacité alors était de deviner ce que veut Bonaparte et d'y soumettre toutes ses pensées, wie ein Zeitgenosse bemerkte. Er war mehr gefesselt von diesem neuartigen und rätselhaften miracle de la destinée als vom vertrauten Rest der Welt. Erst dann fällt ihm dieses Neue ins Vertraute der Welt, als es sich selber an Beispiele erinnert, an Alexander, an Tamerlan, und da wird er von ihm abfallen als einem absurden Anachronismus.

Die neue Würde eines Oberkämmerers brachte Talleyrand in die nächste Umgebung des Kaisers; davon hatte der Minister Vorteile; aber da die Würde Funktionen einschloß, die etwas unter ihr lagen, überwogen die menschlichen Unannehmlichkeiten. »Herr Talleyrand, mein Oberkämmerer«, schreibt zum Beispiel der Kaiser, »ich schreibe Ihnen dieses, um Ihnen meine Unzufriedenheit zu bezeugen darüber, daß die Freitag-Einladungen vom Souper sprachen, während sie für mein Diner bestimmt waren. Meine Intention ist, daß man in meinem Haushalt wie sonst auch den Gesetzen gehorche«. Nur Talleyrand konnte darauf eine Antwort riskieren, sonst niemand in der kaiserlichen Umgebung, und nur von ihm, dem Träger eines alten Namens, der in solchen Sachen Autorität war, ließ der Kaiser sich sagen: »Der gute Geschmack, Majestät, ist Ihr persönlicher Feind. Könnten

Sie sich seiner durch Kanonenschüsse entledigen, es gäbe ihn schon lange nicht mehr«. Der Kaiser überhörte die boshafte Entwertung der Kanonen oder nahm sie als Kompliment seines kriegstechnischen Genies.

19

Im Zwielicht des Sternes

LUDWIG COBENZL hatte bald nach Amiens vom Friedenswerk Talleyrands gesagt, daß seine Wirkungen erschreckender und bedrohender seien als selbst ein Krieg.

Was auch ganz die Meinung Englands war oder jenes England, das Handel und Industrie trieb, sich also politischen Einfluß verschaffen konnte. Dieses England war im Krieg und durch ihn reich geworden, – und es verarmte im und durch den Frieden. Es bestand mit Frankreich keinerlei Handelsvertrag; der von 1786 war nicht mehr erneuert worden. Die Einfuhrzölle auf englische Waren hatten eine Höhe, die jeden Handel mit Frankreich und den von ihm abhängigen Staaten ausschloß. Die englische Regierung stand unter dem Druck der überaus kritisch gewordenen Wirtschaft und wartete nur auf einen Anlaß, diesen Druck politisch zu manifestieren; jeder Anlaß war ihr recht. Zwei Wochen nach der Annexion Piemonts protestierte Addington, der Mehrheit im Lande sicher, gegen die Verletzung der Schweizer Neutralität durch den Einmarsch von 30.000 Franzosen unter Ney. Englisches Geld zur Unterstützung eines Widerstandes hatten schon vorher Agenten nach der Schweiz gebracht.

Schon dieses Jahr 1802 hätte den Krieg gesehen, wenn die lange Depesche an den französischen Gesandten in London der englischen Regierung zu Gesicht gekommen wäre: Napoleon diktierte sie seinem Minister. Ranke nennt sie den Ausdruck eines großen Gedankens. Der Historiker Lanfrey den Traum eines Mondsüchtigen. Der Gesandte wird angewiesen, in den Verhandlungen das Wort Krieg nicht auszusprechen, aber der geringsten Provokation zu einem solchen unverzüglich und im stolzesten Ton zu begegnen. Über den Charakter eines solchen Krieges seien keine Zweifel möglich. Österreich sei erschöpft. Preußen, Bayern, die durch französische Vermittlung reiche Erwerbungen in Deutschland machten, für eine englische Allianz nicht mehr zu haben. Ein Kampf auf dem Kontinent könne nur das Resultat haben, Frankreich zu dessen Eroberung zu zwingen. Der kaum wieder hergestellte französische Handel biete den Engländern auf den Meeren nur sehr geringe Beute. Vom Moment an, wo England die französischen Küsten blockiere, würde es selber blockiert sein und die europäischen Küsten von Norddeutschland und Flandern bis Portugal und Otranto von französischen Truppen besetzt finden. Die Transportschiffe Hollands und Flanderns würden genügen, eine Armee von 100.000 Mann nach England zu werfen. Vom Schrecken einer Invasion bedroht werde England die Errichtung eines Imperium Gallorum provozieren, eben das, vor dem es beständig warne.

Das Dokument ist zitiert, weil es 1802 alles enthält, was die folgenden Jahre bringen werden: das Berliner Dekret, die Kontinentalsperre, die Vision eines Imperium Gallorum. Und gegen alles das wird derselbe Talleyrand sein, der jetzt von Bonaparte diktiert bekommt und ohne Einwände niederschreibt. Er denkt das Schriftstück zu unterschlagen. Und was daraus der französische Geschäftsträger dem Lord Hawkesbury zur Kenntnis bringt, ist sehr stark abgeschwächt, es ist fast nichts. Er hofft, es mit ähnlichen Noten ebenso halten zu können. Manche aber muß er doch unverändert befördern, wie die dem überzeugten Freihändler sehr peinliche Note, die den Wunsch der englischen Regierung nach Abschluß eines Handelsvertrages ablehnt, weil er einen Angriff auf Frankreichs Wohlstand und Selbständigkeit darstelle. Auch persönliche Aussprachen kann er nicht hindern, wie jene zwischen Bonaparte und Lord Withworth, die Teilung der Erde betreffend: England die Herrschaft über die Meere, Frankreich die über den Kontinent. Auch die Grobheit nicht, mit der einige Tage darauf Bonaparte den Lord anfährt, daß seine Regierung die royalistische Mörderbande protegiere, die ihm ans Leben wolle; er sei darüber genau informiert und nicht nur von Fouché; es gäbe da nicht nur Gerüchte, sondern Fakten.

In den offiziellen Depeschen dieser Zeit ist nicht Talleyrand. Was er über die Situation denkt, vertraut er dem preußischen Gesandten Luchesini an, wie einem Privatmann und Freund, aber er weiß, Luchesini gibts weiter an Hardenberg; er ist so zuverlässig wie genau. Daß er, wie er ihm sagt, seine Entlassung für den Fall gefordert habe, daß sich der Konsul zum Präsidenten der helvetischen Republik mache, ist zwar nicht wahr. Er dachte so wenig daran, wie bei der Hinrichtung des Enghien, wo er auf die Frage von Bekannten, ob er seinen Abschied nehme, antwortete: »Wenn der Konsul, angenommen es ist eines, ein Verbrechen begangen hat, ist das für mich kein Anlaß, einen Fehler zu begehen«.

Bonaparte weiß, daß ihm Talleyrands ‚innere' Politik Schwierigkeiten macht. Er mißtraut ihm aufs äußerste. Als Talleyrand dem Ministerrat ein englisches Ultimatum überreicht, das die Entschädigung des sardinischen Königs, die Räumung Hollands und der Schweiz fordert, tobt der Rat und der Konsul schreibt ihm, er sei es der Ehrfurcht vor seiner Person schuldig gewesen, eine solche Mitteilung gar nicht zu seiner Kenntnis zu bringen. Talleyrand schweigt dazu. Hätte er ein Wort gesprochen, so hätte es seine Entlassung bedeutet.

Wenn Talleyrand geglaubt hatte, Napoleon würde es sich nach der Krönung damit begnügen lassen, der Gründer einer Dynastie zu sein und sich ausschließlich den damit verbundenen Aufgaben zu widmen, die in Anbetracht der zahlreichen Familie Bonaparte schwierig genug waren, und es nach Brauch dem Minister überlassen, das etwas schwierige und komplizierte politische Erbe der Konsulatszeit im traditionell europäischen Sinn zu liquidieren, – wenn er das je geglaubt hat, dann hätte er sich über die beiden wesentlichsten Eigenschaften der hier beteiligten Personen getäuscht: über den Impetus des napoleonischen Willens, der nur vor so evidenten Unmöglichkeiten wie einer Landung an der englischen Küste halt machte; und über die Gradstärke des Widerstandes, den Talleyrand diesem impetuosen Willen entgegenzusetzen imstande war. Selbstverständlich mußte das ganz Außerordentliche einer Laufbahn vom korsischen Artillerieleutnant zum Kaiser der Franzosen Napoleon in ein Glaubensverhältnis zu sich selber drängen als einen von der Vorsehung dazu Auserkorenen, ein ganz neues Europa, mindestens das, von Grund auf herzustellen. Aus diesem Glaubensverhältnis zu sich selber zog er seine Kraft nicht nur, sondern es beeinflußte wachsend sein Urteil. Was er tat, war nicht nur in dem speziellen Sinn der Umstände richtig für ihn, sondern auch das Rechte im Sinne jener ihm von der Vorsehung übertragenen Aufgabe, für die er sich in die Welt geschickt vorkam. Dieses überhöhte Glaubensverhältnis zu sich selber mußte das nichts als Vernünftige in dessen Trägern und Befürwortern ganz automatisch degradieren und auch eine größere vernünftige Kapazität, als sie Talleyrand besaß, hätte daran nichts ändern können.

Als der Kaiser das Boulogner Lager abbrach und seine Armee gegen Österreich und zum Kriege gegen die dritte Koalition in Bewegung setzte, war Talleyrand keineswegs so »verzweifelt«, wie er Lucchesini sagte. Er dürfte in Übereinstimmung mit seinem kaiserlichen Herrn das österreichische Ultimatum als einen Glücksfall angesehen haben, weil es den besten Vorwand gab, von der so laut wie lang angekündigten und als ganz unmöglich erkannten Landung der Armee an den Küsten Englands absehen zu müssen. Die Nachricht von Trafalgar erhält Napoleon schon im österreichischen Sankt Pölten; vierundzwanzig Stunden zuvor hatte die ganze kriegsgefangene österreichische Armee in Ulm vor dem Kaiser defiliert: »der Genius und das Glück waren in Deutschland«, wie ihm Talleyrand zum Troste für den ersten Satz schreibt, in dem er ihm die schmerzliche Neuigkeit aus Cadix mitteilt.

Es war der Wunsch des Kaisers gewesen, daß Talleyrand dem Hauptquartier nachfolge, wo es die Ereignisse etablierten. Er war einige Tage nach Napoleon in Straßburg eingetroffen, wo die große Armee über den Rhein ging. Er dinierte mit dem Kaiser, der unmittelbar nach dem Diner einen epileptischen Anfall hatte, Konvulsionen, Schaum vor dem Munde. Talleyrand und Rémusat, der erste Kammerherr, binden ihm die Krawatte ab, waschen ihn mit Kölnischem Wasser. Der Anfall dauert zwanzig Minuten. Der Kaiser verlangt von den beiden strengstes Schweigen über den Vorfall. Eine halbe Stunde später ist er unterwegs nach Karlsruhe.

Die Krankheit des Kaisers war von einer Art, die das Risiko seiner kriegerischen Politik um ein Bedeutendes vermehrte. Ein Kaiser, der nichts als repräsentativ auf dem Thron sitzt, umgeben von seinen Ministern und Palladinen, kann ein Epileptiker, sogar ein Idiot sein, nicht aber ein Kaiser, der sein eigener Feldherr ist, er mag darin jedes Genie besitzen: er kann in der entscheidenden halben Stunde bewußtlos sein, und alles ist verloren. Wenn aber Napoleon verschwände, gäbe es eine Militärpartei, die das Direktorium wieder herstellte und, das wußte Talleyrand: ohne ihn. Und was würde aus seinem Vermögen, das sein Freund, der Finanzier Hervas, zu dieser Zeit auf vierzehn Millionen schätzte? Er würde es natürlich verlieren zusammt einer Tätigkeit, die ihm mit den Jahren um so wichtiger wurde, da sie allein die zunehmende Leere füllte und die wachsende Verdorrung seiner Seele ihn nicht merken ließ. Mehr als je war er jetzt dem Kaiser attachiert. So sehr, daß er in diesen Straßburger Tagen ein langes Memorandum für Napoleon ausarbeitete – über den künftigen Frieden, »ein Gegenstand, der in dem Sinn meiner Funktionen liegend auch diese besondere Anziehung für mich besitzt, als er sich ganz eng dem Glück Ihrer Majestät verbindet«. Es wird das letzte große politische Memorandum sein, das Talleyrand für den Kaiser ausarbeitet. Auch das letzte mit den Standpunkten, die sich auf ein siegreiches Frankreich stützen können. Diese Gelegenheit sollte in Talleyrands Karriere nicht mehr wiederkommen; ihm war aufgehoben, eine für Frankreich glücklichere Politik dann zu machen, wenn sie sich auf ein besiegtes Frankreich stützte: es entsprach seiner Geistesart.

In diesem Straßburger Memoire führt Talleyrand hinsichtlich der Habsburgischen Monarchie einen Gedanken aus, an dem auch Bismarck weiter denken sollte: eine Verschiebung des Schwerpunktes der Monarchie nach dem Südosten, so daß zwischen ihr und Frankreich einschließlich der von Frankreich gegründeten neuen italienischen Staaten keine gemeinsamen Grenzen bestünden. Was Österreich an seinem schwäbischen Besitz und Tirol, an Venetien und Triest verliere, dafür würde es mit der Walachei, der Moldau, Bessarabien, Bosnien, Serbien, Bulgarien entschädigt; es würde keine Schwierigkeiten machen, die Türkei dafür zu gewinnen, auf diese Provinzen zu verzichten, wo sie ja nur nominell herrsche. Österreich würde durch diese südöstliche Verschiebung in einen Gegensatz zu Rußland gebracht, der dieses hinreichend beschäftige, wenn es nicht, was besser wäre, gelänge, Rußland nach Asien zu drängen, wo es mit englischen Interessen in Konflikt geriete und politische Beschäftigung fände. England könnte auf dem Kontinent keine Verbündeten mehr bekommen als solche, die ihm wenig oder nichts nützten. Wenn man Preußen, »die erste Macht unter den zweitrangigen Mächten«, mit dem englischen Hannover entschädige, könnte man es saturieren und hätte es in jedem englisch-französischen Konflikte an seiner Seite. Um im Süden Deutschlands ein Gegengewicht gegen den preußischen Norden zu schaffen, habe man ja den Kurfürsten von Bayern ganz zu Handen: man gebe ihm die Österreich abgenommenen deutschen Länder und den Königstitel und verheirate Eugen Beauharnais mit der ältesten Tochter des Kurfürsten.

Auch 1805 standen wie ein Jahrhundert zuvor die dynastischen Heiraten im politischen Kalkül als ein ganz richtiger Bestandteil einer monarchischen Länderpolitik, die sich in ihren Prinzipien in nichts von einer Großbauern-Politik unterscheidet; für beide hat der Begriff »Hausmacht« ausschlaggebende Bedeutung.

»Auf diese Weise wäre das Problem des dauerhaftesten Friedens gelöst, wenigstens was die Vernunft sich da zu erhoffen erlauben kann.«

Talleyrand traf im Jänner 1805 zur von Napoleon befohlenen Hochzeit des Adoptivsohnes Beauharnais mit der bayrischen Prinzessin Amelie ein. Der Kaiser wünschte, über seines Ministers Memoire ein Konseil zu halten. Es kam nicht dazu. Der Begründer einer neuen kaiserlichen Dynastie hatte Eile, sich in Schönbrunn dem derzeitigen Kronenträger einer sehr alten kaiserlichen Dynastie vorzustellen.

Im Straßburger Memoire steht ein Satz, dessen Richtigkeit sowohl die Intention wie den Inhalt des Schriftstückes widerlegt. Aber einen solchen Satz mußte ein Exposé enthalten, das ein Minister für einen Kaiser aufstellt, besonders, wenn er Napoleon heißt. »An der Spitze der vier Großmächte Frankreich, England, Österreich und Rußland steht Frankreich, stärker als jede einzelne dieser drei andern Mächte, fähig selbst ihnen allen Widerstand zu leisten, denn Frankreich besitzt im glücklichsten Verhältnis die beiden Elemente der Größe, welche nur ungleichmäßig unter die andern drei Mächte verteilt sind: Menschen und Reichtum.« Auch der Kaiser wußte natürlich, daß diese beiden Elemente erschöpflich sind. Das letzte Schlachtfeld von Austerlitz konnte ihn darüber unterrichten, was die Menschen betrifft, der Sturz der französischen Renten und der Sturm auf die Schalter der Banque de France im Oktober 1805 hinsichtlich des Reichtumes der Nation. Aber was die Menschen betrifft, konnte man die gelichteten Kadres der französischen Armee mit fremden Truppen füllen und den Staatsschatz mit Kontributionen. Napoleon schreibt seinem Minister: »Sie haben mir in Preßburg einen Vertrag gemacht, der mich sehr hindert«, – Talleyrand hatte sich von des Kaisers Forderung von hundert Millionen Kontribution zehn Millionen abhandeln lassen, aber das war für Napoleon nicht der einzige Schönheitsfehler von Preßburg.

Die Voraussetzung, von der Talleyrands Vorschläge einer Befriedung Europas ausgingen, hatte sich erfüllt: der Kaiser war als Feldherr siegreich gewesen und konnte darangehen, die von seinem Minister ihm vorgeschlagene Ordnung der europäischen Angelegenheiten ins Werk zu setzen. Aber nichts von alldem geschah. Der Frieden von Preßburg zeigt nicht eine Spur der Straßburger Meditation, trotzdem Talleyrand nicht unterließ, den Kaiser daran zu erinnern, und die österreichischen Unterhändler zu mahnen, die Verhandlungen zu beschleunigen, da jeder Tag ihre Lage verschlimmere.

Nach Metternich hat Napoleon 1809 den Preßburger Frieden infâme et l'oeuvre de corruption genannt: er hatte Gründe, ihn als das Werk Talleyrands hinzustellen, das er nur darin war, daß der Minister die vom Kaiser gewünschten Zweideutigkeiten des Wortlautes vermied, da die eindeutige Brutalität dieses unbekümmerten Diktatfriedens dafür keinerlei Möglichkeit bot. Nach Barras soll der Kaiser nach Austerlitz zu Talleyrand gesagt haben: »Vous allez cette fois encore avoir bien de l'esprit, M. de Talleyrand, car j'ai gagné la bataille; vous en auriez moins si je l'avais perdue. Es ist unwahrscheinlich, daß Napoleon seinen Minister so wesentlich verkannt hat. Talleyrand ist niemals von gewonnenen Schlachten trunken geworden; er wußte genau Bescheid über die moralische Rückwirkung auf den Sieger und daß sie eine Kalamität werden könne. Er wußte auch, daß ohne die Neutralität Preußens Austerlitz eine Niederlage und das Ende bedeutet hätte. »Haugwitz hätte verdient, seinen Wahn oder seine Schuld mit dem Kopf zu bezahlen«, schreibt er in seinen Erinnerungen.

Je höher der Stern stieg, um so schwieriger wurde die Berechnung seiner Bahn. War Napoleon noch mit den politischen Interessen Frankreichs zu identifizieren? Sah es nicht vielmehr so aus, als ob das begabteste Glied einer italienischen Familie mit nichts sonst beschäftigt wäre als seine zahlreiche Sippschaft zu versorgen, indem er an ihre Mitglieder Kronen verteilte? Und, nach Talleyrands Wort, Dynastien schaffte, die da anfangen, wo andere aufzuhören pflegen? »So lange die Schöpfung des Kaiserreiches Aussicht bietet, das eigene Werk zu retten, halte ich mich ihr verpflichtet«, sagte Talleyrand 1807 zu Frau von Rémusat, aber schränkte diese Aussicht dahin ein, daß der Kaiser immer mehr auf jene höre, die seinem Ehrgeiz und seiner Leidenschaft schmeicheln und auf etliche Dummköpfe. »Er verdächtigt mich, sowie ich ihm von Mäßigung spreche, und wenn er mir zu glauben aufhört, wird der Tag kommen, wo er sich durch einige unvorsichtige Dummheiten kompromittieren wird, sich und uns.«

Talleyrand baute hinter dem Rücken der unberechenbaren napoleonischen Politik, aber mit des Kaisers Einverständnis, an der alten Politik Choiseuls, ja Richelieus, weiter im Interesse Frankreichs, aber unter weit günstigeren Bedingungen als 1658 oder 1750, denn die deutsche Kaiserkrone gab es nicht mehr seit Rastadt. Schon besaß man jedes Gewicht in den drei süddeutschen Staaten, auch in Sachsen, etwas später auch in Hamburg. Es war ein leichtes, mit Hilfe eines so geschickten Impresario wie es der Fürst-Primas Dalberg war, fünfzehn deutsche Fürsten für die Verfassung des Rheinbundes zu gewinnen. Schwierigkeiten machten diese Fürsten nur mit dem, was sie Talleyrand für die Mediatisierungen bezahlen mußten. Dem über diesen Rheinbund beunruhigten Preußen schlug Napoelon die Gründung eines norddeutschen Bundes unter preußischer Hegemonie vor; denn der Bruch mit England war unvermeidlich und eine Allianz mit Preußen wünschenswert, da Österreich durch Preßburg nicht zu haben war. Preußen stellte Bedingungen, die Napoleon nicht akzeptierte, – die Umstände drängten, so ungünstig sie für den völlig isolierten Kaiser auch waren, zu einer raschen Entscheidung durch den Krieg.

Als er sich zu Beginn des Feldzuges in Mainz, bis wohin sie ihn begleitet hatten, von Josephine und Talleyrand trennte, sagte der Kaiser – und er hatte Tränen in den Augen – zu seinem Kammerherrn: »Es ist schmerzlich, von zwei Menschen zu scheiden, die man am liebsten hat«. Zwei Wochen vorher hatte er dem einen seiner liebsten Menschen geschrieben, daß er seit langem wisse, wie nichts leichter sei als ihn zu betrügen. Das war als er von Preußens geänderter Politik hörte, die ihm überraschend kam. Und oft hatte der Kaiser seinem Minister ähnliches geschrieben, wie vor vier Wochen noch: »Vous voulez faire de votre chef et vous ne vous donnez pas la peine de lire les pièces et de peser les mots.« Schlimmeres kann man einem Minister nicht sagen, auch wenn man ihn nicht neben der Gattin am liebsten hat. Der Kaiser ist launenhaft wie ein herrischer Liebhaber. Und Talleyrand geschmeidig wie eine Geliebte, die es bleiben will, sich diesen Launen anzupassen. In seinen Erinnerungen, die eine politische Schrift sind mit einem deutlich erkennbarem Zweck, stellt er sich als Gegner der imperialistischen Politik des Kaisers schon zu einer Zeit vor, wo davon kaum die Rede sein kann. Er nimmt in für ihn und seine Stellung kritischen Situationen immer das zurück, was er sich in weniger kritischen Situationen erlaubt hatte, gegen die kaiserliche Politik einzuwenden, – wenn auch nicht immer in ausdrücklichen Worten, so in der Form schweigender Zustimmung. Er weiß, der Herr kann ihn im Grunde nicht ausstehen und daß es nur seine Geschicklichkeit ist, die ihn hält. Er weiß, daß er in der Nähe dieses unberechenbaren und im Grunde verachteten Parvenüs bleiben, ihm auf den Mund sehen muß, um sich mit diesem einzigen Mittel der Geschicklichkeit zu behaupten. Möglich, daß sich einmal dieses Mittel erschöpft, wahrscheinlich sogar, da es ohne Bindung an ein übereinstimmendes politisches Wollen wie ein Artifizium in der Luft hängt. Für diesen Fall hatte Talleyrand so seine Gedanken. Nach Eylau frühstückte Gagern bei ihm. Der deutsche Diplomat fragte, was geschehen würde, wenn den Kaiser ein Unfall träfe; er meinte, Europa käme zu keinem Frieden ohne die Zurückführung der Bourbons. »Ein Mann von Ihrer Umsicht sollte nicht ohne Verbindung mit Hartwell sein.« Das war der Aufenthalt Ludwig XVIII. nach Mitau. »Der Erzbischof von Reims ist mein Onkel«, sagte Talleyrand. Dieser Erzbischof hielt sich in Hartwell auf und war der Intimus Ludwigs.

20

Carolus Mauritius im Dreck der polnischen Landstraßen

ES WAR DER FÜRST-HERZOG VON BENEVENT, von dem Napoleon in Mainz so gerührten Abschied nahm. Auch bei geringeren Verdiensten hätte ihn der Kaiser im Bedürfnis, sich einen territorialen Adel aus kaiserlichen Gnaden zu schaffen und damit die Dynastie Bonaparte zu stärken, mit Titel und Lehen auszeichnen müssen, wie er es bei Bernadotte, bei Fouché, bei Maret und anderen tat. Daß er Talleyrand gerade mit der päpstlichen Enklave Benevent belehnte, war ein boshafter Witz des Kaisers auf den republikanischen Bischof, der die Säkularisation der kirchlichen Vermögen beantragt und durchgeführt hatte. Rom hat natürlich diese Belehnung, die ihm offiziell gar nicht mitgeteilt wurde, wie auch die Bernadottes mit dem päpstlichen Ponte Corvo nie anerkannt. Was Talleyrand nicht hinderte, am Wiener Kongreß vom Papst etliche fünfzehntausend Goldduktaten für die Rückgabe Benevents zu verlangen – und zu bekommen.

Als sich die Gratulanten in der Rue du Bac beim Groß-Kanzler einfanden – auch das war er geworden –, sagte er ihnen: »Gehen Sie zu Frau von Talleyrand, – die Frauen sind immer charmiert, regierende Fürstinnen zu sein.« Die ehemalige Frau Grand signierte denn auch was sie schrieb Princesse souveraine de Talleyrand, manchmal auch Princesse regnante kurzweg.

Die kleine Enklave im Neapolitanischen, über das Napoleons Bruder Joseph, etwas später Napoleons Schwager Murat König war, hat Talleyrand doch lebhafter beschäftigt als es nach der Handbewegung zu Madame la Princesse hin aussah. Das liliputanische Staatswesen, auf dessen Territorium etliche vierzigtausend Eingeborene lebten, von denen ein Viertel unter dem Namen von Patrioten Straßenräuber waren, das sich gegen das Ende der napoleonischen Herrschaft in ein Drittel mehrte, trug außer einer kaiserlichen Apanage von 120.000 Francs im Jahresdurchschnitt 60.000. Damit diese 60.000 Francs überhaupt eingingen, setzte der Fürst in dem jungen Elsässer Ludwig von Beer einen sehr tüchtigen, zuverlässigen und besorgten Gouverneur nach Benevent, der, wie er Talleyrand schrieb, aus »dem Fürstentum eine Toscana en abrégé zu machen und zu zeigen versuche«, daß es »für einen aufgeklärten Fürsten keinen kleinen Staat und für einen seines Herrn würdigen Agenten kein kleines Theater gebe«. Die Briefe, Akten und Memoranden, die der um die Herstellung eines Musterländchens unermüdliche Gouverneur an die

Pariser Administration und an seinen Herrn schickt, füllen Bände. Talleyrands Antworten sind, da er mit anderem wichtiger beschäftigt ist, spärlich, aber immer im Ton eines um das Wohl seiner Untertanen besorgten Herrschers. »Versichern Sie die Beneventiner der Sorge, die ich mir um ihr Wohlergehen mache. Wenn diese Herrschaft etwas für mich bedeutet, so ists die Hoffnung und der Wunsch, sie geliebt zu machen.« Er brauche keine neapolitanischen Truppen zur Aufrechterhaltung seiner Autorität, schreibt er dem Gouverneur, »die Mittel der Überredung sind durchaus vorzuziehen und haben den Vorteil, gleichzeitig sowohl in meiner Politik als in meinem Charakter zu liegen.« Wenn keine Erträgnisse einliefen, konnte Talleyrand von seinem »Fürstentum Ehrenhalber« sprechen, aber nur sprechen; denn er nahm es mit seiner Souveränität sehr genau und verstand es, mit der vortrefflichen Hilfe seines Gouverneurs sowohl mit den Anmaßungen Roms wie den versteckteren Neapels fertig zu werden. Als nach der Schlacht bei Lützen der Gouverneur in der Kathedrale ein Tedeum zelebrieren ließ – es sollte das letzte »anläßlich der Siege des Kaisers« sein – hatten die Beneventiner eine saubere nette wohlversorgte kleine Hauptstadt bekommen, mit einer Piazza di Carlo Maurizio und einem Brunnen darauf, gegen dessen Inschrift sie nichts einwenden konnten: Pro publico curato bono. Auch gegen eine Inschrift auf einem andern Wasserspender konnten sie nichts sagen, die lautete: Naiades aevo deturbante exules, Carolo Maurizio regnante reduces. Die in der Unordnung der Zeiten exilierten Najaden kehrten zurück unter der Regierung von Karl Moriz.

Zu sehr mit der Regie des großen Welttheaters beschäftigt, hat der Fürst von Benevent nie Zeit gefunden, sich persönlich sein kleines Welttheater anzuschauen, auch nach Tilsit nicht, wo sein Statthalter glaubte, nun hätte der Souverän Zeit und anfragte, ob er den leeren erzbischöflichen Palast als Residenzschloß einrichten solle. »Ich kann keinerlei Projekt über eine Reise nach Benevent machen, so hübsch es wäre, mein Land und meine Landeskinder zu sehen und mit den Augen festzustellen, was Sie für beide getan haben und noch weiter tun wollen.« Die Beneventesen haben ihren Herrn nie anders zu Gesicht bekommen als im Bilde, wenn sie sich das anschauen wollten, sei es, um ihm zu danken, sei es um ihn zu verfluchen, wozu das strenge Regiment, das der Statthalter gegen die Straßenräuber führte, bei der sehr großen Zahl der Beneventiner, die sich diesem Erwerbszweige ergaben, weit häufigeren Anlaß geboten haben wird.

Die Erinnerung, daß es schon hundertfünfzig Jahre früher Mazarins Politik gegenüber dem Reich gewesen war, läßt Talleyrand etwas emphatisch werden, wenn er von der vom Kaiser Franz und fünfzehn deutschen Souveränen unterzeichneten Rheinbundakte an Napoleon schreibt: »Diese Transaktion ist die erstaunlichste, welche die Welt seit fünf Jahrhunderten sah; sie entrainiert die Auflösung eines alten Reiches und komplettiert ein anderes, das im Genius seines Gründers einen Garanten seiner Dauer besitzt.« Über die Dauer des neuen Kaiserreiches hatte Talleyrand ja seine Zweifel, aber über das Ende des alten Kaiserreiches hatte er Gewißheiten und wenn diese auch nur in dem bemerkten Eifer bestanden, mit dem sich diese fünfzehn deutschen Souveräne in den Rheinbund drängten und weitere Souveräne sich drängen sollten, denn 1808 waren es schon siebenunddreißig deutsche Fürsten, die den Rheinbund bildeten.

In seinen Erinnerungen hat begreiflicherweise Talleyrand ein Interesse daran, seine Einflußlosigkeit auf die Politik des Kaisers zurückzudatieren. Die dokumentierten

Tatsachen sagen es anders, wenn auch mündlich solche Worte fallen wie das zu Gagern: »Ich will nicht der Henker Europas sein« oder, wie er in den Erinnerungen erzählt, daß er sich schon im November 1806, es war in Berlin, den Schwur gegeben habe, sofort nach seiner Rückkehr nach Paris und um jeden Preis abzudanken. Gewiß wäre es seiner Bequemlichkeit lieber gewesen, von der Rue du Bac aus dem Kriege gegen Preußen zu folgen, als hinter der großen Armee her die Strapazen eines Feldzuges mitzumachen, für viele Stunden mit dem Wagen im Dreck einer polnischen Landstraße stecken zu bleiben, in sehr zweifelhaften Quartieren zu nächtigen und zu alldem sich um die Verpflegung der Truppen kümmern zu müssen, denn auch das oblag ihm, vom Kaiser immer mehr in solche mindere Dienste abgedrängt, je unopportuner ihm seine politischen Dienste wurden. Talleyrand tat nichts, um einen Krieg zu verhindern: für einen Politiker, dessen Chef Napoleon heißt, bedeutet das: einen Krieg fördern. Und da ihn schon beim Ausmarsch der ersten Division die Friedensbedingungen und deren Auswirkungen beschäftigten, mußte er auf den, der mit dem Kriege zu tun hatte, den Eindruck eines Mannes machen, der den Krieg sabotiert. Er dachte immer weiter als man hielt; manchmal dachte er richtig; aber nicht immer.

Richtig dachte er zu Tilsit, als Preußen gegen den kaiserlichen Diktatfrieden Schwierigkeiten machte in der Hoffnung, vom verbündeten Zaren unterstützt zu werden, daß Alexander sehr bald nicht mehr Preußens Bundesgenosse sein werde. Er hatte einen Blick für diesen russischen Romantiker, der fasziniert war vom Vorschlag einer zwischen ihm und Napoleon geteilten Welt gegen England, die vom Tajo bis zum Indus reichen sollte. Auch an diesem phantastischen Plan einer chinesischen Mauer der Kontinente gegen England hatte Talleyrand

Anteil, trotzdem er in den Erinnerungen mit dem Satz »das gigantische und desastreuse Kontinentalsystem« den Eindruck machen möchte, er sei dagegen gewesen. Ein langer Rapport Talleyrands an den Kaiser, dadiert Berlin, den 20. November 1806, enthält ausführlich das was das kaiserliche Dekret vom nächsten Tage in Zusammenfassung enthalten sollte. Einige Sätze aus diesem Bericht Talleyrands seien zitiert:

»Das Völkerrecht, Produkt dreier Jahrhunderte europäischer Zivilisation, ist auf dem Prinzip gegründet, daß Nationen einander in Friedenszeiten das größtmögliche Gute, in Kriegszeiten das geringstmögliche Böse zufügen sollen. Nach der Maxime, daß der Krieg nicht eine Angelegenheit von Mensch zu Mensch, sondern von Staat zu Staat ist, in welcher die Einzelnen nur akzidentell Feinde sind, nicht als Menschen, nicht einmal als Glieder oder Untertanen des Staates, sondern ausschließlich als dessen Verteidiger, erlaubt das Völkerrecht nicht, daß sich Kriegsrecht und Eroberungsrecht, das sich aus dem ersten ableitet, auf die friedlichen und unbewaffneten Bürger erstrecken, auf private Wohnstätten und Besitztümer, auf Handelswaren, auf Warenmagazine, auf Transportmittel dieser Handelswaren, auf nicht armierte Bauwerke, auf Fahrzeuge in Flüssen und auf Meeren, mit einem Worte auf die Person und den Besitz des privaten Einzelnen. Diesem Völkerrecht verdankt die Zivilisation ihren Fortschritt und Europa seine zunehmende Prosperität selbst inmitten von häufigen Kriegen, die es zerteilen. England allein hat an den Bräuchen barbarischer Zeiten festgehalten oder sie wieder aufgenommen. Seine Weigerung de renoncer à la course maritime ließ es bei dieser ungerechten und grausamen Praxis bleiben, trotzdem Frankreich, einzig von den Ideen der Gerechtigkeit und Menschlichkeit bewegt, vorgeschlagen hat, diese

Praxis aufzugeben. Unter dem Namen, Recht auf die Blockade, hat England eine monströse Theorie erfunden und in die Praxis umgesetzt. Nach Brauch und Anschauung der politischen Völker gibt es nur eine Blockade von Festungswerken oder befestigten Plätzen. England hat das auf unbefestigte Handelsplätze, auf Häfen, auf Flußmündungen ausgedehnt. Gegen eine Macht, welche so sehr alle Ideen von Gerechtigkeit und alle humanen Empfindungen mißachtet, was kann man da anderes tun als für einen Moment sich selber vergessen, um eine solche Macht zu zwingen, jene Ideen nicht weiter zu verletzen? Das Recht auf die natürliche Verteidigung erlaubt es, seinem Gegner mit den Waffen zu begegnen, dessen er sich bedient«. Das Schriftstück schließt: »S. M. wird nur, ich fühle es, mit Bedauern diese kriegerischen Maßnahmen ergreifen, die ich mit gleichem Bedauern vorschlage... Denn die Gerechtigkeit zwischen den Nationen besteht in der exakten Gegenseitigkeit«.

Aus Anlaß des spanischen Krieges kommt Talleyrand auf die Kontinentalsperre zurück: »Das Meisterstück der Politik wäre die Isolierung Großbritanniens in einer Ausdehnung gewesen, daß es keinerlei Verbindung zum Kontinent gehabt hätte«. Die Voraussetzung dazu war eine französische Seemacht. Daß sie fehlte, konnte eine Eroberung des Kontinentes auch ohne Beresina nicht ersetzen.

Als die Soldaten schwer daran zu arbeiten hatten, den im Dreck der polnischen Landstraße versunkenen Wagen Talleyrands auf die Räder zu bringen, fluchten sie sehr: »Was zum Teufel macht er Diplomatie in einem solchen Hundeland!«

1806 waren es elf Jahre, daß so etwas wie Polen auf der politischen Landkarte nicht mehr existierte. Das politische Gleichgewicht Europas, damals wie heute ein Grundbegriff der Diplomatie, war dadurch erheblich gestört.

Wenn auch nur in der französischen Anschauung, daß die Existenz Polens die Annäherung Deutschlands und Rußlands hinderte. Die Anschauung hat sich übrigens in hundertzwanzig Jahren so gut wie gar nicht geändert. Wie Talleyrand es auch 1930 hätte sagen können, was er 1806 sagte: »Rußland sucht sich immer in die Angelegenheiten anderer Völker zu mischen«. Er hatte als aufgeklärter Pariser nur Antipathien gegen die Russen, in denen man Barbaren sah. Aber auch keine Sympathien für die Polen, die beim Kartenspiel betrogen und die mit Deputationen bei Napoleon eintreffen und vom Kaiser zu hören bekommen: »Es liegt im Interesse Europas, es liegt im Interesse Frankreichs, daß Polen existiere. Die Polen können immer auf meine Protektion rechnen«.

Da die damalige Kriegstechnik mit den Unbillen des Winters nicht fertig wurde, bezog man Winterquartiere in Warschau und machte sich gegenseitig liebenswürdig. Talleyrand mußte, da er sich darauf verstand, der polnischen Aristokratie Bälle geben, bei denen auch der Kaiser erschien in den kriegerischen Pausen, die einmal den ganzen Jänner 1807 ausfüllten.

Er mußte auch anderes für den Kaiser tun. So die Gräfin Walewska fragen, ob sie den Blick gespürt hätte, den S. M. geruht habe, auf sie zu werfen. Es gehörte zu den Aufgaben kaiserlicher Kammerherren, den Fühler für die Liebeswünsche ihres Herrn zu bilden, um im möglichen Falle eines Refüs der betreffenden Dame als Blitzableiter für das kaiserliche Gewitter zu dienen; denn eine Majestät kann nur an die Ungeschicklichkeit des Intermediaires, nie an die sich ihm verweigernde Tugend einer Frau glauben. Die Walewska hatte gespürt und tanzte mit dem Kaiser einen Kontretanz, der seine gewünschte Folge haben sollte.

Auch ein Glas Limonade ihm zu bringen, befahl einmal

der Kaiser dem Herzog von Benevent, der langsam, mit einer Serviette unterm Arm, auf seinem Stocke durch den Saal schlürfend, das Glas auf einem emaillierten Teller dem Kaiser überbrachte, – »dem selben Monarchen, den er à part als Parvenü behandelte«, wie die Gräfin Potocka zu diesem Anlaß bemerkt, um Talleyrand einen Höfling zu nennen. Aber das Glas Limonade beweist nichts für den Höfling, sondern für den Parvenü.

Über den dreiundfünfzigjährigen Talleyrand schreibt dieselbe Gräfin: »Ich hatte ein lebhaftes Verlangen, diesen Amphytrion aus der Nähe zu sehen, der als der liebenswürdigste und geistvollste Mensch seiner Zeit galt; um die Wahrheit zu sagen, er stürzte sich in geringe Unkosten, um uns als solcher zu erscheinen. Die ihn näher kennen, versicherten, kein Mensch sei geschickter und dabei brillanter als er; aber wenn ich nach dem Eindruck urteilen darf, den er damals auf mich machte, würde ich sagen, daß er mir blasiert und von allem gelangweilt vorkam, nach Geld gierig, eifersüchtig auf die Gunst eines Herrn, den er verachtete, ohne Charakter und ohne Prinzipien, mit einem Wort malsain d'âme comme de figure«.

Zu Gagern, der ihn in Warschau immer Hoheit nannte, sagte er: »Nennen Sie mich nicht Hoheit, sagen Sie bloß Herr von Talleyrand zu mir. Ich bin weniger als eine Hoheit und vielleicht etwas mehr«.

Dieses »etwas mehr« ist die Talleyrandsche Legende, die er jetzt bewußt mit seinem Leben verbindet, weil sie immer stärker dessen treibende und profilbildende Kraft wird. Genau so wie Schauspieler, die immer dieselbe Rolle spielen, abgesehen davon, daß sie sie spielen, weil sie ihnen »liegt«, in den Partikularitäten ihres privaten Daseins die Maske dieser Rolle behalten müssen. Die chronische Öffentlichkeit eines Lebens ist ein unerbittlicher Plastiker, der in »verlorener Form« gießt.

Tilsit setzte den Warschauer Tagen ein Ende. Auch den Hoffnungen der polnischen Schlachta, die zu treuen Händen Dalbergs vier Millionen Gulden für Talleyrand deponiert hatte, für den Fall, daß ihm ein unabhängiges Polen gelänge. Das Herzogtum Warschau kam aber an den König von Sachsen und die vier Millionen kamen zurück zu den Polen. Es hatte den Polinnen nichts genützt, als sie ihrerseits versuchten, die Politik ihrer Männer zu unterstützen, indem sie, wie Frau von Rémusat das hübsch ausdrückt, »in die Infirmität fielen, Talleyrand zu lieben«. Zu Gagern sagte Talleyrand, daß er noch nie mit einem Polen Karten gespielt habe, ohne betrogen zu werden, und auf Gagerns Einwand, was das beweise, antwortete: »c'est qu'il ne faut pas jouer avec eux, mais se jouer d'eux.« Das tat er wie sein kaiserlicher Herr mit den Polen und den Polinnen. Die verliebte Gräfin Tuskiewitsch, Poniatowskys Schwester, folgte ihm sogar nach Paris nach. Mit mehr Glück als die Walewska, die mit dem Sohne, den sie von Napoleon hatte, an den Gittern von Fontainebleau einmal darauf warten wird, vom Kaiser empfangen zu werden. Der hatte wichtigeres zu tun; er war vor sechs Tagen aus Elba ausgebrochen. Von seinen in den Sternen gezählten hundert Tagen konnte er der Warschauer Geliebten auch nicht eine Minute schenken.

21

Talleyrands Entlassung

WAS ZU TILSIT Preußen betraf, hatte Talleyrand keinen Anteil; er führte da nur die kaiserlichen Wünsche aus. Er verhandelte mit Rußland; aber auch hier hielt er sich ganz an die Richtlinien, die ihm Napoleon gab; der Allianzvertrag zwischen den beiden Kaisern kam zustande und nur par considération pour l'Empereur Alexandre behielt Friedrich Wilhelm die Hälfte seines Landes. Zu anderem vermochte ihn auch die gegen ihn hinbewegte Rührung der hübschen Königin nicht zu bewegen. Da sie nur einen von Hardenberg verfaßten Text sprach, verstimmte den Kaiser die allzudeutliche Absicht, daß er diesen Text beim Anblick einer hübschen Frau mit Tränen in den blauen Augen überhöre. Talleyrand nahm öfter und jetzt schon sehr unpassende Gelegenheit, den Kaiser an ein Wort Luisens zu erinnern, das er süperb fand und das als eine Antwort auf eine nicht erwartete Frage des Kaisers improvisiert gewesen wäre. »Wie konnten Sie, Madame, es wagen, mir den Krieg mit so völlig unzulänglichen Mitteln zu machen?« Und darauf Luisens Antwort: »Sire, je dois le dire à Votre Majesté, la gloire de Frédéric II. nous avait égarés sur notre propre puissance«. Talleyrand zitierte dem Kaiser diesen Satz so oft, daß ihn der schließlich wütend anfuhr: »Ich versteh nicht, was Sie an dem Satz der Königin so Schönes finden. Reden Sie lieber von was anderm«. Auch an das, was ihm Luise zum Abschied gesagt hatte, erinnerte Talleyrand sich oft; er behauptet sogar, daß er ihm Tränen des Mitleids und des Stolzes in die Augen getrieben habe, dieser Abschiedsgruß der noble femme: »Hier sind nur zwei, die es bedauern, daß ich hierher gekommen bin, ich und Sie. Sie sind nicht beleidigt, nicht wahr, wenn ich diesen Eindruck mit mir nehme?«

Vier Wochen später zog Talleyrand aus der Rue du Bac in die Rue d'Anjou: er war nicht mehr Minister der auswärtigen Beziehungen. Offiziell hieß es, daß sich seine Tätigkeit im Ministerium nicht mit seiner neuen Würde vertrüge: der Kaiser hatte ihn zum Vice-grand-électeur mit der Titulatur Altesse Sérénissime ernannt, nach dem Erzkanzler Cambacérès und dem Erzschatzmeister Berthier die dritte Stelle in der Hierarchie der kaiserlichen Großwürdenträger. Das Gehalt betrug 330.000 Francs; mit den anderen Gehalten als Groß-Kanzler, als Fürst von Benevent und als Großkreuz der Ehrenlegion hatte er ein sozusagen festes Einkommen von 500.000 Francs.

In den Erinnerungen von 1816 sagt Talleyrand: »Je quittai le ministère comme je le voulais«. Im Jahre 1836 erklärt er: »Ich habe dem Kaiser Bonaparte gedient wie ich ihm als Konsul diente: mit Ergebenheit, solange ich glauben konnte, daß er selber einzig Frankreich ergeben war. Aber sowie ich ihn dabei sah, revolutionäre Unternehmungen zu beginnen, an denen er ja auch zugrunde ging, verließ ich das Ministerium, was er mir nie verziehen hat«. Unter revolutionären Unternehmungen konnte er nur Bayonne und die Absetzung der spanischen Bourbons meinen, woran er aber durchaus nicht so unbeteiligt war wie er in den Erinnerungen behauptet. Daß Spanien seit dem vierzehnten Ludwig immer Herrscher aus der gleichen Dynastie gehabt habe, die in Frankreich herrschte: Napoleon an diese Tatsache zu erinnern, war Talleyrands Einfall, von dem er wußte, wie sehr verlockend er für den Kaiser sein würde. So lange es irgendwo Bourbons auf Thronen gab, war die Legitimität der Dynastie Bonaparte bestritten und man konnte das Schwert nicht aus der Hand legen, um sie zu behaupten. Dann war da auch die Sippe zu versorgen, und Napoleon hätte kein Italiener sein müssen, um für die Sippe nicht ein Herz zu haben. Drei Brüder waren untergebracht. Joseph regierte in Neapel, Louis im Haag, Jerome in Kassel und der hübsche schneidige General Murat saß als Großherzog von Cleve und Berg am Rhein mit der sehr ehrgeizigen kaiserlichen Schwester Karoline als Frau, der das Ländchen zu lächerlich war. Und die lieber ihren Mann an Stelle Josephs in Neapel gesehen hätte, – aber was mit Joseph? In Neapel hatte er auf einem bourbonischen Thron Platz genommen, man könnte ihm den bourbonischen Thron in Madrid freimachen. Man hätte, gingen die Dinge im Norden und Osten schief, den Rücken im Süden, in Italien und Spanien gedeckt. Kein Zweifel, daß diese Deckung der politische Gedanke war, der Talleyrand auf das spanische Abenteuer brachte, und nicht, daß er damit dem napoleonischen Nepotismus dienen wollte. Denn daß dieser das Verderben des Kaisers bedeutete, wußte er schon viel früher als 1833, wo er es in einem Satz sagt: Tous ces interets de famille entées sur de la politique étrangère, c'est ce qui a perdu l'empereur Napoléon.

Die Erklärung Napoleons auf Sankt Helena für Talleyrands Entfernung aus dem Ministerium hat auch nicht den Schein von Wahrscheinlichkeit. »Ein Mann von Talenten, aber man kann nichts mit ihm anfangen, wenn man ihn nicht bezahlt. Die Könige von Bayern und Württemberg hatten sich so sehr über seine Habsucht beklagt, daß ich ihm das Portefeuille entzog«. Daß Talleyrand sich für seine Dienste bezahlen ließ, die er und nie auf Kosten Frankreichs fremden Fürsten leistete, das brauchte ihm nicht erst von diesen beiden neugemachten Königen gesagt werden. Auch des Kaisers moralische Empfindlichkeit gegen diese Geschäfte Talleyrands war gering und zeigte sich erst, wenn die Geldgeschäfte des Ministers den von ihm rascher gewünschten Gang der politischen Verhandlungen aufhielten. Daß Talleyrands diplomatischer Grundsatz, »Nur keinen Eifer zeigen« manchmal auch von seinen Privatgeschäften unterstützt wurde, ist ebenso wenig zu bezweifeln, wie sein Drängen zur Eile dort, wo es ihm politisch opportun schien, rasch zu einem Schluß zu kommen.

In London hatte 1793 Talleyrand zur Frau von Staël gesagt: »Mit dem Haus Bourbon ist es für Frankreich zu Ende«. 1806 sagte er zu Frau von Rémusat, die ihm Vorwürfe machte, daß er sich nicht gegen die Vertreibung der Bourbons aus Neapel eingesetzt habe: »Alles das, Madame, wird nur vollendet sein, wenn es keinen Bourbon mehr auf einem europäischen Thron gibt:« Zwei Jahre später war »alles das« vollendet: die Bourbons existierten auch nicht mehr in Spanien, und Talleyrand hatte dabei geholfen, auch wenn er in seinen Erinnerungen das Gegenteil behauptet: »Ich bekämpfte dieses Projekt mit allen meinen Kräften indem ich die Unmoral und die Gefahr eines solchen Unternehmens erklärte«. Es gibt darüber keinen Briefwechsel mit dem Kaiser, auf den sich Talleyrand mit dieser Behauptung hätte stützen können. Und den Schriftwechsel, der das Gegenteil beweist, hatte Talleyrand 1814 aus den Tuilerien entfernt und vernichtet. Aber es gibt andere Beweise. Nicht nur Pasquier, der in einer Gesellschaft Talleyrand Idee und Plan eines napoleonischen Spanien verteidigen hörte; sondern Talleyrand selber, der erklärte, diese Idee mit Spanien sei vortrefflich gewesen, aber in der Ausführung hätte sie sein Nachfolger im Amte völlig verpatzt.

Die Art dieses Nachfolgers gibt den wirklichen Grund von Talleyrands Entlassung. Selbst ein politischer Gegner des Ministers wie Pasquier nennt Champagny Herzog von Cadore ein Unglück. Als das diplomatische Korps bedauerte, es nicht mehr mit ihm zu tun zu haben, sagte ihm Talleyrand: »Sie haben nicht recht, meine Herren. Es ist immer dasselbe. Der einzige Unterschied zwischen Champagny und mir ist, daß wenn ihm der Kaiser das Köpfen irgend einer Person befiehlt er den Befehl innerhalb einer Stunde ausführt, während ich einen Monat dafür Zeit lasse.«

Sagte dieser offizielle Nachfolger nie ein Wort und führte er die Wünsche und Befehle des Kaisers aus als dessen blindes und taubes Werkzeug, so sprach der eigentliche Herr im Auswärtigen, Maret, Herzog von Bassano, um so mehr, aber immer im Sinn der kaiserlichen Wünsche. Talleyrand pflegte daher von ihm zu sagen, daß er außer dem Herzog von Bassano keinen größeren Dummkopf in der Welt kenne als Maret.

»Ich glaube, Sire, Sie haben durch die Ereignisse in Bayonne mehr verloren als gewonnen«. – »Wieso?« – »Sehr einfach. Ich will es an einem Beispiel verdeutlichen. Ein Mann von Wert macht Dummheiten, hält sich Mätressen, behandelt seine Frau schlecht und seine Freunde: man wird ihn tadeln, doch Reichtum, Geschicklichkeit und Macht sichern ihm die Nachsicht der Gesellschaft. Betrügt aber dieser Mann im Spiel, so ist er aus der guten Gesellschaft ausgestoßen, denn das verzeiht sie ihm nie«. Talleyrand schließt die Wiedergabe dieses in eine so impertinente Spitze auslaufenden Dialoges mit der Bemerkung: »Der Kaiser erblaßte und richtete an diesem Tage nicht mehr das Wort an mich«.

Daß Talleyrand diese Parabel auch nur gedacht hat, als der Kaiser aus Bayonne zurückkam, erfreut, daß ihm die spanische Familie so gut in die Falle gegangen war, ist sehr unwahrscheinlich. Daß er sie ihm ins Gesicht erzählt hat, ist unmöglich. Nicht weil sie einer Majestät gegenüber despektierlich ist; Talleyrand hat dem Kaiser oft ärgeres gesagt. Aber weil sie Napoleon nicht mit Erblassen und Schweigen quittiert hätte, sondern mit der Bemerkung: »Sie waren es ja, Herzog von Benevent, der dem Spieler diese falsche Karte zuschob, wenn es schon eine falsche sein soll. Und Sie haben mir ja zu Bayonne gratuliert«.

Auf Wunsch Napoleons mußte Talleyrand die beiden

spanischen Prinzen und ihren Onkel auf Valençay quartieren, – »eine ziemlich ehrenwerte Mission, denn diese drei illustren Personen zu empfangen und zu amüsieren liegt im Charakter unserer Nation und dem Ihres Ranges. Madame Talleyrand möge sich mit sieben, acht Damen ebenfalls nach dem Schloß begeben, das ein Theater habe, eine Kapelle, – vielleicht gibts da auch eine hübsche Weibsperson, an die sich der Prinz von Asturien attachiert, man besäße in ihr ein Mittel mehr, ihn zu überwachen«. Antwort und Dank Talleyrands sind, nach jenem von ihm wiedergegebenen Zwiegespräch, respektvoll ohne eine Spur von Ironie.

Er hat gar kein Vergnügen an seinen drei fürstlichen Gefangenen gehabt, die den Kaiser für ihren Wohltäter und Talleyrand für ihren Retter hielten nach den Erfahrungen, die sie mit der Mutter Königin, die ein nymphomanes Geschöpf, mit dem Vater König, der ein ängstlicher Zuhälter, und dem Diktator und Beischläfer der Mutter, der ein toller Stier war, gemacht hatten. Von den Dienern, unter denen man sie aufwachsen ließ, hatten sie die wildesten Geschichten gehört, welche die Mutter und der Friedensfürst mit ihnen vorhatten. Auf Valençay gingen die beiden Prinzen mit ihrem Onkel Don Carlos auf die Jagd, aber nie in die Bibliothek. Und der exzellente Koch war nah daran, seine Entlassung zu bitten, da er den Spaniern immer nur die ordinärsten Sachen kochen mußte. Die gefällige Weibsperson für den Infanten hatte sich gefunden, aber es dauerte nur sehr kurze Zeit; der künftige Ferdinand VII. hatte da nicht viel übrig. Dafür um so mehr der Onkel Carlos für die Herzogin von Benevent, mit der er ein Verhältnis anfing. Der Kaiser spielte darauf an, als er später einmal zu Talleyrand sagte: »Mit den spanischen Affairen haben wir beide kein Glück gehabt«.

Vierzehn Tage lang sah sich Talleyrand auf Valençay an, wie sich die eingesperrten Gäste da einrichteten, die auf dem Schlosse bis zum Februar 1814 bleiben sollten; sein Besitzer sah es erst im April 1816 wieder.

22

Das Theater in Erfurt

METTERNICH zitiert ein Wort Napoleons aus seiner Pariser Gesandtenzeit: »Quand je veux faire une chose, je n'emploie pas le prince de Bénévent. Je m'adresse à lui, quand je ne veux pas faire une chose, en ayant l'air de la vouloir.« Daß Napoleon schon seit Preßburg diesen Machiavellismus, den Jagdhund absichtlich auf die falsche Fährte zu setzen, versucht hat, ist ebenso unzweifelhaft wie zweifelhaft, ob ihm dieses Manöver einem darin so überlegenen Manne wie Talleyrand gegenüber gelang. Jedenfalls gelang es ihm von Erfurt ab nicht mehr, denn die Rollen waren, das konnte auch der Kaiser nicht bezweifeln, vertauscht: es war nun Talleyrand, der den Kaiser auf die falsche Fährte setzte.

Die sechzig Seiten des Kapitels Erfurt in seinen Erinnerungen sind erst im Jahre 1891, also dreiundfünfzig Jahre nach dem Tode ihres Verfassers, öffentlich bekannt geworden. Zu lesen bekamen sie schon zu Talleyrands Lebzeiten einige Nahstehende, wie 1826 der Baron Barante, der mitteilt, daß der Fürst weit davon entfernt, über die in Erfurt gespielte Rolle verlegen zu sein, sogar daran gedacht habe, dieses Kapitel Erfurt schon zu seinen Lebzeiten zu publizieren. Als Talleyrand dasselbe Kapitel Vitrolles zu lesen gab, es war in seinem Palais in der Rue Saint-Florentin, schrie die Opposition auf der Place Louis XV. »Es lebe der König!« oder »Es lebe die Verfassung!« Lächelnd sagte Talleyrand: »Sie wissen, alle Welt hat Frankreich gerettet, denn man rettet es drei-, viermal im Jahr. Aber Sie sehen, in Erfurt habe ich Europa vor einem völligen Zusammenbruch gerettet«.

Es ist sehr charakteristisch, wie Talleyrand in diesem Satze von Frankreich ausgeht, um sofort auf Europa zu kommen. Frankreich als eine der europäischen Großmächte, par inter pares innerhalb seiner natürlichen Grenzen und mit einigem Kolonialbesitz, die unruhigen Elemente des Volkes aufzunehmen, die sich da im Kampf gegen Natur und Eingeborene besser austoben als daheim in Revolutionen und Eroberungskriegen: das war der politische Gedanke Talleyrands, den er gegen den napoleonischen Imperialismus nicht durchsetzen konnte. Erfurt war, wenn auch rudimentär, die erste europäische Konferenz. Nicht für den Kaiser, für den es eine napoleonische Konferenz war, wohl aber für Talleyrand, der ein Frankreich innerhalb einer möglichen europäischen Ordnung visierte, nicht ein von französischen Heeren und Hilfsvölkern erobertes und unter die kaiserliche Diktatur gestelltes Europa.

Die Geschichtsbücher sprechen von einem Verrat Talleyrands. Aber wer hat was verraten? Konnte sich Napoleon anmaßen, Frankreich zu repräsentieren? Den Franzosen von 1808 wäre weit lieber gewesen, nicht in ihren Geschäften, ihren Stellungen, ihren Pensionen von der aufgeregten Politik des Kaisers beunruhigt zu werden. Ohne weiteres kann man auch Talleyrand unter diese Franzosen aufgehen lassen, mit dem einzigen Unterschied, daß ihm seine Stellung eine Macht gab, die mehr als eine französische anzusprechen ist als die des Kaisers, dem es nicht genügte, Kaiser der Franzosen zu sein. Der aus einem Phantasma nicht mehr in die Wirklichkeit zurückfand, in welcher Wirklichkeit Talleyrand eine Macht war. Und eine Macht kann sich durchsetzen, aber nicht verraten. Wenn man bei Talleyrand von Verrat spricht, assoziiert man immer Verkauf. Und die Geldsucht Talleyrands erleichtert sehr diese Assoziation. Daß er mit diesem Gelde Frankreich repräsentierte, vergißt man und denkt an nicht weiter vorgestellte Vorteile des privaten Lebens. Oder an sehr kostspielige Laster. Oder an eine zahlreiche Familie legitimer und illegitimer Kinder, die zu versorgen waren. Aber das Geld war, über eine luxuriöse aus Familie, Bequemlichkeit und Stellung sich ergebende Lebensführung hinaus, für Talleyrand eine spirituelle Macht, nichts anderes.

Napoleon hat zwischen Schmähungen, Verwünschungen und hämischen Bemerkungen immer wiederholt, daß er in Talleyrand seinen begabtesten Minister besaß. Er hatte es versäumt, die ganze große Begabung des Mannes zu nützen, so lange es Zeit dazu war und von Vorteil für ihn gewesen wäre. Diese Zeit war um. Und er konnte die große Begabung dieses Mannes erst zu seinem Nachteil erfahren, als er ihn mit dem Arrangement des großen Theaters in Erfurt betraute und betrauen mußte, denn es gab niemanden, der sich in der politisch-diplomatischen Karte Europas besser auskannte als Talleyrand, zumal in ihrem deutschen Teil und das schon aus Erfahrungen aus den drei Jahren Direktoriat her. Das entschied. Denn es gab auch seit Tilsit niemanden, dem der Kaiser mehr mißtraute als eben diesem selben Talleyrand, ganz abgesehen von seiner Abneigung gegen die Art dieses Mannes, die ihn irritierte, verwirrte, verlegen machte, besonders wenn Gesellschaft zugegen war. Der kleine Korse fühlte sich da, ungeschickt wie er in diesen Dingen war, von der leicht gespielten altadeligen Allüre des stark parfümierten Salonmannes gehandikapt, der ihn merken ließ, daß ein Talleyrand durch einen kaiserlichen Herzogstitel nicht mehr werde als er schon ist. Im Grunde verachtete er diesen Mann. Und wußte, daß auch dieser Mann ihn im Grunde verachtete.

Was die Talleyrand anvertraute Regie Erfurts betraf, war es eine Meisterleistung. Der Höhepunkt, als Talma-Oidipus auf der Bühne die Worte spricht: »Die Freundschaft eines starken Mannes ist ein Geschenk der Götter«, und die beiden Kaiser in der Loge, Napoleon und Alexander, sich erheben und einander die Hand reichen, und ein Parkett von Königen und Fürsten aufsteht und Beifall klatscht.

Das eigentliche Stück, das hinter den Kulissen gespielt wurde oder werden sollte, klappte nicht so gut. Der Kaiser hatte dafür Talleyrand den Plan entworfen: freie Hand in Spanien; Österreich hinhalten und beunruhigen; sich hinsichtlich der Türkei nicht auf eine präzise Weise mit Rußland engagieren; eine Konvention, welche den Kaiser Alexander befriedigt und die vor allem gegen England dirigiert ist. Den Entwurf zu dieser Konvention skizzierte der Kaiser und Talleyrand redigierte ihn in zwölf Artikeln. Vorgelesen fanden sie nicht ganz den Beifall Napoleons. Österreich schien ihm zu vorsichtig behandelt. »Sind Sie noch immer Österreicher?« fragte er, und Talleyrand machte darauf aufmerksam, daß Frankreich nicht in der Lage sei, sich in Österreich und England zwei Erbfeinde zu leisten und daß Österreich nur eben jetzt ein Gegner sei, aber als eine konservative Macht im Grunde keine antifranzösische Politik treiben könne. »Davon später, nach der Ordnung der spanischen Affären«, lenkte der Kaiser ab. Und: »Sprechen Sie mit Alexander. Sie kennen ihn ja gut. Sagen Sie ihm, was ihm gefällt. Daß der Nutzen, den unsere Allianz für die Völker haben kann, einer der großen Gesichtspunkte der Vorsehung ist. Wir sind zusammen berufen, die Ordnung in Europa wieder herzustellen. Wir sind beide jung, ich neununddreißig, er acht Jahre jünger. Wir können uns also Zeit lassen. Sie wissen, er ist ein mystischer Philanthrop. Es ist ein großes Feld für Philanthropie da. Ich gebe Ihnen carte blanche. Ich verlange nur, daß es eine Philanthropie auf etwas weite Sicht ist. Adieu«.

Zwei Tage nach Austerlitz hatte Talleyrand geschrieben, daß man als Sieger Österreich brauche, es sei ein boulevard nécessaire, wenn man ihn mehr nach der Türkei hin verlege und gegen Rußland aktiviere. Dadurch würde es für Frankreich zum mindestens neutral, wenn nicht ein Bundesgenosse. Aber der Raum dieses Programmes war dem Kaiser schon damals zu eng. Er akzeptierte es theoretisch und dachte an eine Aufteilung der Türkei. Aber er verband diesem Programm ein anderes: den Zug nach Indien. Talleyrand sagte darüber zu Metternich, schon in Paris: »Das eine Projekt steht auf einer soliden Basis, das andere ist ein Roman«. Daß Napoleons Sendung war, die Völker einen Roman erleben zu lassen, konnte er als nichts als Politiker weder wissen noch fördern. Daß Stadion gar nicht geneigt war, den österreichischen Schwerpunkt nach Südosten zu verlegen, war eine andere Sache: daß es die einzige Möglichkeit war, Ordnung in die deutschen Angelegenheiten zu bringen, war deshalb nicht weniger wahr.

Metternich gibt um diese Zeit eine Charakteristik Talleyrands: »Man kann bei ihm nicht den moralischen Menschen vom politischen trennen. Er wäre nicht was er ist, wenn er das wäre, was man moralisch nennt. Er ist im eminentesten Sinn politisch und als Politiker ein Mann mit Systemen. Er kann wie er ist nützlich oder gefährlich sein; im Augenblick ist er nützlich. Menschen wie Talleyrand sind wie scharfschneidende Instrumente, mit denen zu spielen gefährlich ist. Aber große Wunden verlangen starke Kuren, und der, dessen Geschäft es ist, darf nicht davor zurückscheuen, die am besten schneidenden Instrumente zu benützen.«

Der Anblick, den die fürstliche Menge bot, die in Erfurt zusammengelaufen kam, war nicht derart, daß er die Unmoral Talleyrands erschüttern konnte. Er stellt fest: »Nie hat die Niedrigkeit so viel Genie gezeigt. Ich habe in Erfurt nicht eine einzige Hand gesehen, die mit einiger Noblesse die Mähne des Löwen gestreichelt hätte.« Er sollte das noch einmal erleben in den Wiener Tagen, wo man sich um den Profit raufte, den es bot, dem toten Löwen Fußtritte zu geben.

Talleyrand war anwesend, als sich Napoleon und Alexander zum ersten Mal in Erfurt wiedersahen. Man sprach Banalitäten. Talleyrand meinte: »Wenn es die Zeit einer ersten Visite erlaubt hätte, würde man wahrscheinlich von der Gesundheit des Kardinal Fesch gesprochen haben.« Daß der Zar neugieriger auf eine Unterhaltung mit Talleyrand war, wußte der. Es erstaunte ihn also nicht, daß der Zar ihm auf dem Weg zur Kalesche wiederholt sagte: »Wir sehen uns noch.« Zum Kaiser zurückgekehrt, bekommt er zu hören: »Ich habe im Vertragsprojekt Änderungen gemacht; ich rücke ganz nahe an Österreich.« Je serre du plus près l'Autriche.

Auf Napoleons ironische Frage hatte Talleyrand geantwortet, er sei »ein bißchen Österreicher«, niemals »Russe« und »immer« Franzose. Eine Geste in Worten. Aber die Unterhaltungen, die er im Salon der Fürstin Thurn und Taxis bei einer Tasse Tee mit Alexander führte, waren europäisch. »Was gedenken Sie hier zu tun, Sire? Bei Ihnen liegt die Rettung Europas und das werden Sie nur erreichen, wenn Sie Napoleon die Stirne bieten. Das französische Volk ist zivilisiert, sein Souverän ist es nicht. Der russische Souverän ist zivilisiert, sein Volk ist es nicht. Also sollte der Herrscher Rußlands der Alliierte des französischen Volkes sein.« Bei einer zweiten Tasse Tee: »Der Rhein, die Alpen, die Pyrenäen sind die Eroberung Frankreichs, das übrige ist die Eroberung des Kaisers; Frankreich legt keinen Wert darauf.« Ein anderes Wort, darauf gezielt, den schwächlichen romantisierenden Zaren aus der Fascination durch Napoleon zu lösen: »Eure Majestät sollten sich zu keiner drohenden Maßregel gegen Österreich verleiten lassen, sondern nur gleiche Verpflichtungen da eingehen wie mein Chef.« Überrascht von dieser gänzlich unerwarteten Offenheit dieses Mannes, charmiert vom Zauber, der von ihm ausgeht, gebläht von einer Bedeutung, die dieser vielwissende Mann in ihm damit erkennt, daß er ihn auf eine große nur von ihm zu erfüllende Aufgabe weist, tut er dankbar was er nur kann: er verspricht Talleyrand, daß er dessen Neffen die reichste Erbin seines Reiches zur Frau geben würde. Er hielt auch das Versprechen und es war der einzige Gewinn, den Talleyrand in Erfurt machte und der einzige Gewinner.

Denn die französisch-russische Allianz, am Niemen unter Opferung der historischen Allianzen Frankreichs mit Schweden und der Türkei begonnen, in Erfurt aufs engste geknüpft, verpflichtete den Zaren nur dann für Napoleon ins Feld zu ziehen, wenn Habsburg als Englands Verbündeter einen vierten Krieg gegen Frankreich beginne. Und Stadion, der den Krieg für unvermeidlich hielt, war der russische Bundesgenosse mindestens ebenso wertvoll wie der englische, nachdem er den Brief Alexanders an den Kaiser Franz gelesen, in dem er ihn »der Teilnahme für seine Person und für die Integrität seines Reiches« versichert und Metternich aus Paris das wichtige Wort Talleyrands gemeldet hatte: Alexandre n'est plus entrainable contre vous. Wenn Napoleon sich »von seinem ersten Diener und Antagonisten«, wie Metternich Talleyrands Stellung umschreibt, – wenn er seine kaiserliche Herrschaft durch die Talleyrandsche Politik eines befreundeten Österreich retten will, warum nicht? Andere, aber nie Napoleon haben von Talleyrands Felonie gesprochen. Talleyrand war dabei gewesen, wie man den letzten Bourbon zu Reims salbte mit »der kleinen Fiole«, wie Lafayette zu sagen liebte, und er sah dieses Königtum von Gottes Gnaden fallen, weil das Geschick Frankreichs schwerer wog als die Interessen der Dynastie. Warum sollte er das Imperium und den Kaiser, der nur kraft seines Mandates regierte, anders als den letzten hingerichteten Sohn des heiligen Ludwig sehen in demselben Augenblick eines Konfliktes zwischen dem Träger der Krone und dem Lande? Talleyrand kann sich mit seiner »Felonie« immer auf Frankreich berufen, ohne daß man ihm da einen Patriotismus oder gar Nationalismus zu leihen braucht, wenigstens keinen so exzessiver Art wie man das heute nur kennt und anerkennt, wo die Internationalismen der Belanglosigkeiten den geschrumpften Rest des Nationalen sowohl bedrängen wie verwirren.

Napoleon drückten in Erfurt noch andere Sorgen, schwerere. Auch mit diesen wurde Talleyrand beschäftigt.

Den Abenteurer, der mit seinen Armeen Reiche zerstört und Reiche gründet, Sicherung durch Verträge sucht und an seinen Alexanderzug an den Indus denkt, bedrängt die Sorge: für wen das alles nach mir? Er hat zwei Söhne, aber nicht von seiner Frau; sie sind also keine Erben; von dem einen weiß er, daß er zu einem Taugenichts heranwächst; der andere von der Walewska dürfte jetzt kaum ein Jahr alt sein. An ihm liegt es also nicht; es liegt an Josephine, die für Kinderkriegen zu alt ist. Schon vor einem Jahr hat Fouché versucht, bei

Josephine die Scheidung durchzusetzen; er war zu grob gewesen, und der Kaiser mußte die weinende Frau versöhnen. Talleyrand wird es geschickter anpacken. Er wird auch die Sache als das sehen was sie ist: eine politische Sache von großer Bedeutung. »Reden Sie von meiner ganzen Familie, von meinen Brüdern was immer Sie wollen, – sie bedeuten nichts für Frankreich. Alles steht auf diesen meinen zwei Augen. Warum verhandelt niemand direkt mit mir? Warum fürchtet mich jeder? Will nur seinen Vorteil? Weil ich keine Kinder habe. Das ist ein schlechter Zustand für die Welt. Man muß ihn ändern. Sprechen Sie mit dem Zaren.«

Napoleon dachte an die achtzehnjährige Großfürstin Katharina. Der Zar sprach von seiner vierzehnjährigen Schwester Anna. Talleyrand versprach sich nichts Gutes von einem solchen Bande für Europa. Er zeigt sich bei der Unterredung mit dem Zaren nicht empressiert; es habe Zeit, wo die Prinzessin Anna doch erst vierzehn. Der Zar: »Ohne meiner Mutter Einwilligung kann ich die Großfürstin nicht vergeben.« Napoleon versucht es selber: »Ja, ich brauche Ruhe, ich brauche ein Heim. Aber hat man das ohne Kinder? Meine Frau ist zehn Jahre älter als ich. Verzeihen Sie, was ich da sage ist vielleicht lächerlich, nur Erregungen des Herzens, das sich dem Ihrigen mitteilen will . . .« In derselben Nacht läßt Napoleon Talleyrand an sein Bett rufen. »Ich habe keinen Nachfolger. Joseph ist nichts und hat nur Töchter. Lucien hat Kinder, aber von einer unebenbürtigen Frau, von der er sich nicht scheiden lassen will. Eugen ist eine gute Null. Ich brauche einen Unterleib.«

Aber bloß Talleyrand kam in Erfurt zu einer Braut.

Des Kaisers schlechte Erziehung

NACH PARIS aus Erfurt zurückgekehrt, nahm Talleyrand auf, was er les habitudes insignifiantes d'un grand dignitaire nennt. Er bezieht sein neues Palais in der Rue de Varenne, das er 1807 gekauft und durch Zubauten erweitert hat. Es steht noch in seiner ganzen Großartigkeit da und war bis 1914 der Sitz der österreichisch-ungarischen Botschaft. Hier gab mindestens viermal in der Woche Talleyrand Diners zu sechsunddreißig Kuverten, auf Wunsch des Kaisers, damit sich der Ex-Minister von den Gästen, – »Gesetzgebern, Staatsräten und meinen Ministern« wie sie Napoleon angab, – auf dem Laufenden erhalten – und wahrscheinlich auch aushorchen – lasse. Da weder der Kaiser noch die Staatskasse für eine solche so kostspielige Haushaltung etwas bezahlten – für die sehr teure, weil splendid verlangte Unterhaltung der spanischen Prinzen in Valençay bekam Talleyrand ganze fünfzigtausend Francs jährlich –, ist es nicht erstaunlich, daß Talleyrand im Jahre 1810 beim Bankrott seines Brüsseler Bankiers bankrott ging und seine Bibliothek versteigerte, die natürlich die anderthalb Millionen nicht brachte, um die er den Zaren in einem Briefe bat, der das Postskriptum trägt à brûler. Er wanderte ins russische Archiv zusammen mit dem Brouillon der kaiserlichen Antwort, die abschlägig ist, weil, wie Alexander sehr klug schreibt, trotz der vorgeschlagenen Umwege über das Bankhaus Bethman in Frankfurt die Angelegenheit sich nicht geheimhalten lasse, was sowohl für Talleyrand wie für den Zaren peinliche Folgen haben müsse.

Der Kaiser erobert Spanien, ohne die Spanier erobern zu können. Man kann auch sagen, er besiegt die Spanier, ohne das Land erobern zu können. Talleyrand gratuliert regelmäßig zu den Siegen; alle diese Briefe hat er 1814 vernichtet bis auf einen, den der Zufall erhalten hat. Er enthält außer dem Rat, die Legislative in Frankreich im Sinne monarchischer Institutionen umzugestalten, da der französische Nationalcharakter sich einem repräsentativen System nicht anzupassen vermöge, den Ausdruck der Hoffnung – der Brief datiert nach der grauenvollen Schlacht von Somo-Sierra – »es werde nach so glänzenden Siegen den Wohltaten einer weisen und glücklichen Regierung gelingen, der loyalen Ergebenheit Spaniens sich zu versichern.«

Das war nur geschrieben. Denn Talleyrands boshafte Bemerkungen über die spanische Expedition machten in Paris die Runde und hatten sogar in Petersburg ein Echo, das Joseph de Maistre in einem Briefe vom 11. November 1808 weitergibt: »Talleyrand, Berthier und Lannes sagten in Paris zum Grafen Tolstoi, daß sie ihres Chefs ziemlich müde seien.« Aber das sagten sehr viele Franzosen, und kann nicht als Kritik des spanischen Krieges gelten. Die spanischen Siege des Kaisers besaßen nicht mehr jenen alle Flecken tilgenden Glanz seiner früheren Kriegstaten. Die dunklen Stellen blieben sichtbar und die Kritik hielt sich an sie. Auch die Sarkasmen Talleyrands. »Man bemächtigt sich der Kronen, aber man eskamotiert sie nicht«, war eines seiner Worte. Oder: »Nichts einfacher und nichts vielleicht notwendiger für das solide Etablissement der napoleonischen Dynastie als das Haus Bourbon aus Spanien zu jagen. Aber wozu solcher Aufwand von Schläue, Perfidie und Kunststücken? Warum nicht einfach den Krieg erklären, wofür es an Motiven nicht gefehlt hätte? In einem solchen Kriege wäre die spanische Nation bestimmt neutral geblieben. Ohne es im geringsten zu bedauern, eine abgenützte Dynastie fallen zu sehen und berauscht vom Renommee Napoleons hätte sie nach einigem schwachen Widerstand durch die reguläre Armee den freudigen Übergang zur napoleonischen Dynastie vollzogen.« Ein anderes Wort: »Der unglückliche Kaiser setzt seine ganze Situation in Frage durch diese niedere Intrige und dieses Unternehmen gegen einen nationalen Willen. Ein nie mehr zu reparierender Fehler.« Das ist nicht nur Verärgertheit eines Geschickten über die ungeschickten Nachfolger, die man ihm im Amte gegeben hat. Für die Champagny und Maret hat Talleyrand nur Spott, aber keine Kritik. Aber wenn die Siege des Kaisers nur mehr wie die in Spanien ausfallen, beginnt die kaiserliche Politik mehr als ein nicht mehr zu reparierender Fehler zu werden. Und eine Gegen-Politik scheint Notwendigkeit. Talleyrand spinnt den Erfurter Faden weiter. Über Nesselrode, den der russischen Gesandtschaft zu besonderer Verwendung für Talleyrand beigegebenen Agenten, geht das, was der Kusin Henry, Ta, Anna Iwanowna, unser Buchhändler, der schöne Léandre, der Rechtskundige dem Zaren zu sagen hat: es sind die Decknamen für den Fürsten von Benevent. Er rät zu einem raschen Frieden mit der Türkei, denn Napoleon denke an einen Krieg gegen Rußland, der etwa im April 1812 ausbrechen werde, wobei er sich nicht einmal im Datum irrt. Er rät zu defensiven Vornahmen, was sowohl militärisch als politisch eine stärkere Position gebe. Rät zu Opfern an Österreich, um es in der Neutralität zu halten. Zu geheimer Verständigung mit England, das auf Napoleons Vorschläge zu Verhandlungen mit anderen Vorschlägen geantwortet habe, die aber Napoleon indiskutabel fand. Es ist unter andern, aber nichts ändernden Konstellationen die Idee eines europäischen politischen Systems, welche Talleyrand schon zur Zeit des Direktoriums aufgestellt hat aus den Erfahrungen der Revolutionskriege: daß die Völker von der revolutionären Dreieinigkeit nichts wissen wollen, die ihnen mit dem Schwert aufgenötigt werde. Er hatte dem Konsul und dem Kaiser in mehr weniger ausführlichen Programmen diese Idee entwickelt, sie immer wieder an die Siege zu adaptieren versucht, um schließlich in Erfurt vom Kaiser angefahren zu werden: »Sie treiben die Politik des alten Regimes!«, während Talleyrand der Meinung war, daß sie auch für das neue Regime die einzig mögliche europäische Politik wäre, ganz gleichgültig, welche Form des staatlichen Lebens sich die Völker innerhalb der natürlichen Grenzen ihrer Länder geben. Wenn der Kaiser als ein Sohn der Revolution das nicht einsehen konnte, was zur Rettung Europas aus dem Chaos zu tun nötig sei, müsse man es eben ohne ihn versuchen, vielleicht auch zur Rettung des Kaisers selber.

Sicher hat Talleyrand die Chronik des Philippe de Comines gekannt, jenes Kanzlers des Herzogs von Burgund und das Intrigenspiel dieses Commines, dem Ludwig XI. König von Frankreich nach der Begegnung zu Péronne sein Heil verdankte. Und es muß ihm die außerordentlich ähnliche Situation aufgefallen sein. Aber auch, daß Commines für seinen »Verrat« mit Kerker, Exil und Vermögenskonfiskation büßen mußte. Daß den verweichlichten, den Annehmlichkeiten des Lebens ergebenen Talleyrand das nicht schreckte, spricht dafür, daß er sich durchaus als eine Macht fühlte und in keinem Augenblick als intriganter Diener seiner Herrn.

Die habitudes insignifiantes eines Großwürdenträgers geben ihm Zeit, dem Maler François Gérard zu einem großen Bildnis zu sitzen, das ihn nicht im Kleiderpomp des grand dignitaire zeigt, sondern in einfacher Hoftracht, sitzend mit übereinander geschlagenen Beinen, den Degen an der Seite, den Federhut auf ein Kanapee geworfen, das im Hintergrunde des nicht weiter festlichen Gemaches sichtbar wird. Sieyès sagte von diesem Bildnis, Talleyrand gleiche darauf einem alten Weib, das sich abgeschminkt und seine Mouchen weggetan habe. Goethe gibt 1826 seinem Eckermann eine entzückte Beschreibung dieses Bildnisses, bei der die Erinnerung wohl nachhalf. Denn Goethe hatte Talleyrand in Erfurt nicht nur öfter gesehen; schon bei seiner ersten Zusammenkunft mit dem Kaiser war er anwesend gewesen und muß das kaiserliche Wort voilà un homme als zu ihm hin gesagt gehört haben und überhört, da es wohl zu dem Repertoire von Worten gehörte, die Majestät in solchen Situationen gebrauchen, um fremden Besuchen was Liebenswürdiges zu sagen, das zu nichts verpflichtet.

Talleyrand folgte auch einer Einladung Goethes in Weimar zum Diner. Wohl mehr von einem Staatsminister einem andern Staatsmann gegeben und so auch von Talleyrand angenommen. Denn er dürfte wie sein Chef von Goethe nur »Die Leiden des jungen Werther« gekannt und sich ihrer, wenn überhaupt, als eines etwas insipiden Buches erinnert haben; zu einem andern Urteil war er, der als junger Mann ja nicht wie Napoleon den Ossian, sondern den Portier du Chartreux gelesen hatte, seiner ganzen Art nach ja nicht fähig. Weder Goethe noch Talleyrand erwähnen in ihren Erinnerungen dieses Diner, nach welchem der Dichter den Fürsten von Benevent ins Theater fuhr.

Die Post-Relais brauchen zu lange für den Weg von Spanien nach Paris, auch für die Nerven des Kaisers, der auf seinen eignen Pferden am 17. Jänner 1809 Valladolid verläßt und – die Pferde machen oft dreißig Meilen in der Stunde – am 23. frühmorgens in Versailles eintrifft. Er erteilt Audienzen, besucht die Oper. Inzwischen arbeitet sein Geheimdienst: er braucht nur fünf Tage dafür, die

Beweise und Belege zu beschaffen, welche alles das bestätigen, was den Kaiser zu dieser plötzlichen Rückkehr auf den gehetzten eigenen Pferden veranlaßt hat. Und es sind nicht nur Talleyrands Sarkasmen über die spanische Affäre.

Es bestätigte sich, was ihm sein ergebener Generalpostdirektor Lavalette, was ihm Mama Laetitia durch Geheimkuriere hatten wissen lassen: daß sich Talleyrand mit dem Polizeiminister Fouché ausgesöhnt habe. Nicht nur Napoleon wußte, wie die beiden übereinander dachten und was sie voneinander hielten. Es wußte alle Welt, daß der Grandseigneur-Bischof den ehemaligen Priesterlehrer und sein kleinbürgerlich-sittliches Privatleben ebenso verachtete wie die andere Lebensart Talleyrands dem Polizeiminister eine Greuel war. Alle Welt kannte die scharfen Epigramme des Herzogs von Benevent auf den Herzog von Otranto wie dessen schwächliche Riposten, die weit mehr grob als witzig waren, wie die Frage, die erst unlängst Fouché gestellt hatte, ob man für Talleyrand keinen Platz im Temple frei habe. Das war wenig gegen die Definition eines Polizeiministers, die Talleyrand gab, daß er ein Mann sei, der sich zunächst um die Angelegenheiten kümmere, die ihn angingen und danach um alle andern, die ihn nichts angingen. Oder zu einer Bemerkung, daß Fouché die Menschen verachte, den Grund dafür nannte: daß Fouché sich sehr genau studiert haben müsse. Daß die beiden sich versöhnt hatten, war alles andere als eine private Angelegenheit; dagegen sprach schon der Vermittler dieser Aussöhnung und dessen hohe Stellung im Amt: es war Hauterive, der Abteilungschef im Ministerium des Auswärtigen, der Fouché und Talleyrand zu einem Frühstück auf seinem Landhaus eingeladen hatte. Was bei diesem Frühstück und den späteren Zusammenkünften besprochen wurde, ergab ein Brief Fouchés an Murat, sich beim ersten Zeichen bereit zu halten, nach Paris zu kommen. Fouché verstand sich auf Murat, dessen Dummheit nur von seiner Eitelkeit übertroffen wurde und den man mühelos beherrschte, wenn man dieser Eitelkeit und dem Geltungsbedürfnis seiner Frau schmeichle. Den Brief an Murat zu schreiben überließ Talleyrand dem Polizeiminister; er dürfte die Polizei und ihre Gefährdungen durch eine kaiserliche Gegenpolizei besser gekannt haben als ihr Herr. Denn der Brief wurde von Eugène Beauharnais, dem Vizekönig von Italien, auf Veranlassung Lavalettes abgefangen und an Napoleon nach Spanien geschickt. Er kostete Fouché nicht einmal das Ministerium. Und kaum ein halbes Jahr später wird der ehemalige Priesterlehrer seinen großen politischen Moment erleben: als es ihm unbekümmert um Instanzen und Kompetenzen gelingt – der Kaiser ist in Wien – als derzeitiger Herr in Frankreich, zu dem er sich aufwirft, die englische Invasion mit Hilfe des verbannten Bernadotte abzuschlagen. Dafür wird der Graf Fouché zum Herzog von Otranto.

Über den Polizeiminister hat der »Moniteur« vom 30. Jänner 1809 nichts zu melden; was sehr überraschte. Aber gar nicht überraschte die Entscheidung des Kaisers, die man las: daß der Herzog von Benevent seiner Stelle als Grand-Chambelan enthoben sei, die er nur als Interim innegehabt hätte, und daß S. M. Herrn von Montesquiou vom Corps l'Égislatif zum Grand-Chambellan ernannt habe. Den Grafen Fouché hatte sich der Kaiser in einer Privataudienz vorgenommen; er wird ihm gesagt haben, daß er ihn an die Wand stellen und erschießen lassen werde; und der Polizeiminister wird darauf nichts erwidert haben, denn er hatte das schon öfter vom Kaiser gesagt bekommen. Mit Talleyrand abzurechnen, hatte der Kaiser einen großen Apparat aufgeboten, um die berühmte Szene des 28. Jänner vor einem Publikum zu agieren, das außer Talleyrand aus zwei Großwürdenträgern des Reiches und zwei Ministern bestand, abgesehen von den freiwilligen und unfreiwilligen Zuhörern, denn der Kaiser schrie seine Szene oft so laut, daß man es in den anstoßenden Appartements hören konnte. Nicht daß er schrie, erstaunte, denn das kannte man. Auch was er schrie, fiel weiter nicht auf, denn man war unbeherrschtes Schimpfen beim Kaiser gewohnt. Aber daß der Beschimpfte es an den Kaminsims gelehnt hinnahm, ohne mit der Wimper zu zucken und nur ein einziges Mal das Wort ergriff, weil Napoleon eine direkte Frage an ihn gerichtet hatte, solche kaltblütige Beherrschung bestaunte sogar ein so ausgekochter Mann wie Fouché.

»Die ich zu meinen Würdenträgern und Ministern gemacht habe, hörten auf, frei zu sein in dem was sie denken und ausdrücken. Sie können nichts anderes sein als Organe meines Denkens. Für sie beginnt Verrat schon dort, wo sie zweifeln, und der Verrat ist vollendet, wenn der Zweifel bis zur Nichtübereinstimmung geht.«

Nach diesen allgemeinen Worten springt der Kaiser Talleyrand an: »Sie sind ein Dieb, ein Feigling, ein Mensch ohne Glauben. Sie glauben nicht an Gott. Ihr ganzer Lebenslauf war eine fortwährende Pflichtverletzung. Sie haben alle Welt verraten und betrogen. Ihnen ist nichts heilig. Sie würden Ihren eigenen Vater verkaufen. Ich habe Sie mit Wohltaten überschüttet, und es gibt nichts, dessen Sie nicht gegen mich fähig wären. Seit zehn Monaten treiben Sie die Schamlosigkeit, in der Meinung, meine spanischen Angelegenheiten stünden schlecht, wem immer zu sagen, daß Sie stets gegen mein Unternehmen in Spanien gewesen seien, während Sie es waren, der mir dazu die erste Idee gab und mich unaufhörlich drängte. Und dieser unglückliche Enghien, von wem hab ich seinen Aufenthaltsort erfahren? Wer hat mich gegen ihn aufgehetzt? Was sind Ihre Absichten? Was wollen Sie? Was erhoffen Sie sich? Wagen Sie doch, es zu sagen! Sie verdienten, daß ich Sie wie ein Glas zerbreche und ich habe die Macht dazu. Aber ich verachte Sie zu sehr, um mir diese Mühe zu nehmen. Warum habe ich Sie nicht am Gitter des Caroussel aufhängen lassen? Aber noch ist Zeit dazu, Sie Scheiße in einem Seidenstrumpf!«

Talleyrand wurde weder blasser noch röter, sein Blick blieb auf den Kaiser gerichtet ohne Flackern, ohne Zucken. Was der General Lannes über Metternich gesagt hat, daß man seinem Gesicht nichts anmerke, wenn man dem Mann einen Tritt in den Hintern gebe, hätte er in diesem Augenblick auch von Talleyrand sagen können. Wütend über diese Ruhe schlug Napoleon noch einmal zu: »Warum haben Sie mir nicht gesagt, daß der Herzog San Carlos der Liebhaber Ihrer Frau ist?«

Wie sehr er sich zu beherrschen verstand, zeigt Talleyrands Antwort: En effet, Sire. Je n'avais pas pensé que ce rapport pût intéresser la gloire de Votre Majesté et la mienne.

Für den Abgang findet der Herzog von Benevent noch einmal ein Wort. Er sagt: »Wie schade, daß ein so großer Mann eine so schlechte Erziehung gehabt hat!« Am Abend desselben Tages ist er bei seiner schönen Freundin, der Vicomtesse von Laval, von deren Augenfarbe ihr etwas ungeschickter Schwager in der Meinung, ein Kompliment zu machen, einmal sagte, sie sei die von Samthosen. Talleyrand erzählt ihr mit allen Details. »Was? Und Sie haben sich das alles sagen lassen, ohne sich mit einem Stuhl auf ihn zu stürzen?« – »Ich habe natürlich daran gedacht, aber ich bin für so was zu faul.«

Die Szene hatte zu viel Publikum, als daß sie Talleyrand in seinen Erinnerungen unterschlagen konnte. Er spielt auf sie an, wenn er schreibt, daß der Kaiser bei verschiedenen Anlässen ihm eine große Animosität gezeigt und ihm vor aller Öffentlichkeit des öfteren heftige Szenen gemacht habe, – »sie mißfielen mir nicht, car la crainte n'est jamais entrée dans mon âme, und ich könnte fast sagen, daß der Haß, den er gegen mich hatte, ihm schädlicher gewesen ist als mir.« Talleyrand kannte den Kaiser besser als dieser sich selber in seinen Wutausbrüchen. Wie zuweilen ein Rekrut weiß, daß Brüllen und Schimpfen zum Sergeanten gehört, so konnte auch ein Großwürdenträger wissen, daß Schmähen und Fluchen zu einem General gehört, wenn dieser General der Kaiser ist. Talleyrand war wie aller Welt bekannt, daß Napoleons Beschimpfen zu seinem Bestrafen in gar keinem Verhältnis stand. Und daß, wie er sagte, der Kaiser »aller Inkonsequenzen fähig« sei. Worin bestand schon sein Sturz, über den untröstlich zu sein die Stieftochter Hortense dem Kaiser zwei Tage darauf im versöhnenden Sinn berichtete? Daß ihm die Kammerherrnschlüssel entzogen wurden, damit verlor der Vize-grand-électeur nur eine schmale Stufe seiner Würdentreppe. »Ich will ihm nichts Böses«, sagte Napoleon zu Hortense, »nur wünsche ich nicht mehr, daß er sich in meine Angelegenheiten mischt«. Und zu Roederer fünf Wochen später: »Ich will ihm nichts Böses; ich lasse ihm seine Stellen; ich habe selbst die Gefühle für ihn, die ich ehemals hatte; aber ich entzog ihm das Recht, zu jeder Zeit mein Kabinett zu betreten. Er soll und wird nie mehr eine besondere Unterredung mit mir haben; er soll nicht mehr sagen können, daß er mir irgendwas geraten oder widerraten habe.« Und in dieser Unterredung war Talleyrand nur ein Apropos zum eigentlichen Gegenstand des Gesprächs, der »dieser Narr von Joseph« war und dessen Aufführung als König von Spanien. Was er für diesen wie für alle andern Verwandten getan hatte, ließ ihn sich Talleyrands erinnern, den er »mit Ehren, Reichtümern, Diamanten bedeckt« habe. Vier Jahre später spricht der Kaiser präziser über Talleyrands Rolle in der spanischen Affäre: »Er war überzeugt, daß die Kooperation Spaniens und Portugals gegen England und selbst die teilweise Besetzung dieser Staaten durch meine Truppen das einzige Mittel sei, das englische Kabinett zum Frieden zu zwingen. In diesem Sinn verhandelte er, trotzdem er nicht das Ministerportefeuille hatte. Als er dann später in seinen Hoffnungen und dem Einfluß, den er auf seine Verhandlungen setzte, sich enttäuscht sah und merkte, wie ich ihn entbehren konnte, glaubte er sich düpiert. Er suchte sich zu rechtfertigen und machte sich zum Sprecher der Unzufriedenen. Er hatte vergessen, daß er den Einfall gehabt hatte, die spanischen Bourbons abzusetzen wie früher die neapolitanischen. Ich bin weit entfernt, ihm einen Vorwurf zu machen. Er beurteilt die Dinge richtig. Er ist der fähigste Minister gewesen, den ich gehabt habe... Talleyrand als einer von denen, die am meisten dazu beigetragen haben, meine Dynastie zu etablieren, war zu sehr daran interessiert, sie zu erhalten, war zu geschickt, zu voraussichtig, um nicht alles zu raten, was im Interesse ihrer Erhaltung und der Ruhe Frankreichs lag... Aber er hat, vergessend, daß in Spanien französisches Blut vergossen wurde, wie ein schlechter Bürger gegen die spanischen Angelegenheiten deklamiert in zunehmendem Maße wie er sie schlimmer werden sah. Er gehört zu den vielen Leuten, wo man immer Glück haben muß. Er hat einen Stein nach mir geworfen, wie alle Schwächlinge, als er mich besiegt glaubte.«

Es gab immerhin so etwas, das wie Versöhnung aussah; daß es nur so aussah, blieb niemandem verborgen. Il n'y aura jamais de raccommodement complet et sincère entre ces deux hommes, berichtet Nesselrode nach Petersburg. Auch daß die englischen Zeitungen schrieben, mit der Macht stünde es in Frankreich schlecht seit der Entlassung der Fürsten von Benevent und Otranto – denn auch Fouché war im Juni 1810 entlassen worden – war nicht geeignet, die Gefühle Napoleons für Talleyrand lebhafter zu machen oder gar den Anlaß zu geben, ihn in die politischen Geschäfte zu ziehen, so sehr es auch der Kaiser beim Wiener Frieden bedauerte, hier nur den Herzog von Cadore an der Arbeit zu sehen. »Sie haben hundert Millionen Indemnitäten für Frankreich stipuliert und alles wird ans Schatzamt abgeliefert, ich weiß. Zu Zeiten Talleyrands hätten wir vielleicht nicht einmal sechzig gekriegt und davon wären noch zehn an ihn gegangen. Aber die Sache wäre in zwei Wochen erledigt gewesen. Schaun Sie doch dazu!«

Im übrigen gratuliert Talleyrand nach wie vor dem Kaiser zu seinen Siegen, bedauert dessen Abwesenheit von Paris, ist entsetzt als er von einer Verwundung des Kaisers bei Regensburg hört; und der Kaiser macht ihm Vorwürfe, daß Talleyrand seine alte Freundin, die Herzogin von Chevreuse, die in kaiserliche Ungnade gefallen, besuchte, aber läßt sich seinen derzeitigen Freundinnen, Frau von Laval und der Herzogin von Luynes, empfehlen, nicht zu vergessen, die Herzogin von Kurland und deren Tochter Dorothea, die 1808 Talleyrands Neffen Edmond geheiratet hatte. Und dann kauft er ihm das Palais in der Rue de Varennes für ein und eine halbe Million ab, aber erst im Jänner 1812 und nach zwei für die Finanzen Talleyrands sehr kritischen Jahren voll ebenso riskanter wie erfolgloser Versuche, der Schwierigkeiten Herr zu werden. Er hielt es in seinen großen Geldaffären wie beim Whist, den er jeden Abend die Partie zu einem halben oder ganzen Louisdor spielte: wenn er andauernd verlor, fand er das »ungerecht« und mogelte. So behauptete man wenigstens in London.

Er blieb als »ein ruinierter Mann«, wie er von sich sagte, noch zwei Jahre in dem Palais Rue de Varenne als kaiserlicher Mieter, der keine Miete bezahlte, und bezog erst dann sein neues Palais in der Rue Saint-Florentin mit der Aussicht auf die Tuilerien-Gärten – für ein viertel Jahrhundert wird es das »Mekka aller jungen Diplomaten« sein.

24

Talleyrand betreut seinen Harem

DASS TALLEYRAND mit den Kammerherrnschlüsseln den jederzeitigen Zutritt zum kaiserlichen Kabinett verloren hatte, schädigte sein Ansehen nicht: immer noch galt er für den wichtigsten und einflußreichsten politischen Kopf Frankreichs, von dem man wußte, daß er in den europäischen Möglichkeiten dachte. Man kann sagen, daß Talleyrand sein politisches Gewicht aus dem Unberechenbaren der napoleonischen Politik gewann, deren ständige Schwertbereitschaft wohl Last und Druck, auch schon für das französische Volk, bedeutete, aber kein Gewicht besaß, wie es jede politische Aktion, auch die eines Krieges, nur innerhalb eines Systems haben kann. Und ein napoleonisches System gab es nicht; es gab nur das undurchdringliche Faktum Napoleon als ein Novum sui generis, das inmitten eines traditionellen Europa und an der Schwelle eines solchem Unternehmen ganz entfremdeten Jahrhunderts eine Dynastie gründen wollte, welche zumindest das halbe Europa beherrschte, wenn nicht das ganze mit seinen asiatischen Annexen, mit den Mitgliedern der bonapartischen Sippe und soweit es nicht reicht deren Vasallen auf den Thronen. Im letzten war, was man als napoleonisches System entdecken konnte, eine Familienangelegenheit zwischen einer drohenden Familie und einigen bedrohten regierenden Familien. Diese wehrten sich nicht immer mit den Armeen. Klugheit riet, es mit heiratsfähigen Töchtern zu versuchen, das Unheil abzuwenden. Auch Napoleon verstand sich auf diese Klugheit, seiner neuen Dynastie etwas wie Stabilität und Legalität damit zu geben, daß er nicht nur auf standesgemäße Heirat seiner Brüder drang, sondern seine eigene unstandesgemäße Ehe mit Josephine Beauharnais löste. Er suchte eine Frau aus einem regierenden Hause, die ihm den Thronfolger zur Welt bringt. Schon vor seiner Geburt stand fest, daß er König von Rom heißen solle.

Als man in Wien hörte, daß eine russische Großfürstin die Kaiserin der Franzosen werden solle, beeilte man sich, dieser die Monarchie bedrohenden Heiratspolitik damit zu begegnen, daß man dem Kaiser eine österreichische Erzherzogin anbot. Trotzdem der von diesem Angebot sehr geschmeichelte Napoleon sich schon entschieden hatte, es anzunehmen, berief er einen außerordentlichen Kronrat, der entscheiden sollte, ob die Russin oder ob die Habsburgerin – die sächsische Dritte, die man ihm angeboten hatte, kam nicht mehr in Betracht – die Kaiserkrone Frankreichs zu tragen würdig.

Schon 1803 war Talleyrand der Meinung gewesen, daß die neue Regierung für ihre Stabilität einer Familienallianz bedürfe. Pasquier hat aus dieser Zeit die Äußerung des Ministers aufgezeichnet: »In Europa existieren bloß zwei große Familien, das Haus Bourbon und das Haus Habsburg. Das eine muß man heiraten, das andere vernichten«. Was das letztere betrifft, hatte Talleyrand keine sehr glückliche Hand gehabt; es lag ihm weit mehr das erstere, wie er selber sagt: »Da befand ich mich auf meinem Terrain«.

Was er vor dem außerordentlichen Kronrat für das habsburgische Projekt sprach, war ihm seit Jahren geläufige Politik: die Verständigung mit der Monarchie. Er benützt die Gelegenheit mit dem zu erwartenden Geschick, aber nicht mehr. Es überraschten nur die einleitenden Worte, daß die österreichische Heirat das Mittel sei, Frankreich in den Augen der Welt und seinen eigenen von einem Verbrechen freizusprechen, an dem es nicht schuld, sondern das in seiner Gänze eine Partei begangen habe. Das zielte natürlich auf Marie Antoinettens Hinrichtung, konnte aber auch auf die des sechzehnten Ludwig gewendet werden, aus »dem zu vernichtenden Hause Bourbon«. Talleyrand hätte bei dieser Gelegenheit feststellen können, daß Napoleon durch die Heirat der Großneffe jenes sechzehnten Ludwig wurde. Aber sein Vortrag beschränkt sich auf die nichts als politische Seite der Angelegenheit; auffallend oft und sehr sympathisch für die anwesenden Friedensfreunde, – sie sind in der großen Überzahl – kommt das Wort réconciliation européenne vor. »Österreich ist die einzige Macht in Europa, die ein Kabinett besitzt, dessen Einfluß die Dauer jeder Regierung überlebt. Dieses Kabinett beweist mit seinem heutigen Vorschlag, daß es sich mit der Fortüne der kaiserlichen Dynastie verbinden will, die heute in Frankreich herrscht. Es anerkennt damit die Narrheit eines konträren Systems, in dem es sich seit zehn Jahren gefallen hat und in dem es sich zu einem letzten Versuch anstrengt... In Rußland hängt alles von dem Willen eines Mannes ab; keine andere Politik als die seine; alles bekommt unter der nachfolgenden Regierung einen neuen Aspekt. Angenommen, der Kaiser habe die Großfürstin geheiratet und wir sind in einem Jahr wieder hier versammelt. Die Tür geht auf, man meldet einen Kurier und der Kurier überbringt die Nachricht vom Tode Alexanders. Mit diesem Tode bekommt alles ein anderes Gesicht: keine sichere Allianz mehr mit Rußland. Österreich, Preußen, England rühren sich in Petersburg, und alle Vorteile der Heirat sind verschwunden. Wenn der Kaiser Franz in Wien stirbt, gibts eine große Familientrauer, sonst nichts. Keinerlei Änderung in der Politik des Wiener Kabinetts«.

Die Argumente des Vortrages sind etwas matt, nicht nur, weil der Redner zu einer Sache redet, die er als schon entschieden weiß. Sondern weil er wußte, daß die Tragfähigkeit der Idee einer franko-österreichischen Allianz durch die Ereignisse der letzten sieben Jahre stark gelitten hatte, zu stark, als daß man von einer habsburgischen Frau und dem Kaiser Franz als Schwiegervater sich was erhoffen konnte, wo er selber festgestellt hatte, daß nicht einmal der Tod des Habsburgers auf die Wiener Politik eine Wirkung habe, wie viel weniger sein Leben. Nicht einmal der Nachricht, daß Marie Luise in der Hoffnung sei, gibt er da später eine politische Bedeutung. Es ist Ironie, wenn er dazu an die Herzogin von Kurland schreibt: »der Kaiser hat viel Großes getan, aber nie was Besseres«. Was er meint, schreibt er derselben Freundin bei der Geburt des Königs von Rom: »Das alles wird mit einem Bourbon enden«.

Zur selben Zeit bekam die holländische Hortense einen zweiten Sohn, aber nicht von ihrem Gatten Louis Bonaparte wie den ersten – der wird sich einmal Napoleon III. nennen – sondern von ihrem hübschen Freund, dem Marquis Flahaut, den wieder vor fünfunddreißig Jahren die Marquise Flahaut ihrem Freunde, dem Abbé Talleyrand, geboren hatte. So war der Fürst von Benevent mit siebenundfünfzig Jahren auf dem Umweg einer napoleonischen Stieftochter Großvater eines Kindes geworden, das als Herzog von Morny und echt-unechter Napoleonide unter dem dritten Napoleon Minister sein wird; was dem Enkel aus seinem Blute schon der Großvater prophezeite, wenn der aufgeweckte Junge in die Rue Saint-Florentin zu Besuch kam. Auch Ehebrüche können zu einem bemerkenswerten Stammbaum führen.

Talleyrand führte das ihm durch die kaiserliche Ungnade aufgezwungene Leben eines Privatmannes um so lieber, als ihm weder im Guten noch im Schlimmen zur kaiserlichen Politik etwas eingefallen wäre. Er hatte den nie starken Glauben an das napoleonische System verloren, das allzusehr auf das Spielerwort »wenn« aufgebaut war. Und wie die Revolution auf nichts als die ‚Vernunft', die ihre Ordnung setzen will gegen die erst von ihr angerichtete Unordnung in der Welt durch das einzige Mittel: die Gewalt. Talleyrand konnte als Mensch seiner Zeit diesen antikischen Atavismus eines punischen Eroberers nicht verstehen der erst die Welt in Brand setzten muß, um ihr den Frieden zu bringen. Denn immer sprach dieser Würfelspieler des Krieges von seiner Friedensliebe. Und es war nicht, wie sonst oft, ein Wort, das eine gute Überschrift macht, eine schauspielerische Geste, wie die Komödie mit dem Papst, den er zu seinem Kaplan zu reduzieren meint, wenn er ihn gefangen setzt.

Selbstverständlich gehörte Talleyrand »zu den vielen Leuten, wo man immer Glück haben muß«, wenn dieser »man« Napoleon heißt. Es gehörten auch Generäle dazu, die mit fünfzig anders dachten als sie mit dreißig gedacht hatten. Wer an die Würfel glaubt, muß auch an das Glück, dem mit dem Wurf verbündeten Zufall, glauben. Nur eine Zeit lang kann er diesen Glauben von jenen erwarten, die ihm beim Spiel zusehen, wo er ein Reich auf den Wurf setzt. Und es gehörte zu diesen Leuten selbst die alte Mutter Laetizia, auch sie eine Spielerin, die in Voraussicht schlimmer Zeiten in den schönen Tagen von

Austerlitz und Jena Millionen auf die Seite legte und die gute mütterliche Courage hatte, von allen ihren Kindern, dem großen und den vielen kleinen, zu sagen: »Später werden sie froh sein, daß ich da bin. Das wird von keiner Dauer sein«. Sie war eine so gute Realistin wie ihr großer Sohn, der wohl die Macht der Phantasie kannte, aber gar nicht bei sich selber, und dem das fatale Wort »wenn« als eine reale Brücke zwischen Faktum und Hypothese vorkommt und nicht als ein Luftgebilde. Noch auf Elba denkt er in diesen »Wenns«: »wenn ich Talleyrand und Fouché hätte zur rechten Zeit hängen lassen, säße ich noch heute auf meinem Thron«. In allen Variationen ist es immer derselbe Satz des Abenteurers: wenn ich Glück gehabt hätte...

Das System Napoleons bestand aber darin, Glück zu haben. Ein Spieler, der gewinnt, kann die Bank sprengen; ein Spieler, der verliert, sprengt nur sich. So sehr Herr seiner selbst Napoleon im Glück ist, so blind und sinnlos brutal ist er im Unglück. Diese mit Wertkonstanten rechnende Vernunft – er wäre auch ein großer Bankier geworden – macht im Unglück die gleichen Operationen, ohne zu merken, daß die Größen nicht mehr gleichen Grades sind. Sein politisches System ist Siegespolitik, die im Unglück versagt, und er wird wütend darüber, die Lösung des Problems bei so richtiger Kalkulation nicht zu finden. Da es das Problem der Revolution war, das Napoleon auch als Kaiser zu lösen versuchte, mußte der Moment eintreten, wo inmitten einer nicht mehr revolutionären Welt Napoleon als der einzige Träger der Revolution in völlige Isolation geriet, sowohl mit den Zielen wie mit den Mitteln, sie zu erreichen. Es lag nicht daran, daß der Kaiser Talleyrands Geschicklichkeit entbehrte, was sein Ende herbeiführte. Es ist auch nicht »der Verrat« Talleyrands oder diesen stark beeinflussende menschliche Gefühle des Hasses, so begreiflich das gewesen wäre bei jedem anderen Menschen, nur nicht bei diesem von der Gefühlsseite her nur sehr wenig erschütterbaren Manne, dessen Intelligenz zu stark war als daß er einen Gegner zu einem bloßen Übelwoller degradiert hätte und gar, wenn dieser Gegner vom auch von ihm erkannten Ausmaße Napoleons ist.

Talleyrands Denkart hatte sich vor 1789 geformt: er war nur ein Nutznießer der Revolution aus ganz persönlichen Motiven gewesen. Napoleon war 1789 politisch gänzlich indifferent; er trat in einen Klub ein, weil er sich davon für seine Karriere was erhoffte; aber erst die Revolution formte seine Denkart, weil die Revolutionsregierung ihn entsprechend beschäftigte. Ein Mann, der fünf Minuten für sein Essen brauchte und drei Minuten für die mit den stereotypen Worten »Sie sind ein gutes Mädchen« aus der Umarmung entlassene weibliche Person, hätte sich, wäre er ein Pariser Franzose gewesen, ganz gut Brutus oder so ähnlich nach der Mode nennen können. Während Talleyrand immer schon Léandre hieß, früher, jetzt und künftig.

Besonders jetzt, wo er von der politischen Verantwortung befreit sich mit einiger Ostentation seinem Privatleben überließ, das nur selten von den Dienstverpflichtungen der ihm gebliebenen Würden unterbrochen wurde. Daß dieses Privatleben kein unpolitisches Schnekkenhaus war, in das er sich zurückzog wie einer, der froh ist, das alles los zu sein, ist bei einem Manne, dem die Politik Passion ist, selbstverständlich. Darum konnte auch Napoleon bevor er nach Rußland aufbrach, überlegen, ob es nicht gescheiter wäre, Talleyrand einzusperren, obwohl er, wie ihm seine Polizei meldete, nichts tat als – seinen Harem betreuen.

Thiers erzählte einmal Gambetta: »Ich ging sehr oft

zu Herrn Talleyrand. Er bezeigte mir viel Freundschaft, aber war unerträglich. Ich versuchte immer die Unterhaltung auf Europa zu bringen, auf die Staatsaffären, kurz auf die Politik. Und er, er sprach immer nur von Frauen. Mir blieb die Luft weg. Eines Tages sagte ich ihm: ‚Fürst, Sie sprechen mir immer nur von Frauen, mir wäre es lieber, Sie sprächen von Politik'. Und er gab mir die Antwort: ‚Aber die Frauen, das ist doch die Politik'.«

Diese Übertreibung einer halben Wahrheit dürfte Talleyrand, dessen Charme fast jede Frau erlag, ein etwas boshaftes Vergnügen gemacht haben gegenüber diesem kleinen politisch so ehrgeizigen Manne, den nur seine eigene Frau reizvoll fand, sonst aber keine. Daß es eine halbe Wahrheit ist, lag nicht nur an der Kabinettspolitik der Zeit. Die bemerkbare Affinität Talleyrands zum weiblichen Wesen mußte es ihm auch in seinen politischen Qualitäten sympathisch machen, zu deren nicht geringsten der von keinerlei Phantasie irritierte Sinn für die Realitäten des Lebens gehört, der Frauen auszeichnet. Eine aufmerksame, auf Nuancen eingestellte Intelligenz konnte, selber schweigend, manches Wichtige aus dem Vielen hören, das sie reden. Auch hatte ihn Erfahrung gelehrt, wie wertvoll Frauen für eine Äußerung sein können, die man verbreitet wissen will: man braucht sie ihnen nur unter dem Siegel der Verschwiegenheit anzuvertrauen. Daß an Talleyrands Behagen in weiblicher Gesellschaft das Erotische, wenigstens als spontane Äußerung, nur eine sekundäre Rolle spielte, dafür spricht nicht nur sein Alter, das er jetzt, vor dem russischen Feldzug, erreicht hatte, sondern auch, daß er gleichgültig gegen das Altern seiner Freundinnen keine von ihnen aus seiner Freundschaft verabschiedete, weil sie ihre körperlichen Reize verloren hatte. Bis auf die eine Frau von Staël, deren impetuöse Gesinnungsreiterei ihm auf die Nerven fiel. Über sie hatte er einmal mit dem Kaiser ein Gespräch, das dieser mit der Frage einleitete, was diese Staël eigentlich für eine Art Frau sei. »Eine Intrigantin und eine von einer solchen Stärke, daß sie es ist, durch die ich mich hier befinde«. Also immerhin eine gute Freundin, meinte Napoleon. »Freundin? Sie würde ihre Freunde in den Fluß werfen, um sie mit der Angel herauszufischen«. »Man muß Frau von Staël geliebt haben, um das Glück zu kennen ein Tier zu lieben«, – als Talleyrand 1817 von ihrem Tode hörte, ergänzte er diese seine Charakteristik mit dem Satz: »Phantastisch in ihrem Haß wie in ihrer Freundschaft, in ihren Geschmäckern wie in ihren Wutausbrüchen, war viel in ihr von einer alten verpatzten Kokette«.

Aber Talleyrands Serail bestand nicht nur aus der alten Garde ehemaliger Geliebter und Freundinnen, den »Antiquitäten«, wie eine boshafte Besucherin bemerkte. Da war Charlotte, seine voreheliche Tochter von der Mrs. Grand, zu einem vierzehnjährigen Mädchen herangewachsen, die sich zu ihm ans Bett setzte, wenn der Spätaufsteher das erste Frühstück nahm. Um ihretwillen, die eine passionierte Reiterin war, bestieg er und ritt er etwas ungeschickt ein kleines Alezaner-Pferdchen von frömmstem Gemüt. Dann gab er ihr Unterricht in Geschichte und sonstigem Wissenswerten. Aber außer dieser Jugend, die einem weiblich im Hause heranwuchs, gab es andere junge Frauen, die gern gesehen es hinderten, daß der weibliche Verkehr Talleyrands zum Antiquitätenkabinett erstarrte. Immer häufiger, je langweiliger ihr die Ehe mit dem Neffen wurde, kam die spätere Herzogin von Dino ins Haus des Onkels, um schließlich ganz da zu bleiben für das letzte Vierteljahrhundert von Talleyrands Leben, – schon am Wiener Kongreß nannte man sie nur

»die Ministerin«. Zur Zeit aber war es nicht die sechzehnjährige Tochter, die regierte, sondern ihre Mutter, die Herzogin von Kurland, froh darüber, auch die vierte ihrer Töchter brillant, wenn auch nicht glücklich verheiratet zu haben. Brillanter, wenn auch um sechsundzwanzig Jahre älter als die kleine fadendünne Dorothea mit den übergroßen Augen und zu »viel Physiognomie« wäre ja der Graf Adam Czartoryski, aussichtsvoller Kandidat für den polnischen Thron gewesen, den das Fräulein zu lieben glaubte, was ihr bei Talleyrands Neffen von Anfang an nicht gelingen wollte. Schon beim ersten Arrangement des Alleingelassenwerdens gab es diesen Meilhacschen Dialog zwischen dem Brautpaar aus Heiratspolitik: »Ich hoffe Monsieur, Sie werden glücklich sein in der Ehe, die man da für uns arrangiert. Aber ich muß Ihnen von mir aus sagen, was Sie ohne Zweifel bereits wissen: daß ich nur dem Wunsch meiner Mutter nachgebe, ohne Widerstreben, aber auch mit der vollkommensten Gleichgültigkeit Ihnen gegenüber«. Worauf der junge Graf antwortete: »Mein Gott, das scheint mir doch ganz natürlich. Auch ich verheirate mich nur, weil mein Onkel es will. In meinem Alter ist man viel lieber Junggeselle«. Er war einundzwanzig Jahre. Bei aller zärtlichen Neigung des Onkels für diesen Brudersohn, – ein anderer, den er mehr liebte war vor zwei Jahren als junger Mann gestorben, – dürfte er seine persönlichsten Gefühle eingeschaltet haben sowohl was die Mutter wie was die Tochter betraf: es lag ihm daran, zu den beiden Frauen und nicht nur ihres großen Reichtums wegen in verwandtschaftliche Beziehungen zu kommen, und vieles spricht dafür, daß sie zu der Tochter die Grenze zwischen Verwandtschaft und Intimität überschritten und daß Pauline, die Tochter der Gräfin Talleyrand-Périgord, nicht ihren Vater zum Vater hat, der zu auffallend einen schon lang gelösten gemeinsamen Haushalt wieder aufnahm, als seine Frau schwanger ging. Der Vater dieses Kindes war nicht der Neffe Périgord, sondern der Onkel Talleyrand.

Die junge Gräfin wurde Palastdame der Kaiserin Marie-Louise, und bei einem Empfang in Saint-Cloud hielt es Napoleon für das Passendste, der jungen Frau Bemerkungen über die Dummheiten ihres Gatten zu machen. Als ihr darüber Tränen in die großen Augen kamen, glaubte er sie mit der Bemerkung zu trösten: »Übrigens sind mir, wie Sie wissen, alle diese povren Périgords seit langem völlig gleichgültig«. Als der Herzog von Benevent das zu hören bekam, begnügte er sich zu sagen: »Das ist eine traurige Art, seine Macht zu zeigen«.

Von der Herzogin von Kurland gibt die Gräfin Potocka, die sich zu dieser Zeit in Paris aufhielt, ein Bild, das nur wenig von dem enthält, was in dem Urteil einer Frau über eine Frau Karikatur wird. »Zur Zeit war die Herzogin schon im Verblühen, aber sie bewahrte immer noch Reste von Schönheit, die ihr verspätete Erfolge verschafften. Ihr fürstliches Vermögen gestattete ihr, ein großes Haus zu halten, und alle Welt bemühte sich um die Gunst, ihr vorgestellt zu werden. Herr von Talleyrand, nicht unempfindlich gegen die Reize dieser Frau, hatte sie unter den Intimen der Vicomtesse von Laval zum ersten Rang erhoben und es herrschte im Lavalschen Salon die Übereinkunft, alles zu bewundern, was die Herzogin machte; man bewunderte vor allem ihre eleganten Toiletten und ihre Diamanten. Ihr alter Anbeter wartete sie mit einer Bewunderung, die seinen ganzen Serail zum Sterben eifersüchtig machte«. Lady Yarmouth schrieb boshafter einem Freund: »Nichts scheint Talleyrand mehr zu kaptivieren als das Alter, denn alle seine Lieben sind veritable Antiquitäten«.

Aber diese Antiquitäten hatten für Talleyrand wichtigere

Funktionen als die bloß amourösen oder mondänen. Sie bildeten seine russische Offizin. Die Herzogin von Kurland schrieb dem Zaren das, was Talleyrand für wichtig hielt, daß er es erfahre, nicht ohne daß zuvor Nesselrode und Tschernytschew die Punkte auf die i's setzen. Außerdem hielt sie die Großherzogin von Weimar über die Beziehungen zwischen Talleyrand und dem Zaren auf dem laufenden, also Preußen. Und die Vicomtesse Laval fertigte genaue Kopien der herzoglichen Korrespondenz. Talleyrand wußte zwei Jahre zuvor, daß und wann des Kaisers Zug nach Rußland beginnen würde, der, wie er sagte, der Anfang vom Ende sei. Er tat nichts, dieses Ende aufzuhalten; er tat einiges, es zu beschleunigen; und alles, sich darauf vorzubereiten. Seine russische Offizin war so gut eingearbeitet, daß es ihr nichts ausmachte, als zu Beginn des russischen Feldzuges ein Teil seines Serails Paris verließ. Jeden Nachmittag zwischen eins und zwei brachte er eine Woche lang eine der Damen an ihren Wagen; auch die Herzogin von Kurland, die sich auf ihre schlesischen Güter begab. Und an die Stelle Nesselrodes trat der französische Gesandte Caulaincourt, Herzog von Vicenza, der aus Petersburg abberufen wurde; er war nicht gut auf Napoleon zu sprechen, da der sich seiner Verheiratung mit einer Frau von Canisy widersetzte.

Es ist sehr unwahrscheinlich, daß Napoleon von seiner ausgezeichnet arbeitenden Polizei nicht genau über die Art der Beziehungen Talleyrands zum Zaren unterrichtet wurde. Nicht nur daß er Frau von Laval, die Sekretärin der Talleyrandschen Offizin kurz vor dem Feldzug ausweisen ließ, spricht dafür, sondern auch die Überlegung, Talleyrand verhaften zu lassen. Daß es nicht dazu kam, lag nicht an einem fehlenden legalen Anlaß; das wäre für Napoleon das geringste Hindernis gewesen. Aber er irrte sich darin, daß er Talleyrands Haltung für den Effekt einer persönlichen Verärgertheit nahm, die zu beseitigen es ebenso in seiner Macht stünde wie sie hervorgerufen zu haben. Es käme nur darauf an, die großen Qualitäten dieses Mannes dadurch anzuerkennen, daß man sie an einer wichtigen Stelle aktiviere, um sich seiner zu sichern. Er bot Talleyrand den Gesandtschaftsposten in Warschau, eine Stelle von außerordentlicher politischer Bedeutung unter einer Voraussetzung, die sich aber erst erfüllen mußte: der Sieg über Rußland und die integrale Wiederherstellung eines Königreiches Polen als eine der Folgen dieses Sieges. Die polnische Frage war ja der unmittelbare Anlaß zum russischen Feldzug gewesen und für Napoleon nicht im geringsten ein sentimentaler Anlaß wie er es etwa für den Zaren war, der auch ein Königreich Polen, aber in Personalunion mit der russischen Krone wollte. Napoleon dachte an die 20.000 Polen, die unter seinen Fahnen in Spanien tapfer gekämpft hatten, und er dachte an ein Königreich Polen als an ein Soldatendepot, aus dem er seine Kadres auffüllen konnte und als eine französische Macht gegen Preußen-Deutschland. Dieses Polen reichte bis an die Ostsee, machte aber vor Galizien halt, weil man sich Österreichs freundliche Gesinnung erhalten wollte. Trotzdem der Plan der »österreichischen« Politik Talleyrands entsprach, lehnte er es ab, nach Warschau zu gehen. Dabei erfuhr der Kaiser, daß der sehr vertraulich mitgeteilte Plan für Talleyrand kein Geheimnis war: er spekulierte bereits in Wien auf eine Hausse in den öffentlichen Anleihen, die beim Bekanntwerden der Integrität Galiziens einsetzen müßte; außerdem propagierte er da die Herzogin von Kurland als polnische Thronkandidatin.

Auf dem Rückzug aus Rußland, Dezember 1812,

sagte Napoleon zu Caulaincourt, daß ihm Talleyrand in Warschau gefehlt habe. Und daß er durch die Unfähigkeit des Abbé de Pradt, den ihm eine Intrige an Stelle Talleyrands aufgeschwätzt habe, sowohl den russischen Feldzug wie Polen verloren habe, was ihm mit Talleyrand nicht passiert wäre.

25

Der Anfang vom Ende

WAS WÄHREND des russischen Feldzuges Talleyrand an die Herzogin von Kurland schreibt, beschränkt sich im Politischen sehr vorsichtig darauf, vom Einzug der Grande Armée in Moskau einen guten Friedensschluß zu erwarten, da sich wohl die Russen nicht der Gefahr aussetzen würden, alles zu verlieren. Und daß es »ein schönes und wohlgelungenes, vollständiges und gut geschütztes Polen geben werde«. Sonst in auffallender Ausführlichkeit Privatangelegenheiten des täglichen Lebens, mit denen er seine »inutilité« beschäftige. Daß er einen längeren Aufsatz über den alten Choiseul schreibe; daß er den Kaiser bitten werde, ihm zu erlauben, seinen Neffen Edmond und dessen junge Frau an Kindesstatt anzunehmen. »Und wenn dann auch noch Charlotte versorgt ist, betrachte ich meine Lebensaufgaben für beendet.« Er liest die eben erschienene »Correspondance« von Grimm, findet sie weniger interessant als er erwartete. Weit lieber liest er den Horaz, so auch in jener Nacht des 18. Dezember, in der Napoleon aus der eiligen Postchaise, die ihn aus Rußland bringt, direkt in sein Pariser Bett fällt.

Bei dem Conseil, das ein paar Tage darauf statthat, rät Talleyrand zu einem Frieden, der unter Verzicht auf die letzten Eroberungen Frankreich auf den Stand bringt, den es im Vertrag von Lunéville eingenommen hatte. Und als der Neutralitätsvertrag von Tauroggen bekannt wird, erklärt er ihn als den Vorläufer einer preußisch-russischen Allianz und rät erst recht zum Verhandeln. »Heute haben Sie noch die Pfänder in der Hand, die Sie hingeben können. Morgen können Sie sie schon verloren haben und damit auch die Möglichkeit, vorteilhaft zu verhandeln.«

Der Kaiser bot ihm das Portefeuille des Auswärtigen an, das Talleyrand mit den trockenen Worten ablehnte: Je ne connais point vos affaires. Worauf der Kaiser ihn anschrie: »Sie kennen sie! Aber Sie wollen mich verraten.« Worauf Talleyrand gesagt haben will: »Nein. Aber ich will mich nicht mit ihnen belasten, weil ich sie in Widerspruch mit meiner Art glaube, den Ruhm und das Glück meines Landes zu betrachten.« Wenn auch nicht in dieser geschliffenen Form, dem Sinn nach wird Talleyrand mit diesen Worten abgelehnt haben, die nur wiederholten, was er schon in seinem Straßburger Memorandum vom November 1792 gesagt und seitdem des öfteren gesagt hatte, allerdings immer nur in den für den Kaiser ungelegensten Momenten seiner Siege, wo der Feldherr das nicht hören wollte, was ihn als Kaiser hätte interessieren sollen.

Zu Daru hatte Napoleon in Moskau geäußert: »Man will in mir hier immer nur den Feldherrn sehen, während ich doch als Kaiser da bin.« Von seinem Kaisertum und dessen politischen Aufgaben sprach Napoleon meist nur in für ihn militärisch kritischen Situationen; als siegreicher General fiel ihm das nicht ein. Er hatte von der Revolution das Mandat bekommen, die Eroberungen der Revolution zu verteidigen; das war nur durch unausgesetzte neue Eroberungen möglich: es ist das tragische Schicksal Napoleons gewesen, das geniale Opfer der Revolution zu sein. Seine Intelligenz ist wohl imstande, dieses Schicksal zu begreifen und zu beurteilen, aber sein sonst zu allem fähiger Wille kann dieses eine nicht: dieses Schicksal überwinden und dessen Herr werden. Deshalb ist er als Gestalt nicht meßbar an den Ereignissen seines Lebens: sie liegen unter dem Niveau seiner Persönlichkeit, und die Geschichte, die er macht, ist kleiner als er selber. Diese Geschichte dreht sich oft äußerst monoton im Kreise, wie jetzt: Frieden mit Rußland, ohne Zweifel. Doch zuerst muß man es besiegen. Aber eine Niederlage setzt alles wieder ins Ungewisse. »Kein polnisches Dorf an Rußland«, antwortet er, wenn ihm Talleyrand vom Wichtigsten spricht: vom Frieden mit England, in dem er mit Recht den größten und unversöhnlichsten Gegner sieht, dem es gelingen wird, die antinapoleonische Allianz der kontinentalen Mächte zustande zu bringen.

Der Kaiser hatte keine Möglichkeit mehr, sich die Macht zu wählen, der er Friedensvorschläge machen konnte. Er mußte Metternichs Mediation annehmen, die den allgemeinen Frieden vermitteln wollte, trotz Talleyrands Warnung, daß das Wiener Kabinett mit diesen Verhandlungen nur bezwecke, sich seines Bundesverhältnisses zu Napoleon zu entledigen und seine Aktionsfreiheit zurückzugewinnen. Sie wurde über den gegenteiligen Rat des Herzogs von Bassano nicht gehört, der den Kaiser mit den verwandtschaftlichen Gefühlen des Wiener Hofes und der Uneigennützigkeit des Wiener Kabinettes stützte. Talleyrand konnte dagegen nicht sagen, was er, aber nicht der Kaiser wußte: daß Metternich in vollem Einverständnis mit Hardenberg seine Politik trieb. Er wußte aber auch seinen andern Rat unausführbar, sich mit Friedensvorschlägen direkt an Rußland zu wenden, denn Nesselrode, Talleyrands Vertrauensmann seit 1808, hatte da so gut gearbeitet, daß Alexander auf die kleine Friedenspartei nicht mehr hörte.

Der Brief, mit dem Napoleon am 13. Jänner 1813 seinem Schwiegervater den zweiten russischen Feldzug ankündigt, ohne dem Wiener Kabinett ein Äquivalent zu bieten, das zu mindest die österreichische Neutralität wert gewesen wäre, entscheidet den »ersten Schritt zu Österreichs Abfall«. Österreich schließt einen Waffenstillstand mit Rußland, zieht seine Truppen von Warschau nach Krakau zurück; die Franzosen müssen hinter die Oder gehen, die Russen dringen vor. Gleichzeitig vollzieht sich der Abfall Schwedens und die Kriegserklärung Preußens.

Wenige Tage vor der Abreise Napoleons auf den deutschen Kriegsschauplatz sagte Talleyrand zum Fürsten Schwarzenberg: »Nun ist der Augenblick gekommen, wo der Kaiser Napoleon König von Frankreich werden muß.« Schwarzenberg verstand den Wink: auf Metternichs geheime Aufforderung kündigen die Russen den Waffenstillstand, und die Österreicher ziehen sich nach Böhmen zurück; die Metternichsche Politik der bewaffneten Vermittlung war eingeleitet; sie wird bis zum Ende die Führung behalten; sie wird sich, wie Metternich dem Zaren vertraulich mitteilen läßt, von wahrscheinlichen Siegen Napoleons nicht beeinflussen lassen; aber auch nicht von schwächlichen Friedensvorschlägen, die Rußland oder Preußen machen wollten; das Friedensdiktat behalte sich Österreich vor.

Der Friedenskongreß zu Prag führte zu nichts, denn niemand rechnete mehr mit der Neutralität Österreichs; und Preußen und Rußland waren durch Verträge mit England gebunden und konnten nicht mehr einzeln verhandeln.

Der Fürst von Benevent äußert sich in den Briefen an die Herzogin von Kurland mit keinem Wort zu den Vorgängen; nicht nur weil er weiß, daß diese Briefe das schwarze Kabinett passieren – ihm genügt zu wissen, daß sich seine Politik in den guten Händen Metternichs befindet. Er überläßt es den andern, in ihren Reden etwas unvorsichtig zu sein. Wie Fouché, der in Prag zu Metternich sagt, ihn werde Schande treffen, wenn er jetzt vor dem Phantom von Napoleons Macht zurückschreckend keinen guten Frieden oder keinen guten Krieg mache. Wie Caulaincourt, der Metternich frägt: »Werden Ihre Rüstungen genügen, uns zur Vernunft zu bringen?« und darauf die Antwort bekommt: »Sie sollen nach Wunsch bedient werden.« Talleyrand tut sogar ein Übriges, indem er durch einen Kurier den Kaiser, in vollem Rückzug nach der Schlacht bei Leipzig, wissen läßt, daß durch den Abfall der Bayern seine Armee Gefahr laufe, vom Rhein abgeschnitten zu werden: der Kaiser mußte sich durch die Bayern bei Hanau ein blutiges Loch zum Rhein schlagen. Talleyrand hätte durch diese Benachrichtigung nur seinem Nachfolger, dem Herzog von Bassano, schaden wollen, war Napoleons einzige Anerkennung: ein Vorwurf.

Aber sonst war der Kaiser mit der Aufführung Talleyrands während seiner Abwesenheit von Paris zufrieden, wenn er ihn auch am andern Morgen seiner Rückkehr anfuhr, als er ihn bei seinem lever erblickte: »Was haben Sie hier zu suchen? Ich weiß schon, daß Sie sich, falls ich versagt hätte, einbilden, der Chef eines Regentschaftsrates zu werden. Hüten Sie sich, Monsieur! Man gewinnt nichts gegen meine Macht beim Kaufe. Ich erkläre Ihnen, daß, wenn ich gefährlich erkrankt wäre, Sie vor mir sterben würden.« Worauf sehr höflich und höfisch Talleyrand antwortete: »Sire, ich habe solche Verwarnungen nicht nötig, damit meine brennenden Wünsche vom Himmel die Erhaltung des Lebens Seiner Majestät erbitten.«

Zwei Tage darauf ein ganz anderes Bild. Wellingtons Sieg bei Victoria und die englische Armee an der Bidassoa: das war das Ende Frankreichs in Spanien. Der Kaiser frägt Talleyrand, was er dazu meine. »Sie fragen mich da, als ob wir nicht brouilliert wären, Sire.« – »Die Umstände, die Umstände! Lassen wir das Vergangene und das Künftige, ich will Ihre Meinung über das Gegenwärtige.« Talleyrands Rat, die Bourbons wieder auf den spanischen Thron zu setzen, wurde angenommen: am dritten März 1814 verließ Ferdinand VII. Valençay und sein Besitzer konnte sich wieder seines nicht mehr durch die Spanier gestörten Besitzes erfreuen –, weit länger als Napoleon seines Thrones, den er nur mehr vier Wochen behalten sollte.

Talleyrand hatte es nicht nötig, an das Heute zu denken, denn das hatte er gestern gedacht, zu seinem Teil auch vorbereitet, und nichts war passiert, was Anlaß gegeben hätte zu einer Revision des Gedachten. Ihn beschäftigt wie immer das Morgen. Wenn er auch nie in Briefen äußert, was er über die augenblickliche Situation denkt, so macht er in Gesprächen kein Geheimnis daraus, wenigstens so alten Bekannten gegenüber wie der Marquise de la Tour-du-Pin, die er schon in Amerika gut gekannt hatte. Als sie ihn nach dem Kaiser frägt, unterbricht er sie: »Lassen Sie mich in Frieden mit Ihrem Kaiser. Er ist ein erledigter Mann. Il a perdu tout son matériel. Il est à bout. Voilà tout. Dann zog er ein englisches Blatt aus der Tasche, gibt es der Marquise zu lesen. Ein Artikel mit der Aufschrift: Diner, das der Prinzregent der Herzogin von Angoulème gibt, worüber der Marquise der Mund offen bleibt. Und Talleyrand avec ce sourire fin et malin que seul il possédait: »Ach, wie dumm Sie sind! Und jetzt gehen Sie und erkälten Sie sich nicht.«

Er hätte die Marquise mit einer Note des Herrn von

Blacas, dem Vertrauen des Königs im Exil von Hartwell, noch mehr verblüffen können, in der er gebeten wurde, seine überaus erleuchteten Gesichtspunkte bekannt zu geben. Schon nach dem russischen Feldzuge hatte sich Talleyrand seines Vaterbruders, des Erzbischofs von Reims erinnert, der dem Chef des Hauses Bourbon in die Emigration gefolgt war und zu der kleinen Hofhaltung in Hartwell gehörte, – zur Zeit ein alter Herr von sechsundsiebenzig Jahren, dem seine erzbischöfliche Würde ein factum indelebile war und der auch das Konkordat nie anerkannt hatte. Welchen Inhalt das Schreiben Talleyrands an seinen Onkel hatte, mit dem er seit 1790 keinerlei Beziehungen erhielt, kann man nur aus einer Antwort Ludwig XVIII. an den Erzbischof schließen, der sich beeilt hatte, seinem Herrn die wichtige Epistel zukommen zu lassen. Etwas skeptisch, etwas ironisch wie es seine Art war, schreibt der König: »Dieu soit loué. Bonaparte doit toucher à sa chûte; car je parie que lors que le Directoire fut près de la sienne, votre neveu écrivit dans les mêmes termes au vainqueur de l'Italie. Si vous lui répondez, marquez-lui que j'accepte l'augure de son bon souvenir«.

Diesen ersten Brief nach Hartwell hat Talleyrand spätestens im Jänner 1813 geschrieben; er eröffnete eine Korrespondenz, die von der kaiserlichen Polizei aufgefangen bei aller Vorsicht nicht vorsichtig genug war. Es kam also wie schon oft zu einem heftigen Auftritt: »Ich kenne Sie, ich weiß, wessen Sie fähig sind... Aber ich werde Sie bestrafen wie Sie es verdienen...« Talleyrand wußte aus vieler Erfahrung, was er von solchen Wutausbrüchen des Kaisers zu halten habe. Als er das Kabinett verließ, sagte er zu denen, die ihn in der Antichambre erwarteten: »Der Kaiser ist charmant heute.« Er wurde weder bestraft noch auf seine Güter verbannt, wie es der Kaiser wollte. Er gab seinen Räten nach, die zu Gunsten des Fürsten von Benevent sprachen, Cambacérés, Savary, auch General Berthier waren darunter. Auch der Groß-Richter Molé, der zum Lobe Talleyrands mit aller Vorsicht, daß er den Glauben nicht teile, dem Kaiser sagte, daß der Fürst von Benevent bei seinem Geiste und seinen großen Hilfsmitteln nach der Majestät eine große Rolle spiele, da man glaube, nur er könne über einen Frieden verhandeln. Da unterbrach ihn Napoleon: »Sein Ansehn verdankt er zum Teil dem Zufall, der mehr als sein Verdienst ihn einige Friedenstraktate negozieren und zeichnen ließ. Ich schwöre Ihnen, daß ich nicht mit Wahrhaftigkeit sagen könnte, ob ich daraus eine große Hilfe gehabt habe oder daß er mir durch seine Auskunftsmittel das gezeigt hätte, was einen wirklich erfinderischen Geist beweist und eine profunde Geschicklichkeit offenbart. Ich bin nicht einmal Ihrer Meinung, daß er ein Mann von vielem Geist ist oder gar großem Geist. Man braucht sich ja nur seine Lebensführung anzuschauen. Er war durch Geburt und Stand eine der ersten Persönlichkeiten des Adels und der Geistlichkeit, und er hat mit allen seinen Kräften sowohl zum Sturz des Adels wie dem der Geistlichkeit beigetragen. Nach dem Terror aus Amerika zurückgekommen, vollendete er seine Erniedrigung damit, daß er sich vor aller Augen an eine alte geistlose Hure schloß. Ich wollte ihn gegen seinen Willen beim Konkordat aus diesem Dreck herausziehen, indem ich beim Papst für ihn den Kardinalshut erbat, und ich war nahe daran, diese Bitte erfüllt zu bekommen. Aber er wollte mich ja nie tun lassen und hat zum Skandal Europas seine lächerliche Mätresse geheiratet, von der er nicht einmal Kinder erwarten konnte. Er ist bestimmt, und alle Welt weiß das, der Mensch auf der Welt, der am meisten gestohlen hat, und er besitzt keinen Sou und ich bin gezwungen, ihn aus meiner Kassette zu erhalten und wie eben jetzt, seine Schulden zu bezahlen.« Darauf Molé: »Aber der Kaiser werden mir zumindest zugeben, daß Talleyrands Unterhaltung voller Anmut, Koketterie und Charme ist.« Und Napoleon: »Ja, das ist sein Triumph und er weiß das genau.«

Bei aller Schärfe und Richtigkeit seines Urteiles erlag der Kaiser dem, das er nicht besaß und deshalb um so mehr bewunderte: dem Charme Talleyrands, der zu einem großen Teil nichts anderes war als die Kultur des ancien régime. Das wußte auch Talleyrand. Denn er tat von Anfang an alles, andere adelige Träger dieser Kultur nicht in die Umgebung des Kaisers gelangen zu lassen, um die Täuschung nicht zu zerstören, welcher der Kaiser als ein newcoming man erlag, daß dieser Charme das nichts als persönliche Charaktereigentum Talleyrands wäre. Er tat nichts, um seinem glänzenden Jugendfreund Narbonne, dem es dauernd sehr schlecht ging, zu einer Karriere zu verhelfen; er protegierte erst dessen nicht mehr gefährlichen Sohn, der als Adjutant den Kaiser nach Rußland und zurück begleitete. Das politische Mißtrauen, das er bei Napoleon gegen den alten Adel nährte, geht zum größten Teil auf diesen ganz persönlichen Grund zurück, daß er im Vergleich mit anderen Kulturträgern seiner Kaste das verlieren mußte, was er jetzt als seinen eigentümlichsten Besitz ausspielen konnte.

Daß es diesem Charme Talleyrands unter allen Umständen auch gelingen müßte, am Verhandlungstisch die Niederlagen seines Chefs in so etwas wie Siege zu verwandeln: solchem Aberglauben bei so großem Mißtrauen mochte Napoleon wohl manchmal erliegen, den er als ein Plus dem Glauben und, war er besser gelaunt, auch dem Wissen um Talleyrands großer Geschicklichkeit hinzufügte.

In den Frankfurter Notifikationen erklärten die Alliierten Frankreichs Grenzen: die Pyrenäen, die Alpen, den Rhein. Das aber bedeutete für Napoleon als schlechten Verwalter des revolutionären Erbes die Abdankung, denn für dieses vorrevolutionäre Frankreich war ein legitimer König schon da. Ganz klar sieht seine hohe Intelligenz: »Frankreichs alte Grenzen sind unzertrennlich mit der Wiederaufrichtung der alten Monarchie.« In dieser verzweifelten Situation wandte er sich – es sollte zum letztenmal sein – an seinen alten Mitarbeiter aus besseren Tagen, an Talleyrand.

Der schreibt der Herzogin von Kurland: »Ich komme von Saint-Cloud zurück. Immer die gleiche öffentliche, ein bißchen kalte Höflichkeit. Als alle weg waren, hält man mich zurück. Die Konversation wird drängend. Meinerseits der gleiche Refüs. Nicht annehmbare Bedingung. Cela a fini sans humeur. Man hat mich um Geheimhaltung gebeten. Der General Bertrand wird Großmarschall. Ich liebe Sie.« Die Bedingung war seltsam: Verzicht auf die Würde und die Einkünfte des Vize-grand-électeurs. Er sagte dazu: »Wenn der Kaiser Vertrauen in mich hat, darf er mich nicht degradieren. Und wenn er keines hat, wozu braucht er mich?« Er hatte zum zweitenmal seit dem russischen Feldzug seinen Chef in Stich gelassen, wie die napoleonischen Patrioten sagen; damit an Frankreichs Schicksal gedacht, wie die französischen Patrioten sagen; er hat politisch das einzig Mögliche und damit Richtige getan, wie jene meinen, die mit Talleyrand der Ansicht sind, daß sich in dieser Situation auch ein Talleyrand vergeblich bemüht hätte, Napoleon zu retten. Er sagte zu Savary: »Es ist nicht jedermanns Sache, sich unter Trümmern begraben zu lassen.« Und mit dem Charme war bei Metternich nichts zu machen; davon besaß der so viel man wollte und zudem noch alle Atouts des Spieles, auch jetzt noch, wo gegen seinen heftigsten Widerstand die preußische Kriegspartei sich mit ihren Wünschen durchgesetzt hatte: Sturz Napoleons und Einmarsch in Frankreich. Damit aber verlor Napoleon seine letzte Chance, Glück im Unglück zu haben, denn nicht einmal England dachte an seinen Sturz; trotz seiner großen militärischen Erfolge in Spanien war es zu dem Frieden bereit, den Metternich vorschlug: die alten Grenzen von Campo Formio und Lunéville und Nicht-Einmischung in die innern französischen Angelegenheiten. »Es lag bis zur letzten Stunde in Napoleons Hand, sich zu retten«, schreibt Talleyrand in seinen Erinnerungen. Das war noch in Frankfurt, ja sogar in Prag der Fall, nicht mehr in Chatillon: da hatten die alliierten Truppen bereits die französische Grenze überschritten. Auf dem Kongreß, der in diesem Seine-Städtchen am 4. Februar 1814 begann, versuchte Caulaincourt vergeblich, zwischen den Forderungen der Alliierten und den Instruktionen des auf den Schlachtfeldern – sie lagen zum erstenmal in Frankreich – um sein Geschick kämpfenden Kaisers ein Mittel zu finden. Die Instruktionen wechselten wie sein Glück. »Wenn Talleyrand da wäre, er zöge mich aus der Affäre.« Als ihm das Wort hinterbracht wurde, sagte er: »Der Kaiser irrt sich. Denn ich hätte ihn nicht anders aus der Affäre ziehen können, als indem ich die Bedingungen des Feindes angenommen hätte. Und wenn an dem Tage der Kaiser auch nur den geringsten militärischen Erfolg gehabt hätte, würde er meine Signatur desavouiert haben.« An die Freundin schreibt er: »Die Mächte können nicht zu viele Sicherungen in den Vertrag aufnehmen, der in Chatillon verhandelt wird, wenn sie nicht gezwungen sein wollen, mit neuen Kosten das nächste Jahr wieder von vorne anzufangen. Die Schlechten bleiben immer schlecht. Wenn man mit dem Kopfe Fehler macht, ist alles verzeihlich; aber wenn man mit dem Herzen sündigt, da gibt es keine Heilmittel und keine Entschuldigungen. Adieu! Die Sie einen guten Kopf und ein vollkommenes Herz haben, ich liebe Sie von ganzem Herzen.« Die moralisierenden Sätze verdanken ihre Banalität wohl der Empfängerin des Briefes, die nach einer galanten Jugend in ein Alter getreten war, das an solchen Erbaulichkeiten einiges Vergnügen empfindet. Nicht als ob damit gesagt sein wollte, daß Talleyrand etwas anderes oder das gerade Gegenteil dachte: aber bei dem sehr seltenen Versuch moralischer Betrachtungsweise kam, da sie seinem Wesen fremd war, eben nichts Tieferes heraus. »Adieu, mein Engel« – der Engel streift schon die Fünfzig – und »Verbrennen Sie den Brief«, fügt er an, wie fast ausnahmslos in den Briefen, die er in dieser Zeit an die Freundin schreibt, auch wenn sie nur Zärtliches enthalten wie: Je vous embrasse de tout... Ein Brief hat ein Postskriptum: »Man öffnet meine Briefe; man wird in ihnen finden, daß ich Sie liebe, was niemanden als Sie und mich was angeht. Im übrigen teile ich Nachrichten mit, die in den Straßen ausgerufen werden. Diese Behinderung des intimsten Meinungsaustausches ist traurig für solche, die von den Weltgeschäften sich völlig loszusagen wünschen.«

So unfähig der Polizeiminister Savary auch war, an die politische Müdigkeit Talleyrands glaubte er doch nicht. Aber »ohne die Schwäche des Herzogs von Rovigo wäre Talleyrand 1814 vor der Einnahme von Paris arretiert worden«, schreibt Stendhal, denn mit der scharfen Bewachung Talleyrands betraut, betrat der Rovigo wann immer er wollte unangemeldet das Haus der Rue Saint-Florentin, wo die Gäste bei seinem Eintritt verstummten. Zu den Gästen gehörten der Abbé de Pradt, der jüngere Dalberg, der Baron Louis, lauter verärgerte und entlassene Funktionäre des kaiserlichen Regimes. Auch Vitrolles hätte er einmal da treffen können, jenen Amateur-Restaurateur der Bourbonen, der nie ein Mitglied dieser Familie gesehen hatte, für die er sich mit Leidenschaft bemühte. Daß sich Talleyrand an sein Wort gehalten, das er der Freundin schreibt: il faut se préparer aux événements sans trouble, pour ne pas faire des imprudences, ist, was die trouble und die imprudences betrifft, durchaus zu glauben. Er überließ den anderen den Exzeß der Worte, wie dem Baron Louis, dem ehemaligen kaiserlichen Schatzminister und Börsenspekulanten, das Wort: »der Kaiser ist ein Kadaver, aber er stinkt noch nicht«. Oder dem de Pradt das andere, daß der Kaiser nichts mehr zu beanspruchen habe als eine Million und eine Fregatte in Brest. Es stimmt was Dalberg dem jungen Vitrolles sagte, der von Talleyrand was Schriftliches für seine royalistische Propaganda haben wollte: »Sie kennen diesen Affen nicht; er würde seine Pfoten nicht zu verbrennen riskieren, selbst wenn die Kastanien für ihn allein brieten«. Talleyrands diplomatische Erfahrung hatte ihn mißtrauisch gegen die Koalitionen der Mächte gemacht; er dachte nicht weniger mißtrauisch über die Koalition von Konspiratoren. Er kannte ihre Motive und wußte genau was von ihrer Intelligenz und Zuverlässigkeit zu halten: er machte mit äußerster Vorsicht Gebrauch von ihnen. Wie diese von Talleyrand, indem sie sich, da sie sich keinen Ausweis geben konnten, seines Prestiges bedienten, das sogar dem Polizeiminister Savaray so sehr imponierte, daß er einen Befehl des Kaisers, Talleyrand aus Paris zu entfernen, nicht ausführte, weil, wie er meinte, dadurch die ganze Gesellschaft des Faubourg Saint-Germain royalistisch geworden wäre.

Die Nachrichten, die Talleyrand über den in Holland auf seine Stunde wartenden Bourbon erhielt, interessierten ihn während dieser fünfundsechzig Tage der Kampagne in Frankreich nur sehr mäßig. Ohne Sympathie für den Kaiser machte er sich über dessen mögliche, ja wahrscheinliche bourbonische Nachfolge keinerlei Illusionen. Er winkte dem Eifer des Baron Vitrolles ab: die Bourbons seien das letzte, womit man sich bei den Alliierten beschäftige; der Zar erkläre die Hindernisse einer bourbonischen Restauration für unüberwindlich. Und Lord Castlereagh ließ wissen, daß die Bourbons in England so unpopulär seien, daß kein Ministerium es wagen dürfe, für sie einzutreten. Restauration: gewiß, vielleicht mit Bernadotte, mit Eugène Beauharnais, mit dem Orléans, mit einer Regentschaft für den dreijährigen König von Rom sogar, wenn sich Frankreich dafür entscheide, aber warum sich auf einen Bourbon als den einzig möglichen Restaurator festlegen? Als Vitrolles in Nancy zum erstenmal in der Figur des Grafen von Artois einen Bourbon zu Gesicht bekam, ernüchterte ihn das sehr, denn der Bruder des künftigen Louis XVIII. hatte weder eine Idee noch ein Programm und war nichts als ein gelangweilt blickender Herr mit einem fatalen Lächeln im Gesicht.

L'inceritude est dans toutes ses horreurs, car nous sommes à quatre jours de je ne sais quoi, schreibt Talleyrand der Freundin, weit lebhafter an den Nachrichten interessiert, die zu ihm aus dem Lager der Alliierten kamen, wo das Wichtigste zur Entscheidung stand. Nach seiner Enttäuschung in Nancy war es ein leichtes, Vitrolles zu überzeugen, daß er im Hauptquartier der Alliierten Wichtigeres zu besorgen habe. Und der Baron begab sich dahin mit einem Billett, das in sympathetischer Tinte geschrieben, die Worte enthielt, die Nesselrode, der Empfänger des Billetts als von Dalberg geschrieben erkannte: auch diese Worte entschieden für den Marsch nach Paris. »Es ist Zeit, klarer zu werden. Ihr geht auf

Krücken. Gebrauchet Eure Füße und wollt was ihr könnt«. Talleyrand hat diesem Billett nicht seine Hand geliehen, aber was er dachte. Ein gleichzeitiger Brief an die Freundin enthält die Sätze: »Der Fürst Schwarzenberg hat mit seinen 100.000 Mann nur die Korps Marmont und Mortier vor sich, beide ganz abgekämpft und Sch. macht keinerlei Bewegung. Das ist völlig unbegreiflich. Die österreichische Langsamkeit hat nie besser ihre Sprichwörtlichkeit bewiesen. Der Kaiser Franz dürfte sehr erstaunt sein über die Aktivität seines Schwiegersohnes. Adieu, mon ange! Dieu! que je vous aime!«

Zwei kaiserliche Kuriere wurden abgefangen; ihre Depeschen informierten die Alliierten, daß Napoleon sie durch ein Scheinmanöver zur Marne hin von Paris abhalten wolle. Einen dritten Kurier nahmen sie Nachrichten des Polizeiministers an den Kaiser ab: sie informierten ihn über den verzweifelten Zustand in Paris, wo Joseph, des Kaisers Stellvertreter, völlig den Mut verloren hatte und zu jedem Frieden bereit war. Von einflußreichen Personen, schrieb der Polizeiminister, von deren feindseliger Stimmung alles zu befürchten stehe, wenn der Feind sich der Hauptstadt nähere. Anderen Tages gab es im Quartier der Russen und Österreicher unter Alexanders Vorsitz eine Generalsversammlung. Sie entschied, Napoleon nicht an die Marne zu folgen, sondern auf Paris zu marschieren. Der Entschluß wurde der deutschen Armee unter Blücher nach Châlons weitergegeben und da mit Jubel aufgenommen.

Beim Regentschaftsrat, den Joseph in die Tuilerien einberief und der über Bleiben oder Gehen der Kaiserin beschließen sollte, gab Talleyrand den letzten Rat, den das Kaiserreich von ihm hören sollte, und er war durchaus loyal für das Verbleiben der Kaiserin in der Hauptstadt. Ohne Erfolg. Denn Joseph verlas einen Brief des

Kaisers, der die Abreise der Kaiserin und seines Sohnes befahl. Besser sei es für den Sohn, erwürgt zu werden als in Wien wie ein österreichischer Prinz aufzuwachsen. Wenn Talleyrand die Ansicht unterstützte, daß die Kaiserin in Paris zu verbleiben habe, so bedeute das Verrat. Je vous le répète, méfier-vous de cet homme, wiederholt er dem Bruder. Später äußerte sich Talleyrand den darüber Erstaunten, daß er für das Verbleiben Marie-Louises in Paris gewesen war: »Ich wußte, daß die Kaiserin mir mißtraute und daß sie abreisen würde, wenn ich zum Bleiben riete. Ich war für ihr Bleiben, damit sie endlich weggeht«.

Als man den Regentschaftsrat verließ, wandte sich Talleyrand langsam zu Savary und hielt die kurze Leichenrede: »Mußte also schließen, was so glorreich begann. Abenteuern seinen Namen geben, statt dem Jahrhunderte! Ich bebe, wenn ich das bedenke. Welcher Sturz! Der Kaiser wäre zu beklagen, hätte er sein Schicksal nicht dadurch verdient, daß er sich mit Unfähigkeiten umgab ohne jeden vernünftigen Grund. Er hätte sehen müssen, daß Freunde solcher Art mehr zu fürchten sind als Gegner. Allons, nous verrons ce qui arrivera«. Als Chateaubriand diese Schlußrede zu hören bekam, in der sich das Gewohnte sachlich und vernünftig gegen das Ungewöhnliche wieder in die Ordnung setzt, meinte er: il ne resta à M. de Talleyrand qu'a clopiner au pied du colosse qu'il ne pouvait pas renverser. Es ist das Wort eines romantischen Schriftstellers über einen Politiker, dessen klassische Bildung weder an Rénè noch am Génie du Christianisme Geschmack gefunden hatte. Und dem das Abschiedswort Napoleons an die französische Nation »Sucht euch einen anderen der euch regiert, ich bin zu groß für euch« auch bei noch geringeren humanitären Gefühlen, als ihm eigneten, nicht etwas grotesk vorgekommen wäre angesichts einer durch fünfzehn Jahre napoleonischer Regierung bis auf das Letzte erschöpften Nation und fremder Armeen im Lande, die von dieser Nation als »Befreier« begrüßt werden.

Es hätte zu seinen Pflichten als Großwürdenträger und Mitglied des Regentschaftsrates gehört, daß Talleyrand sich im unmittelbaren Gefolge der Kaiserin nach Blois begebe. Daß es nicht geschah, lag nicht an seiner Maxime: Nur kein Eifer. Er hatte alle Gründe in Paris zu bleiben, aber auch Gründe, die dieses Bleiben nicht als ein willentliches erscheinen lassen durften. Also improvisierte er eine Komödie der »verhinderten Abreise«. Die Kaiserin hatte am 29. März Paris verlassen. Am Nachmittag des 30. März begab sich Talleyrand mit seiner Freundin, der Frau von Rémusat, zum Pariser Polizeipräfekten Pasquier, – in der Maske eines Mannes, der abreisen will und den man mit Gewalt daran zu hindern sucht. In diesem Sinne führte Frau von Rémusat das Wort und Talleyrand spielte das Opfer widerstreitender Pflichten. Wenn er abreist, sagte Frau von Rémusat, ist niemand in Paris, der mit den Fremden verhandeln kann. Was das bedeutet, wissen Sie selber, mein lieber Kusin – Pasquier war mit ihr verwandt – und Sie übernähmen da eine große Verantwortung. Herr von Talleyrand will, er muß abreisen. Was für ein Malheur, wenn man ihn läßt. – Aber was kann ich da tun? fragte Pasquier. Talleyrand wiederholte darauf etwas gewundener das, was seine Freundin gesagt hatte, die ihn unterbrach: der Polizeipräfekt müsse eben an dem Tor, durch das Talleyrand Paris verlassen wolle, einige verläßliche Polizisten hinschicken, die da das Volk zu einer Emeute harangieren und Krach machen, daß jetzt jene die Stadt verlassen, die eigentlich dableiben müßten, um die Stadt zu schützen und so. Auf die Bemerkung Pasquiers, daß es eher zu den Aufgaben eines Polizeipräfekten gehöre, das

Volk in Ruhe zu halten, schien die Komödie vor dem letzten Akt ohne Pointe zu schließen. Da endlich begriff Pasquier und er gab den fehlenden Akt: Herr von Rémusat befehlige als Kommandant der Nationalgarde sicher irgend eine Torwache, der er die Befehle geben könne, die man wünsche, und das Volk sei gar nicht nötig. Eine halbe Stunde später bepackten Diener in großer Eile einen Reisewagen vor dem Palais in der Rue Saint-Florentin mit Koffern. Gefolgt von seinem Sekretär zu Pferde fuhr Talleyrand gestreckten Galoppes nach dem Tor, vor dem die Straße nach Rambouillet lag. Höflich forderte da der Torkommandant, Herr von Rémusat, den Fürsten von Benevent, da er keinen Paß besitze, auf, umzukehren. Der Wagen fuhr nach der Rue Saint-Florentin zurück, und Talleyrand empfing die Glückwünsche jener, die hier auf ihn gewartet hatten. Er blieb nicht lang: es war ein Tag, dessen Ereignisse zur Eile drängten, wenn man ihn nicht versäumen wollte. Talleyrand ließ sich nach dem Domizil des Marschalls Marmont Herzogs von Ragusa fahren; das Haus war voll offizieller Persönlichkeiten die das Neueste wußten: daß Marmont bereits mit den Vorposten die Klauseln der Kapitulation besprochen hatte; die Signierung sollte noch in dieser Nacht erfolgen. Marmont hatte den russischen Emissär Orloff zu Gast. Talleyrand wünschte ein Gespräch unter vier Augen; es fand im Speisesaal statt; ohne daß dazu ein eindeutiges Wort gesagt wurde, wird im Nicht-Gesagten Marmont verstanden haben: er »ließ sich von Talleyrand einwikkeln«, wie der alte General und Postmeister Lavalette es ausdrückte. Bevor er das Haus des Marschalls verließ, suchte Talleyrand den Obersten Orloff auf und konnte ihm sagen: »Wollen Sie die Güte haben, Seiner Majestät dem Kaiser von Rußland den Ausdruck des tiefsten Respektes des Fürsten von Benevent zu Füßen zu legen«.

Während sehr spät in dieser Nacht des 30. März – es war schon der Frühmorgen des 31. – der alte Kammerdiener Courtiade seinem Herrn wie immer die zwölf Schlafmützen überzog, mit denen er seinen Kopf vor einem Sturz aus dem Bett zu schützen glaubte, in dem er wie gewohnt mehr halb aufgerichtet saß als lag, – in dieser Nacht, wo die Kosaken auf dem anderen Ufer der Seine standen, in Bereitschaft in die Stadt einzureiten, in dieser selben Nacht war Napoleon bis Fontainebleau vorgedrungen. In den Raum verschlingenden Märschen hatten die 60.000 Mann seiner Armee nur zwei Tage dazu gebraucht, um aus dem Lothringischen bis zu dem Ort zu kommen, der nur ein paar Meilen von Paris entfernt liegt. Da bekam der Kaiser die Nachricht, daß der Feind in einigen Stunden in Paris einziehen würde. Caulaincourt hat auf der Poststation von Fromentau den Aufschrei Napoleons gehört: »Vier Stunden zu spät! Welches Verhängnis!... Alles hat den Kopf verloren... Da steckt eine Intrige dahinter«.

Talleyrands nachtmützenbeschützter Kopf steckte tief in den Kissen und schlief nach einem sehr anstrengenden Tage einen zufriedenen Schlaf. Er brauchte ihn. Denn der folgende Tag sollte der fleißigste und entscheidendste seines Lebens werden.

26

Talleyrands fleißigster Tag

DER DAS ERSTE FRÜHSTÜCK im Bett einzunehmen pflegte, stand an diesem 31. März schon um sieben Uhr früh auf. In einer Wolke von Puder, die Courtiade aus einer Düte über ihn blies, empfing er den ersten Besuch: Nesselrode, der eine Weile damit zu tun hatte, sich von dem durch die herzlichste Umarmung ihm mitgeteilten Puder sauber zu klopfen. Zu einer noch früheren Stunde dieses Tages hatten die Truppen Marmonts und Mortiers einer Kapitulationsbedingung entsprechend Paris geräumt; zwei Tage später wird es Talleyrand gelingen, den Herzog von Ragusa zu überzeugen, daß die Normandie die beste Gegend für den Aufenthalt dieser Truppen sei. Napoleon konnte, wenigstens für die nächsten Tage, Fontainebleau nicht verlassen. Und Fouché, der einzige, der ihm eigentlich Schwierigkeiten hätte machen können, war fern von Paris, wo er erst am 8. April eintreffen sollte, neun Tage zu spät. Ein Jahr darauf wird er es, auf seinem Landsitz Ferrières spazierend, wo man ihn Monseigneur nennt, wie Napoleon bereuen, sich verspätet zu haben: »Wenn ich am 31. März in Paris gewesen wäre... aber es war niemand da, diesem Spitzbuben von Talleyrand entgegenzuwirken. Fouché hätte im Namen des Königs von Rom eine Regentschaft eingesetzt, während Talleyrand Frankreich und die Revolution ohne Garantien ausgeliefert hat.

Man hörte Pferdegetrappel und trat – Dalberg, der Baron Louis, de Pradt waren gekommen – an die hohen Fenster des Salon d'Aigle. Die alliierten Armeen rückten in Paris ein. Zuerst die Kosaken, von denen fast jeder ein lachendes Pariser Mädel hintenauf im Sattel sitzen hatte. Dann ritt Alexander vorbei, den Fürsten Schwarzenberg als Vertreter des Kaiser Franz zur linken, den König von Preußen zur rechten. Dann kamen Truppen zu Fuß, Österreicher, Preußen, Russen; man wartete nicht die Artillerie, die den Schluß bildete, ab. Setzte sich an den Tisch und redigierte zu fünft die Proklamation – der kleine Drucker Michaud, der sie druckte, da man über die kaiserliche Druckerei nicht gut verfügen konnte, änderte das Wort in Deklaration. Der Zar wünsche den

Text vorgelegt zu bekommen, erklärte Nesselrode, und nahm mit, was Dalbergs Feder formuliert hatte.

Am Nachmittag überbrachte ein Bote, von Nesselrode geschickt, ein anonymes Billett, das dem Zaren beim Einzug zugesteckt worden war: es enthielt die Mitteilung, daß das Elisée, in dem er absteigen wollte, unterminiert sei. Und die Mitteilung Nesselrodes, daß der Zar es unter diesen Umständen vorziehe, im Palais der Rue Saint-Florentin Quartier zu nehmen. Um sechs Uhr traf der Zar ein mit dem König von Preußen und Schwarzenberg, mit Nesselrode und Pozzo di Borgo, dem korsikanischen Sippenfeind der Bonaparte in russischen Diensten. Talleyrand empfing sie auf der pompösen Treppe, die zu dem Entresol führte, das er bezogen hatte, um dem kaiserlichen Gast die Belletetage zur Verfügung zu stellen. Mit ihm war was man jetzt seine Freunde nennen muß, Dalberg, Louis und auch der durch seine vordringliche Geschäftigkeit wie seine Torheit etwas lästige de Pradt, der sich beschwerte, daß man seinem Eifer nichts zu tun gebe. Talleyrand wollte ihn los sein, fragte ihn, ob er ein sauberes Taschentuch besitze. De Pradt zog eines aus der Tasche, Talleyrand faltete es etwas zusammen. »Jetzt gehen Sie damit auf die Straßen, schwingen das Tuch wie eine Fahne und rufen ‚Vive le Roi!'« Aber ich bin doch im kirchlichen Habit und trage das Kreuz der Ehrenlegion, lieber Freund! »Eben darum! Man müßte es Ihnen anziehen, wenn Sie es nicht schon trügen«. De Pradt kam mit seinem Vive le Roi nicht weit; er wurde schon in der Rue Poissonnière mit Dreck beworfen und fast verprügelt vom Volk. Schweißbedeckt kam er nach der Rue Saint-Florentin zurück: man habe ihm zugejubelt.

Er traf in einem sehr kritischen Moment zur rechten Zeit ein. Man diskutierte die Deklaration. Man hatte den Punkt erledigt, in dem die Alliierten erklären, nicht mit Napoleon zu verhandeln. »Noch mit irgend einem Mitglied seiner Familie« hatte Talleyrand hinzugefügt. Der nächste Satz. Er lautete: »Die verbündeten Mächte respektieren die Integrität des alten Frankreich, so wie es unter seinen legitimen Königen bestanden hat«. Alexander schränkte mit einem Zusatz diesen Hinweis auf die Bourbons ein: »Die Mächte können selbst ein weiteres tun, da sie sich immer zu dem Grundsatz bekennen werden, daß ein großes und starkes Frankreich für das Wohlergehen Europas notwendig ist«. Mit den Zusätzen wurde die Deklaration in hundert Stücken gedruckt; am selben Abend konnten sie die Pariser an den Häusermauern lesen, soweit es der Mond und die schlechte Straßenbeleuchtung ermöglichten.

Nach dem Konseil ging die Sitzung in der Rue Florentin weiter; sie hatte nur die etwas lockeren Formen der Unterhaltung angenommen, ohne dadurch weniger entscheidend zu werden. De Pradts gelogener Bericht vom Jubel des Volkes hatte einigen Eindruck auf den Zaren gemacht; beim Einzug war ihm keine Begeisterung für die Bourbons aufgefallen; mehr eine für seine Kosaken.

Wenn Potentaten beisammen sind, sprechen sie wie andere Leute auch von ihrem Beruf und den Kollegen. Und nicht von Verfassungen, die ihnen die Freude an ihrem Beruf schmälern. Und die anwesenden Nicht-Potentaten machen wohl von dem Rechte Gebrauch, sich zu denken, was sie wollen, aber sie werden schon aus Höflichkeit die Potentaten nicht von ihrem Thema abbringen, das, wie in diesem Falle, ihr höchsteigenes Thema ist: sie sind Königsmacher. Oder in der rachsüchtigen Sprache Chateaubriands »diverse Tripotiers, die mit ihren schmutzigen und kleinen Händen das Los eines der größten Menschen und das Schicksal der Welt befingern«, um einen Schwärmer zu zitieren, der sich ein Menschenalter lang als einen Politiker mißverstand.

Nach seinen Erinnerungen hat Talleyrand dem Zaren im Verlauf dieser Unterhaltung gesagt: »Weder Sie, Sire, noch die alliierten Mächte, noch ich, an dessen Einfluß Sie glauben, keiner von uns kann Frankreich einen König geben. Frankreich ist erobert, ist es durch Ihre Waffen und deshalb besitzen Sie selbst heute nicht diese Macht. Irgendein König, ein auferlegter, wäre nur das Resultat der puren Gewalt oder der Intrige: eines wie das andere wäre unzureichend. Um eine dauerhafte Sache zu etablieren, die ohne Widersprüche hingenommen wird, bedarf es eines Prinzipes, nach dem man handelt. Mit einem Prinzip sind wir stark; mit einer möglichen Opposition werden wir in kürzester Zeit fertig. Es gibt nur ein solches Prinzip: Louis XVIII. ist ein Prinzip; er ist der legitime König von Frankreich«. Talleyrand dürfte sich als er das sagte eines Wortes erinnert haben, das er Napoleon in den Mund legt: »Prinzipien sind gut; sie verpflichten zu nichts«.

Die alliierten Mächte waren sich schon im Lager von Dijon einig geworden, daß nur ein Bourbon als König in Betracht käme. Auch der Zar dachte an niemand anderen. Aber er hatte als Schüler La Harpes vom nationalen Willen gesprochen, den die konstituierten Gewalten ausdrücken und war an einer akademischen Unterhaltung über den Modus interessiert, wie sich dieser nationale Wille zu erkennen geben würde. »Durch eine Deliberation des Senates«, erklärte Talleyrand. Der Zar wollte mit seiner Gegenfrage, ob er dessen gewiß sei, keinerlei Zweifel staatsrechtlicher Natur ausdrücken, wie Talleyrands Antwort darauf keinerlei solche Zweifel zu widerlegen imstande war, denn sie lautete: »ich mache mich dafür verantwortlich«. De Pradt und Baron Louis versicherten, Frankreich sei royalistisch. Und der Zar war zufrieden darüber, seine Schüler-Reminiszenzen so gut angebracht zu haben und von Talleyrand zu hören, daß sie sich in voller Übereinstimmung mit dem befanden, wofür sich die alliierten Mächte und auch er entschieden hatten: die Restauration der Bourbons.

Der Begriff der Legitimität, der von jetzt ab und später in der politischen Terminologie Talleyrands eine so große Rolle spielte, ist nicht, wie Frau von Staël glaubte, von Talleyrand gefunden worden. Das Wort kommt zum erstenmal in einer Deklaration Ludwig XVIII. vor, die er anläßlich der Kaiserkrönung Napoleons im Jahre 1804 erließ. Aber was damals als Geste des Betroffenen un wirksam blieb, wurde von Talleyrand zum Prinzip geweitet ein wirksames politisches Mittel in einer Situation, die jedes andere Mittel ineffektiv gemacht hätte. Er kannte das Wort von Fox, daß die schlimmste Revolution eine Restauration ist. Als es um 1830 darum ging, daß ein österreichischer Erzherzog zum König der Belgier nominiert werden sollte, war er gegen diese Kandidatur, die »zu sehr das Air einer Restauration habe«. Er vermeidet es möglichst, der Person des achtzehnten Ludwig einen besonderen Akzent zu geben; er spricht vom »Hause Bourbon«, und wenn schon von Königen dieses Hauses etwa von »den Vorzügen und Prinzipien Ludwig XII., den die Franzosen Vater des Volkes nannten«.

Daß Talleyrand so was wie eine Quittung über seine Bemühungen von Ludwig in der Tasche trug, die ihn mit einer allgemeinen Redensart des Dankes versicherte, war ihm nicht der geringste Anlaß, sich für das Haus Bourbon einzusetzen, wie ihm auch die alliierten Mächte ohne weiteres glaubten, daß ihn dabei keinerlei Gefühlsmomente leiteten. Er wußte die Sieger einig über den Bourbon und daß sie nur so taten, als ob sie den Willen des französischen

Volkes hören und respektieren wollten. Vitrolles, der einsichtsvollste unter den zeitgenössischen Beurteilern Talleyrands, schreibt über dessen Haltung zur Restauration das richtige: »Er hat die Restauration nicht gewählt, die für ihn viel stachliger war als jede andere Kombination, wie die Regentschaft der Marie-Louise, der Sohn des Orléans oder irgend sonst eine. Er hätte bei jeder anderen Kombination eine weit bessere Garantie seiner Interessen gefunden. Trotzdem versuchte er nichts, diese seine Interessen in den Vordergrund zu schieben; er erlitt die Restauration als eine Notwendigkeit und begegnete ihr mit allem seinen Geiste.«

Und schon am andern Tage, der für ihn um sechs Uhr früh begann. Der Senat war nach dem Luxembourg einzuberufen; von den hunderteinundvierzig Senatoren meldeten sich die schriftlich und mündlich bearbeiteten dreiundsechzig, die ihren Wohnsitz in Paris hatten. Zwei Besuche von großer Wichtigkeit waren angemeldet: der Graf Semallé, der Abgesandte des Grafen von Artois, und Caulaincourt, der Vertreter Napoleons. Semallé wünschte den Zaren zu sprechen, was Talleyrand verhinderte. »Wir gehen einig mit dem russischen Kaiser, eine provisorische Regierung zu errichten. Geben Sie mir Ihre Adresse, ich werde Sie heute abend verständigen, damit Sie an der Nominierung dieser Regierung teilnehmen. Gehen Sie jetzt sofort zum Prinzen und bestimmen Sie ihn, die dreifarbige Kokarde anzustecken.« Mit höchster Indignation protestierte der Abgesandte gegen die drei Farben; sie zu tragen, bedeutete Anerkennung dessen, was in Frankreich seit 1793 geschehen sei. »Ich verstehe, was Sie mir da sagen. Aber wir sind der Intentionen Europas nicht sicher. Und denken Sie, man könne das Interesse einer Nation der Eigenliebe einer Familie zum Opfer bringen?«

Als Caulaincourt eintrat, wollte sich Talleyrand gerade in den Senat begeben, um für den Kaiser den Verlust der Krone auszusprechen. »Dann bleibt mir nichts als umzukehren, um sie zu verteidigen.« – Wie im Scherz sagte darauf Talleyrand: »Gut, daß Sie mir das sagen. Ich werde Befehl geben, Sie hier bis zu meiner Rückkunft zurückzuhalten.« Der Herzog von Vicenza ging auf den Ton ein: »Sie können sich denken, daß ich das nicht gesagt hätte, wenn es wirklich meine Absicht gewesen wäre.« Um traurig hinzuzufügen: »Ich sehe nur zu deutlich, daß es kein Mittel gibt, ihn zu retten, wo alle gegen ihn sind.«

Talleyrand begab sich nach dem Luxembourg. Ohne ein Wort der Widerrede hörten sich die bearbeiteten dreiundsechzig Mann an, was ihnen Talleyrand vorlas. De Pradt hatte die kurze Erklärung heute früh verfaßt, während sich Talleyrand coiffieren ließ. Man akzeptierte die von Talleyrand genannten Mitglieder der provisorischen Regierung: es waren mit ihm als Präsidenten fünf. Daß auch jene Senatoren, die 1793 für den Tot Louis Capets gestimmt hatten, für die Pentarchen mit royalistischer Devise waren, machte auf die alliierten Mächte einen starken Eindruck, und Talleyrand versäumte nicht, sich das als sein Verdienst zuzuschreiben. »Was die durch Krankheit an der Anwesenheit verhinderten Senatoren betrifft«, las man andern Tages im offiziellen Moniteur, »so haben sie ihre Zustimmung brieflich gegeben.« Das war natürlich nicht der Fall und wäre bei der Eile des Wahlvorganges, der gar keiner war, auch nicht möglich gewesen.

Die vier Kollegen, die sich Talleyrand gegeben hatte, waren nicht alle seine Whist-Partner, wie Chateaubriand sie nannte, aber immerhin drei davon: der alte Revolutionsgeneral Beurnonville, Jaucourt, ehemals erster

Kammerherr Josephs in Spanien, und Dalberg. Der Abbé de Montesquiou, der neben Talleyrand der Assamblée constituante angehört hatte, war nichts weiter als ein royalistisches Reklameschild; schon unter dem Konsulat war er ein sehr aktiver Agent Ludwig XVIII. gewesen.

Überraschend stellte sich ein Freund, den Talleyrand aus dem Blick verloren hatte, mit einem Gratulationsbrief ein: Benjamin Constant, der Begründer der Doktrin des Liberalismus. »Sie haben auf gloriose Weise«, schreibt er, »ein langes Rätsel gelöst, und wie bizarr und unschicklich vielleicht diese Art ist, Sie dazu zu beglückwünschen, kann ich doch dem Bedürfnis nicht widerstehen, Ihnen dafür zu danken, daß Sie gleichzeitig die Tyrannei gebrochen und die Basis der Freiheit gelegt haben. Ohne das eine hätte ich Ihnen nicht das andere danken können. 1789 und 1814 nehmen in Ihrem Leben einen noblen Platz ein. Sie erscheinen in der Geschichte wie Moritz von Sachsen, nur sterben Sie nicht im Augenblick des Erfolges. Süß ist es, seine Bewunderung auszudrücken, wenn man sie für einen Mann fühlt, der gleichzeitig der Retter und der liebenswerteste der Franzosen ist. Ich schreibe dieses, nachdem ich die Hauptpunkte der dekretierten Verfassung gelesen habe. Verzeihen Sie, daß ich keinen Ihrer Titel anfüge. Europa und die Geschichte werden sie Ihnen geben avec bonheur. Aber der schönste Titel wird immer der des Senatspräsidenten sein.«

Caroline Murat hatte Angst, daß ihr schöner Mann sein neapolitanisches Königreich verliere. Sie suchte einen einflußreichen Publizisten, der ihre Rechte vor den alliierten Mächten vertrete, und Frau von Récamier hatte ihr Constant empfohlen. Schon vor sieben Jahren, bei der Staël, war er dieser Sphinx ohne Rätsel begegnet, diesem Ange funeste, wie er sie jetzt nennen mußte, wo ihr Blick ihm das Nessusgewand einer Leidenschaft übergezogen hatte, die erste und letzte dieses »Voltaires der Zeit«, der damit eine Seele, seine eigene gewann, und bei der diese Giulietta von hundert Romeos das wenige an Seele verlor, das sie besaß.

Daß die Schmeicheleien des Briefes auf das Konto des neapolitanischen Auftrages gehen, ist so nebensächlich wie dieser Auftrag selber; auch der Abfall Murats vom Kaiser konnte ihm nicht die Krone retten. Wichtig ist, daß und was Constant von der gebrochenen Tyrannei und den Grundfesten der Freiheit schreibt: das war durchaus seine Anschauung über das Problem Napoleon, wie es die Talleyrands, wie es die Stendhals war und wie es die Guizots und des Juste-Milieu, wie es die Thiers' und der dritten Republik sein sollte: daß Napoleon den revolutionären Begriff der politischen Gleichheit abgeschafft hatte als einen destruktiven Begriff, mit dem es weder eine Regierung noch eine Nation geben könne: das billigte die liberale Doktrin. Nicht aber, daß er die Freiheit kassiert hatte und dafür Befehlsgewalt, Autorität und Gehorsam einsetzte mit der Richtung auf ein drittes europäisches Kaiserreich, das sich die Tiers-Männer von 1789 noch weniger vorstellen konnten als sein Erträumer selber, der an der Revolution scheiterte, die in ihren »brauchbaren Errungenschaften« als Restauration – man kann sie nur in Hinsicht auf die Bourbons eine solche nennen – mit dem Schibolet der liberalen Bourgeoisie, einer Charte, einzog. So wenig Stendhal ein Bourgeois war, auch er erlag der liberal-bourgeoisen Ideologie der Zeit, wenn er von Napoleon, der »letzten Leidenschaft seines Lebens« spricht. Unter seinen vielen Pseudonymen benützte er auch so brav pfahlbürgerliche wie Dupuis und Cotonnet: als ein solcher Bürger hat dieser Enthusiast der Energie seine Notizen über Napoleon aufgeschrieben; trotzdem er den Konstitutionalismus ennuyeux fand – größtes Verbrechen für ihn, ennuyeux zu sein – und trotz seines Wortes, daß die amerikanische Republik nicht die französische Oper wert sei, ist der geniale Biograph eines jungen Genies in der Beurteilung Napoleons der homme médiocre gewesen, der sich nach seiner Definition vom homme d'esprit dadurch unterscheidet, daß dieser um acht Uhr das denkt, was dem Mittelmäßigen erst um zwölf einfällt.

Nach dem Sturz Napoleons hatte sich das etabliert, was zu überwinden seine ihm nicht gelungene Aufgabe war als »Mann des Schicksals«: die verfassungsmäßige Retablierung der »revolutionären Errungenschaften« für ein Jahrhundert, das an seinem Ende dabei ist, das Debâcle dieser Errungenschaften zu erleben und zu erleiden und das es mit einer Form des »totalen Staates« zu überwinden hofft, der als ein Keim in Napoleons europäischer Politik lag.

Der erste Akt der provisorischen Regierung galt der Armee und der Kirche: »Ihr seid nicht mehr die Soldaten Napoleons; der Senat und ganz Frankreich entbindet Euch Eures Eides. Ihr seid Frankreichs edelste Kinder und könnt jenem Fremden nicht angehören, der das Vaterland ohne Waffen, ohne Verteidigung im Stich gelassen und Euern Namen allen Nationen hassenswert gemacht hat usw.« in einem bekannten Stil. Am selben Tage, es ist der 2. April und der zweite Tag der Regierung, gibt deren Präsident Auftrag, daß man Pius VII. aus Fontainebleau mit allen Ehren nach Rom ziehen lasse. Von dem anderen Mann, der sich in Fontainebleau nicht rühren kann, ist nichts mehr zu fürchten, denn Marmont ist mit seinem Korps zu den Österreichern gegangen und wird als Held des Tages gefeiert. Der Zar äußert den Wunsch, den Senat in der Rue Saint-Florentin zu empfangen. Da sich nicht genügend Senatoren einstellen, hilft Talleyrand dem nötigen Eindruck damit nach, daß er Komparsen in die Tracht der Senatoren steckt. Der Zar leert sein Glas auf Louis XVIII., den König von Frankreich.

Talleyrand bildet am 3. April ein Ministerium aus Parteigängern und persönlichen Freunden. Baron Louis, der alte Tripotier, bekommt die Finanzen, Napoleons Jugendfreund Bourienne das sehr wichtige Amt des Generalpostdirektors: er bot am meisten dafür, wie sein Vorgänger Lavalette sagte. Lebrun Herzog von Piacenza wird beauftragt, einen Verfassungsentwurf auszuarbeiten. Eine Stunde später sitzen fünfundzwanzig Politiker bei Talleyrand um einen Tisch und – bekommen schön in rotes Maroquin gebunden die alte Verfassung von 1791 vorgelegt. Von der starken Enttäuschung erholt sich am raschesten Talleyrand: begreiflich, daß ein altes Mitglied der Konstituante wie Lebrun diese sehr hübsche Verfassung hervorholt. Aber sie hat nur eine Kammer und wir brauchen deren zwei, denn wir haben da einen Senat, der sich nicht übergehen läßt. Keine Details, nur so eine Art Prinzipienerklärung ganz allgemeiner Art. »Und dann, meine Herren, bedenken Sie, daß unser Verfassungswerk von einem Mann überlegenen Geistes beurteilt wird. Der künftige König ist besser imstande als jeder von uns, zu verstehen, was eine Verfassung ist. Abgesehen von seinen natürlichen bedeutenden Gaben hat er in England gelernt. Und er ist es, der einer Verfassung das Leben gibt.« In achtundvierzig Stunden war auch dieses Verfassungswerk der allgemeinen Prinzipien fertiggestellt, dessen Artikel 2 lautete: »Das französische Volk beruft freiwillig auf den Thron Frankreichs Louis-Stanislaus-Xavier de France, Bruder des letzten Königs, und nach ihm die andern Mitglieder des Hauses Bourbon nach der Anciennität.«

An die Freundin schreibt Talleyrand am 7. April: Tout est fini et très bien fini.

Ein Zwischenfall hätte très bien fini fast nicht schreiben lassen. In der Nacht vom 4. auf den 5. April erschienen in der Rue Saint-Florentin Caulaincourt, der Marschall Ney, der Marschall Macdonald; sie überbrachten die Abdankung Napoleons unter der Bedingung einer Regentschaft im Namen seines Sohnes. Mit Talleyrand zu verhandeln weigerten sie sich; sie verlangten den Zaren zu sprechen. Alexander gefiel der Vorschlag; man diskutierte ihn zwei Stunden lang; schließlich gab der Zar nach, daß eine Regentschaft nur die Fortsetzung der Regierung Napoleons sei; die übrigen Alliierten hatten schon zuvor diese Meinung vertreten. Im letzten entschied aber, daß der Abfall Marmonts offiziell bekannt wurde. Und Napoleon ergab sich bedingungslos.

Zu Caulaincourt spricht der Kaiser seine letzten Worte über Talleyrand. Erst die Verfluchung: »Ich erliege dem Verrat. Talleyrand ist ein Brigant wie Marmont. Er hat die Religion verraten, Louis XVI., die Konstituante, das Direktorium. Warum habe ich ihn nicht füsilieren lassen? Trotzdem er ein Renegat der Revolution ist, ist er nicht weniger ein Revolutionär.« Dann die Rechtfertigung: »Im Grunde hat er mir sehr gut gedient, solange er mir gedient hat. Ich habe mich mit ihm vielleicht etwas leichtfertig brouilliert; ich habe ihn danach mißhandelt. Vielleicht war er versucht, sich zu rächen. Ein so verschlagener Geist wie der seine konnte nicht verfehlen, das Kommen der Bourbons wahrzunehmen, und daß sie allein seine Rache sichern konnten. So ist er vor ihnen hergegangen, sehr einfach und klar ist das. Ich habe einen groben Fehler begangen: da ich ihn an den Punkt der Unzufriedenheit geführt hatte, wo er hielt, hätte ich ihn entweder einsperren lassen oder immer an meiner Seite behalten müssen.«

Eine so unmenschliche Figur war Talleyrand nicht als daß er aus seinen politischen Kalkulationen die Lust sich zu rächen fernhalten hätte können; sie spielte gewiß ihren Part mit im Orchester der Motive, bekam wohl auch ein ganz kleines Solo; aber immer blieb Talleyrands Intelligenz der Dirigent.

Am 11. April wurde zu Paris der Akt der Abdankung unterzeichnet, der Napoleon als titre viager das Fürstentum Elba konzedierte; Preußen war schon jetzt für Sankt Helena.

Am 12. April begaben die fünf Mitglieder der provisorischen Regierung von Talleyrand geführt sich an die Barriere von Bondy, wo Monsieur der Graf von Artois mit seinem Gefolge die offizielle Begrüßung vor seinem Einzug nach Paris entgegennahm. Einige Tage zuvor und noch in der Gegend von Nancy hatte ein Treffen zwischen Paris und dem Bourbon stattgehabt; da der tüchtige Finanzmann Ouvrard Talleyrands Vertreter war, dürfte es sich um das Geschäftliche der Angelegenheit gehandelt haben. Es wird zur Zufriedenheit des Präsidenten der Regierung ausgefallen sein, wie man aus den überschwenglichen Tiraden entnehmen kann, auf die der Graf von Artois, General-Leutnant des Königreiches, wie jetzt der ihm von der provisorischen Regierung verliehene Titel war, nur was murmelte, das kein Mensch verstand. Man war in großer Verlegenheit. Man mußte doch im Moniteur mitteilen, was Monsieur gesagt hatte. General Dupont bot sich als Verfasser des Textes an. »Lieber nicht, Sie sind zu poetisch, ich kenne Sie doch. Beugnot macht das. Er soll sich in die Bibliothek setzen und den Artikel schreiben, daß wir ihn in die Druckerei schicken.« Der Artikel ging leicht; Schwierigkeiten machten nur die Worte des General-Leutnants. Beugnot kommt in den Salon zurück. Frägt Talleyrand. Der sagt: »Ich habe nicht viel verstanden. Er schien mir bewegt und sehr begierig darauf, seinen Weg fortzusetzen. Aber machen Sie eine Antwort.« – »Aber wie, wenn er keine gab?« – »Da liegt doch nicht die Schwierigkeit. Erfinden Sie die Antwort gut und wie sie der Person und dem Augenblick paßt, und ich verspreche Ihnen, daß Monsieur sie akzeptiert und zwei Tage selber glaubt, daß er das gesagt hat, was Sie ihn sagen lassen.« Nach einer Stunde kam Beugnot mit einer großen Rede Monsieurs wieder. Talleyrand streicht große Stücke. »Monsieur macht keine Antithesen und nicht die kleinste Redeblume. Seien Sie kurz und einfach.« Pasquier schlägt vor, man solle den Bourbon sagen lassen, daß man keine radikalen Änderungen vom Hause Bourbon zu fürchten brauche, natürlich mit äußerster Delikatesse ausgedrückt. Im Moniteur las man dann die Bourbon-Worte: »Keine Parteien mehr! Der Friede und Frankreich! Endlich sehe ich es wieder! Und nichts hat sich geändert, wenn nicht dieses, daß ein Franzose mehr im Lande ist.«

»Ein Franzose mehr«, – mit diesem glücklichen Paßwort zog Monsieur in Paris ein: es war von Talleyrand.

27

Talleyrand restauriert

DIE SENATORIALE VERFASSUNG, zu der Constant Talleyrand beglückwünscht, war wesentlich des Fürsten von Benevent Werk. Sie hielt sich an das englische Vorbild einer konstitutionellen Monarchie, die den König eidlich verpflichtete, sie anzunehmen und aufrecht zu erhalten. In die Gesetzgebung teilte sich ein erblicher vom König zu ernennender Senat und eine aus freien Wahlen hervorgegangene Kammer. Die Verfassung gab Ministerverantwortlichkeit, Berechtigung aller Franzosen zu allen Ämtern, Kultusfreiheit. Da sie den Monarchen band, gab sie dessen Gottesgnadentum preis.

Die Senatoren taten den ersten Schritt, diese Verfassung in der öffentlichen Meinung zu diskreditieren, indem sie sich in die Dotation des Senates für sich und ihre Nachkommen teilten. Den zweiten tat der Graf von Artois, der sich für den Stellvertreter des Königs erklärte, wofür die Voraussetzung noch nicht gegeben war, denn der König konnte vor seinem Eide auf die Verfassung gar keine Macht delegieren, da er ja selber vor diesem Eide gar keine Macht ausübte. Der Zar hatte vergebliche Mühe, dem überaus beschränkten Grafen von Artois klar zu machen, daß die Bourbons nur dann auf die Unterstützung Europas zählen könnten, wenn sie die Verfassung akzeptierten. Aber der Artois war 1814 kein anderer geworden als er 1789 war, nur etwas dümmer noch in seinen Vorurteilen und in den politischen Fragen, von denen er gar nichts verstand. Da sein Bruder ein von der Gicht gelähmter unförmlicher Fettwanst war, dachte er – und das war das einzige, was er dachte – für ihn zu regieren, und zwar, wie er schon in Nancy mit der Naivität völliger Ignoranz versprach, Frankreich ohne Konskriptionen und ohne indirekte Steuern zu regieren, also ohne Geld und ohne Soldaten. Er begriff nicht, daß das mit dem »Willen des Volkes« nur eine notwendige Redensart war, aber in keiner Weise ein Faktum; er hielt die Ultras seiner Umgebung für das Volk oder mindest für den Ausdruck von dessen Willen.

Die alliierten Mächte waren sich über das Verfassungswerk nicht einig. Metternich, der in Begleitung seines Kaisers am 10. April in Paris eingetroffen war, fand, daß

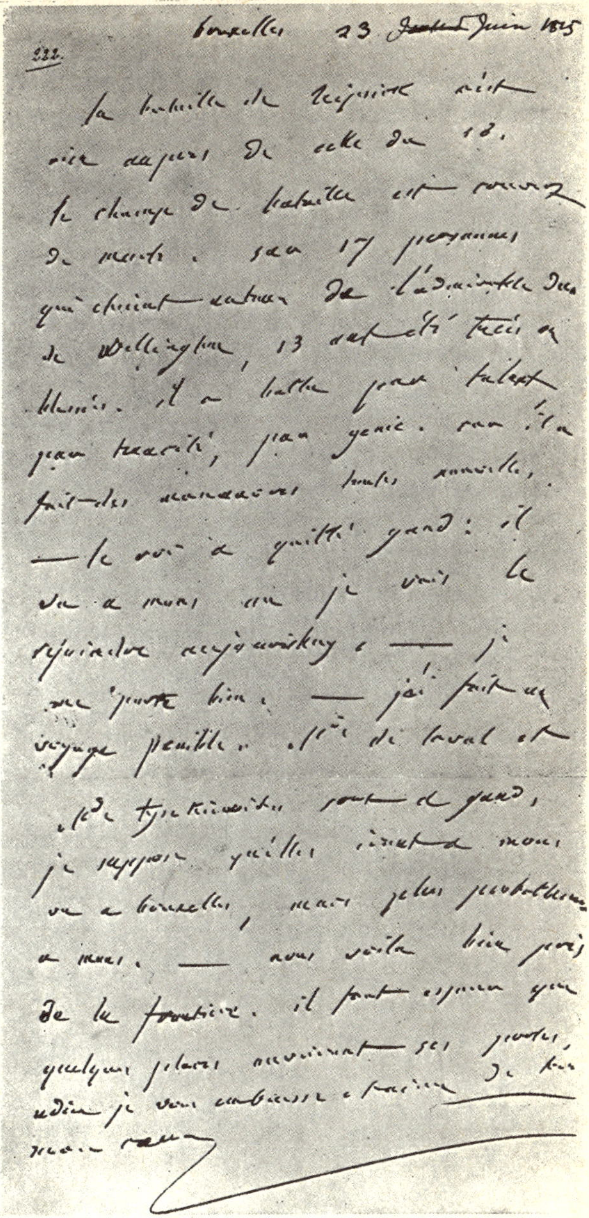

322.

Bruxelles 23 ~~Juillet~~ Juin 1815

La bataille de Ligny n'est rien auprès de celle du 18. Le champ de bataille est couvert de morts. Sur 17 personnes qui étaient autour de l'admirable duc de Wellington, 13 ont été tués ou blessés. Il a battu par talent, par bravoure, par génie. On dit qu'il a fait des manœuvres toutes nouvelles. — Le roi a quitté Gand: il va à Mons où je vais le rejoindre aujourd'hui. — Je me porte bien. — J'ai fait un voyage pénible. Mme de Laval et Mde Tyszkiewicz sont à Gand, je suppose qu'elles iront à Mons ou à Bruxelles, mais plus probablement à Mons. — Nous voilà bien près de la frontière. Il faut espérer que quelques places ouvriront leurs portes. Adieu je vous embrasse et vous aime de tout mon cœur

der Zar »weniger divagiere als sonst« und die Verfassung mehr monarchisch als konstitutionell sei. Preußen äußerte dazu keinerlei Meinung. Die englischen Bevollmächtigten bestritten dem Senat das Recht, dem König die Verfassung aufzuzwängen. Der Senat sprach kein Wort von der Verfassung, als er überschwenglich royalistisch dem Grafen von Artois huldigte, der zum zweitenmale die warnende Stimme des Zaren nicht hörte. Nur damit beschäftigt, die der provisorischen Regierung gegenüber eingegangenen Verpflichtungen zu schwächen und dem dicken Bruder einen gutgepolsterten Thron zu bereiten, kümmerte er sich gar nicht um den Präliminarvertrag, den am 23. April Talleyrand mit den Mächten abschloß: der Waffenstillstand, wie ihn die Zwangslage Frankreichs gebot, épuisée d'hommes, d'argent, de ressources, envahie sur toutes ses frontières à la fois, wie Talleyrand zur Verteidigung seines Werkes erklärte. In seinen Erinnerungen steht der Satz, daß mit den Bourbons Frankreich aufhöre, gigantisch zu sein, um groß zu sein. Talleyrand hat nie die Größe eines Landes in nichts als seiner territorialen Ausdehnung gesehen; es kam ihm mehr auf Brust als auf dicken Bauch an, der sich als Brust mißversteht. Er zedierte im Waffenstillstandsvertrag was die Alliierten forderten und sie gingen in ihren Forderungen weiter als was sie vier Wochen früher als Maximum versprochen hatten. Talleyrand schien es aber wichtiger, die ungeheure Schuldforderung Preußens an Frankreich durch die Intervention Alexanders gestrichen zu erhalten, als Nizza zu verlieren. Und wichtiger war es ihm, durch den Waffenstillstand das französische Gebiet von fremden Truppen freizubekommen, für die ruinöse Requisitionen zu leisten waren. Denn im Staatsschatz befand sich nicht viel mehr als die napoleonischen Kronjuwelen, die man der Kaiserin, und die Diamanten, die man der württembergischen

Gattin des Königs Jerôme abgenommen hatte, als sie aus Frankreich nach Deutschland zurückkehren wollte.

Ludwig der Achtzehnte setzte sich in Bewegung und landete in Calais. In der Chaise, die ihn nach Paris brachte, las er die Notizen, die ihm seine Vertrauensleute zugesteckt hatten, um ihn ins Bild zu setzen. Sie rieten ihm, zu erklären, daß er die Verfassung, wie sie der Senat beschlossen, annehme, aber daß er daran einige Änderungen vornehmen müsse. Eine Note empfahl der Majestät Talleyrand, der nichts anderes verlange als sein Leben dem Dienste des Königs zu weihen. Er glaube sich nötig für die auswärtigen Beziehungen und verlange dieses Portefeuille.

Auf seinem Wege, den ein gutes Arrangement zur via triumphalis machte, kam Ludwig bis Compiègne, wohin ihm Talleyrand entgegenkam. Der sechzigjährige Bourbon hatte sich Gicht und Korpulenz zur Unterstützung einer imponierenden Haltung zurechtgelegt; gegen das Bewußtsein von der Größe und Bedeutung seines Hauses kam nicht einmal der Selbstherrscher aller Reussen mit dem seinen auf. Weit klüger und opportunistischer als sein Bruder hatte er in England beobachtet, daß eine parlamentarische Regierungsform nicht durchaus das schlimmste zu sein braucht. Im übrigen war er ein voltairianischer Schöngeist wie alle durchschnittlichen Franzosen und, wie Wellington sagt, im Privatleben »selbstsüchtig und falsch im höchsten Grade«, der sich Mätressen aus dekorativen Gründen und Günstlinge aus Bequemlichkeit hielt und den Überbringer der Botschaft, daß er König von Frankreich sei, streng anfuhr, ob er jemals aufgehört habe, es zu sein, und folgerichtig sein erstes Dekret als »im neunzehnten Jahre meiner Regierung gegeben« zeichnete: er rechnete vom Todestag des siebzehnten Ludwig im Temple. Der König war, was Talleyrand zum Zaren von ihm gesagt hatte: ein Prinzip.

Das Prinzip ließ Talleyrand in Compiègne drei Stunden auf die Vorlassung warten. Um ihn dann mit den ironischen Worten zu begrüßen: »Ich freue mich, Sie zu sehen, Fürst von Benevent. Vieles hat sich zugetragen, seit wir voneinander schieden. Sie sehen, wir waren die Geschickteren. Wären Sie es gewesen, so würden Sie mir jetzt sagen: ‚setzen wir uns und reden wir'. Statt dessen sage ich Ihnen: ‚Setzen Sie sich und sprechen Sie'.« Mit der Ironie glaubte der Monarch am besten die nötige Distanz zu wahren, die er, ebenso ironisch, mit dem Anerbieten zu verringern schien, den Fürsten von Benevent als einen fremden Potentaten anzuerkennen. Ohne sich davon verstimmen zu lassen, erwiderte Talleyrand, er sei Franzose, und begann von den Angelegenheiten zu sprechen. Der König erklärte, sich in keiner Weise binden zu lassen. »Mein lieber Talleyrand, wollte ich Ihre Verfassung, statt Sie die meinige annehmen, so würde ich stehen und Sie sitzen.« Wie es ihm gelungen sei, erst das Direktorium und kürzlich die riesige Macht Bonapartes zu stürzen – auf diese Frage gab Talleyrand die Antwort: »Mein Gott, Sire, ich habe wirklich nichts dazugetan, es ist da etwas Unerklärliches, das ich in mir habe und das den Regierungen Unglück bringt, die mich vernachlässigen.«

Die Audienz war vorbei: er sei mit dem König zufrieden, sagte Talleyrand zu den Neugierigen. Erst zwanzig Jahre später erzählte er vom König in Compiègne: »Louis XVIII. war der abgefeimteste Lügner, den die Erde trug. Ich kann Ihnen meine Enttäuschung nicht beschreiben, als ich ihn zum erstenmal 1814 begegnete. Ich kann die Menschen aus ihrem ersten Eindruck beurteilen: Egoistisch, unempfindlich, genußsüchtig, undankbar, so habe ich immer Louis XVIII. gefunden.«

An der Totenmesse, die zum Gedächtnis Ludwig XVI.

in der Nôtre-Dame zelebriert wurde, nahm Talleyrand als Minister der auswärtigen Angelegenheiten teil, wie das Ministerium wieder hieß: Tags zuvor war er vom König dazu ernannt worden. Bei der Abnahme des Eides sagte Talleyrand: »Es ist mein dreizehnter, Sire, und hoffentlich mein letzter«. Aber den schwur er als den vierzehnten erst 1830 dem Barrikadenkönig Philippe.

Joseph de Maistre in Petersburg war erstaunt über das »fremdartige Spektakel«, Talleyrand an der Seite des Königs zu sehen; aber es ginge daraus klar hervor, daß er der guten Sache große Dienste erwiesen. Der König wird sich des Gentilhomme und des Ministers bedienen und den Bischof dem Urteilsspruch Gottes überlassen.

Es versteht sich, daß Chateaubriand, dessen Ultraroyalismus eine mehr affektierte Gläubigkeit nicht temperierte, eines so einsichtigen Urteils nicht fähig war. Von seiner Gelegenheitsschrift ‚Über Bonaparte und die Bourbons' hatte Ludwig XVIII. gesagt, daß sie ihm mehr genützt habe als eine Armee von 100.000 Mann. So intensiv Frau von Duras, des Dichters Freundin, ihren Gatten, der als Premier Gentilhomme de la Chambre den König täglich sah, für die Interessen ihres Freundes stilisierte, daß er ihm von den bedeutenden Verdiensten Chateaubriands spreche: nichts geschah. Mit Absicht vergaß der König in der Verteilung der Stellen, Gunstbezeigungen, Aufträge und Präbenden diesen unbequemen Royalisten, der königlicher war als der König. Chateaubriand glaubte an Machenschaften Talleyrands. Aber Talleyrand war es, der ihn zum Gesandten in Schweden macht in dem Augenblick, wo Herr von Blaca, des Königs Vertrautester und Hausminister, dem Dichter rät, – zu emigrieren. Diesen Witz fand Talleyrand zu schlecht in einem Augenblick, wo alle Emigranten zurückkamen, und er tat ein Übriges für den Dichter, das für ihn weit wichtiger war als die Gesandtschaft: er ließ ihm 12.000 Franks auszahlen als Gehalt für eine Mission, die Chateaubriand nie ausgeführt hat, denn – er mußte jetzt wirklich emigrieren: Napoleon war im Golf Juan gelandet und marschierte auf Paris.

In diesen ersten Wochen der vollendeten Restauration ging es in der Rue du Bac und der Rue Saint-Florentin überaus lebhaft zu, festlich und geschäftlich. Zu den großen offiziellen Festen wurde auch Madame de Talleyrand wie schicklich mobilisiert, immer noch eine schöne Frau in ihrer imposanten Dicke, wenn auch begreiflicher Weise etwas dümmer geworden im Altern. Aber doch so klug, um sich mit einem strahlenden Lächeln zu begnügen, Reflex des neuen Glanzes. Ein englisches Journal brachte die kurze Meldung, die natürlich auch in Paris kolportiert wurde: »Paris 6. Mai 1814. Gestern nach der Messe hat Monseigneur der Bischof von Autun die Ehre gehabt, seine Gemahlin dem Sohne des heiligen Ludwig vorzustellen«.

Den Festen gehörte die Nacht, der Tag den Geschäften. Für ihre Besorgung besaß seit dem Konsulat Talleyrand in der ihm kongenialen Person Roux de Labories einen ganz ausgezeichneten Sekretär: »Mann von Geist, diensteifrig, verwendbar, voll Finesse mit einem Air von Bonhomie, wunderbar begabt für die Intrige, höchst aktiv, immer Geschäfte aufspürend, stand er mit den wichtigsten Persönlichkeiten des Tages in dauernder Verbindung, mit den Freunden und den Feinden der Revolution, die er nicht liebte«, so beschrieb ihn ein Zeitgenosse. Was die Entschädigung für so viel Talent betrifft: er bezog Prozente aus allen Geschäften, die sein Chef machte. Aber war an den schlechten, die mit Verlust verbunden waren, nicht beteiligt; denn es gab auch solche.

Der Gesandte Reinhard vergleicht die Antichambre Talleyrands in diesen Wochen mit einer Laterna magica. Hier trafen sich der alte und der neue Adel, Kleriker und Laien; alle Würdenträger der vergangenen Regierung beeilten sich, zu erklären, daß sie der neuen Regierung mit ihrem Leben angehören. Nicht alle wurden von Talleyrand empfangen, so oft sie sich auch meldeten. Das neue Regime hatte genug an kostspieligen Kostgängern in jenen hohen Stellungen, auf welche allein natürlich diese Herren, etwa Miot de Mélito, ehemals Indentant bei König Joseph, Anspruch machten. Da hatte man in Herrn von Blacas den Hausminister und Intendanten des neuen Königs, der es verstand, mit den für den königlichen Haushalt ausgeworfenen 150.000 Francs acht Millionen Ersparnisse zu machen, wie Talleyrand sagt, und an das Muster dieses obersten Beamten hielt sich die ganze ihm untergeordnete Beamtenschaft.

Aber es kamen auch andere in die Antichambre, Abenteurer, Glücksritter, Desperados, die statt eines Namens, den sie nicht hatten, sich damit einführten, daß sie was wüßten. Auch diese empfing und siebte Laborie für das Kabinett des Chefs. Ob sie logen oder erfanden, war gleichgültig. Etwas Geschwindeltes zu erfahren, konnte wichtiger sein, als ein wahres Faktum mitgeteilt zu bekommen. Die sittlichen Begriffe von Wahrheit und Lüge relativieren sich ein dem Augenblick, wo sie sich in die fiktive Konstruktion des Politischen begeben. In der Kategorie des Politischen kann immer eine öffentlich verbreitete Unwahrheit weit größere und entscheidendere Wirkung tun als die ihr entgegengestellte Wahrheit. Die Aufgabe des Politikers besteht darin, die Unwahrheit in dem Moment zu lancieren, den er, als den sie hinzunehmen und effektiv zu machen, erkannt und vorbereitet hat. Er kann natürlich auch »die Wahrheit« lancieren, aber auch sie nur dann mit dem gewünschten Erfolg, wenn er den Moment ihrer Wirksamkeit erkannt hat. Aus dem

Wesen des Politischen, die sittlichen Werte zu relativieren und dadurch zu entformen, erklärt sich sowohl die Abneigung der rigorosen Moralisten, welche die Politik »unsauber«, wie die Abneigung der ästhetisch Empfindlichen, welche die Politik »formzerstörend« finden. Da ihnen als nichtpolitischen Menschen das Wesen des Politischen fremd ist, empfinden sie es als »feindlich«.

Trotz der Geschicklichkeit Labories gab es fatale Zwischenfälle. Wie die Affäre Maubreuil. Dieser Graf hatte unter den letzten Chouans gekämpft, war dann Stallmeister beim König Jerôme gewesen und hatte gegen Ende des Kaiserreiches in Militärlieferungen spekuliert, um sich jetzt als enragierter Royalist zu gebärden, der auf den Boulevards mit einem Vive le roi galoppierte und sein Ehrenlegionskreuz dem Gaul an den Schweif geheftet hatte. Die Kaiserin hatte die Krondiamanten nach Blois mitgenommen und man wollte sie zurückhaben. Maubreuil meldete sich dafür, und er erhielt in der Tat vom Kriegsminister Dupont alle Papiere, die er dazu brauchte, und vom Platzkommandanten von Paris eine Ordre, die ihm Soldaten der Alliierten zur Verfügung stellte. Die Krondiamanten bekam er zwar nicht, aber die Königin von Westphalen kam ihm in ihrem Wagen über den Weg, der nach der Heimat ging: sie hatte 100.000 Goldfrancs bei sich und Diamanten im Wert von fünf Millionen. Alles das nahm ihr Maubreuil mit seinen Kumpanen ab. Als der Zar es zu hören bekam, forderte er eine strenge Untersuchung und Maubreuil wurde in Arrest gesetzt. Und mit der Verteidigung Maubreuils begann die fatale Affäre Maubreuil für Talleyrand. Der Arretierte erzählte, er hätte drei Wochen zuvor Laborie aufgesucht und der hätte ihn gefragt: »Können Sie sich bis morgen fünf Uhr hundert entschlossene Männer verschaffen? Gehen Sie ins Hauptquartier zu Schwarzenberg, man wird Ihnen da Geld, Pferde und alles was Sie brauchen geben. Es handelt sich darum, den Kaiser los zu werden. Wenn er tot ist, gehört Frankreich, die Armee und alles uns«. Darauf will Maubreuil gesagt haben: »Wenn es sich um eine Ermordung handelt, kann ich Ihnen nicht entsprechen. Aber ohne Zweifel ist das nicht alles, was Sie mir vorschlagen wollen«. In diesem Augenblick sei Talleyrand eingetreten und habe seinem Sekretär zugenickt. Und er, Maubreuil, habe mit Abscheu den von ihm gewünschten Mord zurückgewiesen.

Die Verteidigung nützte natürlich dem Wegelagerer nichts, der etwas zu plump aus seinem Diebstahl eine Sache der Politik machen wollte. Er wurde eingesperrt. »Die Demenz hat zuweilen merkwürdige Irrwege«, äußerte sich Talleyrand, der dreizehn Jahre später von diesem selben Maubreuil eine Ohrfeige bekommen sollte.

Der Pariser Friedensvertrag vom 30. Mai war inhaltlich nichts anderes als das Waffenstillstandsabkommen vom 23. April. Der Artikel zwei bestimmte: »Das Königreich Frankreich erhält die Integrität seiner Grenzen, so wie sie am 1. Jänner 1792 bestanden haben«. Damit waren die Eroberungskriege der Revolution mit ihren Erfolgen annulliert. Die territoriale Entschädigung dafür war unbedeutend: auf ihr lebten insgesamt 600.000 Menschen, die jetzt Franzosen wurden. Den Verzicht auf Belgien und das rechte Rheinufer erklärte Talleyrand für einen patriotischen Verzicht, denn ohne ihn könne es keinen Frieden zwischen Frankreich und Europa geben. Der Freundin schreibt er: »Ich habe meinen Frieden mit den vier Großmächten gemacht. Er ist sehr gut, sur le pied de la plus parfaite égalité et plutôt noble. Ich bin zufrieden damit. Alle Welt billigt ihn sowohl als Disposition wie als Redaktion. Er ist viel mehr wert als der Frieden von 1783«.

Talleyrand ist öfter auf diesen Vertrag zurückgekommen und immer in der gleichen Wertung. In den Erinnerungen: »Wenn ich an das Datum dieser Verträge von 1814 denke, an die Schwierigkeiten aller Art, die ich zu bestehen hatte, an den rachsüchtigen Geist, den ich bei einigen bemerkte, mit denen ich dabei zu tun hatte und den zu bekämpfen ich verpflichtet war, so erwarte ich mit Vertrauen das Urteil, das die Zukunft darüber fällen wird«. Bei der Aufzählung der französischen Vorteile nennt Talleyrand in einem Briefe an die Freundin zuletzt aber nicht als letztes: »und wir haben alle diese admirablen Kunstwerke behalten, die unsere Waffen fast in allen Museen Europas erobert haben«. Zum König nach dem Wiener Kongreß: »Der Frieden nahm Frankreich nichts, was es für seine Sicherheit brauchte«. Und noch 1832 als Botschafter in London: »Frankreich blieb durch diesen Vertrag groß und stark«.

Das ist vom französischen Standpunkt aus etwas übertrieben. Abgesehen von der zwischen Dunkerke und Metz offnen Nordgrenze, die seit dem Tage von Fleuris jeder Invasion zugänglich war, hatte der Pariser Vertrag wohl Frankreich fixiert, aber nicht das übrige Europa, woraus sich dann beim Wiener Kongreß ergab, daß Talleyrand eine Macht vertrat, deren internationale Situation bereits festlag. Daß er trotzdem auf diesem Kongreß die große Rolle spielte, die zu spielen ihn eigentlich dieser fixierte Stand Frankreichs nicht erlaubt hätte, ist ein Beweis mehr für sein politisches Ingenium und die bewundernde Anerkennung, die es fand. Sie ging beim Wiener Kabinett und Metternich so weit, daß es ihm, was sonst nur Angehörigen des Erzhauses und regierenden Herrschern geschah, gleich nach Abschluß des Pariser Friedens die Insignien des goldenen Vlieses schickte. Und der König ihm den Titel Fürst von Talleyrand gab.

Gleich nach dem Friedensschluß räumten die Truppen Paris. Die Monarchen folgten. Der Zar war über Talleyrand so verärgert, daß er sich weder persönlich noch brieflich von ihm verabschiedete. Liberal wie dieser Autokrat immer für die andern war, fand er die vom König beschworene Verfassung im Vergleich mit jener vom Senat angenommenen – reaktionär. Sich dagegen nicht gewehrt zu haben, war der Vorwurf, den er Talleyrand machte. Er bekam die Äußerung des Zaren zu hören, daß »dieser Mensch durch sein Verhalten seinem Ehrgeiz sowohl Vaterland wie Freunde opfere«. Der lange Brief, den Talleyrand an den Zaren schreibt, ist von großer Noblesse. Er hätte sich darauf ausreden können, daß ihn der König nicht zum Mitglied der Verfassungskommission ernannt habe; daß er im Ministerkonseil unmittelbar vor der Kammereröffnung nicht durchgedrungen war mit seinem Vorschlag, den Passus über die Freiheit der Presse in einem dieser Freiheit günstigeren Sinn zu fassen und daß er die Erhebung der katholischen Religion zur Staatsreligion mißbilligt habe: nichts davon enthält das Schreiben an Alexander. Nach einer erinnernden und ihm herzlich dankenden Einleitung für alles, was er zu seinem Ruhme für Frankreich getan habe, würde er es, falls man ihn wieder riefe, zu seinem Ruhme wieder tun, quand même vous croiriez entrevu la monarchie disposée à ressaisir un peu plus d'autorité que vous ne le croyez nécessaire, et les Français négliger le soin de leur indépendance... D'ailleurs les principes libéraux marchent avec l'esprit du siècle, il faut qu'on y arrive... Vrai Français que je suis, permettez-moi de vous demander de nous laisser reprendre l'ancienne accoutumance de l'amour de nos rois; ce n'est pas à vous à refuser de comprendre l'influence de ce sentiment sur une grande nation.

Der Brief hatte keine Wirkung auf den Zaren. Am

Wiener Kongreß befanden sich er und Talleyrand in den entgegengesetzten Lagern.

Diesen Kongreß bestimmte der Artikel 32 des Pariser Friedensvertrages. Wien als den Ort dieses Kongresses und als dessen Aufgabe »die Arrangements zu treffen, welche die Bestimmungen dieses vorliegenden Vertrages vervollständigen«. Diese etwas vage Beschreibung der Kongreß-Aufgaben bezog sich auf Separat- und Geheimartikel, die dem Friedensvertrag beigegeben waren: Talleyrand kannte sie, aber sie trugen nicht seine Unterschrift. Der einleitende Satz dieser Geheimartikel erklärt, daß »die von Frankreich abgetretenen Gebiete und was mit ihnen zu geschehen habe in Hinsicht auf ein wirkliches und dauerhaftes Gleichgewicht in Europa von diesem Kongreß auf der Basis geregelt werden solle, welche die alliierten Großmächte unter sich beschlossen haben«. Die alliierten Mächte überreichten den Vertretern aller anderen Mächte den Federstiel zur diskussionslosen Unterzeichnung des von ihnen bereits ausgemachten europäischen Gleichgewichtes; den eben eröffneten Kongreß hätte man acht Stunden später schließen können. Er wurde im September eröffnet und hatte im Mai des anderen Jahres nicht seinen Schluß, sondern nur sein vorzeitiges Ende durch Napoleons Landung in Frankreich gefunden.

Bloß bemüht, sich das Vertrauen des Monarchen zu erhalten, um von ihm mit der überaus wichtigen und schwierigen Vertretung Frankreichs auf dem Kongreß betraut zu werden, hielt sich Talleyrand vom Getriebe der Parteien fern, die in den ersten Monaten der Restauration um die Macht kämpften. Und deren gab es in allen Schattierungen zwischen dem einen Pol der Ultras um Monsieur, den Grafen von Artois, für die nicht nur 1789 in der Geschichte nicht passiert war, sondern auch die vom König beschworene Verfassung nicht existierte, bis zum anderen Pol, den Fouché vertrat, kurioser Weise ein Vertrauter des Grafen von Artois, der einen Narren an ihm gefressen hatte, und der sich in einer Denkschrift an den Monarchen dafür einsetzte, daß sich Ludwig an die Spitze des seit fünfundzwanzig Jahren geschehenen Guten stellen solle, denn dieses Gute sei die Nation. Nie würde es die Armee verzeihen, daß man ihren Ruhm wie ein Verbrechen sühnen wolle, nie werden die Käufer der Nationalgüter die Rechtstitel ihres Besitzes antasten lassen. Worauf er von Blacas gesagt bekam, daß es keine Verständigung zwischen Irrtum und Wahrheit gebe, keine zwischen Revolution und Monarchie. Mit einem solchen Ratgeber werde der König zehn Kronen, eine nach der andern, verlieren, meint Fouché.

Das war auch Talleyrands Ansicht. Aber er äußerte sie nur einmal, als er bei einem neuen Pairsschub des Königs diesen fragte, ob die prinzipielle Ausschließung der Königsmörder keine Ausnahme zu Gunsten solcher zulasse, die sich durch hervorragende Verdienste ausgezeichnet hätten. Worauf der König entgegnete, daß hätte er allein zu entscheiden und er sich der Unterstützung von Männern wie Cambacérès, Fouché, Sieyès, nicht berauben möchte, aber leider sei an seinem Hof niemand bereit, ihnen zu begegnen.

Talleyrand ging nicht zu Hof. Er zog es vor, die zurückgekehrte und versöhnte Frau von Staël zu besuchen, in deren Salon er mit Constant die kleine liberale Opposition traf und Wellington, mit dem ihn eine Freundschaft bis ans Ende verbinden sollte. Was den König betraf, so hatte er dessen Vertrauen gewonnen: er bekam den Auftrag, ein Exposé der Instruktionen auszuarbeiten, die ihm der Monarch für Wien mitgeben würde. Dieses Vertrauen zu gewinnen, war eine Meisterleistung seiner

Klugheit, da er sich auf Sympathien des Monarchen nicht stützen konnte. Diese Klugheit war die Doktrin von der Legitimität, sehr allgemein und großartig aufgezogen, so daß darin nicht nur die Schwächen und Irrtümer der Reaktion verschwanden, sondern fast auch der jeweilige gekrönte Träger der Doktrin zum Abstraktum wurde. Schon sechs Wochen vor Austerlitz hatte sich Talleyrand Bonalds Buch, den ‚Analytischen Versuch über die natürlichen Gesetze der gesellschaftlichen Ordnung' kommen lassen. Nicht als ob es den Montesquieu-Schüler zum theokratischen Patriarchat bekehrt hätte, aber er fand darin, was er jetzt gebrauchen konnte: das von der Nation sanktionierte traditionelle Recht als ein Kontinuum über alle Geschehnisse der Zeiten weg. »Die Revolution hat mit der Erklärung der Menschenrechte begonnen, sie wird erst zu Ende sein mit der Erklärung der Gottesrechte«, – ein solcher Satz war deutbar für einen Mann, dessen Verhältnis zu Gott nicht anders war als sein Verhältnis zu den Menschen: das eines verstandesmäßigen Opportunismus. Wie es Politiker immer tun müssen: er hatte mit Gott konkordiert. In Hinsicht auf die neue Verfassung war Talleyrand im Letzten nicht anderer Meinung als de Maistre und Bonald, daß sie nur eine cotte mal taillée zwischen Revolution und Monarchie sei. Aber dem Pessimismus der beiden katholisch-royalistischen Edelleute hinsichtlich der Dauer der da gegründeten Dinge konnte er aus jenem Mangel an Tiefe, den der Politiker besitzen muß, um seine mit kurzen Zielen gesetzten Aufgaben erfüllen zu können, so wenig zugänglich sein wie einem Optimismus, von dem adeligem Pflichtgefühl nicht zu reden, das den Vasallen einer gekrönten Person als das Glied eines Hauses verbindet, dem zu dienen ist bis in den Untergang.

Mangel an Tiefe: dies gehört in die Definition des

Politikers, wozu ein Ausspruch des Thukydides zitiert sei, der nur scheinbar voll Menschenverachtung, aber voll Weisheit ist: »Die mittelmäßigsten Geister sind die zum Regierungsgeschäfte befähigtsten«.

Die Instruktionen für den Kongreß, die sich Talleyrand verfaßte und unter welche der König seine Unterschrift setzte, füllen im Druck vierig Oktavseiten; sie sind ein Meister- und Musterwerk der diplomatischen Literatur in der übersichtlichen und klaren Disposition der zu traktierenden Materie wie den dazu gemachten Vorschlägen ihrer formalen Behandlung. Sie besitzen ebensoviel voraussehende Klugheit in der Beschränkung auf die für Frankreich wesentlichen Punkte wie in den Mitteln und Möglichkeiten, dagegen auftauchende Schwierigkeiten zu überwinden. Treitschkes Vermutung, daß Talleyrand über das Wiener Kabinett die Pläne und Absichten Preußens erfahren habe, dürfte bei dem sehr guten Verhältnis Metternichs zum neuen französischen Kurs ebenso stimmen wie daß Talleyrands politischer Verstand das richtig kombinierte, was er nicht vom Ballhausplatz erfahren hatte.

Am 16. Mai reiste Talleyrand nach Wien ab. Er nahm Dalberg mit pour propager les secrets que je veux que tout le monde sache, Noailles als überwachenden Agenten Monsieurs, La Tour-du-Pin als nichts als Royalisten pour signer les passeports, und den Redakteur der Instruktionen, den »treuen und geschickten« Arbeiter La Besnardière. Und, abgesehen vom Chef, die wichtigste Person der französischen Delegation, da »es notwendig ist, diese Delegation der hohen Wiener Gesellschaft angenehm zu machen«, seine Schwieger-Nichte Edmond de Périgord. Sie war vor einigen Wochen einundzwanzig geworden. Und im Januar hatte man ihrem Onkel zum sechzigsten Geburtstag gratuliert.

Am Wiener Kongreß

ZU UTRECHT war der letzte europäische Kongreß gewesen. Die Erinnerung daran gab der Wiener Versammlung großartige Worte für viel geringere Ziele, die der Sekretär des Kongresses, der Hofrat Gentz kurz und bündig mit den Worten beschrieb: »Die Sieger wollten die Teilung der dem Besiegten entrissenen Beute«. Auch der einzige ‚Philanthrop' des Kongresses, der Zar, wandelte sich sofort zurück in seine Natur und wurde, wie Talleyrand es der kurländischen Freundin schreibt, »zum eroberungssüchtigen Jakobiner«, als es sich um Polen, um sein Polen handelte: »Lieber den Krieg als auf das verzichten, was ich besetzt halte!«

Alexanders ärgerliches Wort über Talleyrand, er trete auf dem Kongreß auf wie ein Minister des vierzehnten Ludwig, war als ein ironisches »als ob« gemeint, aber es traf eine Tatsache. Was unter dem unmittelbaren Eindruck des Pariser Friedens so aussah, als ob Frankreich auf dem Kongreß nur eine Rolle en marge der Verhandlungen zu spielen gezwungen sei, gerade dieser wenigstens nach außen hin fixierte Stand Frankreichs – nach innen hin konnte keine Rede davon sein, obzwar Talleyrand daran festhalten mußte – gab Frankreich als einer uneigennützigen an keinerlei Beute und nichts als am Frieden und Gleichgewicht interessierter Macht die schöne erste Rolle: es kam nur darauf an, daß sie richtig besetzt war. Und sie war mit dem geschicktesten und erfahrensten Akteur besetzt, den es gab.

Die Situation, in der Talleyrand den Kongreß vorzufinden wußte, hatte sich schon in Paris vorbereitet. Schon in Paris dachte Alexander, gedrängt von einer russischen Opposition gegen ein selbständiges Polen, nicht mehr an diesen »größten Beweis seiner Jugendlichkeit«, wie Talleyrand im Einverständnis mit den englischen Tories den Plan des Zaren nannte, ein selbständiges freies Polen zu errichten. Dafür war nur Preußen, dem der Zar dafür Sachsen zu verschaffen versprach, dessen Kurfürst die polnische Krone tragen sollte. Schon in Paris war Alexander für Talleyrand unwichtig geworden, nachdem er im Pariser Frieden alles das gegeben hatte, was er vermochte. Schon in Paris hatte er zu seiner Jugendliebe zurückgefunden: die Allianz mit England. Daß die Interessen Frankreichs und Englands auf dem Kongreß konform gingen, wußte Talleyrand schon in Paris. Es hatte da eine wichtige Unterredung mit Castlereagh gegeben, aus der sich ergab, daß Frankreich auf dem Kongreß weder isoliert noch zur Passivität verurteilt bleiben würde, wie es Hardenberg und Humboldt in ihrem Programm hatten, die von jener wichtigen Unterredung nichts wußten. Das Einverständnis mit England gab Talleyrand alle Sicherheit schon bei seinem ersten Auftritt.

Die französische Delegation war bereits eine Woche in Wien, als Talleyrand von Metternich die schriftliche Aufforderung erhielt, einer Konferenz der Bevollmächtigten Englands, Preußens und Rußlands beim österreichischen Minister »beizuwohnen«. Auch der spanische Bevollmächtigte erhielt diese Aufforderung zu »assister«. Die Absicht, mit der dieser Ausdruck gewählt war, entging Talleyrand nicht. Er begab sich mit dem Spanier zur Konferenz, wo ihm Metternich das Protokoll über die letzten von den vier Mächten gefaßten Beschlüsse vorlegte, in dem sie sich als »Verbündete« bezeichneten. Sehr erstaunt erklärte Talleyrand, er wisse nicht, was seit Abschluß des Friedens mit dieser Bezeichnung gemeint sei. Was seit dem Abschluß des Friedens bis zu diesem heutigen Tage geschehen und beschlossen worden sei, existiere für ihn nicht, – seine Gegenwart werde überflüssig, wenn es noch Verbündete gebe. Weder vier noch acht Mächte besäßen die Befugnis, Kommissionen zur Beratung der verschiedenen dem Kongreß zur Entscheidung vorbehaltenen Fragen zu ernennen, diese Befugnis habe nur der gesamte Kongreß. Auf eine Erklärung, man habe den Ausdruck Verbündete nur der Kürze halber gewählt, meinte Talleyrand, Kürze dürfe man nicht auf Kosten der Deutlichkeit erreichen wollen. Und las das Protokoll weiter. Unterbrach seine Lektüre: »Dieses hier ist voller metaphysischer Argumente und bezieht sich auf Verträge, die uns unbekannt geblieben sind. Es hieße sich in ein Meer von Streitigkeiten stürzen, wollten wir uns auf alle diese Begründungen und Ansprüche einlassen.« Er weigerte sich, ein Schriftstück zu unterzeichnen, das Frankreich und Spanien in die Minorität versetze – der spanische Bevollmächtigte war im Einverständnis mit England vorgeschoben, um dieses Einverständnis zu verschleiern. Als man von dem sprach, »der in Neapel herrsche«, erklärte Talleyrand, er wisse nicht, wer damit gemeint sei. Als Humboldt sagte, die Mächte hätten Murat anerkannt und seine Staaten garantiert, sagte Talleyrand und sein Ton wurde sehr bestimmt: »Die dies getan haben, durften es nicht und hatten folglich kein Recht dazu.«

Die Konferenz schloß, – »niemals werde ich sie vergessen«, schreibt Gentz in sein Journal, »alle vorbereiteten Pläne sind durch sie in völlige Verwirrung geraten.« Die Protokolle der früheren Sitzungen wurden, wie es Talleyrand verlangte, kassiert. Andern Tags schickte er eine offizielle Note, eine Kommission zur Vorbereitung der Kongreßarbeiten zusammentreten zu lassen, an der die acht Mächte teilhaben, welche den Pariser Frieden unterzeichnet hatten: also Frankreich und die vier Großmächte, Spanien, Portugal und Schweden.

Am selben Konferenztage, der durch Talleyrands Überraschungssieg zum ersten Kongreßtage wurde, folgte der Minister einer Einladung Alexanders, der mit einem enormen Sprung bis zur Oder Rußland nach Zentraleuropa bringen wollte, »ohne Gefühl dafür, wie er in seiner brillanten Position durch Mäßigung weit mehr Eklat gewänne; aber ich fürchte, der schöne Teil seiner Geschichte ist vorbei und seine Philanthropie sehr eroberungssüchtig geworden, wie auch Ihre Preußen« – er schreibt an die Herzogin von Kurland – »leidenschaftlich die usurpatorische Doktrin Bonapartes angenommen haben und nur seine Erfolge verabscheuen. Schlimme Leute und keiner schlimmer als Herr von Humboldt«. Den beiden Preußen fiel Talleyrand schwer auf die Nerven. Als Talleyrand einmal das Völkerrecht anrief, sprang Humboldt in die Höhe: »Was macht hier das Völkerrecht?!« Und mußte sich von Talleyrand sagen lassen: »Es macht, daß Sie hier sind.« Vorsichtiger glaubte Hardenberg auszudrücken: »Warum ausdrücklich sagen, daß wir nach dem Völkerrecht vorgehen? Cela va sans dire.« Und bekommt von Talleyrand die Belehrung: »Si cela va sans dire, cela ira encore mieux en le disant.«

Bei dem Empfang hatte Talleyrand eine Unterhaltung mit dem Zaren, die er in der dialogischen Form in seinen Erinnerungen wiedergibt. »Ich werde das behalten, was ich mit meinen Truppen okkupiere«, fing der Zar an. »Ihre Majestät wird nur das behalten wollen, was ihr legitim gehört.« – »Ich bin im Einverständnis mit den Großmächten.« – »Ich weiß nicht, ob Ihre Majestät Frankreich zu diesen Mächten zählt.« – »Natürlich. Aber wenn Sie nicht wollen, daß jeder seine Interessen« – convenances – »findet, was pretendieren Sie eigentlich?« – »Ich stelle das Recht vor die Interessen.« – »Die Interessen Europas sind das Recht.« – »Diese Sprache,

Sire, ist nicht die Ihre, Ihr Herz desavouiert sie.« – »Nein, nein, die Interessen Europas sind das Recht.« Hier legte Talleyrand sein Haupt auf den Sims des Kamines, an den er gelehnt stand, schlug darauf und rief, ein großes Theater: »Europa, unglückliches Europa!« wandte sich zu Alexander und fragte: »Ist es, weil Sie es vernichten wollen?« Und der Zar darauf: Plutôt la guerre, que de renoncer à ce que j'occupe.

Die Alliierten erholten sich sehr rasch von ihrer ersten Niederlage, und Talleyrand, der seinen Sieg nicht überschätzte, war darauf vorbereitet. Metternich verlangte die Zurückziehung der Note die kleinen Mächte betreffend, durch die sich Frankreich eine Majorität auf dem Kongreß gesichert hätte. Aber der spanische Bevollmächtigte hatte die Note schon nach Madrid geschickt. Metternich drohte, daß die vier Mächte ihre Angelegenheiten allein durchführen würden – dazu erklärte Talleyrand, er würde den Konferenzen fernbleiben und die Eröffnung des Kongresses abwarten. Der Kongreß wurde auf zwei Wochen vertagt. Man brauchte Zeit für konfidentielle Besprechungen. Talleyrand steifte die Opposition der Kleinstaaten. Er gab dem Wunsche der praktischen Engländer nach, von seiner Prinzipienreiterei des Völkerrechtes etwas abzulassen: es blieb nur in einer Erklärung, die sich auf den Inhalt der Beschlüsse, aber nicht auf die Formen des Verfahrens bezog. Metternich konzedierte eine teilweise Erhaltung Sachsens, keine unmäßige Vergrößerung Rußlands und daß Preußen unter keinen Umständen Mainz und Luxemburg bekommen sollte. Die Engländer erklärten Talleyrand, die französischen Absichten auf Neapel zu unterstützen. Die Hartnäckigkeit des Zaren hinsichtlich der polnisch-sächsischen Angelegenheit hatten die Engländer aus ihrer ersten Vermittlerrolle auf die Front gedrängt, wo Talleyrand stand. Die

Situation war so zugespitzt, daß sich der Minister bei Ludwig die Autorisation holte, Österreich und Bayern mitzuteilen, daß sie, um Rußlands und Preußens Pläne zu vereiteln, auf Frankreichs eventuelle militärische Unterstützung rechnen könnten, man habe eine Armee von 400.000 Mann. Allerdings verschwieg er, daß ein Drittel dieser Armee desertiert sei. Er war auch so vorsichtig, es Blacas in Paris zu überlassen, eine kriegerische Lösung als wünschenswert zu bezeichnen, an der niemand uninteressierter war als Frankreich und England. Talleyrand erklärte nach Wien und nach Paris hin: »Die Rettung Sachsens liegt uns zunächst am Herzen. Erst in zweiter Linie wünschen wir, daß Rußland so wenig Land wie möglich erhalte.« Da die preußischen Vertreter noch immer an eine mögliche Verständigung mit Österreich glaubten, das in den deutschen Angelegenheiten fortwährend sein Programm wechselte, befanden sie sich in einer Sackgasse, an deren offenem Ende nur Gegner standen. Da trat eine ganz unerwartete Wendung ein: Friedrich Wilhelm hatte mit Alexander eine Unterredung, in der er Herz zu Herz die Gefühlstöne anschlug, für die der Schüler La Harpes so empfänglich war. Alexander verbürgte dem König den Besitz von Sachsen und übergab gleich darauf das Land an Preußen zur Verwaltung, das dafür seinen Widerstand gegen die polnische Krone und die Weichsel als Grenze aufgab, wie sie England und Österreich forderten. Der Zar dachte nicht mehr an Polen in irgend einer Form, weder mit ihm noch irgendeinem andern als König, sondern nur mehr an eine russische Provinz Polen bis zur Oder mit kleinen, der Grenzverschönerung dienenden Abtretungen an Preußen. Metternich war der Meinung, daß »auch Österreich ein Polenreich errichten könne.«

Die preußischen Bevollmächtigten sahen Preußen durch

die Intervention ihres Königs von England und Österreich getrennt und wollten ihre Entlassung nehmen. Talleyrand beschuldigte Preußen durch seine Beziehung zu Rußland des Verrates, weil es in dem Manöver mit Rußland »die Sache Europas aufgegeben habe«. Metternich war klüger mit seiner Meinung: »Preußens Abfall werde sich möglicherweise als ein Vorteil erweisen.« Warum nur eine Zweiteilung Polens, warum nicht ebensogut eine Dreiteilung?

Der von seiner Eigenmächtigkeit etwas erschrockene Zar bot Talleyrand seinen Gegendienst in Neapel an, – der lehnte sie etwas schroff mit der Bemerkung ab, es handle sich hier um Grundsätze. Wie in Sachsen, das mit seinen eineinhalb Millionen Einwohnern erhalten bleiben müsse, wofür der Zar immer Preußen in Polen entschädigen könne. Im Osten war Talleyrand Preußen weit lieber als im Westen. Er schreibt an Gagern: »Wir wollen Preußen nicht zum Nachbar. Es ist eine streitsüchtige Macht; wir wollen auch nicht, daß es an Bayern grenze, dieses soll Mainz und die Niederlande sollen Luxemburg erhalten.« Das war auch der Standpunkt Englands, wo die Whigs eine Erstarkung Preußens durch die Preisgabe Sachsens nicht wünschten und der Prinz-Regent schon aus dynastischen Gründen dagegen war. Alexander bekommt eine sehr schlechte Kritik von den Engländern. Sie nennen ihn eitel, taktlos, eigensinnig und »daß weder von seinem Edelmut noch von seiner gesunden Vernunft etwas zu hoffen sei.«

Als Pozzo die Borgo einmal davon sprach, daß man Napoleon auf Elba verhaften müsse, beruhigte Talleyrand: »Sprechen Sie nicht von ihm, er ist ein toter Mann.« Aber er wußte es anders. Ende Oktober meldete eine im besonderen Auftrag nach Italien geschickte Person, Napoleon beabsichtige eine Landung an der provençalischen oder italienischen Küste und er würde mit Murat gemeinsame Sache machen, wenn man diesen nicht anerkenne. Der französische Konsul in Livorno schrieb Talleyrand im November, es drohe eine bonapartistische Erhebung in Italien, Jerôme, der in Rom lebte, habe Emissäre Napoleons empfangen. Am 7. Dezember schrieb Talleyrand an den König, man müsse sich beeilen, den Mann von Elba und Murat los zu werden. Noch aber hielten England und Österreich daran fest, daß kein Wortbruch Murats vorläge und der ließ es sich viel Geld kosten, daß Talleyrand seine Ansprüche in Wien unterstütze; und nicht weniger sein Gegner Ferdinand Bourbon, der wartend in Palermo saß. Murat traf dann, indem er gegen Österreich zu den Waffen griff, selber die Entscheidung; sie ging für ihn ungünstig aus. Il ne faut d'illégitimité dans aucun coin de l'Europe, schrieb Talleyrand der Freundin zum Fall Murat und gratulierte sich dazu, daß der König von Sachsen abzüglich einiger Stücke, die Preußen bekam, seinen Thron behielt, als zu einem triomphe du principe de la legitimité. Es war ein überaus glückliches Prinzip sowohl in Paris wie in Wien; und machte sich außerdem bezahlt.

Die preußische Diplomatie zeigte sich nicht gerade geschickt. Mit dem Aufruf »An mein Volk« hatte sie den Krieg gegen Napoleon zu einer Angelegenheit des ganzen Volkes gemacht und ihm das Gesicht eines Freiheitskrieges gegeben. Die aufgewühlte und sieghafte Nation versprach sich von dieser Freiheit mehr als man je zu halten dachte; der Freiherr vom Stein, Idol bei der Nation, war bei Hofe persona ingrata; am Kongreß nahm er in keiner offiziellen Stellung teil. Wenn schon nicht mit Freiheit und Freiheiten wollte man vom Kongreß wenigstens mit großem territorialen Zuwachs nach Hause kommen: daher der Kampf um die Annexion von Sachsen, in dem man nur von Rußland unterstützt wurde, dem man dafür Polen überließ. Unvorsichtige Äußerungen Hardenbergs, wie, daß man sein Recht zu wahren wissen werde, konnten auf eine Allianz Preußen–Rußland gedeutet werden. Das unbedachte Wort hatte Hardenberg am 31. Dezember gesagt. Am 1. Jänner erhielt Castlereagh die Nachricht vom Friedensschluß Englands mit den Vereinigten Staaten und vierundzwanzig Stunden später den Besuch Talleyrands, der die Artikel eines geheimen Defensiv-Vertrages »zur Vervollständigung des Pariser Friedens zwischen England, Österreich und Frankreich« überbrachte, in dem sich jede dieser Mächte im Fall eines Angriffes verpflichtete, 150.000 Mann zu stellen. Etwas später traten Bayern, Hannover, die Niederlande, Sardinien und Hessen-Darmstadt bei. Damit war die russisch-preussische Koalition gesprengt. Talleyrand konnte seinem königlichen Chef einen Sieg melden: es sei ihm gelungen, ein föderatives System zu schaffen, wie es fünfzig Jahre glücklicher Verhandlungen kaum erreichen konnten. Was der politische Schüler Choiseuls von seinem Meister als Testament übernommen hatte: das Bündnis Bourbon–Habsburg, wofür sich das Mitglied der Konstituante 1789 einsetzte: das Bündnis mit England –Talleyrand hatte es erreicht. Und es wird ihn seine politische Existenz kosten.

Alle Nachrichten, die er aus Frankreich und über Frankreich erhielt, waren derart, daß sie Talleyrand seine Erfolge auf dem Kongresse größer erscheinen lassen mußten als sie wirklich waren. Der Graf von Artois reiste herum und gab überall zu verstehen, daß sich seine Regierung keines Zugeständnisses an den revolutionären, d. h. liberalen Geist schuldig machen werde. Das Einverständnis mit seinem königlichen Bruder »zu grimacieren«, hatte er aufgegeben. Die auf Halbsold gesetzten revoltierenden napoleonischen Offiziere mußten es mit ansehen, wie der König zwanzig Millionen für seine Elitekorps, die maison militaire, verschwendete. Die Armee war vollständig desorganisiert: in zwei Monaten zählte man 180.000 Deserteure. Als man, angeblich gegen Murat, mobilisierte, gab es statt 60.000 Mann nur 30.000. Den Besitzern und Käufern der Nationalgüter verweigerte der Klerus die Sakramente. Man sprach im Volk von einer Bartholomäusnacht der Patrioten. Aber der König schrieb Talleyrand: »Es läge nur an mir, keinen Augenblick der Ruhe zu finden, aber mein Schlaf ist so fest wie in meiner Jugend. Gärungen sind vorhanden, aber sie beunruhigen mich nicht. Die Wolken werden sich zerstreuen.« Er war vor allem für die Bequemlichkeiten seines Königtums.

Aber der dunkle Hintergrund der französischen Zustände vergrößerte nur die großen Erfolge Talleyrands auf dem Kongreß. Denn jene Zustände waren auch den anderen Mächten bekannt. Als sich Bayern auf die französische Allianz berief, bekam es von Metternich zu hören: »Frankreich hat keine Armee.« Und Wessenberg, der Preuße, sagte zu Dalberg: »Die Franzosen sind Hunde, die bellen, aber nicht beißen.« Preußen bekam die Rheinlande, aber es blieb ein in zwei Teile auseinanderfallendes Land. Daß gerade diese Teilung Preußens Politik und Schicksal bestimmen würde, sah auch Talleyrand nicht voraus. Ihm genügte, daß die deutschen Mittelstaaten nie auf ihre Souveränität verzichten würden und was Steins Klage war, »der deutsche Bund sei die Auflösung Deutschlands in zwanzig kleine, feindlich gegen einanderstehende Fragmente, die durch ein Spinngewebe verbunden seien«, war Talleyrands Genugtuung; auch heute noch ist die französische Politik gegen ein Gesamtdeutschland und für deutsche Einzelstaaten orientiert, wie sie es zur Zeit des vierzehnten Ludwig war. Aus dieser

Tradition sprang Talleyrand nie heraus und wußte es als leere Formel, wenn der Habsburger sich »als deutscher Kaiser der soundsovielte Franz« zeichnete, denn der Kongreß hatte das deutsche Kaisertum de facto aufgegeben.

Es ist fatal, aber es muß gesagt werden: mit den Völkern und Nationen waren keine Geschäfte zu machen, wohl aber mit um ihre Souveränität besorgten Potentaten, und, je mehr davon es in einem Lande wie Deutschland gab, um so einträglicher waren die Geschäfte. Allein der sächsische König hatte drei Millionen gebracht. Im Jahr 1835 schrieb Talleyrand an Gagern: »Die Urteile Ihrer Landsleute fürchte ich nicht. Mögen Sie sich erinnern, daß es in Deutschland keinen Menschen gibt, dem ich wissentlich geschadet habe, wohl aber manches gekrönte Haupt, dem ich nach dem Maß meines Könnens nützlich gewesen bin.«

»Im Maße meines Könnens« liegt die Einschränkung, daß sich Talleyrand nicht kaufen ließ und immer nur bezahlen für Dienste, die konform gingen mit den Interessen Frankreichs, – »wie er sie verstand«: diese Einwendung kann man natürlich machen, da es sich um ein so ungemein problematisches handelt wie diesen Komplex »Interessen eines Landes«, wo oft ein unmittelbares Interesse sich im weiteren Verlauf als sein Gegenteil herausstellt und umgekehrt. Da das Wesen des Politischen und damit »dessen, was unter immer bestimmten Umständen getan werden kann«, sich nicht an übermäßig weiten Zielsetzungen sondern immer nur an relativ kurzen orientiert, kommt für den Begriff »Interessen des Landes« als Inhalt immer nur etwas heraus, das zu zwei Dritteln aus Dafürhaltungen und zu einem Dritteil aus Überlegungen besteht, ohne daß es möglich wäre, vom Ensemble dieser »Interessen des Landes« jenen dünnen Schleier, der das Ganze etwas unscharf macht, wegzuziehen.

Übrigens nahm auf dem Kongreß jeder Geld oder gab es. Manche, wie der genaue Gentz, notiert wie in ein Haushaltungsbuch die empfangenen Summen in sein Journal. Auch dies war ein Grund für de Lignes Ausspruch, daß der Kongreß tanze, aber nicht marschiere. Die Trafik, die jeder Kongreßteilnehmer trieb, verlangte Hinhaltungen, künstliche Erschwerung und scheinbare Hindernisse der Verhandlungen, Pausen der Arbeiten. Da schaltete man dann die Vergnügungen ein, durch welche der Wiener Kongreß in der Vorstellung der Menschen ein dauerhafteres Weiterleben besitzt als durch seine Leistungen. Bei dem langsamen Tempo des Kongresses hätte sich der Mann auf Elba nicht so beeilen brauchen.

Beglückt berichtet Talleyrand Dorotheens Mutter über die großen gesellschaftlichen Erfolge der schönen und überaus talentierten Tochter. Sogar der Zar hätte ihr das Kompliment gemacht, sie spiele Theater wie das Fräulein Mars, die er in Paris bewundert habe. Und das wolle viel sagen, wo doch Dorothée »zu Frankreich halte«. Oft talleyrandischer als er selber, hielt sie weniger an Frankreich, das ihr durch ihren Gatten verleidet war, als an Talleyrand. Russisch der Herkunft nach, kosmopolitisch durch Erziehung war sie im Herzen eine Deutsche, also im ganzen eine große Dame von höchster Vollendung. Als sie einmal von einem ganz leichten Unwohlsein befallen war, verlangte sie die letzte Ölung. Talleyrand war sehr darüber erstaunt, da nicht die leiseste Notwendigkeit zu diesem Sakrament des Äußersten vorlag. Er sollte sich noch in seiner letzten Stunde der Antwort erinnern, welche ihm Dorothée gab: »Was wollen Sie? Es macht einen guten Eindruck auf die Leute.«

Die Konferenz der fünf Mächte hatte am 6. März bis

drei Uhr morgens gedauert. Erschöpft legte Metternich eine Depesche des Generalkonsulates in Genua beiseite, die man ihm als dringend bezeichnete; er fand den Schlaf nicht, brach das Siegel, las: der „tote Mann“ hatte Elba verlassen. Eine halbe Stunde später war Metternich bei seinem kaiserlichen Herrn. Der schickte ihn zum Zaren und zu Friedrich Wilhelm mit der Erklärung, der Kaiser sei bereit, seiner nach Italien dirigierten Armee den Marsch nach Frankreich zu befehlen. Als um zehn Uhr Metternich die Vertreter der Großmächte empfing, war die Wiederaufnahme des Krieges beschlossen. »Wissen Sie, wohin sich Napoleon wendet?« fragte der Kanzler Talleyrand, »der Bericht sagt nichts darüber.« – »Er wird an der italienischen Küste landen und sich in die Schweiz werfen«, meinte der Fürst. Darauf der Kanzler: »Er wird direkt nach Paris gehen.«

Am 25. März wurde der Vertrag von Chaumont, der die Vernichtung Bonapartes im europäischen Interesse aussprach, erneuert: alle europäischen Mächte wurden zum Beitritt aufgefordert, auch Frankreich. Talleyrand verlangte, daß man die Zustimmung des Königs besonders einhole und daß er die Größe seines Kontingentes nenne, und setzte seine Forderung durch: Louis XVIII. wurde dadurch Mitglied der Koalition. Dringend warnte der Minister von Wien aus den König, Frankreich nicht zu verlassen. Ludwig ließ es bei dem feierlichen Spruch bewenden, er werde den Rechten seines Volkes sein Leben opfern, – um erst nach Ostende, dann nach Gent zu fliehen, was das Ende der ersten Restauration bedeutete.

Talleyrand schrieb dem König, daß er hoffe, Majestät habe die Briefe seines Ministers aus Wien und alles auf den Kongreß bezügliche mitgenommen. Aber Blacas hatte das alles in den Tuilerien zurückgelassen, und nur die wertvolleren Krondiamanten eingepackt. Die Mächte waren einig, einen Krieg gegen Napoleon zu führen, aber eben so einig, ihn nicht für Ludwig XVIII. zu führen. Trotzdem setzte es Talleyrand durch, daß die Mächte nach Gent ihre diplomatischen Vertreter schickten. Trotzdem er die Meinung des Königs und seiner Umgebung zu hören bekam, daß seine liberalen Tendenzen allein an allem schuld seien. »Vertrauen läßt sich eben nicht erzwingen«, meinte Pozzo di Borgo nach einem Besuch in Gent.

Talleyrands Name stand nicht auf der Liste der Amnestierten, die Napoleon in Lyon bekanntgegeben hatte. Er schreibt der Herzogin von Kurland: »Man hat meinen ganzen Besitz sequestriert. A la bonne heure... Die Adressen folgen ihrem gewohnten Lauf. Alle Namen, die, keine acht Tage ist es her, unter den Adressen an den König standen, finden Sie heute unter den Adressen an Bonaparte. Quelle pauvre chose que les hommes! Ihr Hirn und Herz, von dem sie so viel hermachen, sind nicht die Gefühle der uns ergebenen Hunde wert... Ich höre, Montrond soll nach Wien kommen.«

Dieser Montrond, des Fürsten ständiger Adjutant seit frühen Tagen, kam in der Tat. Napoleon hatte ihm eine Lebensrente von 200.000 Francs versprochen, falls es ihm gelinge, Talleyrand zu gewinnen. »Er ist noch immer der Mann, der am besten das Jahrhundert und die Welt kennt, die Kabinette und die Völker. Er hat mich verlassen; ich habe ihn selber ziemlich brüsk verlassen... Wir waren nicht immer derselben Meinung; es ist mehr als einmal passiert, daß er die bessere hatte.«

Talleyrand widerstand dem Versucher; es kostete ihm keine halbe Sekunde. Er wußte, was sich in Wien vorbereitete und daß der Versuch Napoleons mit einer Katastrophe enden müsse. Er wußte auch, daß ihm seine seit einem Jahre etwas kompromittierte Stellung eine solche

Volte-Face nicht gestatte. Und dann: das Prinzip der Legitimität war überaus einträglich; es hatte ihm etwa zwölf Millionen gebracht.

Es gab keine Regierung mehr in Paris und der König war in Belgien: Talleyrand konnte seine schöne Rolle auf einem Kongreß nicht weiterspielen, an dem jeder in größter Eile seine Beute zusammenraffte. Er konnte nur mehr diesem Wettrennen zuschauen. Am 9. Juni setzte er aufatmend seine Unterschrift unter die hunderteinundzwanzig Artikel der Schlußsitzung. Andern Tages verließ er Wien. Am 12. Juni übernahm Napoleon das Kommando der Armee und marschierte nach Norden. Talleyrand geht zunächst nach Karlsbad, denn das wichtigste bei einem Diplomaten nach einem Kongreß ist, sich um seine Leber zu kümmern.

Am 19. Juni traf Talleyrand in Aachen ein, wo er die letzte Neuigkeit erfährt: den Tag zuvor war Waterloo gewesen. Er besucht von Brüssel aus, wo er am 21. Juni eintrifft, das Schlachtfeld. Er schreibt der Freundin: »Die Schlacht bei Leipzig ist nichts gegen diese. Das Schlachtfeld ist übersät von Toten. Von siebzehn Personen, die um den herrlichen Herzog von Wellington standen, sind dreizehn getötet oder verwundet worden... Der König hat Gent verlassen, ist nach Mons gegangen, wo ich ihn heute treffen werde. Ich tue meine Pflicht, aber ich werde mich nicht von den Phantasien und dem Blödsinn der Emigration aus meiner Linie werfen lassen.«

Er war von Wien nicht mehr als Fürst von Benevent abgereist: er hatte das kleine Staatswesen an den Papst für gute Dukaten verkauft und außerdem als Ersatz dafür das neapolitanische Herzogtum Dino bekommen, das viel trug. Den Titel führte er nicht; er hat ihn auf seinen Neffen und dessen Frau übertragen, die sich von nun ab Herzogin von Dino nannte.

Restaurierte Könige machen Schwierigkeiten

IN BRÜSSEL hatte sich der österreichische bevollmächtigte Minister bei Talleyrand mit den Worten gemeldet: »Ich habe Auftrag, Sie bei allen Gelegenheiten um Rat zu fragen und mich vollständig nach Ihren Ratschlägen zu richten.«

Sein Eintreffen in Belgien war ein politisches Ereignis; alle Welt beeilte sich, ihn zu sprechen, nur der nicht, für den er in Wien mit so großem Erfolg gearbeitet hatte: der König. Begreiflicher Stolz Talleyrands, auch seinerseits den König auf seinen Besuch warten zu lassen, etwa zu sagen: »Ich bin niemals pressiert, morgen vielleicht.« Begreiflich, seine »Laune eines Königs, der seine Autorität verkannt glaubt«, wie Chateaubriand, der seine Rolle am Hof in Gent hatte, seinen Eindruck wiedergibt. Während er allein und mit welchem Erfolge! in Wien Frankreich vertrat, hatte sich das übrige Frankreich mit der Intrige und dem Verrat beschäftigt, daß man nie genau wußte, wer verrät wen. Begreiflich, daß Talleyrand in Erinnerung an den Empfang von Compiégne, kaum ein Jahr ist es her, verärgert ist, daß ihn der König nicht in der ersten Stunde seiner Ankunft zu sich rufen ließ.

Der hatte andere Sorgen: wie, wo und unter welchen Bedingungen er nach Paris zurückkehren könne. Die einen rieten das, die andern anders; und dann kam es auch darauf an, sich nicht von den Siegern von Waterloo Bedingungen stellen zu lassen. Vom Eintreffen Talleyrands in Gent hatte er natürlich sofort gehört; auch was er sagte berichtet bekommen: als einem gekrönten Bourbon mußte es ihm etwas unverschämt dünken.

»Er rühmt sich, mir ein zweitesmal die Krone auf den Kopf gesetzt zu haben und menaciert mich, den

Weg nach Deutschland anzutreten, – was denken Sie darüber, Herr von Chateaubriand?« – So unsympathisch ihm der Fürst war, Chateaubriand war nicht der Mann, diese gute Situation für sich auszunützen: »Man dürfte Ihre Majestät falsch unterrichtet haben. Herr von Talleyrand ist nur von der Reise ermüdet. Wenn Sire einverstanden sind, gehe ich zum Minister zurück.«

Er traf beim Fürsten große Gesellschaft, ihn selber plus monté que jamais. Seine Bewunderer encouragierten ihn in seiner Haltung; der Graf Louis meinte, er an Stelle Talleyrands bliebe nicht eine Viertelstunde länger in Gent. Worauf ihm Chateaubriand mit guter Ironie sagte: »Sie und ich, wir beide können hingehen, wohin wir wollen, niemand wird sich darum kümmern; aber bei Herrn von Talleyrand ist das anders«. Und zu Talleyrand: »Wissen Sie, daß der König seine Reise fortsetzen wird?« Und der überraschte Fürst stolz wie nur je einer, der an seine Macht glaubt: »Er wird es nicht wagen«.

Wieder beim König mußte Chateaubriand die gleiche Ausrede brauchen: der Fürst sei leidend, werde aber sicher morgen kommen. »Er soll machen was er will«, sagte Louis XVIII., »ich reise um drei Uhr morgen«.

Als man mitten in der Nacht Talleyrand meldete, daß die königlichen Kutschen aus der Remise gezogen und bepackt würden, war er, der sonst drei Stunden dafür brauchte, in zehn Minuten in seinen Kleidern, wozu er noch Zeit fand zu fluchen Joué! Trahi! Trotzdem ihm offiziell die Abreise des Königs Stunden vorher mitgeteilt worden war, hatte er sie nicht für möglich gehalten. Nie noch in seinem Leben war Talleyrand zu so später Stunde zu Fuß auf der Straße gewesen. Um schneller laufen zu können, stützte er sich auf den Arm eines Freundes. Als sie näher kamen, knallte der Postillion mit der Peitsche. Die beiden Daherlaufenden gestikulierten und riefen.

Im Wageninnern fragte der König erstaunt: »Was ist los?« »Herr von Talleyrand, Sire«. – »Der schläft«. – »Da ist er, Sire«. Da ließ der König den Wagen halten, sehr wider Willen und wenn möglich noch schlechterer Laune als Talleyrand.

Schweigend hörte der König sich die Rechtfertigung an, die Talleyrand aufgeregt und mit etwas verwirrten Worten für seine große Dummheit gab. Chateaubriand, der Zeuge dieser Szene im Frühmorgen war, hat die Gründe des Fürsten nicht berichtet, sondern nur die ruhige ironische Antwort des Königs festgehalten: »Sie verlassen uns, Fürst, wie ich höre. Die Bäder werden Ihnen gut tun. Lassen Sie von sich hören«. Und der König bestieg wieder die wartende Karosse. Sie fuhr ab. »Talleyrand schäumte vor Wut«, berichtete Chateaubriand, an dessen Schulter er sich lehnte, überzeugt in diesem Augenblick, daß es die Schulter eines großen Mannes sei, dessen Einfluß beim König allein ihn aus dieser Sackgasse herausführen könnte.

»Ich bin wenig zufrieden mit meiner ersten Begegnung«, schreibt er der Freundin, und das ist alles. In seinen Erinnerungen sagt er kein Wort darüber, wie er vom König empfangen wurde, sondern ergreift sofort es zu einem langen Exposé, wie er die Rückkehr des Königs nach Frankreich wünsche: daß sie nicht im Rücken der fremden Armeen erfolge, was das Nationalgefühl aufs tiefste verletzen müsse. »Die Legitimität darf nicht hinter den roten Uniformen der Engländer ihren Einzug in Paris halten, die mit dem Blute der Franzosen diese ihre Röcke aufgefärbt haben«. Sein Vorschlag ginge dahin, an der Grenze zu warten oder nach Lyon zunächst zu gehen, wo man in völliger Unabhängigkeit von den Alliierten die Macht ausüben könne, auch unbeeinflußt von den Parteien. Herr von Chateaubriand teile durchaus seine Meinung. Was stimmte. Wenn der König seinem Rat nicht folge, sei es ihm unmöglich, weiter die Geschäfte zu führen und er bäte in diesem Falle, seine Demission geben zu dürfen. Hierauf hätte er dem König einen Raport über das von ihm in Wien Erreichte vorgelesen. Und anschließend daran ausgeführt, wie man die von der ersten Restauration begangenen Fehler reparieren könne. Das alles um halb vier morgens vor einem König in Reisekleidern, dessen Wagen wartete, um ihn, es war eine schon entschiedene Sache, nach Paris zu fahren. Natürlich hat das alles Talleyrand nicht gesagt und vorgelesen. Er hätte dazu – allein der Wiener Bericht umfaßt im Druck zweiunddreißig Seiten – einen Tag gebraucht von den dreien, die er in Gent blieb. Das der König um halb fünf verließ. Aber die Erinnerungen sind ja eine politische Schrift.

Chateaubriand kam nicht mehr dazu, sich für seinen plötzlichen Freund zu verwenden. Das besorgte schon unterwegs des Königs erster Kammerherr, Herr von Duras – seine Frau war die unglücklichste Geliebte Chateaubriands – und mit dem Erfolge, daß noch in Mons Talleyrand vom König die Ordre erhielt, sich aufzumachen, um ihn zu treffen. Da eine Stunde vorher sein Sekretär Perrey aus Neapel eingetroffen war mit den vereinbarten sechs Millionen vom neu als König beider Sizilien etablierten Ferdinand Bourbon, – in Tratten auf das Bankhaus Baring in London, – hielt ihn kein Geschäft mehr und er beeilte sich diesmal, einer königlichen Ordre zu folgen. In Mons hatte er das Glück, eine Depesche Metternichs vorzufinden, die ihn in dem, was er dem König gesagt hatte oder haben wollte, bestätigte. Der Kanzler schreibt ihm aus Mannheim, wo sich die alliierten Souveräne befanden: »Bleiben Sie Ihrer Idee treu. Sehen Sie zu, daß der König nach Frankreich geht, nach dem Süden, dem Norden, dem Westen, wohin Sie wollen, vorausgesetzt nur, daß er von Franzosen umgeben fern von fremden Bajonetten und der Unterstützung der Fremden ist«. Er setzte seine Reise wider Willen und gegen bessere Einsicht im Gefolge des Königs fort, inmitten von Bagagewagen der englischen Armee mit dem Ziel Paris. Beim Betreten französischen Bodens erließ der König eine von seinem Kriegsminister gegengezeichnete Proklamation, die noch törichter zu finden als sie war, Wellington seinem Freunde Talleyrand den Gefallen tat: drei Tage später gab es eine neue Deklaration, in deren einleitenden Sätzen ihr Verfasser den König die Fehler und Irrtümer seiner Regierung eingestehen läßt und erklärt, sich strikt an die Verfassung und ihr Zweikammersystem zu halten. Diese Deklaration ließ den Grafen von Artois und seinen Sohn, den Herzog von Berry, hoch gehen. Der Bruder des Königs: »Das geht wohl auf mich?« Talleyrand: »Da Monsieur davon anfangen, ja, Sie haben sehr viel übles gemacht«. – »Der Fürst Talleyrand vergißt sich!« – »Ich fürchte es, aber es liegt mir an der Wahrheit«. Springt der junge Herzog auf: »Auch die Anwesenheit des Königs gestattet es mir nicht, daß wer immer es sei meinen Vater vor mir so behandele, und ich möchte wissen...« Der König unterbricht: »Genug, mein Neffe. Mir allein kommt der Spruch hier in meinem Konseil zu. Meine Herren, ich kann weder die Ausdrücke der Proklamation billigen, noch diese Diskussion, deren Gegenstand sie ist. Der Redakteur wird sein Werk retouchieren und nicht was sich schickt aus dem Auge verlieren, wenn er mich sprechen läßt«. Der Herzog: »Der ganze Blödsinn kommt von dem da« und zeigt mit dem Kopf auf Talleyrand. Der König: »Unterbrechen Sie mich bitte nicht, mein Neffe. Meine Herren, ich wiederhole, daß ich diese

Diskussion mit großem Bedauern vernommen habe. Gehen wir zu einem andern Punkt«.

Der königliche Zug gelangt bis Roye. Napoleon hat Paris, das sich nicht verteidigen will, verlassen. Die alliierten Truppen marschieren ein. Talleyrand schreibt der Freundin: »Er ist in Chérbourg, wo er sich einschiffen will. Ich hoffe, die Engländer fangen ihn. Er nimmt sehr viel Geld mit. Man sagt, er ginge nach Amerika. Er endet wie es sein Charakter verdiente. In einer Kloake von Blut schließt seine Laufbahn«. Es ist keine Napoleons würdige Leichenrede, die Talleyrand hier hält, aber noch unwürdiger ist sie seiner selber.

In vierundzwanzig Stunden wird man in Paris einziehen. Bei einem zweiten Konseil stößt Talleyrand, seiner Stellung jetzt wieder ganz sicher, vor, denn noch ist er des Königs nicht sicher. Wieder handelt es sich darum, ob der sich an die Verfassung halten wird, die jedem Franzosen ohne Rücksicht auf seine politische Vergangenheit zum Eintritt in die Beamtung zuläßt. Talleyrand deutet an, daß man auch ehemalige Mitglieder des Konvents nicht ausschließen dürfe, die den sechzehnten Ludwig zum Tode verurteilt haben. Er dachte an Fouché, den derzeitigen Chef der Pariser Regierung, der sich der Sympathien des royalistischen Faubourg Saint-Germain erfreute. Bei der Zumutung, Königsmörder in sein Ministerium zu berufen, schlug Ludwig XVIII. voll Schrecken die Hände auf die Armstützen seines Lehnstuhles und schrie: »Niemals!« Aber es war ein Niemals von vierundzwanzig Stunden.

Wenn er durch zwei Jahrzehnte das immer so zweifelhafte Brot der Emigration gegessen hat, wird ein zweimal restaurierter König um der großen Annehmlichkeiten willen, die mit seinem König-Sein verbunden sind, nach einigem Widerstand des königlichen Prestiges willen zu vielen Konzessionen sich entschließen müssen. Hatte er schon den ihm nicht sympathischen Talleyrand als Minister behalten, so kam nichts mehr darauf an, daß er auch den ihm ganz unsympathischen Fouché zu seinem Polizeiminister ernannte. Welche Gründe Talleyrand für seine Protektion dieses Mannes hatte, brachte auch die königliche Spionage nicht heraus.

Chateaubriand begab sich nach Saint-Denis, dem letzten königlichen Hoflager vor dem Einzug, um dem König seine Aufwartung zu machen. »Niemand war in der Antichambre, wo ich in einer Ecke wartete. Da ging die Tür auf: schweigend tritt das Laster ein am Arme des Verbrechens, Herr von Talleyrand von Herrn Fouché gestützt; die höllische Vision geht an mir vorbei in das Kabinett des Königs und verschwindet. Fouché war gekommen, um in die Hände seines Herrn den Eid zu schwören; der treue Königsmörder auf den Knien legte seine Hände, die das Haupt Louis fallen machten, zwischen die Hände des Bruders dieses Märtyrer-Königs und der apostatische Bischof stellt den Bürgen des Schwures«.

Ohne so melodramisch zu werden entrüstet sich auch de Maistre in Petersburg über »die traurige Figur der Allerchristlichen Majestät zwischen diesen beiden Akolyten«. Er zog aber Fouché dem anderen vor, »der die größten Pflichten verletzt hat und der mir als der schuldbeladenste Mann der Revolution erscheint«.

In den Erinnerungen spricht Talleyrand von der Ernennung Fouchés als einer »unglücklichen Wahl«, die als »Gegengewicht« notwendig gewesen sei: seiner Ernennung verdanke man die Sympathien Englands und Rußlands. Die Erklärungen reichen nicht ganz für den Eifer aus, mit dem sich Talleyrand für Fouché einsetzte. Man wird annehmen müssen, daß er sich auch den durch viele Jahre erprobten »abgenutzten Intriganten« verpflichten wollte, der immerhin durch den antiroyalistischen Gemeinderat Herr von Paris war. Daß Fouché ein Entgegenkommen den Wünschen des Artois, der den Mann liebte, gewesen sei, scheidet als Motiv aus, denn Monsieur war kaltgestellt: er und sein Sohn durften an den Ministersitzungen nicht mehr teilnehmen. Als er sich darüber beklagte, meinte Talleyrand: »Monsieur werden uns einmal dankbar dafür sein – als König«.

Im ersten Ministerium der zweiten Restauration, durch eine königliche Ordonanz vom 9. Juli 1815 bekannt gegeben, war Talleyrand Ministerpräsident und Staatssekretär des Äußeren. Pasquier hatte die Justiz, Louis die Finanzen, Fouché die Polizei, der Herzog von Richelieu sechs Monate später das Ministerium des königlichen Hauses, denn zunächst weigerte er sich, neben Fouché in einem Ministerium zu sitzen. Vorläufig fand sich Vitrolles dafür bereit, der auch, wie ihm Talleyrand sagte, alle Voraussetzungen für diese Stelle mitbrachte: sechs Fuß hoch, einen schwarzen Bart, eine energische Baßstimme und gut mit der Pistole umzugehen verstehn. Dem erstaunten Vitrolles, der glaubte, als Hausminister sei es nur nötig, dem König zu gefallen, erklärte Talleyrand, daß ein königlicher Hausminister von Stellenjägern aller Art so sehr überlaufen sei, daß das nur ein kouragierter Mann aushalte, der auch den Mut aufbringen müsse, gelegentlich zu schießen.

Nie hatte Talleyrand eine schwierigere Aufgabe gehabt als in diesem Ministerium, das sich zwischen einer so ungewöhnlich besiegten Nation mit dem Effekt zwiespältigster Parteien befand, deren eine von den Siegern als »Befreiern«, deren andere von ihnen als »Bedrückern« sprach, und diesen Siegern, deren Appetit nach Waterloo bedeutend gewachsen war, – bis ins Lächerliche solcher Forderungen, wie der Blüchers, daß man die Seine-Brücke, die nach Jena benannt war, in die Luft sprenge, weil der Name dem preußischen Nationalgefühl odios sei. »Alles geht so schlecht«, schreibt der Fürst der Freundin, »so überaus peinlich, daß man glauben muß, so kann es nicht mehr lange weiter gehen. Aus diesem Exzeß des Schlimmen muß ein wenig Gutes herauskommen... La mauvaise foi des Prussiens est quelque chose qui n'est comparable qu' à leur barbarie«. Die Jena-Brücke bekam die Bezeichnung Militärschul-Brücke, qui satisfait la sauvage vanité des Prussiens.

Auch die persönliche Stellung Talleyrands war unsicher. Der König wartete nur auf eine Gelegenheit, ihn los zu werden. Seine großen Erfolge am Wiener Kongreß gaben ihm keinerlei Stütze, denn sie waren über den Ereignissen der hundert Tage und deren Folgen dem Blick wie dem Gedächtnis entschwunden. Von einer Regierungspartei mit der ihr entsprechenden gemäßigten offiziösen Opposition, also einer der liberalen Doktrin entsprechenden und sie stützenden Gliederung der Mitglieder beider Kammern, konnte nicht die Rede sein. »Die Patrioten«, wie sich die alten Revolutionsmänner und zum großen Teil auch die Bonapartisten nannten, verhielten sich ablehnend gegen das neue Regime trotz Talleyrand und Fouché oder eben deswegen. Und die zurückgekehrten Emigranten – Talleyrand nannte sie auch »die inländischen Fremden« – hatten, gleichfalls nach dem Wort des Fürsten, nichts gelernt und nichts vergessen. Auch dieses nicht, daß Talleyrand einmal Bischof war: sie nahmen es ihm immer noch sehr übel. In einer Gesellschaft des Faubourg Saint-Germain sagte Talleyrand einmal den Royalisten: »Aber meine Herren, Sie wollen das ancien régime zurückbringen, und das ist nicht möglich!«

Und bekam von einem die Antwort: »Aber Monseigneur, wer kann daran denken, Sie wieder zum Bischof zu machen! Das wäre Wahnsinn!«

Die Geburt des französischen Liberalismus war eine sehr schwierige Geburt und die Wenigen, die mehr theoretisch als praktisch vom Fall des neuen Kindes wußten, wie Constant, wurden nicht als Helfer berufen. Die Voraussetzungen des Justemilieu waren wohl schon vorhanden, aber nur von wenigen einzelnen erkannt: es gab liberale Ideologen, aber keine liberale Partei. Ideologien der Vergangenheit spielten als Gesinnung bis in die Symbole hinein noch eine Rolle und stellten Gegensätzlichkeiten auf, die, von der Wirtschaft her gesehen, gar nicht mehr vorhanden waren. Als Talleyrand von Fouché unterstützt von Louis XVIII. verlangte, daß er sich den Parisern mit der Trikolore zeige, erklärten die anderen Bourbons, lieber Frankreich zu verlassen als sich dieser entehrenden Bedingung zu unterwerfen, und der König war nur zu bereit, sich auf die Seite seines Bruders in diesem »Flaggenstreit von 1815« zu stellen. Die weiße Kokarde wurde das offizielle Symbolum der königlichen Kortege. Und fünfzehn Jahre mußte Talleyrand noch warten, bis er wieder die drei Farben tragen konnte, die er siebzehn Jahre lang getragen hatte.

»Es ist sehr penibel, den ganzen Tag zu arbeiten und zu nichts zu kommen. Ich fange an, geistig sehr müde zu werden in dieser Situation«, schreibt er der Freundin. Der ganze Tag Arbeit ist etwas übertrieben, so sehr sie es von einem Ministerpräsidenten verlangt hätte. Immer noch erhob sich, wie er es gewohnt war, der Fürst erst gegen Mittag vom Bett, um sich dann drei Stunden mit seiner Toilette beschäftigen zu lassen, nicht nur von Dienern, Bademeistern und Einreibern assistiert, sondern auch von Besuchern, unter denen selbstverständlich die

Ministerkollegen und Bankiers waren. Talleyrand erzählte in bester Laune Anekdoten.

Um vier begab er sich ins Amt in die Rue du Bac, las und signierte, was seine Departementschefs nach seinen Angaben geschrieben und redigiert hatten, nie ein mißgelaunter, sondern immer ein Chef, der seine kritischen Bemerkungen in einem Witz, einem Frozzeln zu geben verstand. Er ging nicht gern ins Amt und war froh, es möglichst rasch verlassen zu können. Dann dinierte er. Und dann gabs den Whist oft bis in die Nacht hinein. Zwischen zehn Uhr nachts und zwei Uhr morgens standen die Salons in der Rue Saint-Florentin den politischen Besuchern, den Gesandten und Botschaftern offen und was allein Talleyrand seine Arbeit nennen konnte, hatte in diesen konversationellen Nachtstunden statt, das Probieren, Versuchen, Insinuieren, Sondieren, Aufnehmen und Fallenlassen eines Themas, die bedeutungsvolle Zwischenbemerkung. Die Anwesenheit der Familiären des Hauses zu diesen Stunden wurde vom Chef, der den Gastgeber spielte, verlangt; sie waren wichtig pour occuper le tapis et reprendre en sous-oeuvre les personnages et les causeries. Aber diese nächtliche Arbeit meinte Talleyrand nicht als jene, die seinen Geist ermüde; er meinte, faul wie er war, Amtliches zu lesen oder gar zu schreiben, die andere im Bureau.

Von dem, was die Alliierten unmittelbar nach dem Einzug forderten, war einiges heruntergehandelt worden; von den hundert Millionen Kriegskontributionen blieben nur acht. Doch vergeblich bemühte sich Talleyrand die Verbündeten zu überzeugen, daß sie ja den Krieg nicht gegen Frankreich und seinen legitimen König, der er auch während der hundert Tage geblieben sei, geführt hätten, sondern gegen einen Einzelnen, der die Macht ergriffen hätte. Die Forderungen der Alliierten könnten sich daher nicht auf das Recht der Eroberung stützen. Aber Talleyrand setzte dieses richtige Prinzip nicht durch und mußte sich bereit erklären, über drei Forderungen zu verhandeln: Abtretung von Territorien, die nicht zum alten Frankreich gehörten, Zahlung einer Kriegskontribution und eine vorläufige militärische Okkupation Frankreichs. Die Alliierten erwiderten mit einer sofortigen Note, daß sie auf ihren Forderungen bestünden, und insbesondere auf der Auslieferung der Kunstwerke, die Bonaparte in allen Museen Europas geraubt und nach Frankreich gebracht hätte. Daß im Pariser Frieden von dieser Auslieferung nicht die Rede sei, den Einwand ignorierten die Verbündeten, und trotz aller Freundschaft Wellingtons für Talleyrand erklärte der Sieger von Waterloo brutal wie nur ein Soldat, daß die alliierten Monarchen die Gelegenheit nicht vorüber gehen lassen dürften, den Franzosen eine gute moralische Lektion zu erteilen. Am Ausgang dieser sich hinziehenden Verhandlungen hatte Talleyrand keinen Anteil mehr; er hatte am 24. September aufgehört, Ministerpräsident zu sein, der König die erste Gelegenheit gefunden, den davon völlig überraschten Fürsten auszubooten.

Es war ihm gegen den König gelungen, die Erblichkeit der Pairswürde in der ersten Kammer durchzusetzen. Er hat selber au gré de sa fantaisie die Liste der zweiundneunzig gepearten Herren aus allen Parteien aufgesetzt »à peu près wie eine Einladung zum Diner oder zum Ball«. Gegen den Willen des Königs setzte er auch die versprochene Freiheit der Presse durch. Das war auch alles; aber für den König war es mehr als genug. Vergeblich war er gegen die königlichen Haustruppen, die sich 1814 sehr verhaßt gemacht hatten; vergeblich verlangte er die Abberufung des Herzogs von Angoulême, der im ‚Weißen Schrecken', der im Süden wütete, die Opfer des royalistischkatholischen Fanatismus weniger schützte als die Fanatiker. Als Fouché mit einer Liste von hundert Proskribierten sich der Reaktion gefällig machen wollte, strich Talleyrand die Hälfte der Namen und gerade die, die der König nicht leiden mochte. Fouché, der so peinliche Ministerkollege des Fürsten, immer darauf aus, seine Unentbehrlichkeit zu beweisen, wenn nicht bei den Ultras so bei den Patrioten, wenn nicht bei diesen so bei den andern, las im Konseil in Anwesenheit der Majestät einen Bericht über den öffentlichen Geist in Frankreich vor, behauptete, Frankreich sei voller antimonarchischem Liberalismus, der die schlimmsten Katastrophen befürchten lasse. Eine Behauptung, deren Gegenteil richtig war, wie die bald erfolgenden Kammerwahlen zeigen sollten, die vollständig royalistisch ausfielen. Talleyrand sprach zum Vortrag Fouchés kein Wort, zuckte nur mit den Schultern: eine stumme Kriegserklärung an den Polizeiminister. Den Mann mußte das Ministerium los werden; es war unmöglich sich mit ihm der Kammer vorzustellen; es hätte den sofortigen Sturz des Ministeriums bedeutet.

Die Wahlen standen bevor; es war also keine Zeit zu versäumen. Vitrolles, Vertrauter des Königs, Ministerratssekretär und Gegner Fouchés, war der richtige Mann, ihm geheimnisvoll zu sagen: »Wissen Sie, daß der König falls er nur will, sehr gut den Herzog von Otranto entlassen kann?« Talleyrand mußte den Satz einigemal wiederholen, bevor Vitrolles verstand, daß er den König vorzubereiten habe. Am andern Tag hielt Talleyrand Ministerkonseil in seinem Hause. Gerade wollten sich die Herren entfernen, als der Fürst, wie sich erinnernd, sagte: »Da fällt mir ein, ich habe im Augenblick die schönste Stelle zu vergeben, die der König zur Verfügung hat«. Pasquier frägt neugierig. »Einen Botschafterposten, besser und einflußreicher als alle anderen an den europäischen Höfen«. Talleyrand machte eine kleine Pause. »Ich meine den Ministerpräsidenten Frankreichs bei den Vereinigten Staaten«. Fouché sagte kein Wort, aber der Blick seiner Augen verriet, daß er verstanden hatte: Talleyrand wollte ihn im Exil haben. Der erging sich in Begeisterungen. »Es ist ein schönes Land! Ich kenne es, habe es durchreist, habe da gewohnt, ein wundervolles Land! Es gibt da Ströme, wie wir sie bei uns gar nicht kennen, der Potomak zum Exempel. Nichts schöneres als der Potomak! Und dann die wundervollen Wälder, voll von Bäumen, von denen wir hier nur ganz wenig in Kübeln haben. Wie heißen sie nur? De... Di...« »Daturas«, soufflierte Vitrolles. – »Ganz richtig, Daturas ganze Wälder von...«

Die Herren waren gegangen, bis auf Vitrolles, dem er sagt: »Ein paar Worte zur Ankündigung sind immer gut. Jetzt gehe ich zum König und spreche mit ihm«.

Ein paar Tage darauf ernannte Louis XVIII. den Herzog von Otranto zum Gesandten in Dresden, einer ganz obskuren Legation. Das Ministerium war ihn los, ohne befürchten zu müssen, daß er sich zum Führer der Malkontenten mache. Der »abgenutzte Intrigant« hätte kaum daran gedacht; er war müde; er lehnte Dresden ab, ging nach Triest und verlebte da mit seiner Familie die letzten Jahre seines Lebens.

Mit der Beseitigung Fouchés aus dem Ministerium waren für dieses selber keineswegs die Garantien gegeben, daß es vor der nächstens zusammentretenden, in politischen Geschäften ganz unerfahrenen Kammer bestünde. Und was der Ministerpräsident dieser Kammer zu sagen hatte, würden die Deputierten keineswegs friedfertig hinnehmen: die überaus harten Bedingungen der Alliierten. Preußen verlangte, von allem anderen abgesehen, ganze Provinzen von Frankreich. Dafür, daß Alexander gegen diese Ansprüche war, forderte sein Minister Frankreichs Unterstützung der russischen Orientpläne und der Befreiung Griechenlands. Mit dem jugendlichen Liberalismus des Zaren war es vorbei; unter dem Einfluß der Frau von Krüdner war er mystisch geworden und dachte an die heilige Allianz. Er war für die Bourbons und die katholische Restauration: er trieb Talleyrandsche Politik in Europa, aber war dafür, daß Talleyrand verschwände und der Herzog von Richelieu ihn ersetze. Der zögerte. Da breitete Alexander eine Karte vor ihm aus; sie zeigte einen Strich, der Frankreich den Vaubanschen Festungsgürtel nahm. »Da sehen Sie, was Preußen aus Frankreich machen will; aber noch fehlt meine Unterschrift, und sie sollen sie niemals bekommen«. Der Zar spielte zusammen mit Louis XVIII. gegen Preußen und Österreich: der Protest des Königs gegen die Forderungen der Mächte, datiert vom Tage der Entlassung Talleyrands, war von dem russischen Minister Pozzo verfaßt.

Talleyrand hatte vor dem Zusammentritt der Deputiertenkammer vom König verlangt, daß er seinem Ministerium ein eindeutiges Pfand seines persönlichen Vertrauens gebe. »Wir brauchen dieses Pfand. Wenn Majestät uns nicht die formelle Garantie gibt, sich auf uns und gegen alle zu stützen, werden wir verlangen, daß sich der König andere Ratgeber aussuche«. Der Roi Nichard – der Spitzname kommt vom Fürsten – hatte schweigend zugehört. Jetzt gab es eine kleine Pause, während der die gelähmte Majestät gegen die Decke schaute. Dann sagte sie, ruhig wie immer, was sie schon längst entschieden hatte: »Eh bien! je prendrai un nouveau ministère«.

»Der König nahm meine Demission mit großer Erleichterung auf«, schreibt Talleyrand in seinen Erinnerungen, die den Vorgang so darstellen, daß er auf seine

Entlassung gedrungen habe. Daß er sie bei dieser letzten Belastungsprobe nicht erwartet hatte und von ihr überrascht worden sei, stützt sich auf den Zeugen Vitrolles. Er sei mit seinem Entlassungsgesuch dem Zaren zuvorgekommen, meint Talleyrand, – il lui fallait une dupe, et je ne pouvais pas l'être.

»Die Undankbarkeit ist nicht genug verschleiert«, schreibt er der Freundin, und »wenn man nichts gutes tun kann, muß man sich zurückziehen«. Als Ministerpräsident war Talleyrand den schwierigen Aufgaben nicht gewachsen. Konversationell im Botschafterstil konnte man sie nicht behandeln.

Monsieur stimmte die Freude über Talleyrands Entlassung großmütig: »Es steckt noch ein Stück Edelmann in ihm«, sagte er zu Vitrolles, »aber trotz seines Verstandes scheint er mir den richtigen Weg verfehlt zu haben. Nach unserer Rückkehr hätte er seine Affären mit dem Papst ordnen sollen, dann wäre er in den Schoß der Kirche zurückgekehrt und Kardinal geworden. Ich weiß schon, man sagt, er habe jugendliche Neigungen. Ich gratuliere ihm. Gaudeant bene nati. Darein sich zu mischen und wie er als Kardinal sich persönlich verhielte hat niemand das Recht, wenn öffentliches Ärgernis vermieden bliebe«. Der Graf von Artois nahm den Standpunkt ein, daß ein Kardinal sich Mätressen halten dürfe. Und daß ein verheirateter Priester Kardinal werden könne.

In seinen Erinnerungen schreibt der Begründer des Legitimitätsprinzipes einen Satz nieder aus seinen Erfahrungen mit den legitimen Königen seit 1791: »Die alten Dynastien setzen ihren Ursprung in den Himmel, und das par la grâce de Dieu ist ein Protokoll der Undankbarkeit«.

Die Restauration sah Talleyrand nur mehr als Zuschauer. Er hat nichts gegen sie unternommen. Er hat sie bloß überlebt.

Die persönlichen Angelegenheiten

ALS GRAND-CHAMBELLAN mit einem Jahresgehalt von 100,000 Franks, diesem Dank des Königs, zog er sich, wie er schreibt, von »dieser vielleicht zu langen Karriere zurück, glücklich, mir das Zeugnis auszustellen, daß, falls ich Fehler und Irrtümer begangen habe, diese nur immer zu meinem persönlichen Nachteil ausgeschlagen haben«. Es ist nicht klar, worin für den Schloßherrn von Valançay, den Besitzer des Pariser Palais, den Herzog von Benevent, den Fürsten von Talleyrand, den Ordensritter vom goldenen Vließ und den überaus geschickten Trafikanten vieler Verträge die immer nur zum persönlichen Nachteil begangenen Fehler hätten bestehen können. In einem andern Briefe schreibt der zu einem otium cum dignitate mehr Verurteilte als Bereite: »Ich habe dreißig Jahre meines Lebens damit hingebracht, an nichts anderes zu denken als an das, was meinem Lande von Nutzen sein könnte. Heute kümmere ich mich um meine persönlichen Angelegenheiten, die ich vollkommen vernachlässigt habe. Das ist für meine Wesens- und Denkart eine wahre Revolution«. Er hat die Staatsangelegenheiten immer als seine Privatangelegenheiten behandelt, nicht bloß geschäftlich, sondern in dem viel stärkeren Sinn, den die Umkehrung des Satzes enthält: daß er seine Privatangelegenheiten immer auch als die Staatsangelegenheiten behandelte. Es wird das in der Natur der Beschäftigung mit den Dingen der auswärtigen Politik liegen, daß ein Staatsmann wie Talleyrand nach dreißig Jahren politischer Aktivität den Eindruck hat, er habe sein privates Leben total vernachlässigt, wo eben diese politische Aktivität sein privates Leben, weil sein Leben überhaupt, ist. Besonders bei der dem Bureau, dem Schreiben und Diktieren durchaus abgeneigten Arbeitsweise Talleyrands, die, da er ihr bei der Toilette, beim Diner, beim Whist, am Kamin oblag, diese Situationen des privaten Lebens gänzlich entprivatisierte. Aber auch seine menschlichsten Beziehungen, wie die zu den Frauen und unter ihnen vor allem zu der geliebtesten Freundin, der Herzogin von Kurland, sind politisch mit Konfidenzen, Mitteilungen, Überlegungen so sehr infiziert, daß man oft etwas überrascht die Schlußversicherung an den »Engel« liest, dem das Herz gehöre, so gar nicht Herz enthält der Brief, und so nur Politik enthält er.

Vielleicht aber meint er unter »persönlichem Nachteil«, daß er in diesem Otium des alten Mannes das Wichtigste entbehren mußte: Freunde. Das lag an seiner Natur, an jenem Feminismus seines Wesens, das ihn die Gesellschaft der Frauen lieber suchen ließ als die der Männer, so sehr, daß er aus dieser Neigung sogar für den Beruf das Axiom gewann: Frauen, das ist die Politik. Männer halten zu solchem von den Frauen typisierten Manne immer einige Distanz, aus einem Gefühlsgemisch von Mißtrauen, leiser Verachtung und etwas Mitleid. Und ist dieser Manns-Typus ein Politiker, so tritt verstärkend auch die Politik hinzu, die bestenfalls Parteifreunde, aber keine Freunde schafft. Und Parteifreunde sind Freunde, die immer den Kündigungsbrief in der Tasche tragen. Als es sich darum handelte, eine wichtige geheime Note an die in Aachen zum Kongreß versammelten Mächte gelangen zu lassen, die den gewichtigen Namen Talleyrand tragen mußte, weil er ihr allein Aufmerksamkeit verschaffte, suchte Talleyrand achtundvierzig Stunden lang nach dem Freunde, den er mit dieser vertraulichen Mission beauftragen konnte. Er fand keinen. Nur Tischgenossen, Whistgenossen, Parasiten. Als er dieses Betrübliche Vitrolles, dem Verfasser der Note, mitteilte, glaubte der es nötig, dem Fürsten eine strenge Lektion zu erteilen, daß er unter allen den vielen, deren Glück er gemacht habe, nicht einen Einzigen seinen Freund nennen könne. Und Talleyrands Schweigen gab ihm recht. Er schrieb kurz nach seiner Entlassung: »Man hat das Bedürfnis, allein zu sein oder mit seinen Freunden«. Deren sah er viele bei sich in der Rue Saint-Florentin; oft waren es fünfhundert. Einer von ihnen ist der Graf Molé, dem er die Pearswürde verschafft hatte. Er gibt aus dieser Zeit das Porträt seines ‚Freundes' Talleyrand: »Sein Leben steht auf seinem Gesicht geschrieben: sein Teint ist fahl, sein Fleisch hängt abgestorben, sein Blick anmaßend aus erloschenen Augen; sein Mund, einzig in seiner Art, drückt Ausschweifung, Sättigung und Verachtung aus. Wenn er sich auf seinen leicht deformierten Beinen vorwärts bewegt, auf diesen Beinen, die er mehr hinter sich nachzieht als daß sie ihn tragen, glaubt man in ihm eines jener Fabelwesen halb Mensch halb Schlange zu sehen. Er schweigt hartnäckig jedesmal, wo er nicht sicher ist, den von ihm gewünschten Effekt zu erreichen; aber so wie er sich sicher glaubt zu gefallen und zu reussieren, werden seine Manieren voll Grazie und Jovialität, ohne die Noblesse und den guten Geschmack zu verlieren. Er hat etwas von einem Grandseigneur, einem Abbé und einer Katze; der Abbé und der Grandseigneur dominieren. Seine Intimität ist voll Charme, obwohl man nie ein gewisses Unbehagen loswird; er erzählt und spässelt mit einer unnachahmbaren Anmut; er verlästert und entwertet mit einer profunden Kunst; seine Persiflage ist ingeniös, seine Scherz fein und voll Salz; aber wenn er ihn wirkungsvoll und bitter machen will, ist er brutal und überaus derb«.

Talleyrand, der Schloßherr, kümmert sich um seine persönlichen Angelegenheiten. Er geht nach Valençay, das er die ganze Zeit, da die spanischen Prinzen da hausten, vermieden hatte; es ist sehr verwahrlost. In einem Salon hatte sich der Onkel Ferdinand VII. eine Werkstatt eingerichtet, in der er Wolfsfallen fabrizierte; fünfzig so eiserne Dinger hingen noch an den seidebespannten Wänden. In einem anderen Salon hatte er Zwiebel, sein heimatliches Gemüse gezogen; der Parkettboden war vom Wasser der Pumpe verfault, die noch in einer Ecke stand. Auch sonst gabs vieles zu erneuern. Das lebensgroße Bildnis Louis XVIII., ein Geschenk des Königs, traf ein; es fand seinen Platz neben dem Bildnis Napoleons im Kaiserornat, Szepter in der Hand. Beide hatte der Baron Gérard gemalt; auch das dritte, das Charles X. im großen Hofkostüm darstellt, wird er malen. Nur das vierte, der König Louis-Philippe in Generalsuniform neben dem Thron stehend, wird nicht mehr Gérard malen können; der Maler Hersent wird sich bemühen. Das Bildnis Barras' fehlt in dieser Reihe der Chefs, unter denen Talleyrand sich und seinem Lande gedient hat.

Er verheiratete seine siebenzehnjährige Tochter Charlotte an einen seiner Neffen, den Baron Alexander Talleyrand, der unter Louis-Philippe Präfekt von Pas-de Calais sein wird. Wenn Talleyrand dann auf seinen Englandreisen über Arras kommt, unterläßt das oppositionelle Blättchen der Stadt es nicht, das offene Geheimnis der verwandtschaftlichen Beziehung durch die Mitteilung auszuplaudern: »H. v. Talleyrand ist bei seinem Schwiegersohn und seiner Tochter abgestiegen«.

Dekorationen und Würden, die ihm zufallen, unterbrechen ihn wenig oder gar nicht im Verfolg seiner persönlichen Angelegenheiten, so angenehm es ihm auch ist, neben der erblichen Pearschaft den auf seine Nachkommenschaft vererbbaren Fürstentitel vom König bestätigt zu erhalten oder seine Ernennung zum Mitglied der Akademie des Inscription. Die Lady Morgan, die Reisende nach

Italien, ist bei seiner Installation anwesend: »Der erste, den man mir zeigte, war bemerkenswert durch die Ruhe seines Gesichtsausdruckes, ein richtiges eingeschlafenes Kindergesicht; seine übereinander gefalteten Hände, seine von den Lidern halb verdeckten Augen schienen nicht einem Bewohner dieser Erde zuzugehören«. Stendhal, der die Lady auf die Gestalt aufmerksam macht, flüstert ihr zu: »Jamais visage ne fut moins baromètre.«

Der Fürst kümmert sich um seine persönlichen Angelegenheiten. Er verkauft, weil das immer etwas Aufsehen macht, seine Gemäldegalerie; unter ihren sechsundvierzig Nummern gibt es einen Breughel, einen Cuyp, einen Dow, einen Metzu, zwei Ostade, drei Ruysdael, acht Teniers, zwei Terbourg. Dafür legt er sich eine neue Bibliothek an; die andere hatte er das Jahr zuvor in London versteigern lassen.

Er macht mit Dorothée eine längere Reise nach den Pyrenäen. Und sieht zu, wie die Altersgenossen, die ihm nah standen, einer nach dem anderen sterben: Choiseul-Gouffier, der Reisende und Diplomat, sein Mitschüler am Collège d'Harcourt. »Aus dieser Generation bin ich fast allein übrig, es ist sehr traurig«. Dann Frau von Staël, die hilfsbereiteste und helfendste Freundin in den Tagen des Directoires. Daß sie ihre Jahre zuvor erfolgte Verheiratung mit einem jungen Leutnant geheim gehalten, findet Talleyrand merkwürdigerweise pas bien beau und als ein Zeichen dafür, wie recht er mit seinem Urteil über die Staël hatte, daß sie keine Delikatesse besitze. Dann stirbt der alte Physiokrat Dupont de Nemours, auch ein Nahestehender aus der Frühzeit, der »sich nie damit abgegeben hat, sich zu bereichern«. Der Fürst ist in seinen lobenden wie tadelnden Nachrufen so merkwürdig, daß man glauben könnte, er meine sie ironisch.

Auch wenn diese persönlichen Angelegenheiten Talleyrands nach Umfang und Art größer und wichtiger gewesen wären, hätten sie den Ausbruch der Minister-Krankheit nicht hindern können, die darin besteht, daß der davon Befallene jeden Nachfolger seines Postens für den größten Patzer befindet. »So oft er einen neuen Außenminister sieht, wird ihm schlecht«, schreibt ein Zeitgenosse. Daran, daß ihm die vielen aus vielerlei Motiven malkontenten Besucher in seiner Kritik bewundernd rechtgeben, lag ihm gar nichts; Talleyrand wußte, was er von diesen Leuten zu halten hatte, von denen jeder beim König in Gent gewesen sein wollte. »Beim König in Gent waren etwa sechstausend, aber zurückgekommen aus Gent sind fünfzigtausend«, sagte er einmal einem dieser Royalisten. Immerhin bildeten sie Publikum, schafften Resonanz für die Invektiven, die man Ministern und Deputierten sagte; oder über das insgesamte derzeitige Kabinett, daß es Frankreich entehre und der Polizeiminister Decazes nichts weiter als ein Zuhälter sei. Das konnte sich dessen Ministerkollege Pasquier natürlich nicht sagen lassen und da der das sagte ein Großwürdenträger des Reiches war, mußte man Seiner Majestät davon Mitteilung machen. Majestät verbot darauf Talleyrand für sechs Monate das Erscheinen bei Hofe. Die sechs Monate gingen vorüber, aber nicht die weiteren Folgen der Ungnade. Nach diesem Fieberanfall, der die Ministerkrankheit einzuleiten pflegt, nahm sie mildere Formen an. Etwa so: eine schielende Frau frägt den Fürsten: Comment vont les affaires? – Comme vous voyez, Madame.

Bei jeder Kabinettskrise wurde sein Name genannt, aber im gegenteiligen Sinn wie Talleyrand dachte. So sehr er auf das Schaukelspiel der Parteien achtete, das eine Mal mit den Royalisten kokettierte, das andere Mal mit deren Gegnern, um in einem künftigen Kabinett das Auswärtige zu bekommen, – er hatte immer den König und den abtretenden Minister gegen sich. Als der totkranke Herzog von Richelieu nach dem Kongreß von Aachen, der Frankreich von den Fremdtruppen befreite, um seinen Abschied bat, erklärte ihm Louis XVIII., daß er ihn durch seinen Rücktritt in das deplorable Äußerste versetze, Herrn von Talleyrand zu berufen, den »ich weder liebe noch schätze«. Monsieur beschwor ihn geradezu, »dem König und Frankreich das Unglück und die Schande zu ersparen, auf Herrn von Talleyrand zurückgreifen zu müssen«. Und als nach der Ermordung des Herzogs von Berry der König von den Ultras gezwungen wurde, seinen Premier Decazes zu entlassen und der Name Talleyrand genannt wurde, erklärte Decazes: »Ich werde als Minister sterben, wenn man Ihnen Herrn von Talleyrand impostiert.«

Nicht nur die erzwungene Muße hat Talleyrand 1816 veranlaßt, seine Erinnerungen aufzuschreiben. Nur in ihren ersten Kapiteln der Jugend erinnert er sich, mit allem andern will er Louis XVIII. erinnern. Als von einem Staatsmann, der den Anspruch erhebt, den Frieden und die Retablierung der Dynastie erstrebt und herbeigeführt zu haben, sind diese umfangreichen Memoiren weit eher ein Aide mémoire für den Souverän. Es enthält kein Wort von Talleyrands zweimal entscheidendem Anteil am Werk der Konstituante, und nur zur Beruhigung der momentanen kirchlichen Reaktion das Geständnis, daß er seinen Anteil an der Zivilverfassung des Klerus beklage. Dafür gibt er mit großer Ausführlichkeit wieder, wie er im Juni 1789 den Grafen von Artois aufgefordert habe, auf dem Posten zu bleiben, und wie nur die Schwäche des Königs und die Emigration der Prinzen der Konstituante die Aktionsfreiheit gegeben hätten. Den ersten Konsul bewundert er, den Kaiser verurteilt er, aber – und damit wendet er sich direkt an Louis XVIII. –

»aus dem Zustand Frankreichs im Jahr 1797 zur monarchischen Ordnung zurückzukehren, war unmöglich. Es bedurfte der Zwischenregierungen, und zwar mehrerer solcher. Wie ernst müssen Ludwig des XVIII. Dankbarkeit und sein Bestreben, Frankreich groß und glücklich zu machen, sein, wenn er bedenkt, was seit 1803 alles geschehen mußte, um seine Rückkehr vorzubereiten.« Die ausführliche Darstellung des Wiener Kongresses, den der Minister und Botschafter ohne Alliierte und ohne Armee diplomatisch beherrschte, überläßt es dem König, die Schlüsse zu ziehen. Da große Stücke dieser Erinnerungen handschriftlich zirkulierten – Vitrolles, Barante, Chateaubriand bekamen sie zu lesen – konnte Talleyrand damit rechnen, daß sie auch Louis XVIII. zu Gesicht kämen. Nichts davon ist bekannt geworden; aber auch im andern Fall hätte die Lektüre den König nicht in dem von Talleyrand erwarteten Sinn beeindruckt.

Schon in Wien hatte der Fürst bemerken müssen, wie dem Prinzip der Legitimität, das ein taktisches Mittel war, Ordnung zu schaffen, ein ganz anderer Sinn gegeben wurde, als den er damit verband –, nicht dieser allergröbte Sinn, daß alles was vor der Revolution irgendwo über irgendwas Herrscher war, wieder Herrscher sein sollte, wie nicht nur diese Herrscher, sondern auch die Revolutionäre die Legitimität mißverstanden. Er hatte auch an der Haltung Metternichs in den neapolitanischen Angelegenheiten wahrnehmen müssen, daß diesem konservativen Staatsmann und dem Kopf der Heiligen Allianz wichtiger als die Legitimität das Kräfteverhältnis und die Einflußsphären waren: so lange es irgend ging, wollte er in Neapel Murat halten als einen möglichen Stützpunkt für die österreichische Herrschaft in Italien, und war er gegen die Restaurierung der Bourbons, weil diese die Macht Frankreichs in Italien gestützt hätten.

Nun hatte Ferdinand X., König beider Sizilien, unter dem Druck der Carbonari eine Verfassung annehmen müssen. Das gibt dem alten Konstitutionalisten, dem die Staël vor vier Jahren gesagt hatte, er habe sich damit amüsiert, die Legitimität zu erfinden, Gelegenheit, sich über »die mysteriöse Kraft der Legitimität« zu äußern. »Das Wort Verfassung hatte alles Prestige geerbt, das ehemals die Macht umgab. Überall will man die regierenden Dynastien, aber mit Gesetzen, die in Übereinstimmung sind mit dem Geist des Jahrhunderts und mit den politischen Maximen der aufgeklärtesten Partei Europas. Ich glaube, man kann in allen Ländern, wo die Administration überzeugt ist, daß dieses die zu befolgende Linie sei, leicht die kleine Zahl von Leuten im Zaum halten, denen die Anarchie keine Furcht einflößt... Die mysteriöse Kraft der Legitimität verliert sich, weil niemand sie jemals verstanden hat. Alle Revolutionäre sehen in ihr nur ein Mittel für die Machterhaltung der Könige, während sie vor allem ein notwendiges Element der Ruhe und des Glückes für die Völker ist und die solideste und fast einzige Garantie für die Existenz und die Dauer der Nationen. Die Legitimität der Könige oder besser gesagt die Legitimität der Regierungen ist die Schutzwehr der Nationen... In der Situation, in der sich Frankreich, Europa und fast alle menschlichen Köpfe zur Zeit befinden, braucht es die Etablierung einer neuen Ära et partir de là. Dazu muß Bonaparte der letzte König des ancien régime gewesen sein... In unsern Tagen ist es nicht leicht, für längere Zeit zu täuschen. Es gibt einen, der mehr Geist hat als Voltaire, mehr Geist als Bonaparte, mehr als alle vergangenen, gegenwärtigen und künftigen Minister: es ist jedermann und alle Welt. Sich in einen Kampf einlassen, an dem alle Welt interessiert ist, das ist ein Fehler und heute sind alle politischen Fehler gefährlich.«

Der letzte Satz ist aus einer der zwei Reden, die Talleyrand in der Pairskammer gegen die Zensur der Presse gehalten hat und für deren Freiheit »als ein notwendiges Resultat des aktuellen Zustandes der Gesellschaft« und daß »sich jede Regierung riskiert, falls sie sich hartnäckig dem Rechnung zu tragen weigert, was die Zeit als eine Notwendigkeit proklamiert hat.« Die Reden hatten gar keinen Erfolg als den Kammerbeschluß ihrer Veröffentlichung. Der Entwurf wurde zurückgezogen, um etwas später in verschärfter Form eingebracht und angenommen zu werden. Nicht vor der Pairskammer, die »nur ein Registrierungsamt« war, wie Talleyrand sagte, sondern von der Deputiertenkammer.

Der Brief, in dem der Fürst der Herzogin von Kurland mitteilt, daß ihn die Ausarbeitung dieser Reden beschäftige, ist der letzte, den die Freundin von ihm erhält. Sie stirbt nach kurzer Krankheit auf ihrem Schlosse Löbikau am 20. August 1821; etwas über sechzig Jahre ist sie alt geworden und war eine immer noch jugendliche, reizvolle Frau von siebenundvierzig gewesen, als sie Talleyrand zum erstenmal sah, als er für seinen Neffen um die Hand ihrer Tochter Dorothée anhielt. Sie hatte kurz nach der Verheiratung dieser Tochter ihre Residenz nach Paris verlegt und Talleyrand war ihre letzte Liebe geworden. »Keine Frau war der Anbetung würdiger gewesen«, sagte er von ihr, die in ihren letzten Jahren über die Intimität des Fürsten und ihrer Tochter etwas den Kopf verloren hatte: daß sie unbeherrscht zu jedermann darüber verzweifelt klagte und jammerte, machte, was anders Klatsch geblieben wäre, zur Gewißheit, die man nach ihrem Tode und nach der Trennung Talleyrands von seiner Frau nicht mehr vor der Öffentlichkeit scheute: Dorothée lebte mit dem nun siebenunddreißig Jahre älteren Talleyrand bis zu dessen Tode zusammen. Balzac hat das hübsche

Thema zu einem kleinen Roman ‚Die Geheimnisse der Prinzessin von Cadignan' gereizt. Auch die Sand konnte sich das nicht entgehen lassen und veröffentlichte in der Revue des Deux Mondes eine deklamatorische Dialoggeschichte unter dem Titel »Der Fürst«, in der sie Talleyrand, le plus grand fourbe de l'univers, auf ihre Weise den Prozeß macht.

Einen Monat vor dem Tode der Herzogin von Kurland war in Paris die Nachricht eingetroffen, daß Napoleon am 5. Mai gestorben war, »ein Ereignis«, rief Madame Crawford aus, was von der Ecke her, wo er saß, Talleyrand mit seiner ruhigen sonoren Stimme korrigierte: »Kein Ereignis, Madame, sondern eine Neuigkeit.« Lord Holland, ein Neffe Fox', hat aufgeschrieben, was er bei diesem Anlaß von Talleyrand über dessen größten Chef gehört hat: »Sein Genius war außerordentlich. Nichts kam seiner Energie, seiner Imagination, seinem Geist, seiner Arbeitsfähigkeit, seiner Leichtigkeit der Produktion gleich. Auch Scharfsinn besaß er. Von der Seite der Urteilskraft war er nicht so stark; aber auch hier verstand er es, wenn er sich nur Zeit nehmen wollte, vom Urteil anderer zu profitieren. Nur ganz selten riß ihn sein falsches Urteil fort und nur immer dann, wenn er sich nicht Zeit gelassen hatte, andere Personen um ihre Meinung zu fragen. Seine Laufbahn ist die erstaunlichste, die es seit tausend Jahren gab. Er hat drei Kapitalfehler begangen und ihnen muß man seinen Sturz zuschreiben, der kaum weniger überraschend ist als sein Aufstieg: Spanien, Rußland und der Papst. Das waren seine Kapitalfehler. Abgesehen von diesen dreien, beging er erstaunlich wenig politische Fehler, wenn man die Vielheit und Vielfachheit der Interessen bedenkt, die er zu bewirtschaften und die Ausdehnung, Bedeutung und Raschheit der Ereignisse, an denen er teil hatte. Sicher war er ein großer Mann, ein ganz außergewöhnlicher Mensch, fast ebenso außergewöhnlich durch seine Talente wie durch seine Fortüne. Er ist sicher der außergewöhnlichste Mensch, den ich je gesehen habe und meiner Meinung nach der außergewöhnlichste Mensch, der in unserer Zeit und seit vielen Jahrhunderten gelebt hat.«

Im Winter desselben Jahres starb auch seine Freundin Frau von Rémusat, deren Geist er liebte, weil er »ingeniös im Lob und im Verteidigen« war. Sie gehörte nicht zu den »Antiquitäten« seiner weiblichen Umgebung, denn als sie starb, war sie nicht viel über vierzig Jahre alt gewesen, eine gescheite, lebhaft empfindende Frau, die den »Pfarrer«, wie sie Talleyrand in ihren Briefen an den Gatten und Freunde nannte, oft gegen sich selbst in Schutz nahm.

31

Das alte Parapluie

CHARLES, der zwanzigjährige Sohn dieser Freundin, den der Herzog von Broglie wegen seiner Intelligenz und seines Charmes den prinzeps juventutis der Epoche nannte, hatte das Chanson auf jene Leute gemacht, über die man sich in den Salons belustigte, weil sie behaupteten, sie hätten eine Doktrin, die sie über die Parteien stelle. Der Chansonier war das jüngste Mitglied dieser Doktrinäre, von deren ganzer Faktion sein Chanson behauptete, daß sie Platz auf einem Kanapee fände. Der Chef dieser Doktrin, welche die Legitimität mit der Freiheit versöhnen wollte, Royer-Collard, trotz seiner Loyalität vom Staatsrat ausgeschlossen wegen zu großer Unabhängigkeit, war im Jahre 1822 durch Erbfall der unmittelbare Gutsnachbar Talleyrands geworden und über einem Briefwechsel, der Vizinalstraßen betraf, war er dem Oppositionsmann der Politik Villèle und der großen Autorität des konstitutionellen Monarchismus näher gekommen, aber noch nicht ganz so nah, als daß er auf dem Kanapee Platz genommen hätte. Er meinte von den Doktrinären, sie seien Leute, die zwischen Hof und Garten bleiben, aber nie auf die Straße schauen. Zu diesen Liberalen gehörten außer Royer-Collard, dem der König die Verdienste nicht vergaß, die er unter dem Konsulat als Anhänger der bourbonischen Sache erworben hatte, als Führer Guyzot, Beugnot, der Herzog von Broglie.

Der »Blick auf die Straße«, zu dem sie sehr rasch gezwungen wurden, bot für den legitimistischen Liberalismus dieser Männer nichts Erfreuliches. Bei den letzten Kammerwahlen hatte die Rechte neunundsiebzig Kandidaten, die Linke nur sieben durchgebracht. Im nördlichen Spanien war eine absolutistische Insurrektion ausgebrochen, und die französische Rechte drängte die Regierung zur Unterstützung dieses Aufstandes und zur Befreiung Ferdinand VII. von der Kontrolle der Cortes.

Chateaubriand, den nur der Ehrgeiz und der romantische Ennui, aber keinerlei Begabung in die Politik brachten, hatte als Gesandter in Berlin, in Rom, in London vollständig versagt; er beschwor das Ministerium, ihn nach Verona zu schicken, wo die spanischen Affären von der heiligen Allianz traktiert werden sollten, – »nur wenn ich in Verona Frankreich vertrete, ist Frankreich gerettet«. Er vertrat es zusammen mit Montmorency weit über die Information Villèles hinaus, der als Nachfolger seines Außenministers Montmorency, der seine Demission gegeben hatte, Chateaubriand vorschlug, was den Krieg mit Spanien bedeutete, »seinen Krieg«, wie der in die Staatsgeschäfte verirrte ehemalige Dichter seinen Amouren mit jedem Stolz des alternden Beau und Frauenfreundes zu schreiben nicht ermüdete, und seinen

Rendezvous den Elan zu geben, den das Alter ihnen versagte. Er gehörte schon längst nicht mehr zu den Ultras, welche die Bindung des Königs an eine Verfassung ablehnten. Wie selbst Bonald nicht mehr, der die Verfassung akzeptierte, weil sie der König akzeptiert hatte und weil man als Royalist nicht gegen irgendwas sein könne, das vom Könige komme oder dessen Zustimmung gefunden habe.

Talleyrand ist gegen den spanischen Krieg, von dessen siegreichem Ausgang sich die royalistischen Romantiker wie Chateaubriand so etwas wie eine nötige Glorie für das Lilienbanner der restaurierten Bourbons versprachen. Er ist es nicht nur im Gespräch mit den Gleichgesinnten, wie dem Grafen Molé, dem General Sebastiani, Stanislas de Girardin und den »Doktrinären«. Er spricht am 3. Februar 1823 öffentlich in der Kammer gegen ihn, – indem er die historische Wahrheit fälscht, um seiner Stimme Aplomb zu geben. Er erinnert an seine Ministerschaft unter Napoleon und daß es ihm dessen Ungnade eingetragen, weil er ihm klug geraten habe, sich nicht auf einen Krieg mit dem spanischen Volke einzulassen. »Seltsame Fügung, daß ich nach so langer Zeit dem legitimen Souverän die gleichen Ratschläge geben muß. Der Wille ganz Frankreichs ist für den Frieden. Gesättigt von kriegerischem Ruhm schmeichelt es sich, unter der Regierung seines Königs in der Muße des Friedens alle die Leiden eines dreißigjährigen Krieges wieder gut zu machen. Worüber hat sich Frankreich zu beklagen? Daß die spanische Verfassung voller Unvollkommenheiten ist. Auch ich finde das. Aber seit wann haben sich benachbarte Völker autorisiert geglaubt, auf solche Weise von einer unabhängigen Nation die Reform ihrer politischen Gesetze zu verlangen? Was wird aus der Theorie von der Unabhängigkeit der Nationen? Welch kuriose Reformatoren, welche seltsame Lykurgusse diese hunderttausend Soldaten, denen bald ein anderes hunderttausend nachgeschickt werden wird! Was an mir liegt, werde ich tun, diesen politischen Donquixotismus zu verhindern, von diesen verwegenen und verrückten Leidenschaften das Werk der Klugheit und der Gerechtigkeit nicht kompromittieren zu lassen.«

Chateaubriand, der für »seinen Krieg« zittert, erzählt in seinen Erinnerungen, daß ihn vor solcher Macht der Lüge eine Art Grauen gepackt und er sich gefragt habe, ob er nicht träume. »Als der Hersager dieser unerschütterlichen Behauptungen von der Tribüne stieg und kaltblütig seinen Platz einnahm«, – da träumte Chateaubriand wahrhaftig, denn Talleyrand hatte so wenig wie Broglie, Dalberg und Molé die ihren seine Rede gehalten; es war nach Barantes und Darus oppositionellen Reden und der Antwort Villèles Schluß der Debatte angenommen worden, und Talleyrand mußte seine Rede durch den Druck bekannt geben.

Gedruckt las sie auch Louis XVIII. und wollte einen so einflußreichen Gegner des Krieges nicht in Paris haben; er empfahl ihm Ruhe auf dem Lande. Talleyrand tat als ob er nicht verstände. Der König mußte sich zu größerer Deutlichkeit bequemen und fragen: »Wie weit ist's von Paris nach Valençay?« Um darauf die Antwort zu erhalten: »Ich weiß nicht genau, aber es dürfte so weit sein wie von Paris nach Gent.«

Der Prophet irrte sich diesmal. Die militärische Promenade unter dem Herzog von Angoulême hatte in der Einnahme von Trocadero einen ganz hübschen Erfolg, wie ihn auch der Journalist Thiers aus seiner Kenntnis der spanischen Zustände gegen Talleyrands Meinung erwartete. Der vife, sehr von sich überzeugte und daher weder von einer Sache noch von einer Person einzuschüchternde Marseiller hatte sich in Spanien umgesehen und war mit sechsundzwanzig Jahren und hundert Francs in der Tasche in Paris eingetroffen. Im Salon bei Lafitte, wo die Linke sich bis in die radikalsten Schattierungen Paul-Louis Courrier und Béranger traf, sah er zum erstenmal den Fürsten, der sich auch aus einem anderen Grunde als Thiers' spanischen Kentnissen für ihn interessierte. Er hatte im »Constitutionel« einen enthusiastischen Artikel von ihm über Delacroix' Dante und Vergil in der Hölle gelesen, das im Salon ausgestellt bei Presse wie Publikum schärfste Ablehnung erfuhr. So wenig es auch Talleyrand bei seinem den Holländern geneigten Geschmack gefallen haben mochte, freute ihn doch solches begeistertes Lob seines natürlichen Sohnes. Er setzte es auch durch, daß das Bild, wie auch spätere Delacroix, für den Louvre angekauft wurde.

Es war ein seltsames Paar, das sich im Salon Lafitte über Spanien unterhielt. Der siebzigjährige, weißgelockte und gepuderte Fürst, unbeweglich auf seinen langen Stock gestützt, und der junge Thiers, nicht höher als einen Meter fünfzig, unbekümmert redend und gestikulierend, lachend und hüpfend, – dieser nach der Cannebière riechende und in ihrem Argot schwatzende Zwerg, der eine Revolution beschreiben, eine erleben, eine machen und eine niederschlagen wird, neben dem alten, mit seinen Worten sparsamen nach Moschus riechenden Diplomaten, der über der Vielfachheit seines Erlebens die starre Maske der Impassibilität trägt.

»Wir werden gegen eine Insurrektion zu kämpfen haben, also den schlimmsten Krieg. Schon damals habe ich das vorausgesehen, als ich Napoleon davon abriet, sich in die spanischen Affären zu mischen. So wird es wieder sein.«

Mit der ganzen Unbekümmertheit seiner sechsundzwanzig Jahre ist Thiers nicht nur einer andern Meinung, sondern er sagt sie auch; der erfahrene Greis kann ihn nicht einschüchtern. »Ich denke nicht so. Die Spanier haben eine schmerzlichbrennende Erinnerung sich davon bewahrt, was sie die Guerillas gekostet haben, an alle Plünderungen und Zerstörungen, deren Ursache sie gewesen waren. Sie werden die Wiederkehr der gleichen Übel nicht riskieren wollen. Sie werden das umso weniger wollen, als es sich dieses Mal nicht um ihre nationale Unabhängigkeit handelt, sondern bloß um ihre politische Unabhängigkeit. Die große Majorität wird den Eindringling eher als einen Befreier als einen Unterdrücker betrachten. Spanien ist eine erloschene Vendée.«

Von der Stunde ab war Thiers ein gern von Talleyrand gesehener Gast. Denn sein beiläufiger und weitläufiger Liberalismus enthielt in der Anlage auch dieses Keimblatt Thiers, das 1823 schon zwischen nationaler und bloßer politischer Unabhängigkeit unterschied.

Der selbe Thiers hat ein Wort Talleyrands überliefert, das er gern als Maxime für seine eigene politische Dickhäutigkeit zitierte, mit weit weniger Berechtigung als Talleyrand. »Ich bin«, sagte der Fürst, »ein altes Parapluie, auf das es seit vierzig Jahren regnet, – was macht mir da ein Tropfen mehr oder weniger aus?« Die Affäre Savary war ein Tropfen, nicht mehr mit dem Regenschirm aufzufangen; sein Träger mußte ihn beiseitestellen und ihn selber abwehren. Denn die Affäre Savary, als Polizeiminister unter Napoleon Herzog von Rovigo, bedeutete die Schuldfrage am Tode des Herzogs von Enghien.

Als der emigrierte Großvater des ermordeten Herzogs 1814 heimkehrte, war er achtzig Jahre alt und verwechselte Talleyrand mit seinem Onkel, dem Erzbischof; oder tat so aus verlegener Höflichkeit. Er starb vier Jahre darauf und sein Sohn, der Herzog von Bourbon, ließ sich in Chantilly nieder, auch schon ein alter Herr von sechzig und älter noch, da er vollkommen unter der Herrschaft einer Abenteurerin stand, die seine sogenannte Geliebte war. So tief konnte man nicht hinuntersteigen, sich direkt um diese Person zu bemühen; dafür fand sich ein Emigrations- und Hausgenosse des Herzogs, ein Graf Durfort, den Talleyrand einlud. Bei einem Souper, das der Graf sehr gut fand, beim Champagner, den er noch besser fand, erzählte ihm Talleyrand zum Falle Enghien das, was er an die herzogliche Geliebte weiter erzählt wünschte. Der Graf war überaus geschmeichelt, so wichtige Konfidenzen von dem berühmten Fürsten über eine so wichtige Angelegenheit zu hören zu bekommen: der Enghien habe am Abend vor seiner Verhaftung einen Brief erhalten, der ihn vor der Gefahr warnte, die ihm drohe; und diesen Brief habe er, Talleyrand, diktiert. »Das muß die Feuchères hören«, rief der Graf begeistert von der Neuigkeit. Und es blieb nichts anderes übrig, als die Feuchères, die herzogliche Geliebte, einzuladen und zu empfangen als ob sie die Prinzessin Condé selber wäre. Sie brachte es wie man wünschte dem Bourbon so gut bei, daß dieser sich bei Talleyrand dafür bedankte, sich so sehr bemüht zu haben, den Sohn zu retten. Talleyrand lud ihn auf Jagd nach Valençay ein und ließ sich dazu, da es seine erste Jagd war, ein Jagdkostüm machen. Die fünf Zeilen, die Talleyrand in seinen Erinnerungen für die Affäre Enghien übrig hat, konnten stehen bleiben, da weder von Chantilly noch von der Nachwelt etwas mehr zu fürchten war. Bis im Oktober 1823 dieser Auszug aus den Erinnerungen des Herzogs von Rovigo die Katastrophe des Herzogs von Enghien betreffend erschien als Antwort auf einen Zeitungsartikel vom 9. Oktober, der das Mémorial des Las Cases zum Anlaß nahm, sich über die Dunkelheiten des Dramas von Vincennes zu verbreiten und in diesem Zusammenhang Talleyrand, den Rovigo und Réal nannte. Talleyrand war so unvorsichtig gewesen, sich 1814 Savary zum Feinde zu machen, und der sah den Moment der Rache gekommen. »Es ist Zeit, daß jeder der Vater seiner Werke bleibe. Was mein Teil bei dem blutigen Drama gewesen, hat man gelesen; ich will nicht auch noch die Schuld der andern tragen, welche als die wahren Schuldigen sich unter den hohen Würden brüsten, die sie bekleiden.« Auf den Rat Royer-Collards – »unseres großen Nachbarn«, schreibt die Herzogin von Dino – begab sich Talleyrand sofort von Valençay nach Paris, um da die grandis epistola an den König zu verfassen, die im Anhang der Erinnerungen ihren Platz gefunden hat. Die Eingangsworte dieses Briefes, ‚Sie werden von mir nichts erfahren, Sire...', konnte der König nur bestätigen, denn er erfuhr nichts, als daß der König den Ankläger vor die Pairskammer bringen möge. Der König war klug genug, das nicht zu tun, sondern sich mit der Antwort zu begnügen, die er Villèle für den Fürsten gab: »Seine Majestät hat den Wunsch geäußert, daß, was vergangen ist, auch vergessen sei; sie nimmt davon bloß die dem Lande und seiner Person erwiesenen Dienste aus. Der hohe Rang, den Sie am Hofe einnehmen, Fürst, ist ein sicherer Beweis dafür, daß die Sie beleidigenden und bekümmernden Imputationen keinerlei Eindruck auf Seine Majestät gemacht haben.« Seinem Grand-Chambellan sagte der König, stets bereit, ihn zu frozzeln: »Aber haben Sie denn nicht immer einen Stock bei sich?« Um den Fall seines Gebrauches nicht eintreten zu lassen, verbot Louis XVIII. dem Rovigo die Tuilerien. Die Herzogin von Broglie schreibt an Barante: »H. von Talleyrand ist aus dieser Affäre weiß wie Schnee hervorgegangen: geben Sie zu, daß es für ihn ein außerordentlicher Glücksfall war, verleumdet zu werden.«

Ein neuer und noch ein neuer König

ALS GRAND-CHAMBELLAN assistierte Talleyrand dem wieder eingeführten großen Zeremoniell beim Ableben Louis XVIII. Da er, wie es sein Dienst verlangte, auch dabei war, als dem Sterbenden der Erzbischof von Rouen die Sakramente verabreichte, konnte er der besorgt fragenden Familie, ob der König wahrhaft im Schoß der römisch-katholischen Religion entschlafen sei, die beruhigende Antwort geben: Tout au plus convenablement.

Als Grand-Chambellan nahm er auch an der Königssalbung Charles X. in Reims teil, um die sich Louis XVIII. als der einzige bourbonische König immer gedrückt hatte, teils aus körperlicher Bequemlichkeit, teils aus Abneigung gegen alles Pomphafte, teils aus skeptischer Freigeisterei. Der neue König nahm das alles sehr ernst, da er in jüngeren Jahren ein etwas leichtfertiger Lebemann gewesen war. Was man von seinem hingegangenen Bruder nie behaupten konnte, trotzdem er sich noch in seinen letzten Jahren eine Mätresse hielt, aber mehr, um nach außen hin einen Deffekt zu verbergen, der ihn nach innen hin nicht weiter genierte; er war ein Eunuch gewesen.

Auch der neue König folgte dem traditionellen Brauch, durch Handauflegung das Wunder der Krankenheilung zu wirken. Talleyrand erinnerte sich der letzten Königskrönung, an der er als junger Kleriker teil hatte. Damals hatten sich im Hospital Saint-Marcoul so viele Skrophulotiker eingefunden, daß Ludwig XVI. zweitausendvierhundertmal die rituellen Worte sprechen mußte: Dieu te guérisse, le roi te touche. Karl X. brauchte sie nur hunderteinundzwanzigmal zu sagen, und der Grand-Chambellan mochte sich Betrachtungen darüber hingeben, ob dessen Ursache ein Rückgang der Skropheln oder des Glaubens sei.

Bei den Festen, die der Krönung in Paris folgten, konnte Talleyrand aus seiner Königsloge die Beobachtung machen, daß der neue König es mit der Sittlichkeit sehr gründlich vorhabe: die Damen vom Ballett hatten alle ihre Tütüs bis hinunter an die Fußgelenke verlängert. »Das Leben wäre erträglich, wenn es keine Vergnügungen gäbe«, meinte Talleyrand, etwas ermüdet wie der dreiundsiebzig Jahre alte Mann von allen diesen Zeremonien und Festen war. Er beeilte sich, nach seinem altgewohnten Bourbon-d'Archembault zu kommen. Den Winter mit der Herzogin von Dino und der alten schielenden Gräfin Tyszkiewitsch in der Provence zu verbringen, war eine beschlossene Sache. Dank der südlichen Sonne sah Talleyrand zehn Jahre jünger aus, als er wieder nach Paris zurückkam. Kurz vor seiner Abreise aus Marseille hatte er die Nachricht vom Tode des Kaisers Alexander erhalten. »Der Kopf dieses armen Alexander ist recht verwirrt worden von den revolutionären Phantomen, die Metternich schmiedete«, sagte er zu seiner ältesten Freundin, der Prinzessin von Vaudémont, – als sie im Jahre 1833 starb, konnte er einem Freunde schreiben, daß er mit ihr fünfzig Jahre lang in Freundschaft verbunden gewesen sei.

Der Schloßherr von Valençay wurde Bürgermeister des Dorfes; es war mit weit weniger Anstrengungen verbunden als seine Großkammerherrnschaft; auch nicht mit so peinlichen Pflichten wie dieser, daß er teilnehmen mußte an der Grundsteinlegung eines Gedächtnismonumentes für Louis XVI. auf der ehemaligen Place Louis XV., dem heutigen Concorde-Platz. Ein Augenzeuge berichtet, daß er während der ganzen Zeremonie isoliert stand wie ein Aussätziger und unbeweglich wie eine Statue.

Valençay war durch die Anwesenheit der drei Kinder der Herzogin und ihrer Hofmeister, Lehrer und Gouvernanten etwas lebhaft geworden, und Talleyrand kaufte in der Normandie ein kleines Schlößchen mitten im Walde, – »es erinnert mich landschaftlich an Deutschland und ist auch etwas feucht«, aber es war hinreichend für ein retiro in die Ruhe, zumal die Kinder der Dino, deren ältester fünfzehn war, die Jagd so liebten wie ihre Erzieher und sich dazu die Söhne des Nachbarn Royer-Collard einluden, und der alte Fürst zwar Kinder mochte, aber nicht deren Getöse. Auch aus der Jagd machte er sich gar nichts; als er hört, daß Charles eine Strecke von 1793 Stück Wild gehabt habe, meint er, so viel habe noch kein französischer König geschafft, – »welcher Fortschritt in der Zivilisation!«

Bei der Gedächtnisfeier für Louis XVI. und Marie Antoinette, die an diesem 20. Jänner des Jahres 1827 mit ganz besonderer Feierlichkeit in der Basilika Saint-Denis statthatte, bekam Talleyrand die Ohrfeige, berühmt geworden dadurch, daß sie eine richtige simple Ohrfeige war. Er hatte gerade die Herzogin von Angoulême, jetzt Madame la Dauphine, mit aller respektvollen Feierlichkeit eines Großkämmerers zur Portiere ihrer Karosse geleitet, – diese selbe Prinzessin und damals zwanzigjährige Tochter der Marie Antoinette, die ein Schriftstück, unter das er 1798 seinen Namen gesetzt hatte, la fille Capet nannte, – kaum war diese fille Capet eingestiegen, als sich ein Mann zwischen vierzig und fünfzig, der das Band der Ehrenlegion trug, durch die Sperre drängte und Talleyrand eine Ohrfeige gab, daß er stürzte. Die sehr geringen Folgen beseitigten einige Blutegel und drei Tage darauf war der Fürst wieder in der Pairskammer. Auf der Liste der Besucher, die Talleyrand mehr deshalb hielt, um aus ihr zu erfahren, wer ihn nicht besuchte, vermißte er in allen den Tagen den Namen des Polizeipräfekten Delaveau, der es mehr mit den Kongregationen und der Sittlichkeit hielt. Hatte er doch darauf gedrungen, daß man im Foyer der Oper die Pendüle während der Stunden der maskierten Opernbälle abstelle, weil sie nur dazu diene, daß sich verkleidete Liebespaare auf eine bestimmte Zeit bei ihr verabredeten. Als Talleyrand das hörte, sagte er: »Das heißt doch die Manie der Arretierungen etwas weit treiben, daß man sogar die Opernuhr von der Polizei arretieren läßt.«

Es war der Schnapphahn Maubreuil, der Talleyrand »den Faustschlag« gab, wie er die Ohrfeige dem König gegenüber bezeichnete: eine Brutalität konnte er zugeben, nicht einen Affront. Der Fürst erhob keine persönliche Klage, gab auch gegen die Wahrheit die Erklärung ab, daß er sich nur als Privatperson und nicht dienstlich in der Basilika befunden habe, denn auf Attentate gegen amtliche Personen im Dienst standen weit höhere Strafen. Immerhin bekam der Erpresser zwei Jahre Gefängnis. In seinen schriftlichen Eingaben und Reden vor Gericht gebrauchte er für Talleyrand immer die Bezeichnung »der diplomatische Astarot«, aber da hier die semitische Venus gar nicht am Platze ist, wird er wohl den Asmodeus aus Lesages ‚Hinkendem Teufel' gemeint haben.

Daß die politische Polizei überwachte, was bei Talleyrand ein- und ausging, und daß das schwarze Kabinett seine Briefe öffnete, hinderte ihn nicht, la petite politique de mon quartier zu machen, wie er einer Freundin kurz nach der Publikation der Geheimartikel des Dreimächtevertrages über die griechischen Affären schreibt. Die Post konnte lesen, daß Talleyrand sich von diesem Vertrag nur sehr wenig Hilfe für den griechischen Aufstand versprach. Aber auch dieses bekam sie zu lesen, was der Fürst seinem Freund Barante schreibt: »Wir haben gut daran getan, das Budget der Post zu erhöhen, denn das gibt die Mittel, einige Beamte mehr dafür anzustellen, die Briefe zu entsiegeln.« Und auch dieses: »Niemals noch war ich von Paris abwesend mit einem so schlechten Vorgefühl über die öffentlichen Affären. Ich fürchte, daß man uns trotz der allgemeinen Apathie in die großen Abenteuer der Revolution führt, wenn man sich verleiten läßt, die Zensur einzuführen. Das wäre das erste Glied einer Kette, die alles in den Abgrund reißt. Aber was dagegen machen? Ich wüßte in Wahrheit nicht, wer da etwas verlöre.«

Villèle wurde mit der immer aggressiver werdenden Kammer nicht fertig; in der Erwartung regierungsgünstiger Wahlen löste er sie auf; es gab einen Sieg der Liberalen und Villèle eine paar Wochen nach Navarin seine Demission. Der König beauftragte Martignac mit der Bildung des Ministeriums. Talleyrand war etwas erstaunt, daß Charles X. nicht an ihn gedacht hatte. Als nach ganz kurzer Dauer des Ministeriums Martignac der König das Ministerium Polignac bildete, war Talleyrand nicht mehr erstaunt, daß Charles X. nicht an ihn gedacht hatte, denn da dachte Talleyrand auch nicht mehr an Charles X., sondern an die jüngere Linie der Orléans, zu denen er immer, besonders zu Madame Adelaide, die ehrgeizige Schwester Louis-Philippes, die besten Beziehungen gehalten hatte. Jetzt zwangen ihn die Umstände, sie auch vorsichtige sein zu lassen, denn er tat das, was Chateaubriand als seine Tätigkeit bezeichnete, wenn er nicht Geschäfte machte: er konspirierte. Um sich und seine alten und jungen liberalen Freunde nicht zu kompromittieren, empfing er sie nicht, sondern ließ sie von der Herzogin von Dino als ihre Gäste empfangen: sie riskierte nichts, wenn sie sich in eine politische Intrige einließ. Die Gäste traten nicht mehr in das vom Fürsten bewohnte Entresol in der Rue Saint-Florentin, sondern begaben sich in den ersten Stock, wo die Herzogin ihre Appartements hatte. Auch zwei Zeitungen, die »Débats«

und der »Constitutionel«, standen ihm für das Versteckspiel zur Verfügung: er ließ ihnen kleine Notizen als ballons d' essai zukommen, pure Erfindungen, die mit den redaktionellen Kommentaren die Leser in einer gewünschten Richtung beschäftigen sollten. Aus dieser vierten und dritten Kulisse des Manövrierens trat Talleyrand in die zweite Kulisse vor, als Thiers, Mignet und Carrel gegen die Kampfansage des Kabinettes Polignac ihr eigenes Blatt haben wollten: zusammen mit Dalberg und Lafitte finanzierte er den »National« und wurde dessen geheimer Mitarbeiter. Die Behauptung Chateaubriands stimmt nicht ganz, daß Talleyrand für das Blatt nicht einen Sous gegeben und sich damit begnügt hätte, »den Geist dieses Journals zu beschmutzen, indem er in die gemeinsamen Fonds sein Kontingent Verrat und Verwesung lieferte«. Sie stimmt nicht, was den Sous betrifft. Was den Verrat und die Pourriture angeht, so bezieht sich das auf eine von den jungen Liberalen vertretene These, die allerdings von Talleyrand stammt; er hat sie schon 1814 gegen die Marquise de Coigny, die sich als strenge Legitimistin darüber entrüstete, vertreten: »Wir könnten patriotische Ideen und einen nationalen Thron mit dem Herzog von Orléans machen.« Später trat eine auch im »National« häufig betonte Analogie dazu: die englische Revolution von 1688, als Wilhelm von Oranien den Platz seines Schwiegervaters Jakob II. einnahm. Im »National« finden sich Sätze wie: »England war erst wirklich frei, als es im Jahre 1688 seine Revolution von 1640 vollendete.« Oder: »England war so wenig revolutionär im Jahre 1688, daß es, so weit möglich das alte Recht respektierend, die dem verstorbenen Herrscher verwandteste Familie suchte.« Um dieselbe Zeit, vier Wochen vor der Julirevolution, schreibt Talleyrand seinem Freund Barante: »Die Revolution in England hat über ein halbes

Jahrhundert gedauert. Die unsere ist erst in ihrem vierzigsten Jahr, ich kann also auf keine Weise mehr hoffen, ihr Ende zu sehen. Ich glaube nicht einmal, daß die weit jüngere Generation ihr Ende sehen wird und die es sehen werden, werden nichts zu lachen haben.« Und wenn er im selben Briefe schreibt: »Wir fahren einer unbekannten Welt entgegen, ohne Bussole und ohne Piloten und ohne rettende Planke«, so wird er sich über die Fähigkeiten des von ihm propagierten Thronkandidaten nur geringe Illusionen gemacht haben, immerhin einige und über die sich selbst erledigende ältere Linie Bourbon gar keine. »Im Augenblick, wo die Legitimität selber ihr Prinzip verrät, indem sie ihre Schwüre bricht, muß man das Heil Frankreichs im Zufall und mindestens, wenn das möglich, das monarchische Prinzip zu retten suchen, unabhängig von der Legitimität, in diesem großen Sturmwind, den sie erregt hat.«

Talleyrand konspiriert nicht bloß; er warnt auch. Sagt zu Vitrolles, dem Intimen Karls: »Geben Sie acht, der Herzog von Orléans tritt Ihnen auf die Absätze.« Oder zum König selber, der verärgert ausruft: »Ein König, den man bedroht, hat nur die Wahl zwischen Thron und Schaffot,« – die Bemerkung: »Sire vergessen die Postkutsche.« Und den König, der diese dritte Möglichkeit vergaß, brachte in der Tat einige Monate später die Postkutsche nach Cherbourg.

In der Nacht vom 25. auf den 26. Juli schlief die ahnungslose königliche Familie einen ruhigen Schlaf. Der Freund, der Talleyrand das berichtet, fügt hinzu: »Spielen Sie auf Baisse, man kann!« Er folgte dem guten Tip. Im Gegensatz zu Rotschild, der mit einem schlechten Tip à la hausse spekulierte.

Im Februar des Revolutionsjahres hatte er einem Freunde geschrieben: »Wir werden ja sehen, was aus den französischen Leidenschaften für die Freiheit und aus den französischen Neigungen für die Servitüde herauskommt. Gibts aus diesen beiden Dispositionen eine Mischung?« Es gab eine; man hielt sie für die richtige; etwas später hält man sie für die falsche; mischt aufs neue. Usw. Fest steht in diesen Zeiten des bürgerlichen Liberalismus nur die Börse; man tut gut, sich an sie zu halten; vorausgesetzt, man hat den richtigen Tip.

Am Nachmittag des 28. Juli vernahm man in der Rue Saint-Florentin Sturmläuten; es kam aus östlicher Richtung; die siegreiche Revolution hatte das Stadthaus gestürmt. Talleyrand sah auf die Kaminuhr; es war fünf. »Einige Minuten noch«, sagte er, »und Charles X. wird nicht mehr König von Frankreich sein.« Und er gab Auftrag, daß man von der Fassade des Palais die großen Goldbuchstaben entferne, die mitteilten, daß dieses Palais das Hotel Talleyrand sei. Er legte keinen Wert darauf, die Aufmerksamkeit der revolutionären Gamins auf den Mann zu lenken, der sich sechzehn Jahre zuvor für die Rückkehr der Bourbons so stark eingesetzt hatte. Das Sturmläuten hielt an. »Wir triumphieren«, sagt er. »Wer wir?« fragte Dorothé. Und Talleyrand: »Psst! Das werde ich Ihnen morgen sagen.«

Trotzdem man am 29. Juli in den Straßen noch schoß, war am Sieg des Aufstandes nicht mehr zu zweifeln. Und der Fürst schickte einen Eilboten nach Neuilly zur Familie Orléans mit dem mündlichen Auftrag, der Herzog möge sich sofort nach Paris begeben und an die Spitze der Bewegung stellen. Am 30. Juli verließ die königliche Familie ältere Linie mit dem König Saint-Cloud, und Talleyrand konnte sagen: »Nicht ich habe den König aufgegeben. Es ist der König, der uns aufgegeben hat.« Am 30. war Louis-Philippe in seiner Pariser Residenz, dem Palais Royal. Nicht da, sondern im Hôtel de Ville sei jetzt sein Platz, ließ dem etwas unsichern Orléans Talleyrand sagen, fast befehlen. Da stand er denn auch, auf dem Balkon, und etwas komisch verlegen, mit der Trikolore in der Hand und das alte Theatermöbel der Freiheit, La Fayette, zur Rechten. Zu seiner Linken hätte er gern Talleyrand gesehen; aber der fand es opportun, sich erst gratulierend einzustellen, als acht Tage später nach einer raschen Verfassungsänderung beide Kammern für Louis-Philippe I., König der Franzosen, votiert hatten und »mindestens das monarchische Prinzip« gerettet war, was für den Politiker gleichbedeutend ist mit dem Maximum des allein Möglichen.

33

Das letzte Amt

ALS DER HERZOG VON BROGLIE – er war schon 1815 für die jüngere Linie gewesen – den Vorschlag machte, daß sich zur Aufrechterhaltung der Tradition der neue König Philipp VII. nenne, war Talleyrand durchaus gegen ein solches Mißverstehen des Wesens der Monarchie. Die französische Krone war nicht mehr die Lilienkrone, sondern ein konstitutioneller Reif und Louis-Philipp König »nicht weil er ein Bourbon, sondern trotzdem er ein Bourbon« war. Das ließ er auch zwei Jahre später von London aus den König der Franzosen in sehr scharfen Worten wissen: »Der König weiß, daß ich nicht dynastisch gesinnt bin. Ich habe seit Ludwig XVI. allen Regierungen aus Verbundenheit an mein Land gedient. Ich habe diese Regierungen sofort verlassen, sowie sie die Interessen Frankreichs ihren individuellen Interessen opferten. Wenn der König auf Velléiteten der Familie hören will, darf er auf mich nicht rechnen.«

Die in der heiligen Allianz koalierten Mächte waren nur zu geneigt, die »Wiederkehr der Revolution« wie in den Tagen von Pillnitz zum Anlaß einer kriegerischen Interventionspolitik gegen Frankreich zu nehmen. Das wußte der alte Kenner von Revolutionen, der Talleyrand war, genau, daß man den Ausbruch von Revolutionen nicht hindern könne, aber in der Situation Frankreichs auf ein Minimum von Zeit einschränken müsse, aus außenpolitischen Gründen. Dem galt seine Vorsorge. Auch bei einer längeren Dauer der Revolution hätte er in England einen Stützpunkt gegen die anderen Mächte gehabt. Mit geheimen Aufträgen hatte er öfter sein anderes Ich, Montrond, über den Kanal geschickt, er hatte da »seine Freunde bei den Tories, seine Interessen bei den Whigs«. Da war nach Cannings frühem Tode noch immer der populärste Engländer Wellington sein bewundernder Freund, und Talleyrand konnte sich das vertrauliche Wort zu seinen englischen Kollegen erlauben: »Es gibt kein diplomatisches Frankreich mehr; ich bin nur ein Mann von einiger Erfahrung, der sich mit alten Freunden über die öffentlichen Angelegenheiten unterhält.«

Mit dem Julikönigtum hatte sich Frankreich von der heiligen Allianz, ihren politischen Zielen und Methoden gelöst – sie war immer Talleyrands »persönliche Feindin« gewesen – denn die gestaltenden Elemente, deren Symbolfigur der Barrikadenkönig war, die reiche und noch reicher werden wollende Bourgeoisie der Industrie, des Handels und der Finanz wollte Geschäfte machen wie die europäische Vormacht des Liberalismus. Sie war für eine Politik der Geduld und gegen kriegerische Unternehmungen, über die Problematik von deren Lösungen sie einige Jahrzehnte Erfahrungen hatte. Sie war durchaus für die Antwort, die der vor kurzem verstorbene Canning auf Troppau gab, auf Verona, die spanische Expedition, die metternichsche Zwangspolitik in Italien. Sie war ebenso für die rasche Niederschlagung der Chartistenbewegung wie für die Unabhängigkeit der spanischen Kolonien in Südamerika, für die Freiheit Griechenlands und die Freiheitsbestrebungen aller anderen europäischen Nationen mit dem Ziele eines eigenen Staatswesens, denn das förderte den Handel. Auch den mit Waffen.

Als der König Talleyrand die Londoner Vertretung antrug, lehnte er ab: sein hohes Alter von sechsundsiebzig Jahren gebe ihm das Recht auf Ruhe. Auch wußte er, daß Molé, der Minister des Auswärtigen, und einige Mitglieder des Ministeriums gegen seine Ernennung waren; manche, wie Laffitte, sagten es ihm in aller Freundschaft, daß sein Name wenig populär sei. Aber der König bestand darauf. Il tiendra le dé, sagte er von Talleyrand, der wohl meinen mochte, daß auch ein anderer, etwa Constant oder Guizot, die Geschäfte in London führen könne, sicher wie man nach allem der Sympathien des englischen Kabinetts war. Aber schon der unmittelbare Erfolg von Talleyrands Ernennung gab dem König recht: Nikolaus, der mit der Anerkennung Louis-Philipps vierzehn Tage lang hingezogen hatte, beeilte sich damit, als er im »Moniteur« die Nomination Talleyrands für London las. Daß sich der Fürst der neuen Regierung anschloß, sprach notwendigerweise für deren Dauer; der Zar wußte, daß Talleyrand seine Fortüne nur mit politisch sicheren Dingen verband.

Die Kanonen von Dover machten großen Krach, die Londoner Cockneys schrien im Spalier Hurra!, eine Ehreneskorte ritt neben der Kutsche, von Wellingtons Sohn befehligt, und Wellington der Vater war von seinem Landsitz in die Stadt gekommen, um seinem verehrten Freunde ein Empfangsdiner zu geben. Die große dreifarbige Kokarde, die der Fürst auf seinen runden Hut gesteckt hatte, legte er bald ab; wie er auch sehr rasch die drei jugendlichen Sans-Culotten nach Paris zurückschickte, nachdem sie ihren republikanischen Effekt getan hatten. Im etwas ungenügenden Personal des Botschafterpalais in Hannover-Square, das man ihm von Paris aus impostiert hatte, nahm er Veränderungen vor; nur Montrond behielt er wie immer bei sich, seinen »Talleyrand zu Pferd«, wie man diesen alter ego des Fürsten nannte, dem Montrond so sympathisch war, weil er so wenig Vorurteile und umgekehrt der Fürst dem Adjutanten so sympathisch, weil der gar keine Vorurteile hatte, wie sie sich einmal die Gründe ihrer wechselseitigen Sympathien erklärten. Der dem Botschafter wenig geneigte Palmerston erzählte von Montrond, daß der immer, wenn der Botschafter zu Besuch bei englischen Ministern sei, unten in Talleyrands Wagen sitze und auf die Börsentips warte, die ihm der Fürst gleich aus der Unterredung herunterbringe. So sicher waren die Tips auch nicht immer, wie man sie aus den Mitteilungen englischer Minister eigentlich erwarten mußte; im Jahr 1832 hat Talleyrand an einem Tag auf der Börse achthunderttausend Francs in französischen Renten verloren.

Die Herzogin von Dino, mit ihren sechsunddreißig Jahren im vollen Glanze ihrer Schönnheit, wäre ja lieber in Frankreich geblieben, aber die Zuneigung zu Talleyrand und mehr noch die Rolle als Quasi-Botschafterin entschieden, daß sie die vier Botschafterjahre des Fürsten in Hannover-Square als die Dame des Hauses verbrachte, mit gesellschaftlich nicht geringerem Erfolge als in Wien am Kongreß. Auf jede Nuance des Fürsten eingespielt, konnte sie ihm auch politisch von Nutzen sein; sie hatte da sogar einen hübschen Erfolg bei der russischen Botschafterin, der sehr kaustischen Prinzessin Lieven, die gegen Talleyrand so eingenommen war, daß sie auf eine Frage

William's IV., was sie von dem Fürsten hielte, zur Antwort gab: »Ich glaube, daß ein Mann, der fünfundsiebzig Jahre in der Intrige zugebracht hat, sein Metier mit sechsundsiebzig nicht vergißt.« Die Herzogin erreichte bei der Prinzessin so etwas wie eine wohlwollende Neutralität dem Fürsten gegenüber.

Man war in London von der Loyalität des Botschafters überzeugt, mit der er über die Politik des neuen Frankreichs als einer sprach, die das Gute und das Solide wolle und der alle Abenteuer fernlägen. Talleyrand glaubte einen praktischen Beweis dafür liefern zu können – zu müssen, wie er es mit den Umständen erklärte: Algier war als einziges Polignacsches Erbe an Frankreich gekommen, und was sollte damit geschehen? Talleyrand war, trotzdem er schon in frühen napoleonischen Zeiten vom Mittelmeer als von einem französischen Meer gesprochen hatte, für die Räumung: »es ist ein Rühmchen und kein Geschäft, kostet uns nur viel Geld und wir sichern uns durch die Räumung die alliance indeffinie Großbritanniens.« Molé war gegen Talleyrands Vorschlag, drohte mit seiner Demission, und Algier wurde französische Kolonie. England lag wenig an dem Faktum. Aber daß der Botschafter hatte nachgeben müssen, sprach nicht für eine unbedingte Autorität, die er bei seiner Pariser Regierung genießen mußte, wenn seine geäußerten besten Absichten Frankreichs mehr sein sollten als seine privaten Dafürhaltungen.

Talleyrand wußte, daß man ihm in Paris Schwierigkeiten machte; nicht nur im Kabinett; auch der König hatte seine bourbonischen Schwächen. In dieser kritischen Situation fiel er auf sein altbewährtes politisches Mittel: die Frauen.

Als er den Eilboten nach Neuilly schickte, den Orléans nach Paris zu holen, hatte Adelaide mit Tränen in den

Augen ausgerufen: »Der gute Fürst! Ich wußte, er würde uns nicht vergessen.« Talleyrand besaß das volle Vertrauen jener intelligenten Schwester des Königs, und was er diesem Wichtigstes zu sagen hatte, schrieb er mit Umgehung des Pariser Ministeriums an Adelaide; er wußte, daß sie jeden Satz mit jedem Nachdruck unterstützte.

Eine kleine Gruppe der Juli-Revolutionäre wollte die Revolution weitertreiben; sie bekam Zuwachs aus den Kreisen der radikalen Ultras, die der neuen Regierung Schwierigkeiten machen wollten; man hatte auch so was wie ein Ziel der weiterzutreibenden Revolution, das überaus patriotisch Savoyen, den Rhein und Revanche für Waterloo verlangte. Und als in Paris die Kunde von der Revolution in Brüssel eintraf, erregte sie großen Jubel bei den so sehr gemischten Revolutionären. Auch in den Kanzleien der heiligen Allianz war der gute Anlaß einer Intervention willkommen. Polignac hatte den Ausbruch der Revolution in Brüssel schon für das Jahr 1829 erwartet und sich um ein russisches Bündnis beworben, durch das er sicher war, Belgien für Frankreich zu bekommen. Der kleine Polignac wollte den großen Talleyrand des Wiener Kongresses durch einen neuen, von ihm geführten Kongreß an die Wand spielen, bei dem er noch einmal und im Sinne eines größeren Frankreich die europäische Geographie politisch aufteilen wollte: Belgien für Frankreich wie auch Savoyen, Sachsen und Holland an Preußen, die Moldau und die Walachei an Rußland usw.

Die Mächte der Allianz nahmen an, daß sich die französische Politik Charles X. unter Louis-Philipp was Belgien betraf nicht geändert habe; sie erwarteten die französische Unterstützung der Brüsseler Revolution. Preußen mobilisierte ein drittes Armeekorps am Rhein; der Zar versprach seiner holländischen Schwester 60.000 Mann.

Metternichs Kanzlei begnügte sich vorläufig mit guten Wünschen für das Gelingen eines so aussichtsreichen Krieges gegen die belgischen Insurgenten. Er wußte, daß Wellington und Aberdeen, die das Königreich der Niederlande als Schutzwall der festländischen Interessen Englands errichtet hatten, nie zulassen würden, daß Belgien französisch werde. Es war abzuwarten, wie sich Frankreich entscheide; seine Armee, die nicht mehr als 78.000 Mann zählte, konnte es nicht in die Waagschale werfen. Aber auch England konnte nicht einem Volke den Krieg erklären, das zur Wahrung seiner nationalen, politischen und religiösen Freiheit zu den Waffen griff. Die Holländer waren aus Brüssel abgezogen, Belgien erklärte sich unabhängig. Es war eine schwere Belastungsprobe sowohl des neuen Königtums als auch seines Londoner Botschafters. Beide hielten sie aus: Talleyrand erklärte in seiner Antrittsaudienz bei William IV., daß die französischen Interessen mit den englischen solidarisch seien im gemeinsamen Prinzip der Nichtintervention. Frankreich verzichtete sogar auf in Paris gewünschte, aber in London von Talleyrand nur formal vertretene Grenzberichtigungen, und es freute ihn, Adelaide die energische Antwort des englischen Staatssekretärs mitteilen zu können: »Nicht ein Krautgarten oder ein Weinberg darf Frankreich zugestanden werden, sonst ist das Prinzip preisgegeben und nur das mehr oder weniger der Zugeständnisse noch die Frage.« Ohne die Vollmacht des Außenministers, – es war bereits Sebastiani – sondern nur mit der Adelaides, ja mit dem Desaveu der französischen Regierung unterzeichnete Talleyrand die Protokolle vom Jänner 1831, die Belgien als neutralen Staat innerhalb der Grenzen von 1790 unter dem Schutz der fünf Mächte erklärten. Auch in der Wahl des belgischen Königs entschied Talleyrands Autorität gegen die französischen

Familienwünsche für Leopold Coburg, denn »Belgien ist das Opfer des Friedens nicht wert«, wie er an Adelaide schreibt.

Es war nicht nur der begreifliche private »Pazifismus« eines Greises, der in seinem Mannesalter eine fast ununterbrochene Kette von Kriegen erlebt hatte, welcher Talleyrand zu einer eher friedliebenden als kriegsgeneigten Politik veranlaßte. Auch als einer, der nächstens achtzig wird, hatte er nicht vergessen, daß das verhandelnde Wort die Grenze seiner Wirksamkeit erreichen kann und etwas mit den Waffen Lärm geschlagen werden muß, um das Nicht-mehr-gehört-werden des Wortes in Gottesnamen auf ein Gefühltwerden seines Inhaltes zu bringen. Er war nur vorsichtiger im Gebrauch dieses äußersten Mittels geworden, womit nicht gesagt sein soll, daß er je unvorsichtig mit ihm hantiert hat. Als im Verlauf der sich drei Jahre hinziehenden belgischen Affären die Holländer den Waffenstillstand kündigten, die Belgier schlugen und England die Hilfe weigerte, war Talleyrand durchaus mit dem Premier Casimir Périer einverstanden, daß französisches Militär die Holländer hinter die Demarkationslinie zurückwarf. Aber nicht war er mit Périer einverstanden, als dieser ohne Einwilligung des Papstes französische Truppen nach dem von den Österreichern besetzten Ancona schickte. Er schreibt dazu an Madame Adelaide: »Man glaubte damit, etwas angenehmes für die Opposition zu tun. Aber man soll ihr nicht zu gefallen suchen, denn man gefällt ihr nie.«

Im November 1834 trat Talleyrand von seinem Botschafterposten zurück, – »um nicht mit dem solve senescentem des Horaz hören zu müssen, daß ich zu lange gezögert habe«. Er hatte das herausgehört aus einer Antwort des jungen Herzogs von Orléans auf eine Frage

des Königs, welche Männer er berufen solle, und die ganz kurz lautete: »Alle jene, deren Namen ich nicht kenne.« Talleyrand gab dem jungen Mann recht, »denn ich bin alt und kränklich und es schmerzt mich, meine Generation verschwinden zu sehen. Ich bin der Mann einer andern Zeit und fühle mich in dieser fremd.« Es war nicht Palmerstons Rücksichtslosigkeit und Mißtrauen gegen Frankreich, die ihn als arbeiterschwerend zum Rücktritt veranlaßten. Es war auch nicht hohes Alter und Kränklichkeit der Grund, denn beides verminderte nicht den scharfen Blick dieses Greises, der fünfzig Jahre Politik gemacht hatte: er trat ab in der Stunde, wo der alte klassische Liberalismus, den er mehr mit Neigung als Bewußtheit vertreten hatte, in der Demokratie sein Kind bekam. Als er dem englischen Kabinett die Thronbesteigung Louis-Philipps mitteilte, sagte er, es sei »auf den einstimmigen Willen eines großen Volkes« geschehen. Und es hatte nicht einmal in den beiden Kammern eine Abstimmung darüber gegeben, denn die Majorität war sehr zweifelhaft gewesen. Was man »die großen Tage des Jahres 1830« zu nennen beliebte, fand Talleyrand in Erinnerung an den Brumaire »ein bißchen bürgerlich; dem allen fehlte ein bißchen der Zug der Eroberung«. An Gagern schreibt er im Jahre 1835: »... Ich habe die Geschäfte quittiert, weil es keine mehr gibt. Ich wollte einem Krieg zuvorkommen, ich glaubte, daß Frankreich im Bündnis mit England ihn unmöglich mache. Ich wollte außerdem für die Julirevolution das Droit de Bourgeoisie in Europa und die Welt über den Geist des Propagandismus beruhigen, den man unserer Regierung unterschob. Alles das ist geschehen und vollendet.« Zu Lamartine sagt er: »Im Jahre 1792 versuchte ich Mirabeau und Pitt zu versöhnen und zwischen dem liberalen England und dem revolutionären Frankreich eine Allianz zustande bringen als den Querbalken der Waage der Welt. Das Glück hat mir 1830 als mein letztes Werk meine Londoner Mission reserviert, wo ich die gleichen Prinzipien verteidigte wie damals.« Talleyrand hätte sich auch einer Rede erinnern können, die der zweiunddreißigjährige Abbé de Périgord im Jahre 1786 gehalten hatte und in der er den Satz sagte: »... auf die ewige uns unerschütterliche Basis des gemeinsamen Interesses die Allianz der beiden Länder Frankreich und England zu stellen, welche Allianz der Welt den Frieden bringt, und ohne die sie nicht aufhören werden, sich zu zerfleischen.«

Nun war seine alte Liebe in andere Umstände gekommen, und Talleyrand war enttäuscht und degutiert von ihr. Er sah als unvermeidlich voraus, daß die Reformbill die aristokratischeste Regierung der modernen Welt in ein demokratisches Staatswesen verwandeln würde, das seinem Wesen und seiner politischen Methode fremd und unzugänglich war. In einer seiner letzten Mitteilungen aus London schreibt er Louis-Philipp: »Was erwarten S. M. noch von England? Wir haben alles von seiner Allianz gehabt. Wir verdanken ihr die Erhaltung des Friedens, – jetzt hat sie uns nur mehr Revolutionen zu bieten. Das Interesse S. M. verlangt eine Annäherung an die Ost-Mächte.« Talleyrand sah die Möglichkeit immer mehr schwinden, den Satz vom »einstimmigen Willen des Volkes« mit einer Kopfbewegung zu begleiten, welche ein versammeltes Kabinett als »das Volk« streifte; er bemerkte schattenhafte Gestalten an der Wand des Saales, die beim Worte »Volk« lebendig wurden. Er war nicht sicher, ob das unvermeidlich auf dem einmal mit einer Verfassung beschrittenen Weg liege. Zur Prinzessin Lieven, die fand, daß dieser »große Spitzbube« – es war durchaus liebenswürdig gemeint – mit seinen achtzig Jahren einen esprit tout frais besitze, sagte er: »Die alten Regierungen! Sie sind die einzigen, wo für den Einzelnen Ruhe und Glück ist. Die Verfassungen sind Dummheiten; die Völker wollen sie nicht, denn sie besitzen den Instinkt der Erhaltung.« Aber zu Lamartine, den er als Dichter entdeckt hatte und schätzte: »Ich kenne mich in Menschen aus. Ich sehe weiter als mein Auge. Sie, Lamartine, werden eine große Rolle in den Ereignissen spielen, die folgen. Ich habe den Betrieb an Höfen gesehen – Sie werden die ganz anders imposante Bewegung des Volkes sehen. Lassen Sie die Verse, so sehr ich sie bewundere. Sie haben nicht mehr das Alter dafür. Formen Sie sich für den Redner; Frankreich wird Geschichte auf öffentlichen Plätzen machen. Ich habe den Mirabeau von früher gesehen, suchen Sie der Mirabeau von später zu werden. Er war ein großer Mensch; was ihm fehlte war der Mut zur Unpopularität. Was mich betrifft, bin ich unter diesem Betracht mehr Mensch als Mirabeau war. Ich liefere meinen Namen allen Interpretationen und Beleidigungen der Masse aus. Man glaubt mich unmoralisch und machiavellistisch, aber ich bin nur unempfindlich und verachte die Menge... Es gibt für den Staatsmann verschiedene Manieren der Anständigkeit. Ich weiß, die meine ist nicht die Ihre. Aber eines Tages werden Sie mich mehr schätzen als Sie jetzt denken. Meine behaupteten Verbrechen sind die Träume von Dummköpfen. Hat ein geschickter Mann jemals Verbrechen nötig? Nur für Idioten in der Politik sind sie die Ressource. J'ai eu des faiblesses, quelques-uns disent des vices, – mais des crimes? fi donc!«

»SEINE MUMIE war, bevor man sie in ihre Krypta hinabließ, für einen Moment in London ausgestellt als Repräsentant für den Königs-Kadaver, der uns regiert.« Chateaubriand versäumt keine Nennung des Namens Talleyrand, ohne ihn auf so liebenswürdige Art zu bekränzen. Nach den vier Jahren in London waren der hier überaus lebendigen Mumie noch vier Jahre Lebens vom Schicksal bestimmt, lebendigen Geistes bis zum letzten Atemzug, wenn auch seelisch in tiefster Melancholie. »Hier in Valençay arrangiere ich mein Leben auf Einförmigkeit. Ich bin nicht glücklich, nicht unglücklich; meine Gesundheit ist nicht gut und nicht schlecht; bin ohne Schmerz und ohne Krankheit; ganz leise werde ich schwächer und ich weiß wohin das führt; es bekümmert mich nicht und erschreckt mich nicht. Meine Affäre ist aus. Ich habe Bäume gepflanzt, ein Haus gebaut und auch manche andere Dummheiten gemacht; es ist Zeit, Schluß zu machen.«

Er zog das Leben auf dem Lande inmitten der berrichonnischen Wälder dem Leben in Paris vor, und die Herzogin, die das Palais in der Rue Saint-Florentin immer etwas bedrückt hatte, war glücklich darüber, obzwar sie auch das weitläufige Valençay »unheimlich« fand. Die wenigen Nachbarn kamen zu Besuch und waren willkommen, besonders der alte Royer-Collard. Besuche aus Paris waren glücklicherweise selten; denn die Entfernung betrug immerhin 265 Kilometer und die Straßen waren sehr abscheulich für das federlose Fuhrwerk und den, der darin saß. Öfter als Freunde trafen Todesnachrichten von Freunden ein »und wenn man mehr als achtzig ist, kommt einem jeder Altersgenosse als Freund vor«, schreibt die Herzogin von Dino in ihr Tagebuch.

Sie las dem alten Mann vor, sie schrieb ihm seine Briefe, sie sorgte sich um sein Seelenheil. Aber damit ließ sich der alte Mann Zeit, erfreute sich lieber am Anblick Paulinens, der sechzehnjährigen Tochter der Herzogin, der er, als sie zur ersten Kommunion ging, mit großer Zärtlichkeit den gewünschten Segen gab. »Bei einem Mann ist die Ungläubigkeit von schlechtem Geschmack, bei einer Frau ist sie ein Verbrechen«, meinte der »gute Onkel«, wie die kleine Minette ihn nannte. Aber mit dem Kirchlichen hatte er es nicht eilig. Er ging, der Dienerschaft wegen, mit der Herzogin zur Messe. Sah vage in die Luft. »Das muß dir doch Eindruck machen, Onkel, nicht?« – »Nein. Warum?« – »Wo Du doch selber Priester geweiht hast...« – »Ach, es waren nur ganz wenige, mein Kind.«

Das Leben auf Valençay war zwar durch die Gäste nicht einförmig, aber auch mit ihnen sehr langweilig; die Witzigsten verloren ihren Witz vor der melancholischen Schweigsamkeit des Schloßherren, in die er vor größerer Gesellschaft fiel. Die Herzogin, die sich verantwortlich für die Unterhaltung der Gäste hielt, arrangierte Liebhabertheater mit sich und ihrer Tochter in den Hauptrollen; man spielte die Femmes Savantes, den Advokaten Patelin. Und ohne jede Beziehung zur Musik, ließ Talleyrand aus Paris Musiker kommen, es gab Violine oder Horn mit Klavierbegleitung. Den meisten Gästen war die Jagdeinladung im Herbst lieber. Nur dem kleinen Thiers nicht, immer eifrig hinter dem Fürsten her in der Absicht, ihm die Geheimnisse der Politik zu entlocken, aber das mehrere selber redend. Und wenn er den Fürsten schon sprechen ließ, dann redete der von Frauen. Wie er auch sonst lebhaft in der Unterhaltung sein konnte, wenn es ihm paßte. Und beweglich, außer auf den Beinen, die ihn immer schlechter trugen; er besuchte seine Güter, seine Fabriken; nahm Einladungen zum Diner bei Freunden an wie bei Thiers, wo »die Gesellschaft etwas Directoire« war, wie er der Herzogin berichtet. Er bleibt durchaus bei seinen Gewohnheiten, denen er, inbegriffen die Eigentümlichkeit, daß bei ihm seit der Geburt jeder sechste Pulsschlag aussetzte, sein erreichtes hohes Alter zuschreibt: er ißt nach jeder Mahlzeit wic in der Jugend Briekäse und spült sich nach jeder Mahlzeit, unbekümmert um die Anwesenden, den Mund auf die Weise aus, daß er zwei Gläser Wasser durch die Nase einzieht. »Sehr gesund muß das sein«, hatte ihm in London die überaus vornehme Lady Jersey mit der Serviette am Arm wartend gesagt. »Aber sehr dreckig, sehr dreckig«, der sich schnaubende Botschafter.

Die Gräfin Mirabeau beschreibt den Zweiundachtzigjährigen: »Der Fürst hält sich sehr aufrecht in einem ungeheuren Fauteuil mit viereckiger Rückenlehne, einem Möbel von außergewöhnlichem Umfang und besonderer Form. Sein auf ein Taburet gestrecktes Bein läßt deutlich seinen runden kurzen Fuß sehen, einen richtigen Pferdefuß. Er trägt eine Art Überrock aus weißem Foulard mit chinesischen Ornamenten; seine weiße Krawatte reicht bis unters Kinn und die scharfen Spitzen eines stark gestärkten Kragens dringen bis in die Mitte seiner schlaffen Backen, deren Haut triste über die Krawatte hängt; seine langen und welligen Haare scheinen mit dem Brenneisen bearbeitet«.

So saß er da und sah er aus an jenem Dezembertage des Jahres 1835, als die Herzogin von Dino nach den Worten suchte, ihm mitzuteilen, daß die Fürstin Talleyrand im Sterben läge. Sie glaubte, die Nachricht müsse trotz allem einen tiefen Eindruck auf ihn machen. Aber er sagte gar nichts. Schwieg eine Weile. Um dann von ganz was anderem zu reden. Die Sterbende wohnte nur ein paar

Schritte weit entfernt von der Rue Saint-Florentin. Erst am anderen Tage sprach er davon. Aber es betraf nur die materielle Seite der Angelegenheit, die Vorbereitungen des Leichenbegängnisses, die Einladungen. Dann wurde er sogar lustig und pfiff sich eines. Ob ihn seine bevorstehende Witwerschaft so heiter stimme, fragte ihn die erstaunte Herzogin. Er schnitt ein Gesicht wie ein Junge, den man beim Spiel stört.

Er hat einmal der Herzogin das Unerklärliche seiner Eheschließung erklärt: »Das tat sich in einer Zeit der allgemeinen Unordnung. Man gab damals nichts irgend eine Bedeutung, weder sich, noch den anderen; man war ohne Gesellschaft, ohne Familie; alles machte sich mit völliger Sorglosigkeit, durch Kriege und stürzende Reiche. Du ahnst nicht, wie weit Männer in Verwirrung geraten können in großen Epochen der sozialen Zersetzung«.

Talleyrand hatte seine Frau seit der Trennung nicht mehr gesehen; zwanzig Jahre war das her. Er wurde nur manchmal an sie erinnert; auch dies war selten. So als der Onkel der asturischen Prinzen 1818 als spanischer Gesandter nach Paris kam und Talleyrand ihn herzlich begrüßte. Als jemand erstaunt darüber war, daß der Fürst dem früheren Geliebten seiner Frau nicht anders begegnete, meinte er, dieser Mann habe seine Frau ausgezeichnet beraten und er sei ihm dankbar dafür. Oder als sie nach ihrem Londoner zweijährigen Aufenthalt in Paris sich niederließ, Louis XVIII. meinte, daß ihn das nicht gleichgültig lassen dürfte, Talleyrand Majestät recht gab und daß er wohl auch seinen 20. März haben müsse. An einem 20. März hatte Napoleon nach Elba die Tuilerien betreten.

Als die Nachricht vom Tode der Fürstin eintraf, sagte Talleyrand nichts als: »Das vereinfacht meine Lage sehr«. Am Leichenbegängnis nahm er nicht teil; er hatte einen seiner jetzt häufigen Herzmuskelkrämpfe. Die Fürstin wurde auf dem Kirchhof Montparnasse begraben. Im Friedhofskataster des Jahres 1883 hieß es noch: »Grabplatte ohne Inschrift, umgeben von einem Gitter«. Heute ist nur mehr das Gitter da; geknickt und schief zäunt es einen kleinen Platz voll Unkraut ein.

Nicht oft erlebte mehr der Fürst so Erleichterndes wie den Tod seiner Frau. Da gab es den Krach mit dem dauernden Hausgast Montrond, dem alten Rheumatiker, dem plötzlich die Diener und die Weine, die Pferde und die Nachbarn, das von einem Carême zubereitete Essen und überhaupt nichts mehr recht war. Er verließ das Haus auf des Hausherrn indignierten Wunsch. Wochen später traf man sich auf der Straße. Montrond grüßt nicht. »Da sieht mans, wie schlecht ich ihn erzogen habe«, rief der Fürst. Und man versöhnte sich wieder. Unmöglich, sich von einem zu trennen, der vierzig Jahre lang wie ein Schatten neben einem hergelebt hatte.

Daß einer, dem fünfzig Jahre lang die Politik das tägliche geistige Brot gewesen war, im Greisenalter nicht einen Appetit nach anderer Nahrung bekommen konnte, ist bei Talleyrands völlig amusischer und unmetaphysischer Artung selbstverständlich; in seinem Leben hatte es nie weder Leidenschaften noch Interessen gegeben, die er sozusagen hintansetzen mußte und die, wenigstens die Interessen, er jetzt in der politischen Muße, froh sie zu genießen, verfolgen konnte. Ob Leidenschaften, ob Interessen, er hatte sie immer in seine politischen Geschäfte eingeordnet. Der einzige Unterschied gegen früher war, daß es jetzt nicht mehr seine politischen Geschäfte waren, die ihn interessierten, sondern die seiner politischen Freunde, Thiers vor allem, von dessen Fähigkeiten er außerordentlich viel hielt und dessen rascher Aufstieg er nicht dem Glück, sondern dem Talent des Marseillers zuschrieb. »Thiers n'est pas parvenu, il est arrivé«, erklärte er den erstaunten Zweiflern, als sich am 22. Feber 1836 das Ministerium Thiers konstituierte. Talleyrands Manövrieren hatte Thiers zum Ministerpräsidenten gemacht, seine Ratschläge versuchten ihn zu halten. Als das Ministerium einmal nur eine sehr schwache Majorität bei einem Vertrauensvotum hatte, tröstete der Fürst: »Sie müssen wissen, Teuerster, daß ich der moralisch diskreditierteste Mensch in Europa seit vierzig Jahren war, und ich war immer allmächtig in der Macht oder den Abend vorher, wo ich sie errang«.

Am 2. Februar 1837 notiert Talleyrand: »Dreiundachtzig Jahre! Ich weiß nicht, ob ich zufrieden bin, wenn ich die vielen vergangenen Jahre rekapituliere und womit ich sie ausgefüllt habe. Wie viel unnützes Tun! Unfruchtbare Versuche, verdrießliche Verrichtungen, übertriebene Emotionen, verbrauchte Kräfte, vergeudete Fähigkeiten, verlorenes Gleichgewicht, zerstörte Illusionen, erschöpfte Neigungen! Und was am Ende? Eine moralische und physische Ermüdung, eine völlige Entmutigung und ein tiefer Ekel vor dem Vergangenen. Es gibt so viele Menschen, welche die Gabe oder die Unfähigkeit besitzen, sich ihrer je bewußt zu werden. Ich habe nur allzusehr das Unglück oder die Superiorität des Gegenteils«.

Die Stunden, die sich die Herzogin von Dino auf ihr nahes Schlößchen Rochecotte beurlaubt, wenn Talleyrand auf Valançay residiert, werden immer seltener; man kann den alten Fürsten in dieser tiefen Depression nicht mehr allein lassen. Manchmal bringt sie ihre Besuche mit nach Valençay, so einmal Herrn von Balzac, der das Jahr zuvor einen Roman »Père Goriot« hat drucken lassen, worin in großer Anerkennung vom Fürsten die Rede war; sie hatte es ihm vorgelesen: »Ein Mann, der sich rühmt, niemals die Meinung gewechselt zu haben, ist ein Mensch, der es auf sich nimmt, immer die gerade Linie zu gehen, ein Tropf, der an die Unfehlbarkeit glaubt. Es gibt keine Prinzipien, es gibt nur Ereignisse; es gibt keine Gesetze, es gibt nur Umstände. Gäbe es Gesetze und Prinzipien, so änderten sich die Völker nicht. Und der Einzelne ist nicht gezwungen, weiser als eine ganze Nation zu sein... Dem Mann des Wiener Kongresses müßte man Kränze reichen und man bewirft ihn mit Kot«. Vielleicht würde sich der Fürst interessieren, die Bekanntschaft dieses bemerkenswerten Romanciers zu machen, der etwas ein politischer und gesellschaftlicher Snob war. Und Balzac bekommt die »tiefe und hohle Stimme« zu hören, diese »voix de basse-taille« Talleyrands, während er ihn »auf minutiöseste Weise beobachtet und examiniert«, wie die Herzogin aufschreibt.

Der Fürst ordnet seine Papiere; verfügt, daß seine Aufzeichnungen, die er Erinnerungen nennt, dreißig Jahre nach seinem Tode erscheinen; sie sind erst fünfzig Jahre nach seinem Tode erschienen. Er schreibt sein Testament auf, fügt ihm ein Manifest bei, in dem er einen kurzen Rückblick über seine politische Laufbahn gibt. Die Stelle über Napoleon ist erst im Jahre 1930 bekannt geworden: »Ich werde mich bis zu meiner letzten Stunde erinnern, daß er mein Wohltäter war; denn das Vermögen, das ich meinen Neffen hinterlasse, kam mir zum größten Teil von ihm. Meine Neffen sollen das nicht nur nie vergessen, sondern ihren Kindern und diese wieder ihren Kindern beibringen, so daß derart die Erinnerung daran sich von Generation zu Generation in der Familie perpetuiert und daß, falls je einer, der den Namen Bonaparte trägt, sich in einer Position de fortune befindet oder Hilfe und Beistand braucht, er solches geleistet bekomme von meinen unmittelbaren Erben oder von deren Deszendenz, jede Hilfe und Beistand nach deren Kraft und Können. Mehr als durch irgend sonstwas werden meine Nachkommen dadurch mein Andenken ehren«. Kein Wort derart über die legitimen Könige weder der älteren noch der jüngeren Linie. Talleyrand verpflichtete »zu seinem ehrenden Angedenken« seine Nachkommen zum Bonapartismus, – ein singularer Mensch verbeugt sich vor dem anderen singularen Menschen in der letzten übersichtlichen Stunde seines langen Lebens und alle anderen Figuren dieses Lebens verschwinden in das Nichts des Vergessenseins.

Als ein Gast in einem Salon des Faubourg Saint-Germain den Takt des Fürsten gegenüber dem Klerus rühmte, meinte jemand, er besitze sehr viel savoir-vivre. Und die fromme Tochter der Madame Staël erwiderte: »mais ce qu'il lui faudrait à present, c'est du savoir-mourir«.

Auch darin enttäuschte das vornehm-fromme Viertel Talleyrand nicht, wenn es auch lieber gesehen hätte, daß der Fürst in dieser Sache mit der Kirche und seinem Seelenheil von seinem Grundsatz ‚Nur kein Eifer', abgewichen und etwas Eifer gezeigt hätte. Aber eine so große Angelegenheit wie das Leben verlassen, dieses Übertreten der Schwelle, verlangte alles Zeremonial, das ihm zukommt. Was ihn die letzten Jahre beschäftigt hatte, mit sich in Ordnung zu kommen, das konnte durch Überstürzung nur verwirrt werden. Er betrieb seinen Frieden mit dem Fürsten des Jenseits wie er das mit den Fürsten des Diesseits gewohnt war, genau, vorsichtig, alle Möglichkeiten erwägend, Hintertüren bis zum Schluß offen haltend. Sich zu früh festzulegen, wäre ein Fehler gewesen; erst im letzten Moment wird Unterschrift und Punkt gegeben. Metternich mahnte beim letztenmal, als er Talleyrand in Paris sah, es war im Jahre 1825: »Vergessen Sie nie, daß Ihnen noch bleibt, der Welt ein großes Beispiel zu geben, – es wird detestabel oder heilbringend sein, je nachdem Sie die Entscheidung treffen«. Worauf sich Talleyrand auf die Bemerkung beschränkte: »Glauben Sie mir, mein lieber Fürst, ich weiß, was ich Gott und der Welt schuldig bin. Seien Sie also ganz beruhigt«. Und er blätterte in einem Buch, das in diesen seinen letzten Lebensjahren seine angebliche Lieblingslektüre sein sollte: die imitatio Christi, diese Aufrichtung der tiefsten Verzweiflung zum Kreuze, dieser Schrei zu Gott aus einer zertrümmerten Welt. Auch die Heiterkeit des Salve Regina liebte er; er hatte es nicht gekannt oder längst vergessen und war sehr erstaunt, als ihm die Herzogin von Dino sagte, daß es ein Gebet an die Madonna gebe. Talleyrand zog aus seiner Börse eine kleine Medaille mit dem Bildnis Mariae; Madame de Marbeuf hatte sie ihm vor vielen Jahren gegeben, bevor sie ins Kloster ging und Nonne wurde. Er zog die Medaille aus der Börse und sagte: »Wirklich, gibts ein Gebet auf die Madonna?« Er ließ sich die Worte des Salve Regina von der Herzogin lieber vorsagen als daß er sie selber sprach. Er fand, sein Organ habe dafür nicht die nötige Anmut.

Das Wettrennen seiner näheren Umgebung um das Verdienst, seine Seele gerettet zu haben – auch die fünfzehnjährige Pauline wurde dafür als eine Kleine, der der Fürst nichts abschlagen konnte, in den Dienst gesetzt – dieses Wettrennen sah Talleyrand mit einem kleinen Lächeln, aber es war ein verstehendes und nachsichtiges Lächeln, nicht ein skeptisches und boshaftes. Schlicht und simpel hatte er es in jenem Anhang zu seinem Testament hingeschrieben: »Ich erkläre zunächst, daß ich in der römisch-katholischen apostolischen Religion sterbe«. Er verstand, daß man diese Erklärung mit mehr Eklat, mit größerer Feierlichkeit und Assistenz wünschte; er billigte es sogar und fand es politisch sozusagen geboten und in Ordnung. Er wußte, daß diese kleine bescheidene

Form des Bekenntnisses für einen Mann seiner Öffentlichkeit und seiner Vergangenheit nicht genügte. Er hatte mit so großem Eklat unkirchlich gelebt und gehandelt, daß auch das Kirchlichwerden den entsprechenden Eklat verlangte. Aber wie das zu inszenieren, darauf verstand er sich weit besser als seine Umgebung. Er kannte den Bescheid, den der Erzbischof von Paris aus Rom erhalten hatte: »Wenn der Sterbende nicht offen den Empfang der Sakramente verweigert, kann man ihm nicht ein kirchliches Begräbnis verwehren«. Worauf es ihm allein ankam. Es handelte sich jetzt nur darum, einen Priester ins Haus zu ziehen, der dann in der äußersten Stunde zur Hand wäre. Im Auftrage Talleyrands lud die Herzogin den von ihr vorgeschlagenen Abbé Dupanloup zum Diner ein. Er schlug die Einladung aus: Talleyrand war ihm tief unsympathisch. »Der Refus erstaunt mich«, sagte der Fürst. »Man sagte mir, dieser Abbé Dupanloup sei ein Mann von Geist, – wäre er das, wäre er gekommen; er hätte begriffen, von welcher Bedeutung sein Eintritt in dieses Haus gewesen wäre«. Auf ein Billett Talleyrands kam einige Tage später der Abbé doch: »es ist ein Freitag und es gibt Fastenspeisen«. Die Tischunterhaltung, – es gab zwanzig Personen zu Gast – wurde von Talleyrand so erbaulich geführt, daß der ganz verblüffte Abbé bemerkte, Talleyrand hätte »nur das Kreuz auf der Brust gefehlt, um mich zu überzeugen, daß ich mit einem der verehrungswürdigsten Bischöfe von Frankreich spreche«. Nur als Talleyrand von Pius VII. sprach machte er eine kleine Pause: ihm war ein Wort des Papstes eingefallen: »Mag Gott mit seiner Seele was immer machen, ich liebe Herrn von Talleyrand sehr«. Beinah hätte er es zitiert; es lag ihm auf der Zunge; es da zurückzuholen gabs die kleine Pause. Am Abend dieses ersten Besuches sagte Talleyrand zur Herzogin: »Ihr Abbé gefällt mir: il sait vivre«.

Nachdem die fünebre Stunde im Dekor gestellt war, konnte der Vorhang vor der letzten Szene des weltlichen Lebens hochgehen mit aller großen Assistenz, die der Abgang eines grand prémier von der Bühne des öffentlichen Lebens verlangte.

Zwei Lakaien schleppten den Fürsten mehr als daß sie ihn führten die Treppe des Institutes hinauf. Er begegnete seinem alten Gegner Savary, ließ halten und gab ihm die Hand, – mit vierundachtzig hat man keine Feinde mehr. Oben an der Treppe erwartete ihn Mignet. »Der Fürst!« rief der Huissier, und das offizielle Frankreich, das jeden Platz des Saales füllte, erhob sich; bis auf die Damen, denn – Talleyrand mochte es bedauern – sie waren nicht da: es war noch nicht Brauch, daß sie zu den Sitzungen der Akademie zugelassen wurden. Nach den üblichen Formalitäten und einem kleinen Vortrag Naudets über die römische Literatur, erhob sich Talleyrand, um seinen Nachruf auf den Grafen Reinhard, eine ehemalige Null unter seinen Direktoriums-Kollegen, vorzulesen, »einen deutschen Tölpel«, wie Chateaubriand sagte, »über den sich der Redner lustig machte«. Talleyrand erinnerte daran, daß Reinhard als Tübinger Theologe begonnen hatte, wie Montesquiou, Sieyès, Fouché, La Besnardière, und wie die Theologie die beste Vorbereitung für die Diplomatie sei. Mehr als über die Rede staunte die Zuhörerschaft darüber, daß der Vierundachtzigjährige sie ohne Brille las. Und mit einer starken Stimme, die man bis in den letzten Winkel hörte. Als Talleyrand den Saal verließ, stand man Gasse. Und Victor Cousin gestikulierte und erklärte immer wieder aufgeregt: »Das war bester Voltaire«. Niemand sonst fand das. Denn es war bester Talleyrand gewesen, als er die Wahrheitsliebe und die Ehrlichkeit die besten Eigenschaften der Diplomatie nannte.

Die Rede hatte eine mittelmäßige Presse. Bloß die Notiz, die Stendhal in sein Journal schrieb, ist zu erwähnen: »3. März. Triumph des H. von Talleyrand. Die beste Entschuldigung der derzeitigen Gesellschaft: sie weiß nicht, was sie tut. Welche Immoral! Und dabei pretendiert diese Gesellschaft auf Moralität! Sie weiß nicht was sie tut«.

Am Abend der Akademiesitzung las Talleyrand seinen Nachruf auf Reinhard. Als er an eine Stelle kam, wo er von der »Religion der Pflicht« spricht, lächelte er und sagte zu seiner Nichte: »Religion der Pflicht... das wird dem Abbé Dupanloup gefallen«. Als der Name Chateaubriand genannt wird unter denen, die in der Akademie waren, und jemand bemerkt, daß er wohl, taub wie er ist, kein Wort verstanden haben dürfte, sagte der Fürst: »Ja, er hält sich für taub, seitdem er nicht mehr von sich sprechen hört«. Er war mit seinem triumphalen Abgang zufrieden und sehr aufgeräumt.

In diesen letzten paar Wochen kam der Arzt jeden Tag zweimal. Und die Intimen des Hauses verdoppelten bei diesem Zeichen ihre Anstrengungen um das ordnungsgemäße Seelenheil des Greises, der etwas unwillig über die nichts als weinerlichen Tröstungen die Herzogin anfuhr: »Wenn ich ernstlich krank werde, werde ich einen Priester verlangen... glauben Sie, daß der Abbé Dupanloup mit Vergnügen kommen wird?« Sie glaube wohl, aber zuvor müsse er wieder in die gemeine Ordnung zurückkehren, aus der er unglücklicherweise ausgetreten sei. »Aber was denn, was will denn Rom noch von mir? Warum sagt man mir nicht, was es will?« Er wollte nicht den Skandal eines unkirchlichen Begräbnisses; ihn zu vermeiden, war er zu allem bereit. Er bekam die drei für Rom schwierigen Punkte seines Falles zu hören: der Schwur auf die Zivilverfassung des Klerus, die Konsekration konstitutioneller Priester; über die zwei Punkte ließe Rom mit sich reden, aber der dritte, seine Verheiratung, sei der schwierigste, denn die Rückversetzung des ehemaligen Bischofs von Autun in den Laienstand unter Pius VII. sei erfolgt salva obligatione perpetuae castitatis servandae: darüber sei niemals ein Dispens gegeben worden, seit Bestand der Kirche.

»Wenn ich ernsthaft krank werde...«, so weit war es mit dem Sterbenden noch nicht, denn er unternahm eine Reise nach Nizza als erste Etappe einer Reise ad limina Apostolorum, um mit dem Papste persönlich zu sprechen. Er kam nicht so weit und er mußte sich mit einem Briefe an Gregor XVI. begnügen. Der Erzbischof von Paris gab ihm die nötigen kanonischen Korrekturen, und Talleyrand konnte, nun des kirchlichen Begräbnisses sicher, sterben.

Er brauchte vier Tage dazu. Die beiden Schriftstücke, welche seinen Frieden mit der Kirche stipulierten, den Brief an den Papst mit den Korrekturen und eine kanonische Abschwörungsformel seiner Vergehungen behielt er in der Tasche, – er unterzeichnete sie erst im letzten Augenblick, nicht früher, so sehr man ihn damit bedrängte. Er hatte einmal gesagt: »Die Zeit, die man sich mit einer Depesche läßt, verdirbt sie niemals«.

»Und wenn Ihre Hand zittert, Fürst?« fragte der Abbé. »Seien Sie versichert, sie wird nicht. Morgen zwischen fünf und sechs Uhr früh werde ich unterzeichnen. Dann ist es so weit«. – »Ich kann also hoffen...?« – »Nicht hoffen, Abbé, es ist Gewißheit«.

Um sechs Uhr früh des anderen Tages ließ sich Talleyrand von der Herzogin noch einmal die beiden Dokumente vorlesen; er hörte schweigend zu; ließ sich die Feder reichen und setzte seinen vollen Namen darunter, wie unter einen großen Vertrag: Charles-Maurice, Prince de

Talleyrand. Außer dem Priester und den Verwandten waren sieben Zeugen anwesend.

Gegen Abend kam der König. Der Fürst stellte ihm die im Sterbegemach Anwesenden vor: seinen Neffen Valençay, den Doktor Cruveilhier und den Kammerdiener Elias. »Ihr Besuch ist eine große Ehre für mein Haus, Sire...« und dann »ich leide Höllenschmerzen«. – »Schon?« soll der König leise gesagt haben, der nur ein paar Minuten blieb.

Nach zwei Stunden erwachte er aus einer Ohnmacht. Der Abbé Dupanloup empfing die Beichte des Fürsten, der sich etwas aufgesetzt hatte und sich krampfhaft an den Händen des Priesters festhielt. Dann betrat die Familie das Sterbezimmer; Dupanloup reichte die Hostie und gab die letzte Ölung. Als er ihm die Handflächen salben wollte, schloß Talleyrand die Hände und sagte: »Vergessen Sie nicht, Herr Abbé, daß ich Bischof bin«. Neunundfünfzig Jahre zuvor hatte er diese bischöfliche Ölung empfangen.

Eine Stunde danach konnte sich die kleine Menge, die in einem Nebensalon darauf gewartet hatte, die Nachricht vom Tode des Fürsten ganz frisch zu bekommen, eiligst entfernen, um sie an ihre Bekannten, die nicht so glücklich waren, weiterzugeben.

Der Fürst von Talleyrand war nachmittags um halb vier Uhr gestorben; man schrieb den 17. Mai 1838. Am 22. Mai drängte sich die Menge um die Auferstehungskirche, das pomphafte Schauspiel der Leichenfeierlichkeit zu sehen. Am 5. September empfing die Gruft der Schloßkapelle von Valençay den balsamierten Leichnam. Es hatte offizielle und inoffizielle Grabreden gegeben; die letzteren sind nicht nur kürzer. Ein alter Emigrant hielt die seine: »Après avoir roulé tout le monde, il a voulu finir par rouler le bon Dieu«. Ein Kammerdeputierter:

»Je ne crois plus à aucune conversion, pas même à celle de la rente«. Frau von Girardin: »M. de Talleyrand est mort en homme qui sait vivre.« Und Thiers: »Le Prince de Talleyrand a gâté toute sa vie par cette capucinade«. Der alte Pozzo di Borgo: »Der Fürst hat seinen triumphalen Einzug in die Hölle gehalten. Er wurde da sehr höflich empfangen. Satan selber erwies ihm alle Ehren, konnte aber doch die Bemerkung nicht unterdrücken: ‚Fürst, Sie haben meine Instruktionen überschritten'«. Daß Chateaubriand bei den inoffiziellen Reden nicht fehlte, ist selbstverständlich. Seine Rede ist etwas lang, trotzdem sie nach dem Redner selber ganz kurz sein müßte, denn er sagt: »Die Menschen mit Pestbeulen ähneln den Scheuelgerippen der Prostituierten: die Geschwüre haben die Körper so sehr zerfressen, daß sie einer Dissektion nicht mehr dienen können«, – um dann doch diese Dissektion in vielen Sätzen vorzunehmen.

Der »mißbrauchte Priester«, wie Chateaubriand den Abbé Dupanloup nennt, begnügt sich als christlicher Priester damit, an die Parabel vom Arbeiter der elften Stunde zu denken. Tiefer in dem Akt Talleyrand zu blättern, hat er, durch sein Amt nicht dazu berufen, keinen Anlaß.

DER BIOGRAPH hat im Akt dieses Lebens tiefer blättern müssen als der Priester, aber auch ihm setzte die Fiktion, die nötige, eine Grenze: daß ein Leben sich als ein Ganzes darstelle, dessen Einzelnes untereinander regelrecht durch Ursache und Wirkung verbunden sei und dadurch das Ganze dieses Lebens erkennen lasse. Ohne diese fiktiöse Annahme ist aber kein Leben zu beschreiben. Denn die Zufälle, die ein Leben beherrschen, unterstehen keinem Gesetz. Nur der Glaube entscheidet sich dafür, daß jedes Leben nach einem Nomos ablaufe. Um zu entscheiden, wer »recht hat«, Holofernes der Tyrann oder Judith, muß man glauben, daß die betulische Magd ihr Schwert von Gott in die Hand gedrückt bekommen hat. Immerhin: der Zufall ist nicht blind. Auf den halben Weg kommt ihm der Mensch entgegen. Der Wind wirft nur die reifen Früchte von den Bäumen.

Man hat Talleyrand Prinzipien abgestritten, indem man gerade aus ihrem Nichtvorhandensein seine überaus große und langwährende Geschicklichkeit zu erklären versuchte, sich unter den verschiedenartigsten Regierungen zu behaupten. Aber wenn man ihm die Prinzipien abspricht, nimmt man ihm die Voraussetzung seiner politischen Aktivität überhaupt, die auch in keiner anderen menschlichen Tätigkeit eine Routine im Leeren ist. Man ist ja nicht gezwungen, sich an das zu halten, was Talleyrand in seinen Erinnerungen als das politische Prinzip angibt, mit dem er auf die Nachwelt kommen will. Zum Exempel sein immer wieder betontes Interesse Frankreichs, die Liebe zum Vaterlande. In der Unvorstellbarkeit dessen, was diese Liebe zum eigenen Lande beinhaltet, braucht und als notwendig fordert, wird der dümmste Wirtshausfanfaron seinem Geschwätz als Begründung seinen leidenschaftlichen Patriotismus finden. Eine Gefühlshaltung ist aber kein politisches Prinzip, und Liebe zum eignen Land und Volk kann, weil sie nichts als ein Gefühl ist, zu den heroischesten und stupidesten Handlungen führen, sehr selten zu politischen. Talleyrand auf seinen Patriotismus als Prinzip seines politischen Handelns festlegen, würde es jenen leicht machen, die das Vorhandensein eines Prinzipes bei ihm bestreiten, denn sie könnten auf vieles hinweisen, wo Talleyrand gar nicht als ein Patriot gehandelt hat, der vor allem Frankreich liebt. Sie könnten z. B. hinweisen, daß er es nicht mit einem Worte kritisierte, als die restaurierte Familie Bourbon ihre Ausgaben während der Exils sich von der Dette publique rückzahlen ließ, einen Betrag von immerhin hundert Millionen in alter Goldmark, den das sehr erschöpfte Land nur durch die schärfste Besteuerung aufbringen konnte.

Es erfährt aber das, was einer die Interessen seines Landes nennt, immer die Einschränkung auf das, wohin er selber als Zugehöriger eines Standes, eines Berufes, einer Klasse das Schwergewicht dieser Interessen legt, und nur in dieser sich von selber ergebenden Determination bekommt die Vaterlandsliebe politische Bedeutung als Kampf der Parteien, auch der extremsten und radikalsten, die »das Vaterland« überhaupt abschaffen wollen, weil sie in dieser Abschaffung einen großen Vorteil für das Volk ihrer Sprache sehen. Nicht weil sie »international« sind, wollen die kommunistischen Parteien eine Änderung des Wirtschaftssystems, sondern weil sie nur in dieser Änderung das Mittel erblicken, daß sich das Volk ihrer Sprache überhaupt als ein kultureller Wert erhalte.

Was der Wissenschaft nicht gelingt, ist Tagwerk des praktischen Lebens: die Quadratur des Kreises. Nur oppositionelle Parteien können es sich leisten, in ihrer Kritik der Regierung wie in ihren Versprechungen prinzipiell zu sein, – wenn sie eine Regierung von auch nur einiger Dauer etablieren wollen, müssen sie sich konform dem praktischen Leben, das aus quadrierten Kreisen besteht, verhalten: sie müssen Kompromisse machen. Die Monarchie Charles X. ist daran zugrunde gegangen, daß sie keine Kompromisse machte und vom Straßenbettler die Legitimation eines Beichtzettels verlangte.

Auf hundert Genies in anderen Bereichen geistiger Aktivität kommt ein politisches Genie, und auch dieses steht immer in Diskussion. Vielleicht liegt dies daran, daß es nicht eine die Jahrhunderte überdauernde Leistung aufweisen kann: daß es von »dieser« Zeit und von »diesem« Lande bedingt die von ihm immer nur eingeschränkt zu lösende Aufgabe weitergibt als welche ist: alles zur Erhaltung seiner Nation zu tun, was es für richtig und nötig hält. Ein wesentlicherer Grund dafür, daß das politische Genie immer diskutabel bleibt, scheint mir aber zu sein, daß im Gegensatz zu dem Extraordinären jedes andern Genies das seine gerade darin besteht, nicht nur nicht extraordinär zu sein, sondern so ordinär wie das Leben selber, das unausgesetzt damit beschäftigt ist, Kreise in Quadrate zu verwandeln: in nichts anderem besteht das Genie des Politikers als daß es sich genau wie dieses praktische Leben zu verhalten sucht. Der Kompromiß zwischen dem Unmöglichen eines Prinzipes und den Gegebenheiten des Lebens schafft das Mögliche, als welches das Politische ist. Es ist nach einem Worte Voltaires dem armen Manne der Masse gänzlich gleichgültig, ob er von einem Löwen oder von hundert Ratten gefressen wird. Der romantische Chateaubriand behauptete, der einfache Mann zöge es vor, von einem Löwen gefressen zu werden, und er war für die letzten Bourbons, trotzdem er sie nicht für Löwen hielt. Talleyrand hing eher Voltaire in dieser Sache an, und war Monarchist nicht aus prinzipiellen, sondern aus taktischen Gründen, wie sie sich für das nachnapoleonische Frankreich allein ergaben, wenn einem an der Existenz Frankreichs etwas lag. Bei dem Berner Haller und seinem Schüler Bonald war die Legitimität ein Prinzip; für Talleyrand war sie nur das einzig mögliche Rettungsmittel in einer bestimmten außenpolitischen Situation Frankreichs.

Wenn Talleyrand sagte, er passe nicht mehr in diese Zeit und pessimistisch von der aufkommenden Demokratie dachte, so sprach er das nur als der alte Mann, der er war, nicht aber als das politische System, das er vertrat. Elastisch wie dieses System des bürgerlichen liberalisierenden Konstitutionalismus war, hätte sich Talleyrand auch mit 1848 und dem Staatsstreich des zweiten Napoleon abgefunden, ja sogar mit der dritten Republik: auf dem Verhandlungstisch des ersten Versailler Friedens von 1871 lag noch immer die politisch-geographische Karte Europas wie sie Talleyrand manipuliert hatte; sie zeigte nur sehr wenige Veränderungen im außenpolitischen Potential. Sein Ende hätte der Geist Talleyrands erst mit dem Ende des Jahrhunderts gesehen, das er ausdrückte: des neunzehnten. Mit dem von ihm selber etwas protegierten Erben des bürgerlichen Liberalismus, der Demokratie und allen ihren Begleiterscheinungen, hätte sich dieser Geist nicht mehr abfinden, er hätte mit dem klassischen Liberalismus nur verzichten und untergehen können.

Albert Thibaudet macht in einer Betrachtung über den zweiten Versailler Frieden eine interessante Feststellung. Wilson kannte die europäische Geschichte nicht, die Unkenntnis Lloyd Georges in dieser Materie war sprichwörtlich und Clemenceau war nur vertraut mit der französischen Geschichte soweit er sie erlebt hatte: zweites Kaiserreich und dritte Republik. Man benötigte eine Equipe von Kennern der Materie, und bestellte sie in Cambon, Tardieu, Berthelot, Kammerer, Sérruys. Sie hatten die »mémoires à consulter« auszuarbeiten und gehörten alle der diplomatischen Generation zwischen 40 und 60 an, die an der École des Sciences Politiques bei Albert Sorel, der letzten Größe des liberalen Historismus, gelernt hatte. Unerschüttert von Nietzsches Unzeitgemäßer Betrachtung wie von ihres Landsmannes Cournot gleichzeitiger Schrift gegen den Historismus, hielten diese Legisten von Versailles daran fest, daß die ‚Lehrmeisterin Geschichte' profitable Unterrichtsstunden gebe, die das klassische Geschichtswerk ihrers Lehrers Sorel »Europa und die französische Revolution«, ein für allemal enthalte. Man habe sich nur nach dem Hauptsatz dieses Werkes zu richten, daß sich weder politisch noch geographisch die großen Linien Europas zwischen 1648 und 1815 geändert hätten und von 1815 bis heute nur manchmal gebrochen wurden, aber immer wieder zu dem Europa zurückgefunden haben, das ‚das wahre Europa' ist: das Europa Talleyrands.

Für die französischen Legisten des zweiten Versailler Friedensvertrages waren zwei historische Erinnerungen richtunggebend: die bourbonische Idee des westfälischen Friedens, den Frankreich schloß, und der Frieden von Utrecht und der von Wien, die gegen Frankreich geschlossen wurden. Die französische Diplomatie in Versailles mußte also, klassisch-historisch erzogen wie sie war, den Geist von Münster und Osnabrück aufnehmen, vermehrt um die Nationalitätenidee des dritten Napoleon, für die sich als ihr Champion Clemenceau einsetzte, natürlich nur in dem Maße als diese Nationen nicht gegen Frankreich funktionieren.

Man hatte im zweiten Versailles den Geist und das Europa Talleyrands beschworen, um etwas zu beweisen, das keines Beweises mehr bedurfte: daß es das Europa

Talleyrands nicht mehr gibt. Da der zweite Versailler Frieden auf der falschen Voraussetzung ruht, daß es dieses Europa Talleyrands noch immer gebe, kommt er nirgends mit dem wirklichen Europa zurecht, weder mit dessen innerer Struktur noch mit dessen bescheidener gewordenen Stellung unter den andern Kontinenten.

Schon dieser Umstand, daß man 1920 den Geist Talleyrands in eine Welt beschwor, die alles andere, nur nicht dieses Geistes mehr war, würde es rechtfertigen, daß man über Leben und Wirken dieses Mannes einen Bericht gebe.

Dem Biographen dürfte es allerdings nicht gelungen sein, für seinen Helden Sympathie zu erwecken über jene allgemeine Teilnahme hinaus, mit der man das Leben alles Kreatürlichen begleitet. Auch jenes Minimum von Sympathie nicht, das sich unwillkürlich bei Biographen für ihre Helden einzustellen pflegt, teils als Rechtfertigung dafür, daß sie sich mit deren Leben beschäftigen, teils aus einem Bedürfnis, die Neugierde nach einem interessanten Leben zu einer anständigen Neugierde dadurch zu machen, daß sie ihr ein bißchen Liebe beimischen. Diese autorlichen Sympathiegefühle für ihre Helden erwarten, daß sie sich dem Leser suggerieren; selten wird diese Erwartung enttäuscht.

Sympathie für eine Figur wie Talleyrand kann eigentlich nur ein Menschenverächter empfinden, der von der Menschheit die Meinung hat, sie sei halb Kanaille, halb Idiot, und also findet, daß sie zu Recht Figuren wie Talleyrand verdiene, die dem Rechnung tragen. Des Biographen Meinung über die Menschheit ist nicht ganz die solcher schwarzer Menschenverächter. Aber sie könnte sich mit dem Satze Bertrand Russels, dem mildesten dieser Gattung Menschen, umschreiben, der etwa lautet: »Die Menschen tun das Gute, soweit man sie zwingt, es zu tun, und das Schlechte, soweit man nicht die

Talleyrand

Madame de Dino zur Zeit von Talleyrands Tod

Macht hat, sie daran zu hindern.« Mit einigen Abstrichen vom Moralisierenden dieses Satzes und Zufügungen aus der Sphäre des Vernünftigen, respektive Unvernünftigen wird er die Meinung des Biographen ausdrücken oder besser gesagt dessen Haltung. Denn da er nicht die Leidenschaft aufbringt, diese Meinung nachdrücklich zu machen, bleibt sie ebenso wert- wie wirkungslos innerhalb der Gemarkung eines gelassenen Dafürhaltens.

Daß die Figur Talleyrand nur einem ausgemachten Zyniker sympathisch sein kann, das liegt durchaus nicht an den Charaktereigenschaften des Mannes, sondern an dem spezifischen Gebrauch, den er davon macht und dadurch das wird, was er war: das Musterbeispiel des vollendeten Politikers in dessen diplomatischer Abwandlung. Und: unter gar keinen Umständen ist die Lebensgeschichte eines Diplomaten Sympathie weckend, denn die Tätigkeit kann es nicht sein, der dieses Leben in allen seinen Äußerungen dient.

Ist es auch dann nicht, wenn der Diplomat sein persönliches Spielinteresse mit Betonung zu den »Interessen seines Landes« erweitert, wie es ja jeder tun wird, obwohl es ganz überflüssig ist. Denn daß er den Baum nicht an- oder absägt, in dessen Geäst er es sich bequem macht, ist ein selbstverständliches aber nicht weiter als besonders patriotisch zu qualifizierendes Tun. Irgendwo muß er ja sicher sitzen, wenn er hohes Spiel spielen will. Und das tut der Diplomat immer und auch dann, wenn er, wie es zuweilen vorkommt, sich auf den lieben Gott beruft als den unmittelbaren Inspirator dessen, was die Interessen des Volkes, Landes oder Staates verlangen. Nun kann man wohl mit Interesse das Spiel zweier Schachspieler verfolgen, aber daß dieses Interesse die Sympathie für den blonden Bart des einen Spielers auslöse, ist nur bei einer etwas hysterischen Frau denkbar.

Talleyrand konnte von seinen Charaktereigentümlichkeiten keinen andern, jedenfalls keinen besseren, das heißt ihm lebhaftes Vergnügen schaffenden Gebrauch machen als indem er das wurde, was er war: ein Politiker in der diplomatischen Nuance. Er hat es nicht als Beruf gelernt – er ist nur in subalterner Tätigkeit einer, den man lernen kann –, sondern er hat nichts als seine persönliche Artung sich auswirken lassen.

Wenn auch die drei Jahrhunderte nicht um sind, von denen Talleyrand erwartete, daß sie sich mit ihm beschäftigen, so doch hundert Jahre: und immer noch besteht die Notwendigkeit, sich mit ihm zu beschäftigen, nicht nur um seines Lebens willen und der Neugierde darnach, sondern weil er den Typus des Diplomaten in seiner Vollendung darstellt. Denn dieser Typus besteht immer noch trotz des ganz sinnlosen Schlagwortes vom »Ende der Geheimdiplomatie« und ist weiter die große Attraktion der Snobs, daheim und in Genf, wo die Versammlung der Gesandten und Botschafter, die sich Völkerbund nennt, jedes Jahr das große gesellschaftliche Ereignis bildet, das sich der erregten Sympathien der internationalen Gesellschaft erfreut. Aber nur dieser. Denn die paar Schwärmer, welche dieses Institut wie auch dessen Ableger, den Haager Gerichtshof, für das letzte Heilmittel hielten, sind längst ausgestorben.

Auch in den Jahrhunderten der geheimen Diplomatie hätte man kein geheimes Wesen aus Affären gemacht, deren Parteien zu schwach waren, um wichtig zu sein. Es ist also kein Beweis, daß der Völkerbund sozusagen offene Diplomatie treibt, wenn er einen Streit Schwedens mit Finnland um ein paar Inseln schlichtet oder einen zwischen Ungarn und der Tschechoslowakei um einen Grenzstrich von ein paar Kilometern in großer Öffentlichkeit behandelt und erledigt. Aber die Genfer Diplomatie wird sofort geheim, sowie es sich um Wichtiges handelt, also um etwas, das die im Völkerbund herrschenden Großmächte angeht. Da verwandelt sich das sichtbare Forum sofort in die unsichtbare Kanzlei des alten klassischen Stiles der Diplomatie. Wie im Fall des Operettenstaates Irak, in den schlesischen Angelegenheiten, in den mandschurischen. Da beginnen sofort die höheren Staatsinteressen zu spielen oder das Gleichgewicht der Kräfte oder das Wohl der Völker. Und es nimmt den diplomatischen Spielern nichts von ihrer Lust am Spiel, ihrer Eitelkeit, ihrer Torheit, wenn sie auch zuweilen wissen, daß die betonten Staatsinteressen oder das Wohl des Volkes nichts als einen geld- und machtgierigen alten Mann bedeutet, der etwa »das Öl des Irak kontrolliert«, wie es im Jargon verschämt für ein nicht so gut klingendes, aber richtiges Wort heißt.

Da außer den aufgeregten Snobs und den Spielern selber die übrige Menschheit gar keine Sympathie für den Diplomaten aufbringt, – warum sollte sie mit Talleyrand, dem Typus, eine Ausnahme zu seinen Gunsten machen? Aber es kommt hier wie in jedem andern Falle gar nicht auf Sympathie an, auf dieses überaus schwankende Vorurteil aus der Sphäre des bloßen Gefühles. Gewiß sind alle Eigenschaften Talleyrands, wie alle seine Neigungen und Vorlieben von einem hohen Standpunkt aus gesehen von minderer Qualität; aber sie stimmten mit seiner Tätigkeit und deren Aufgaben so durchaus überein, waren ihr so sehr adaequat, daß man von der vollkommenen Einheitlichkeit, ja Vollendetheit dieses Lebens als der größten dem Menschen möglichen Leistung nur sprechen kann. Auch um dessenwillen, fast möchte ich sagen: nur um dessentwillen ist die Geschichte Talleyrands ein memorabile und erzählenswert.

Talleyrand-Karikatur, gezeichnet von der Comtesse Bruyère

ENIGMATISCHER TALLEYRAND

Offenbare und augenscheinliche Vorzüge schaffen Lob, geheime und verborgene Tugenden dagegen, das heißt, gewisse Charakteräußerungen, für die es keinen Namen gibt, erzeugen das Glück. Das spanische Wort »desenvoltura« gibt sie zum Teil wieder, falls zwar kein Halt und keine Stetigkeit im Charakter eines Mannes ist, jedoch die Räder seines Geistes mit den Rädern seines Glückes Schritt halten.

Francis Bacon, *Essays*

Das Volk erst aufzuwiegeln, um es dann zu benutzen, dies ist eine weise Maxime; aber es ist unnütz, die Bürger zu gegenseitiger Geringschätzung anzutreiben; sie sind intelligent genug, um sich selbst ganz allein zu verachten.

Talleyrand

Wir sehen ein: Solange der Mensch sich nicht ändert, sind Revolutionen nur lächerliche Schlächtereien.

Johannes Hübner

Wir wollen nun sehen, was aus der französischen Republik wird, wenn die Gesetze ausgeschlafen haben.

Georg Christoph Lichtenberg, 1796

Heute kommen andere Verzerrungen hinzu: Aktualisierung, Moralisierung der Geschichte, der Abscheu vor großen Männern, das heißt Charakteren, die durch die Psychologen kastriert werden.

Ernst Jünger

Lafayette, in seinem blauen altmodischen Frack, ist doch ein wenig Philister und Talleyrand ist ein Fell, das einige Falten geworfen hat, dennoch ist die Fratze desselben vielleicht noch eher eine Vignette der Geschichte, als der ehrliche Sauertopf des ersteren.

Friedrich Hebbel, 1843

Als er auf mich zukam mit seinem hinkenden Gang, seinem schweren Körper, seinen flammenden Augen und seinem schlangenhaften Mund und Kinn, mit seinem lähmenden Lächeln und seinen gezierten Schmeicheleien, dachte ich: »Die Natur hat ihm die Wahl gelassen, ob er Schlange oder Tiger werden wollte, und er hat sich für die Anakonda entschieden.« Diesen ersten Eindruck wurde ich niemals wieder los. Bevor ich ihn näher kannte, vermied ich es, mit ihm allein zu sein; ein unbestimmbares Gefühl des Unbehagens trieb mich dazu. – Als ich ihn dann richtig kennen lernte, merkte ich, daß er durchaus kein unbequemer Gesellschafter war; das entsprach seiner ganzen Art wie seinem Hang zur Trägheit. Er war weichlich aus Gewohnheit und Neigung, aber stark an Verstand und Beredsamkeit, schlau und unermüdlich im Umgarnen von Leuten, die sich leicht umgarnen ließen, die ihm nützlich sein konnten und die es duldeten, daß er sie geistig versklavte.

Gräfin Kielmannsegge

»Ich habe im eisigen Marmor der Statuen nie solche Kaltblütigkeit gesehen«, schreibt Barras über Robespierre. – Ich frage mich, ob die Unerschütterlichkeit dieses Erzschurken Talleyrand nicht eine überaus raffinierte Kopie der Manieren und des Stils Robespierres war.

E. M. Cioran

Mein Faible für Talleyrand: wenn man den Zynismus nur in Worten praktiziert, ist man voller Bewunderung für den, der ihn meisterhaft in die Tat umgesetzt hat.

E. M. Cioran

Über den Adel vor 1789.

Alles was Siéyès über den Adel sagt, ist in sich sehr richtig. Es ist ganz gewiß, daß der Adel, in dem Zustand, den er erreicht hatte, und in dem bestimmten Entwicklungsstadium der Nation, eine Kaste ohne Funktion und Nützlichkeit war; und diese so kraftvoll geäußerte Wahrheit ist das Verdienst Siéyès' und sein Erfolg. Der Irrtum lag aber im folgenden:
1. Nicht zu sehen, daß dieser anormale Zustand so alt war, so verwurzelt und so viele andere ehrwürdige Falten berührte, selbst durch sein Alter, diese Mutter des Rechts, so vieler Rücksichten würdig war, daß man ihn nach und nach abbauen mußte, anstatt ihn plötzlich verschwinden zu lassen. 2. Daß wenn die Kaste in der Tat an sich eine schlechte Institution und außerdem unnötig war, so das System der rein numerischen Majorität es nicht weniger war; daß ein gewisser Einfluß der Traditionen, das aristokratische Element mit einem Worte gesagt, für eine freie Regierung sehr notwendig war, besonders für eine unerfahrene freie Regierung, und daß diese Kaste, wenn sie nach und nach dahin zurückgeführt wurde, nur ein Teil der Nation zu sein, für Frankreich eine wertvolle Hilfsquelle war, die zu zerstören sehr verderblich sein müßte. Daß es endlich nicht wahr war, daß der dritte Stand eine vollkommene Nation darstellte, oder wenigstens, auf sich selbst beschränkt, eine feste und freie Ordnung der Dinge bilden konnte.

A. de Tocqueville, *Notiz über die Broschüre: »Was ist der dritte Stand?« von Abbé Siéyès.*

Mirabeau schrie so laut, daß Versailles Angst bekam. Seit dem Sturz des römischen Reiches war niemals ein ähnlicher Sturm über die Menschheit hinweggefegt, die Leidenschaften erhoben sich in furchtbaren Wogen zum Himmel. Die Kraft und der Enthusiasmus von zwanzig Völkern brach hervor aus Europa und riß es in Stücke. Nirgends etwas anderes als ein Chaos von Wesen und Dingen. Hier, ein Aufruhr des Egoismus, der Schande und des Hochmuts; dort unten dunkle, undurchdringliche Konflikte; weiter fort äußerstes Heldentum. Sämtliche menschlichen Eigenschaften rasten verworren, entfesselt, besessen durch die Straßen und Sümpfe der Welt. Der Tod heulte in der blutigen Gischt seiner ungleichen Legionen; vom Nil bis Stockholm und von der Vendée bis Rußland, beriefen sich hundert Armeen zu gleicher Zeit auf hundert Gründe, die ihre Rohheit rechtfertigten. Verwüstete, in ein ungeheures Reich des Wahnsinns mündende Grenzen, Menschen, den Fortschritt heischend und der Fortschritt, Menschen heischend, das war der Sinn dieser gewaltigen Raserei. Die Menschheit langweilte sich, sie verbrannte etliche Götter, wechselte das Kostüm und zahlte der Geschichte mit ein paar neuen Siegen.

Und dann, als der Aufruhr beschwichtigt, die großen Hoffnungen wieder für mehrere Jahrhunderte begraben waren, kehrten all diese Furien, die als »Untertanen« zur Bastille gezogen waren, als »Bürgerinnen« zu ihren Nichtigkeiten zurück, belauschten den Nachbarn, tränkten ihr Roß und bargen ihre Laster und Tugenden in dem bleichen Sack von Haut, den Gott der Herr uns gegeben hat.

Im Jahre 1793 ließ man einen König springen.

Kurz, er wurde auf der Place de Grève geopfert.

Beim Schnitt durch seinen Hals spritzte eine neue Empfindung hervor: die Gleichheit.

Alle Welt wollte sie, cs war ein einziger Taumel. Der Mord ist eine tägliche Beschäftigung der Völker, allein in Frankreich konnte der Königsmord immerhin als neu gelten. Man wagte ihn. Niemand wollte es eingestehen, doch die Bestie war da, zu Füßen des Tribunals, in den Draperien der Guillotine, mit weit aufgerissenem Maul. Man mußte sie beschäftigen.

Die Bestie wollte wissen, wieviel Aristokraten der König wert sei. Man fand, die Bestie sei ein Genie.

Man überbot sich auf der Schlachtbank:

Anfangs mordete man im Namen der Vernunft, für die erst zu definierenden Prinzipien. Die Besten wandten viel Talent daran, die Morde mit der Gerechtigkeit in Einklang zu bringen. Das glückte nicht ganz. Das glückte überhaupt nicht. Doch was machte es aus? Die Masse wollte zerstören und das war genug. So wie der Verliebte anfangs das Fleisch liebkost, nach dem es ihn gelüstet und seine Liebeserklärungen lange fortzusetzen gedenkt, dann aber unwillkürlich in Hast gerät... so wollte Europa die Jahrhunderte, die es erzogen hatten, in einem furchtbaren Weltgericht vernichten. Es wollte dies noch schneller tun, als es selber wußte.

Es ist ebenso wenig ratsam, entflammte Massen zu reizen, wie mit hungrigen Löwen zu spielen. Man ließ daher fortan davon ab, Rechtfertigungen für die Guillotine zu suchen. Mechanisch wurde eine ganze Sekte angeprangert, getötet, zerstückelt, wie seelenloses Fleisch.

Die Blüte einer Epoche wurde zu Hasché zerkleinert. Einen Augenblick lang machte das Spaß. Man hätte dabei verharren mögen, doch die hundert Leidenschaften, angesichts des langsamen Tempos dieser Spielerei ins Gähnen geraten, stürzten an einem Abend des Ekels das Schafott.

Mit einem Schlag verfielen zwanzig Rassen einem gräßlichen Delirium, rasten zwanzig Völker, verschwägert, vermischt, feindlich, schwarz oder weiß, blond und braun, blindlings der Eroberung eines Ideals nach.

Herumgestoßen, geschunden, mit Phrasen gefüttert, getrieben vom Hunger und vom Tode besessen, erstürmten, zerstampften, eroberten sie Tag für Tag ein nutzloses Königreich, das sie tags darauf verloren. Man konnte sie nacheinander unter allen Brücken der Welt in einem lächerlichen und flammenden Reigen dahinziehen sehen, hier vertrieben, dort geschlagen, überall getäuscht, unablässig aus dem Unbekannten ins Nichts gesandt, ebenso bereit zu sterben, als zu leben.

Im Lauf dieser wüsten Jahre, wo das Blut in Strömen fließt, wo das Leben aus tausend Brüsten zugleich verspritzt und verströmt und die Nieren im Kriege geerntet und zerstoßen werden wie Weintrauben in der Kelter, braucht man einen starken Mann.

Beim ersten Blitzstrahl des gewaltigen Unwetters nimmt

Napoleon Europa und behält es, wohl oder übel, fünfzehn Jahre lang.

Solange sein Genie anhält, scheint sich die Wut der Völker zu organisieren, der Orkan selbst Befehle anzunehmen.

Allmählich beginnt man wieder an schöne Zeiten, an den Frieden zu glauben.

Dann ersehnt man ihn, liebt ihn, vergöttert ihn schließlich, wie man fünfzehn Jahre zuvor den Tod vergöttert hat. Es dauert nicht lange, und man beginnt über das Unglück der Turteltauben zu weinen, mit Tränen, genau so echt, wie die Beschimpfungen, mit denen man kurz vorher die Karren der zu Tode Verurteilten überhäufte. Man wollte nichts anderes mehr als Sanftmut und Zärtlichkeit. Man erklärte die rührseligen Gatten und die fürsorgliche Mutter mit dem gleichen Pathos für heilig, das die Enthauptung der Königin gefordert hatte. Die Welt wollte vergessen. Sie vergaß. Und Napoleon, der beharrlich weiterlebte, wurde mit einem Krebs auf einer Insel interniert.

L.-F. Céline, *Leben und Werk des Philipp Ignaz Semmelweis,* Wien 1980, S. 10ff.

Der Kampf unter den Revolutionsmännern des Konvents war nichts anderes als der geheime Groll des Rousseauschen Rigorismus gegen die Voltairesche Légèreté. Die echten Montagnards hegten ganz die Denk- und Gefühlsweise Rousseaus, und als sie die Dantonisten und Hebertisten zu gleicher Zeit guillotinierten, geschah es nicht sowohl, weil jene zu sehr den erschlaffenden Moderantismus predigten, und diese hingegen im zügellosesten Sansculottismus ausarteten; wie mir jüngst ein alter Bergmann sagte: Parcequ'ils étaient tous des hommes pourris, frivoles, sans croyance et sans vertu. Beim Umstürzen des Alten waren die wilden Revolutionsmänner ziemlich einig, als aber etwas Neues gebaut werden sollte, als das Postitivste zur Sprache kam, da erwachten die natürlichen Antipathien. Der Rousseausche ernste Schwärmer St. Just haßte alsdann den heiteren geistreichen Fanfaron Desmoulin.

Der sittenreine, unbestechliche Robespierre haßte den sinnlichen, geldbefleckten Danton. Maximilian Robespierre heiligen Andenkens war die Inkarnation Rousseaus; er war tief religiös, er glaubte an Gott und Unsterblichkeit, er haßte die Voltaireschen Religionsspöttereien, die unwürdigen Possen eines Gobels, die Orgien der Atheisten und das laxe Treiben der Esprits, und er haßte vielleicht jeden, der witzig war und gern lachte.

Am 19. Thermidor siegte die kurz vorher unterdrückte Voltairesche Partei: unter dem Direktorium übte sie ihre Reaktionen gegen den Berg; späterhin, während dem Heldenspiel der Kaiserzeit und während der frommen christlichen Komödie der Restauration, konnte sie nur in untergeordneten Rollen sich geltend machen; aber wir sahen sie doch bis auf diese Stunde, mehr oder minder tätig, am Staatsruder stehen, und zwar repräsentiert von dem ehemaligen Bischof von Autun, Charles Maurice *Talleyrand.* Rousseaus Partei, unterdrückt seit jenem unglückseligen Tage des Thermidor, lebt arm, aber geistig und leiblich gesund, in den Faubourgs St. Antoine und St. Marceau, sie lebt in der Gestalt eines Garnier-Pagès, eines Cavaignac und so vieler anderen edlen Republikaner, die von Zeit zu Zeit als Blutzeugen auftreten für das Evangelium der Freiheit. Ich bin nicht tugendhaft genug, um jemals dieser Partei mich anschließen zu können; ich hasse aber zu sehr das Laster, als daß ich sie jemals bekämpfen würde.

Heinrich Heine, *Französische Zustände, 1832*

Der berühmte Satz Talleyrands »– – – n'a pas connu la douceur de vivre«, galt nur für eine kleine Elite, die nicht einmal besonders anziehend war. Im Mme du Deffand'schen oder Mme Geoffrin'schen Salon wären wir alle verschmachtet. Diese Menschen hatten weder Herz noch Sinne noch Einbildungskraft und waren reif für den Tod. Auch sind sie ganz nett gestorben; schade nur, daß es Talleyrand gelungen ist, aus der Gefahr herauszukriechen – – – auf dem Bauch.

Helene Morand an Ernst Jünger

Wenn ein Mann von Welt Dummheiten macht, wenn er sich Freundinnen hält, wenn er seine Frau schlecht behandelt, selbst wenn er sich ernstlichen Unrechts gegen seine Freunde schuldig macht, so wird man ihn zweifellos darob schelten; ist er aber reich, mächtig und klug, so wird die Gesellschaft trotzdem nachsichtig gegen ihn sein. Wenn aber dieser Mann etwa beim Kartenspiel betrügt, so wird man ihn unverzüglich aus der Gesellschaft anständiger Menschen ausschließen und ihm nie verzeihen.

Talleyrand

Vom Staatsmann. – Wir haben aus der Geschichte kein sicheres Beispiel eines Täters, hinter dessen Taten ein Bild gestanden. Wohl gibt es tatende Schwärmer, in die Gegenständlichkeit verirrte Dichter, wie vielleicht Julian einer war und am Ende selbst Alexander; die wirklichen Tätergrößen aber wie etwa Cäsar sind nichts als der Person gewordene Gesamtheitszweck. – Im Staatsmann vollendet sich die Idee des Täters. Er hat Willen, aber kein Pathos, hat den Intellekt, aber keine Seele. Dieses kann uns die Geschichte lehren: daß alle historisch bedeutenden Persönlichkeiten den Erfolg gewannen auf Grund nicht ihrer Leidenschaft, sondern ihres Intellekts. Größer von zwei Politikern ist unter allen Umständen der intelligentere. Den Staatsmann begreifen heißt, das Wesen des Intellekts begreifen. – Verstand und Vernunft sind Seiten der Persönlichkeit, der Intellekt aber ist die Persönlichkeit selbst als untrennbar gebunden an die Wirklichkeit der Tatsachen. Intellekt, dürfen wir auch sagen, ist *absolute Wachheit des Instinkts.* Nicht der Verstand, wohl aber der Intellekt funktioniert unbewußt. Er nimmt wahr, versteht, begreift, abstrahiert und gebraucht, ohne dazu eines Nachdenkens, einer Meditation zu bedürfen. Dem vollkommenen Intellekt verwandelt sich unbewußt alles und jedes sofort in ein Mittel seiner Zwecke. Und eben das kennzeichnet den großen Staatsmann.

Ludwig Klages, *Rhythmen und Runen,*
Leipzig 1944, S. 343

Der Tod tauscht die Rollen der Lebendigen untereinander aus. Die während unsres Lebens Machthaber waren, sind im Tode auf ewig vergessen. Wer wird in hundert Jahren noch von Villèle oder von Martignac reden ? Selbst Talleyrand wird nur durch seine Memoiren vor der Vergessenheit gerettet werden, falls er gute hinterläßt, während der Père Goriot (von Balzac) im Jahre 1980 das sein wird, was heutzutage der Roman comique (von Scarron) ist.

Stendhal an Balzac, 30. 10. 1840

Die Schwarzweiß-Malerei kann nur unvollkommene Bilder zeitigen. Die Gesellschaft teilt sich nicht in schreckliche und gute Menschen, sondern das Schreckliche ist in jeder Brust zu Haus, auch wenn es dort nur einen Winkel bewohnt. Es kann immer hervortreten. Dort sind die Schatten, auch bei den Großen, doch bleibt in dieser Beziehung das Urteil streng. Gegen jeden werden Einwände gemacht.

Ein solcher Fleck ist die Aufhebung und Erschießung des Herzogs von Enghien, die Napoleon später selbst bedauerte. Er sagte, daß er schlechte Ratgeber gehabt habe. Doch ist das einer der Fälle, in denen der Monarch zwar die Erwägung, nicht aber die Verantwortung teilen kann.

Ernst Jünger, *Der gordische Knoten*

»Talma, Talleyrand, Rossini, Balzac« als Spieler genannt bei Edouard Gourdon: Les faucheurs de nuit Paris 1860 p 14

Walter Benjamin

»Herr Talleyrand, was haben Sie getan, um so reich zu werden?« fragte ihn Napoleon recht ungnädig. »Sire, das Mittel war sehr einfach. Ich habe am Vorabend des 18. Brumaire Papiere der Staatsrente gekauft und sie am nächsten Tag verkauft«, antwortete der schlaue Schmeichler und erinnerte hierdurch Napoleon daran, wie sofort nach dem

Umsturz, der Napoleon zum Selbstherrscher machte, alle französischen Wertpapiere im Preise stiegen. Diesmal konnte der Kaiser nicht zürnen. Durch eine gerissene, ihm eigene Wendung war der Fuchs den Klauen des Löwen entwischt.

Sainte-Beuve, *Talleyrand,* Paris 1884

An drei oder vier Tagen hintereinander haben wir uns am Morgen gesehen; ich sprach über diesen Gegenstand, ohne daß er mich unterbrochen oder mir irgendeine Antwort gegeben hätte, und ich bin jedesmal sehr besorgt über seine Pläne weggegangen. Ich fürchtete vor allem dieses Hinhalten, das in seinem Charakter liegt, das ihm ermöglicht, aus jedem Ereignis, was es auch sei, Nutzen zu ziehen, sich das Verdienst zuzumessen, er habe es vorausgesehen, habe es insgeheim vorbereitet, während er nichts getan hat, als es schweigend abzuwarten. Da das Ereignis, das ich herbeizuführen wünschte, in die Wege geleitet werden mußte und sich nicht von selbst eingestellt hätte, war M. de Talleyrands Lässigkeit mir unerträglich. Ich war fest überzeugt, daß sie ihm persönlich sehr von Nutzen war, aber ich spürte, daß sie jene Ordnung der Dinge tötete, die mir am Herzen lag. Ich erschöpfte mich in Vernunftgründen, selbst in Scherzen, denn ich wußte, wie wichtig es war, ihn nicht zu langweilen, und ich wußte recht geschickt die alberne Eintönigkeit von Bonapartes Hof ins Treffen zu führen, wo man für Nuancen und Geschmack keinen Sinn habe.

Aimée de Cóigny, *Memoiren*

Doch wie legitim eine Macht auch sein mag, ihre Ausübung muß nach den Gegenständen, auf die sie angewendet wird, nach der Zeit und nach dem Ort verschieden sein. Nun, der Geist der Zeit, in der wir leben, verlangt, daß in den zivilisierten großen Staaten die höchste Macht nur mit Hilfe von Körperschaften ausgeübt wird, die der Gesellschaft entnommen werden, die sie beherrscht.

Als die religiösen Gefühle noch tief in die Herzen eingegraben und in den Geistern allmächtig waren, konnten die Menschen glauben, die souveräne Macht sei eine göttliche Emanation... Doch in einer Zeit, da kaum eine leise Spur dieser Gefühle übrig ist, wo das Band der Religion, wenn nicht gebrochen, so doch zum mindesten gelockert ist, will man solch einen Ursprung der Legitimität nicht mehr anerkennen.

Heute ist die allgemeine Ansicht – und man würde vergebens versuchen, sie abzuschwächen –, daß die Regierungen einzig und allein für die Völker da sind: eine notwendige Folge dieser Ansicht ist, daß die legitime Macht diejenige ist, die ihr – der Völker – Glück und ihre Ruhe am besten zu sichern vermag. Daraus folgt nun, daß die einzige legitime Macht jene ist, die seit einer langen Reihe von Jahren besteht; und tatsächlich, diese Macht – gestärkt durch die Achtung, die die Erinnerung an vergangene Zeiten einflößt, durch die Anhänglichkeit, die die Menschen von Natur aus gegenüber ihrer Herrscherklasse empfinden, die den alten Besitzstand für sich hat, der in den Augen aller Einzelpersonen ein Recht darstellt, weil er es nach den Gesetzen ist, die das Privateigentum regeln – diese Macht liefert das Los der Völker seltener als irgendeine andere den unseligen Zufällen der Revolutionen aus. Sie also ist es, der unterwürfig zu bleiben ihnen ihre gewichtigsten Interessen befehlen. Gelangt man aber unglücklicherweise zu der Anschauung, daß die Mißbräuche dieser Macht die Vorteile überwiegen, die sie verschaffen kann, so wird man dazu geführt, die Legitimität als eine Chimäre anzusehen.

Wessen bedarf es also, um dem Volk das Vertrauen zu der legitimen Macht zu geben, um dieser Macht die Achtung zu bewahren, die ihre Stabilität sichert? Es genügt, aber es ist auch unerläßlich, die Macht derart festzulegen, daß alle Ursachen der Angst, die sie erwecken könnte, beseitigt werden.

Es liegt nicht weniger im Interesse des Herrschers als im Interesse des Untertanen, die Macht auf solche Art zu begründen: denn die absolute Macht wäre heute für den, der sie ausübt, eine ebenso schwere Last, wie für die, über die sie ausgeübt wird.

Vor der Revolution war die Macht in Frankreich durch traditionelle Einrichtungen beschränkt; sie wurde gemildert durch die Tätigkeit der großen behördlichen Körperschaften, des Klerus, der Aristokratie, die notwendige Elemente ihres Daseins waren, und deren sie sich bediente, um zu regieren. Heute sind diese Einrichtungen zerstört, diese mächtigen Mittel des Regierens sind vernichtet. Man muß andere finden, die die öffentliche Meinung nicht mißbilligt; sie müssen sogar so beschaffen sein, wie die öffentliche Meinung es verlangt.

Früher konnte die Autorität der Religion der Autorität der souveränen Macht ihre Stütze leihen; sie kann es heute nicht mehr, da die religiöse Gleichgültigkeit alle Klassen durchdrungen hat und sehr allgemein geworden ist. Die souveräne Macht kann darum nur in der öffentlichen Meinung eine Stütze finden, und zu diesem Zweck muß sie mit dieser Meinung im Einklang stehen.

Sie wird diese Stütze haben, wenn die Völker sehen, daß die Regierung allmächtig ist, wenn es darum geht, das Glück der Völker zu machen, doch nichts zu tun vermag, was dem zuwiderläuft. Doch zu diesem Zweck müssen sie die Gewißheit haben, daß es beim Vorgehen der Regierung keinerlei Willkür geben kann. Es würde nicht genügen, daß sie an den Willen, das Gute zu tun, glauben, denn sie könnten fürchten, daß dieser Wille sich ändern oder in seinen Mitteln irren kann. Es genügt nicht, daß das Vertrauen auf den Tugenden und den bedeutendsten Eigenschaften des Souveräns beruht, die vergänglich sind wie er, es muß sich auf die Kraft dauerhafter Einrichtungen gründen; es braucht aber noch mehr. Umsonst wären die Einrichtungen so geartet, daß sie das Glück der Völker sichern; sie würden dennoch den Völkern kein Vertrauen einflößen, wenn sie nicht jene Regierungsform festlegten, die die öffentliche Meinung des Jahrhunderts als die einzig geeignete zeigt, durch die dieses Ziel sich erreichen läßt.

Man will Garantien haben; man will Garantien für den Souverän, man will Garantien für die Untertanen. Nun aber glaubt man keine Garantien zu haben:

wenn die individuelle Freiheit nicht durch die Gesetze vor jedem Angriff geschützt wird;

wenn die Freiheit der Presse nicht vollkommen gesichert ist und sich die Gesetze nicht darauf beschränken, ihre Mißbräuche zu bestrafen;

wenn die Justiz nicht unabhängig ist und von unabsetzbaren Richtern ausgeübt wird;

wenn die Rechtsgewalt in bestimmten Fällen der Verwaltung oder sonst irgendeiner andern Körperschaft außer den Gerichten vorbehalten ist;

wenn die Minister nicht solidarisch für die Ausübung der Macht verantwortlich sind, als deren Bewahrer sie gelten;

wenn in den Rat des Herrschers auch andere Personen Zugang haben als die verantwortlichen;

wenn schließlich das Gesetz nicht der Ausdruck eines Willens ist, der durch die Vereinigung von drei voneinander unterschiedenen Willensäußerungen gebildet wird.‹.

Talleyrand in seinem Rapport, den er vom Wiener Kongreß an Ludwig XVIII. richtete

Talleyrand war unter den dreien der große konstruktive Geist, jener, der am besten die Gründe und den tiefen Sinn seines Werkes kannte. Durch die Weite, Tiefe und Menschlichkeit seiner Auffassungen, durch den Mut, mit dem er sie in den kritischsten Augenblicken angewandt hatte, durch jene Art überlegener Uneigennützigkeit, die den bedeutendsten Teil seines Werkes adelt, scheint Talleyrand das Recht auf den Vorrang unter allen Staatsmännern zu haben, die seit der Revolution in der westlichen Welt aufgetaucht sind. Während der achtzehn Monate, da er schließlich die Angelegenheiten der Welt eigentlich lenken konnte, nachdem er so viele Jahre lang das ausführende Organ von Chefs gewesen war, die seine Sekretäre hätten sein sollen, hat er einen der größten Furchtausbrüche besiegt, die je in der Geschichte ihre Verheerungen angerichtet haben, hat eine Welt geschaffen, die ihn um ein Jahrhundert überleben sollte, hat Alexander geholfen, die westliche Zivilisation zu retten, und ein Werk hinterlassen, das kein Passivum aufweist. Er ist, meiner Ansicht nach, der einzige unter den Staatsmännern der Geschichte, der sich dessen rühmen darf. Doch er sollte nur noch anderthalb Jahre an der Macht bleiben. Einige Monate nach der Unterzeichnung des Vertrages benützte Ludwig XVIII. die durch die Hundert Tage hervorgerufenen Verwicklungen und Schwierigkeiten, um ihn zu verabschieden. Er war ja doch, trotz seinem Fürstentitel, ein verheirateter Bischof, ein deklassierter Adeliger; er hatte der Revolution gedient und vor Europa den unentschuldbaren Fall des Herzogs von Enghien verteidigt: die Ordnung, die er geschaffen, vertrieb unverzüglich ihren Schöpfer, dessen Dasein eine endlose Unordnung gewesen war. Sein seltsames, unerbittliches Geschick läßt ihn niemals los: der große Regellose wird durch die Regeln ausgeschaltet, die er selbst aufgestellt hat. Er wird sich nie darüber beklagen, wie er sich nie über irgend etwas beklagt hat.

Guglielmo Ferrero, *Wiederaufbau. Talleyrand in Wien (1814 – 1815),* München, 1950. S. 370

Es gibt eine Art Menschen, die gehören deshalb zu keiner Partei, weil ihnen das zu unbedeutend, unter ihren Interessen stehend ist – wie z. B. Talleyrand, oder sie sind erbärmliche Ichmenschen und ordnen die allgemeinen Interessen ihren niedrigen Berechnungen unter – wie z. B. Fouché.

Alexander Herzen

Talleyrand ist auch Bismarck nicht ähnlich, obgleich dieser auch das Ende einiger für einen Diplomaten der bürgerlichen Epoche verderblicher Illusionen nicht erlebt hat. Bismarck hat zum Beispiel lange geglaubt, ein russisch-französisches

Bündnis sei absolut unmöglich, weil der Zar und die Marseillaise unversöhnlich seien, und als Alexander III. auf der Reede von Kronstadt 1891 stehend mit entblößtem Haupt die Marseillaise anhörte, da begriff Bismarck, schon verabschiedet, seinen verhängnisvollen Fehler, und ihn beruhigte nicht im geringsten die tiefsinnige Erklärung dieses Vorfalls, die russischerseits erfolgte, als die Geste des Zaren nicht den Worten, sondern nur dem entzückenden musikalischen Motiv der Hymne der französischen Revolution gegolten habe. Talleyrand hätte diesen Fehler nie gemacht. Er hätte lediglich in Betracht gezogen, daß der deutsch-russische Vertrag zerrissen werden könnte, hätte sich rechtzeitig genau über die Bedürfnisse der russischen Staatskasse und den Goldbestand der Bank von Frankreich orientiert und schon zwei Jahre vor Kronstadt klar vorausgesehen, daß der Zar ohne Zaudern mit der musikalischen Schönheit der Marseillaise sympathisieren würde.

Im selben Maße wie Talleyrand, völlig unabhängig von seinen immer eigennützigen subjektiven Motiven, zum Sieg der bürgerlichen Klasse beitrug, spielte er objektiv zeitweise eine positive, historisch progressive Rolle. Seine persönlichen Eigenschaften forderten Entrüstung gemischt mit Widerwillen heraus. Vielen erschien er als der »Geist des Bösen«. So erklärte das Mitglied der französischen Akademie Brifot unter allgemeinem Gelächter sarkastisch, der Teufel habe zu Talleyrand gesagt, als dieser nach seinem Tode in die Hölle kam und ihm seinen Besuch machte: »Mein Lieber, ich danke Ihnen, aber gestehen Sie ein, daß Sie doch einigermaßen über meine Instruktionen hinausgegangen sind.«

Evgenií Wictorowich Tarlé, *Talleyrand,*
Leipzig 1950

Die Theorie von der Eitelkeit als nicht unerheblicher Antriebsfeder revolutionärer Geschehnisse, die in Talleyrand wie ein witziger Einfall erscheinen konnte, findet in Constant eine solide Stütze. Es gibt tatsächlich ein Zusammenwirken zwischen dem auftauchenden demokratischen Rausch und dem Aufblähen gewisser gens de lettres, die sich, hoffentlich, in der Gesellschaft in einer untergeordneten Position befinden und jetzt plötzlich spüren, daß sie die Welt von ihrem Tischlein aus regieren können. Alles das kulminiert und kippt mit Stirner. Seine Vorgänger waren ängstlich, sie wollten die Willkür hinter jedwedem Wohl verbergen, die ersten, die sie irreführten, waren sie selbst. Stirner geht sehr viel weiter: so weit, daß er aus der drohenden Forderung, die Gesellschaft darauf hinzuweisen, was zu ihrem Wohl ist und sie zu zwingen, sich danach zu richten, den radikalsten Solipsismus (für den Einzelnen und für den sprachlosen Verbund der Einzelnen) folgert.

Roberto Calasso, *La Rovina di Kasch,*
Milano 1983, p. 64

Die Köter der Geschichte warfen sich knurrend auf Talleyrand, weil er – sagte man – nie an irgendetwas geglaubt habe, nicht einmal an die Geschichte selbst, die ultima dea. Aber zur aristokratischen Madame de Dino, dem Wesen, das er am meisten liebte, sagte der aristokratische Talleyrand einmal: »Es gibt nichts, das weniger aristokratisch wäre als die Ungläubigen.«

Ibid, p. 139

Die Kunst Talleyrands gehört in den Bereich der Metamorphose, also in den des Monströsen. Der sentimentale Moralismus des 19. Jahrhunderts konnte ihr nichts anhaben: Korruption und politische Sinneswandel genügen nicht, um an das Monströse heranzukommen. Aber eines der weiblichsten Augen, die je auf Talleyrand ruhten, das der Aimée de Coigny, verstand es, das erschreckende und delikate Moment seiner Hautwechsel zu erkennen: »Wie die Feen, von denen wir als Kinder gehört haben, die für eine gewisse Zeit gezwungen waren, ihre glitzernde Form aufzugeben und eine andere, diesmal abstoßende, anzunehmen, wird Monsieur de Talleyrand plötzlichen Metamorphosen unterworfen, die nicht dauern, aber erschreckend sind. Dann ist ihm der Anblick der anständigen Leute lästig und er wird gehässig mit ihnen. Ich fürchtete, ich weiß nicht, warum, ihn in diesem Zustand zu finden, den ich seinen *Verwandlungszustand* nenne und ich wurde angenehm überrascht, ihn liebenswürdig und offen zu finden.«

Ibid., p. 405 (Aus dem Italienischen übersetzt von Anna Wheill)

»Dreiundachtzig Jahre sind dahingegangen... Wieviel Sorgen. Wieviel Aufregungen. Wieviel Übelwollen habe ich einstecken müssen. Und das alles ohne andere Ergebnisse als große physische und moralische Müdigkeit und tiefe Mutlosigkeit vor der Zukunft und Abscheu vor der Vergangenheit.« So schrieb Talleyrand auf seinem langen Krankenlager nur für sich selbst am Ende seines Lebens. Indem er diese Gedanken anführt, die zufällig später der Öffentlichkeit bekannt geworden sind, schreibt der dem Fürsten immer ablehnend gegenüberstehende Louis Blanc: »Mit sich allein geblieben in der Stille der Nacht ist Talleyrand von der Höhe seines ungezügelten Stolzes in eine unaussprechliche Wehmut und Niedergeschlagenheit gefallen, und beim Schein der Lampe, die sein einsames Wachsein beleuchtet, hat er Zeilen geschrieben, in denen sich eine Fülle von Gedanken und der Verfall seiner geistigen Kräfte ausspricht.«

E. W. Tarlé

Die Worte Napoleons auf Sankt Helena, daß in baldiger Zukunft die Welt eine amerikanische Republik oder eine russische Universalmonarchie sein werde, sind eine sehr entmutigende Prophezeiung. Welche Aussicht! Günstigen Falles als Republikaner vor monotoner Langeweile sterben! Arme Enkel!

Heinrich Heine

Cagnes s. m. 7. 12. 39

Liebste Billy, Dein Brief ist (endlich!) angekommen. Was den im Buch (›Zeitgenössische Bildnisse‹) fehlenden Rudolf Borchardt betrifft: ich hab den Aufsatz angefangen, und bei Seite 30 wars erst die Hälfte des zu Schreibenden. Das hätte durch seinen Umfang das Buch zersprengt. Aber B. ist doch im Buch in vielen Zitaten enthalten, aus denen sich meine hohe Wertschätzung ergibt. Der Aufsatz hätte auch meine von ihm dissidenten Meinungen enthalten müssen. Denn B. ist immer noch sehr deutsch-nationalistisch, trotz aller schlechten Erfahrung damit. Im Gespräch über Spanien kam er wieder und immer wieder auf die verbrannten Klöster und ermordeten Priester zurück, nichts als auf das, und die Deutschen und Italiener, die Franco zum Siegen brachten, unterschlug er einfach. Er will es auch nicht wahrhaben, daß der jetzige Krieg in Spanien und mit der Nicht-Intervention seinen Anfang nahm. Jetzt scheint er für einen Frieden mit Hitler zu sein, wegen der ›bolschewistischen Gefahr‹, wie die Geldsäkke in England und überall in Europa. – Das mit Peter erstaunt mich so wenig wie Dich. Er ist halt ein reines Lehmannskind, wie Du ein reines Bleikind bist. – Das ›Trojanische Pferd‹ oder wie es schließlich heißen wird, geht weiter. Zu den fertigen 190 Seiten kommen noch 100 dazu. Eine endgültige einzige Abschrift der ersten 170 Seiten liegt in New York bei der Guild. – Übrigens haben in Germany die SA-Leute wirtschaftliche Vorteile. Das wird wohl der Grund bei Peter gewesen sein. Und nicht, daß er überzeugter Hitlerianer geworden ist. Trotz aller Autostradas. Auch die Hitlerei ist, bei vielen, ein Idealismus (mit einem falschen Ideal). Nicht bei Peter, der gar kein Idealist ist. Und daher unfähig zu dem, was Du seine Charakterlosigkeit nennst. Denn was man Charakter nennt, konstituiert sich ausschließlich aus Idealen, falschen oder ›echten‹, das ist egal. Peter ist ein Praktiker des Lebens ohne große Ziele. Er hat gar keine Phantasie, weshalb er ja lieber im Theater sitzt als ein Buch liest. Er braucht die Realisierung durch den Schauspieler und das Dekor, um mitzukommen. Beim Buch läßt ihn sein geringes Vorstellungsvermögen im Stich. Er ist sicher kein Nazi geworden, dazu ist er nicht dumm genug. Auch fehlt ihm eben jeder Idealismus. – Schreib dem Borchardt. Er schrieb mit, daß er Dir vor Wochen einen eingeschriebenen Brief schickte, und er ist besorgt um Dich. – Es geht mir gesundheitlich gut und ich hab zu leben bis Mitte nächsten Jänner. Also auch darüber brauchst Du Dir keine Sorgen zu machen. Es wird dann schon weiter gehen, so lange es geht. Kuss Dein Loge

Franz Blei an seine Tochter Sibylle von Lieben, zuerst abgedruckt in: Der Aquädukt 1963, München 1963, S. 167 (Der erwähnte Peter ist Bleis Sohn)

J. Das bedürfte eigentlich noch einer Erklärung.

C. S. Um das Wesen menschlicher Macht, wie es sich in unserer heutigen Lage enthüllt, richtig zu verstehen, bedienen wir uns am besten einer Relation, die der schon erwähnte immer noch modernste Philosoph rein menschlicher Macht, der Engländer Thomas Hobbes, gefunden hat. Er hat diese Relation in aller Exaktheit ausgesprochen und bestimmt, und wir wollen sie nach ihm die »Hobbesianische Gefährlichkeits-Relation« nennen. Hobbes sagt: Der Mensch ist anderen Menschen, von denen er sich gefährdet glaubt, um ebensoviel gefährlicher als jedes Tier, wie die Waffen der Menschen gefährlicher sind als die des Tieres. Das ist eine klare und bestimmte Relation.

J. Schon Oswald Spengler hat gesagt, der Mensch sei ein Raubtier.

C. S. Verzeihung! Die Gefährlichkeits-Relation, die Thomas Hobbes aufstellt, hat mit der These Oswald Spenglers nicht das geringste zu tun. Hobbes setzt im Gegenteil voraus, daß der Mensch *kein* Tier ist, sondern etwas ganz anderes, einerseits weniger, andrerseits viel mehr. Der Mensch ist imstande, seine biologische Schwäche und Unzulänglichkeit durch technische Erfindungen auf eine ungeheuerliche Weise zu kompensieren, überzukompensieren. Nun geben Sie acht. Um 1650, als Hobbes dieses Maßverhältnis aussprach, waren die Waffen des Menschen – Pfeil und Bogen, Axt und Schwert, Gewehre und Kanonen – schon sehr überlegen und gefährlich genug im Vergleich zu den Pranken eines Löwen oder den Zähnen eines Wolfes. Heute aber ist die Gefährlichkeit der technischen Mittel ins Grenzenlose gesteigert. Infolgedessen hat sich auch die Gefährlichkeit des Menschen gegenüber anderen Menschen entsprechend gesteigert. Dadurch wächst der Unterschied von Macht und Machtlosigkeit in einer so uferlosen Weise, daß er den Begriff des Menschen selbst in eine völlig neue Fragestellung hineinzieht.

J. Das sehe ich nicht ein.

C. S. Hören Sie zu. Wer ist denn hier eigentlich noch der Mensch? Derjenige, der diese modernen Vernichtungsmittel produziert und anwendet oder derjenige, gegen den sie angewandt werden? Es führt uns keinen Schritt weiter, wenn man sagt: Die Macht ist ebenso wie die Technik selbst an sich weder gut noch böse, sondern neutral; sie ist infolgedessen das, was der Mensch aus ihr macht. Das würde vor der eigentlichen Schwierigkeit, vor der Frage, wer hier über gut und böse entscheidet, nur ausweichen. Die Macht der modernen Vernichtungsmittel übersteigt die Kraft der menschlichen Individuen, die sie erfinden und zur Anwendung bringen, um ebensoviel, wie die Möglichkeiten moderner Maschinen und Verfahren die Kraft menschlicher Muskeln und Gehirne übersteigen. In dieser Stratosphäre, in diesem Ultra-Schall-Bereich kommt der gute oder böse menschliche Wille überhaupt nicht mehr mit. Der menschliche Arm, der die Atombombe hält, das menschliche Gehirn, das die Muskeln dieses menschlichen Armes innerviert, ist im entscheidenden Augenblick weniger ein Glied des individuellen Einzelmenschen, als eine Prothese, ein Teil der technischen und sozialen Apparatur, die die Atombombe produziert und zur Anwendung bringt. Die Macht des individuellen Machthabers ist hier nur noch die Ausschwitzung einer Situation, die sich aus einem System unberechenbar übersteigerter Arbeitsteilung ergibt.

J. Ist es denn nicht großartig, daß wir heute in die Stratosphäre eindringen, oder in den Bereich des Ultraschalls, oder in den Weltenraum, und daß wir Maschinen haben, die schneller und besser rechnen als jedes menschliche Gehirn?

C. S. In diesem »Wir« steckt die eigentliche Frage. Es ist ja nicht mehr der Mensch als Mensch, sondern eine von ihm entfesselte Kettenreaktion, die das alles leistet. Indem sie die Grenzen der menschlichen Physis übersteigt, transzendiert sie auch allen zwischenmenschlichen Maßen jeder denkbaren Macht von Menschen über Menschen. Sie überrollt auch die Beziehung von Schutz und Gehorsam. Noch weit mehr als die Technik ist die Macht den Menschen aus der Hand geglitten, und die Menschen, die mit Hilfe solcher technischer Mittel Macht über andere ausüben, sind mit jenen, die ihrer Macht ausgesetzt sind, nicht mehr unter sich.

J. Aber diejenigen, die die modernen Vernichtungsmittel erfinden und herstellen, sind doch auch nur Menschen.

C. S. Auch ihnen gegenüber ist die von ihnen bewirkte Macht eine objektive, eigengesetzliche Größe, die die enge physische, intellektuelle und seelische Kapazität des einzelnen menschlichen Erfinders unendlich übersteigt. Indem sie diese Vernichtungsmittel erfinden, arbeiten die Erfinder gleichzeitig unbewußt an der Entstehung eines neuen Leviathan. Schon der moderne, gut durchorganisierte europäische Staat des 16. und 17. Jahrhunderts war ein technisches Kunstprodukt, ein von Menschen geschaffener, aus Menschen zusammengesetzter Über-Mensch, der in dem Bilde des Leviathan als der große Mensch, der μάκρος ἄνθρωττος, den ihn produzierenden kleinen Menschen, dem einzelnen Individuum, dem μίκρος ἄνθρωπος, mit Über-Macht entgegentrat. In diesem Sinne war der gut funktionierende europäische Staat der Neuzeit die erste moderne Maschine und zugleich die konkrete Voraussetzung aller weiteren technischen Maschinen. Er war die Maschine der Maschinen, die machina machinarum, ein aus Menschen zusammengesetzter Über-Mensch, der durch menschlichen Konsens zustandekommt und doch in dem Augenblick, in dem er da ist, jeden menschlichen Konsens übersteigt. Gerade weil es sich hier um eine von Menschen organisierte Macht handelt, empfindet Burckhardt das als an sich böse. Deshalb verweist er bei seinem berühmten Ausspruch nicht auf Nero oder Dschingis Khan, sondern auf typisch moderne europäische Machthaber: Ludwig XIV., Napoleon und die revolutionären Volksregierungen.

J. Vielleicht können weitere wissenschaftliche Erfindungen das alles ändern und in Ordnung bringen.

C. S. Das wäre gut. Aber wie wollen sie es ändern, daß Macht und Ohnmacht heute nicht mehr Auge in Auge gegenüberstehen und sich nicht mehr von Mensch zu Mensch erblicken? Die Menschenmassen, die sich der Wirkung moderner Vernichtungsmittel machtlos ausgesetzt fühlen, wissen vor allem, daß sie ohnmächtig sind. Die Wirklichkeit der Macht geht über die Wirklichkeit der Menschen hinweg.

Ich sage nicht, daß die Macht von Menschen über Menschen gut ist. Ich sage auch nicht, daß sie böse ist. Am allerwenigsten sage ich, daß sie neutral ist. Und ich würde mich als denkender Mensch schämen zu sagen, daß sie dann gut ist, wenn *ich* sie habe und böse, wenn mein Feind sie hat. Ich sage nur, daß sie jedem, auch dem Machthaber gegenüber eine eigenständige Wirklichkeit ist und ihn in ihre Dialektik hineinzieht. Die Macht ist stärker als jeder Wille zur Macht, stärker als jede menschliche Güte und glücklicherweise auch stärker als jede menschliche Bosheit.

Carl Schmitt, *Gespräch über die Macht und den Zugang zum Machthaber*, Pfullingen 1954, S. 24–26

Das Jahr 1970 neigt sich dem Ende zu, und seit 1950 ist die Rede von der Vereinigung Europas; Europa bleibt immer unvereint wegen einer einzigen Nation, die auf die Hälfte dessen reduziert ist, was sie einmal war und bedroht wird, wie Griechenland angesichts Makedoniens, verschlungen zu werden. Nun, jedes Vaterland in Europa ist ein griechischer Stadtstaat, Europa ist eine Nation, deren Vaterländer fortan nur noch Provinzen gleichen; ein aus Vaterländern bestehendes Europa ist unsinnig und der übelste Sophismus, den sich der allerverächtlichste Sophist ausgedacht hat. Die Geschichte steckt voller Lehren, aber die Staatsmänner sind frivol und außerdem unwissend; die Völker, die sie ertragen haben werden, werden eines Tages Rechenschaft ablegen, ihre Ohnmacht oder ihre Gleichgültigkeit wird sie nicht vor der Verachtung der Zukunft bewahren, der wir in pathetischer Verwirrung entgegengehen. Ich frage es alle: »Ist Europa geliefert?« und die Stunde ist nicht mehr fern, da der Geist, der über die Ruinen gebietet, fragen wird – wen, das wissen wir von jetzt an: »Leichtsinniges Volk, gemeines Volk, Volk von Wichteln, was hast du aus Europa gemacht?«

Nun, die Probleme hängen zusammen, und in einer Zukunft, deren Nähe man ahnt, werden die Moslems des asiatischen Rußland die Unabhängigkeit fordern; die durch die messianischen Ideen des Karl Marx verwirrten Kommunisten haben die Lehren der Geschichte vergessen: der Kommunismus ist eine Illusion, der klassenlose Staat wird immer ein Wahn sein, die Religionen und Rassen sind entscheidende Elemente, die die Produktionsbeziehungen niemals ausgleichen werden, die Internationale ist schon jetzt dem Untergang geweiht und keine Nation willigt mehr ein, zu verschwinden, die Staatenlosigkeit eines Marx wird nicht Schule gemacht haben, der Kommunismus ist überall der Universalerbe der nationalen Vorurteile geworden, er hat die Widersprüche nicht überwunden und er wird sich – um es nicht zuzugeben – in aller Bescheidenheit in ihren Dienst gestellt haben. Adolf Hitler zermalmt Lenin vollends, der Kommunismus ist tot, aber der Nationalsozialismus lebt, Rußland und China lügen und belügen uns, es sind Militärdiktaturen und nichts anderes, in denen der Sozialismus eine permanente Mobilmachung zugunsten einer Nation ist, die sich auf den permanenten Krieg vorbereitet.

Albert Caraco, *Ma confession,* Lausanne 1975 (Aus dem Französischen von Bernd Mattheus)

Unsere Intellektuellen können nur spielen und unsere Geistlichen nur lügen, keiner denkt daran, die Welt noch einmal zu überdenken, keiner unterbreitet uns die Mittel und Wege, die Evidenz zu vermessen, alle wollen sie Karriere machen und man bewundert die Kunst, mit der sie sich untereinander schonen, ohne jemals die Anstandsregeln zu verletzen. Wir werden immer konservativer und halten schließlich am ältesten und schändlichsten Plunder fest, unsere Revolutionen sind rein verbal und wir ändern die Worte, um uns die Illusion zu verschaffen, die Dinge zu erneuern; wir fürchten uns vor allem und vor uns selbst, wir finden Mittel und Wege, die Dreistigkeit zu verwerfen, während wir sie überbieten, und den Wahnsinn zu erarbeiten, während wir uns über ihn entrüsten; wir leisten nichts Widerstand und lassen alles mißlingen: das ist der Triumph der Maßlosigkeit, die sich der Ohnmacht verschrieben hat. Obendrein laufen wir in den Tod, ich sage: den Tod, der, bis auf einen gewissen Rest, allumfassend ist, beauftragt, die Geschichte abzuschließen. Unsere Überlieferungen werden es uns prophezeit haben; diese Überlieferungen sind kohärent, und wenn wir sie ins Lächerliche ziehen, sind wir böswillig: keine Versicherung vermag etwas über ihre Ankündigungen und keine Wahrscheinlichkeit schließt sie aus.

Die Rückkehr zum Ursprung ist die erste Pflicht, oder um den Menschen ist es geschehen. Daher befassen sich die wenigen Denker, die dieses Namens würdig sind, mit Ontologie und Etymologie, um eine Metaphysik zu rekonstruieren, während die Kleingeister, darauf bedacht, mit der Mode zu gehen, sich in die Betrachtung des Gesellschaftlichen, diesem untergeordneten Detail, vertiefen. Denn die Gesellschaft ist nichts, das ist eine Form, deren lasterhafte Masse der Inhalt sein wird, das ist das Kampfgetümmel spermaproduzierender Nachtwandler, das ist eine unendlich verachtenswerte Angelegenheit, um die sich der Philosoph nicht kümmert. Die Geschichte ist das Werk der großen Männer und der Kampfplatz, auf dem sich die Eliten messen; die Menge ist zugelassen zu dem Schauspiel, und wenn sie in ihren Untergang verwickelt wird, zählen ihre Toten nicht mehr als Fliegen. Eine der Verblendungen unserer Zeit besteht darin, daß man das Grab des unbekannten Soldaten vervielfacht hat: indem wir dies taten, haben wir den schlimmsten der Umstürzler Beweise gegeben; die Anonymität diente dazu, jene zu decken, die das Chaos erzeugt, damit das Chaos in unserer Mitte Altäre hat, und wir verehren es dort bereits. Denn die anonymen Idole sind die Pforten, durch die das Chaos den Ort betritt; die Pforten werden geöffnet bleiben, damit das Chaos alles heimsuchen kann.

Albert Caraco, *Bréviaire du chaos,* Lausanne 1982
(Aus dem Französischen von Bernd Mattheus)

Ich habe den Mirabeau vergangener Tage gekannt; versuchen Sie, der Mirabeau der Zukunft zu sein. Er war ein großer Mann, aber er besaß nicht den Mut, unvolkstümlich zu sein. In der Hinsicht habe ich mehr Mannesmut als er; ich gebe meinen Ruf aller Mißdeutung und allen Beleidigungen durch den Pöbel preis. Man hat mich für sittenlos und macchiavellistisch gehalten; ich bin aber nur gelassen und hochmütig. Ich habe niemals einem Ministerium oder einem Fürsten einen bösen Rat gegeben; aber ich habe mich nicht von ihrem Sturz mitreißen lassen.

Nach einem Schiffbruch braucht man einen Steuermann, der die Opfer rettet. Ich bin geistesgegenwärtig, und ich bringe sie in einen Hafen; was für ein Hafen das ist, gilt gleich, wenn er nur Zuflucht bietet... Ich habe der Dummheit der öffentlichen Meinung mein Leben lang getrotzt; ich kann ihr auch noch weitere vierzig Jahre trotzen, wenn ich im Grabe liege. Denken Sie nach meinem Tode an das, was ich Ihnen heute vorhersage. Sie sind einer der wenigen Menschen, von denen ich recht verstanden sein möchte.

Einem Staatsmann, der anständig handeln will, stehen viele Wege offen. Ich begreife, daß mein Weg nicht der Ihre ist; aber Sie werden mich eines Tages höher schätzen, als Sie heute ahnen. Meine sogenannten Verbrechen bestehen nur in der Phantasie von Dummköpfen. Hat ein kluger Mann es je nötig gehabt, Verbrechen zu begehen? Das Verbrechen ist das Hilfsmittel politischer Tröpfe... Ich habe Schwächen gehabt, vielleicht auch Untugenden, aber Verbrechen – fi donc!

Talleyrand, zu Lamartine

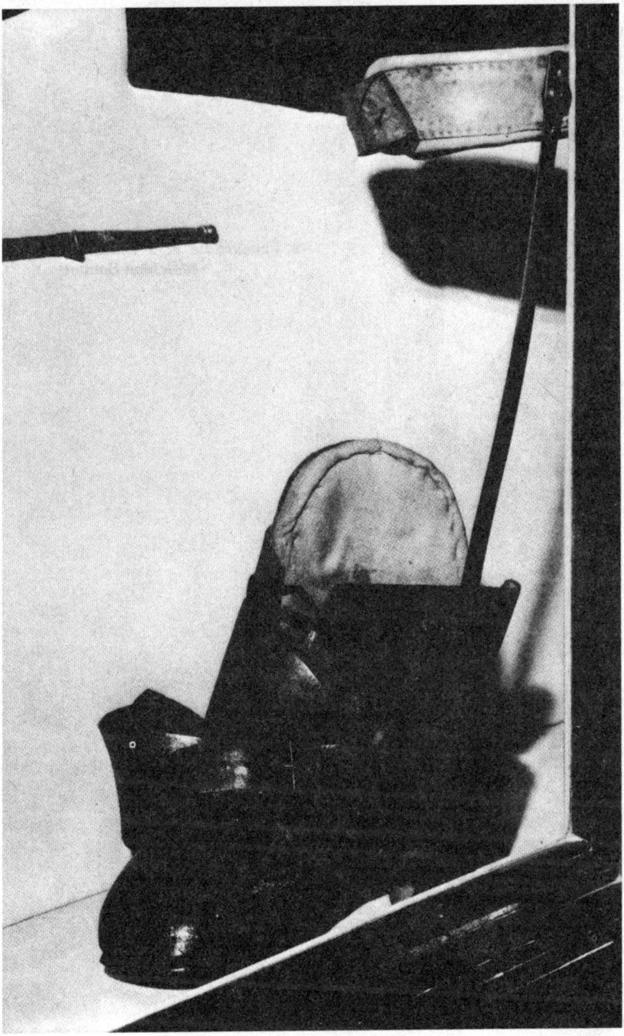

Talleyrands orthopädischer Schuh

Verzeichnis der Abbildungen